辩护的力量

——一名北京律师的年度“刑辩手记”

The Power of Defense

彭吉岳 著

中国出版集团 | 全国百佳图书出版单位
中国民主法制出版社

图书在版编目（CIP）数据

辩护的力量：一名北京律师的年度“刑辩手记”／彭吉岳著．—北京：中国民主法制出版社，2021.1

ISBN 978-7-5162-2282-9

Ⅰ.①辩… Ⅱ.①彭… Ⅲ.①刑事诉讼—辩护—案例—北京 Ⅳ.①D927.152.5

中国版本图书馆CIP数据核字（2021）第013055号

图书出品人： 刘海涛

出 版 统 筹： 乔先彪

责 任 编 辑： 陈 曦 许泽荣

书名／ 辩护的力量—— 一名北京律师的年度“刑辩手记”

作者／ 彭吉岳 著

出版·发行／ 中国民主法制出版社

地址／ 北京市丰台区右安门外玉林里7号（100069）

电话／（010）63055259（总编室） 63058068 63057714（营销中心）

传真／（010）63055259

http：//www.npcpub.com

E-mail： mzfz@npcpub.com

经销／ 新华书店

开本／ 16开 710毫米×1000毫米

印张／ 27.25 **字数／** 412千字

版本／ 2021年2月第1版 2021年2月第1次印刷

印刷／ 北京天宇万达印刷有限公司

书号／ ISBN 978-7-5162-2282-9

定价／ 88.00元

吉安律师

只向真理低头

江平

2019年9月11日

序　言

京都律师事务所的合伙人彭吉岳律师以“办案手记”的形式写了一本书：《辩护的力量—— 一名北京律师的年度“刑辩手记”》，请我为之写序。

看到书后，有感而发，引出以下一段文字：

自法治建设四十年以来，中国律师从无到有，从少到多，经历了一个迅速却又艰难的发展历程。而刑辩律师则更是在“痛并快乐”的荆棘路上一步一步地蹒跚前行。个中甘苦，不堪回首。

然而，四十年过去，一代代、一批批勇敢、坚毅的中国刑辩律师在隐忍、坚持、探索和抗争中，经过几代人的不懈努力，终于茁壮地成长起来，成为世人皆知且不可小觑的一种具有标志性意义的群体力量。如今，不仅“刑辩律师”已为社会大众所熟知，更重要的是，“辩护的力量”也在律师的辩护活动中逐渐得以显现，赢得了社会大众的普遍认可。这种现象，既可以反映出刑辩律师地位和作用的提升，也可以体现出刑辩律师水平的高度。

在中国法治建设的进程中，刑事辩护的作用经历了从无到有、从小到大的缓慢发展过程。刑事辩护的“无力感”是长期笼罩在刑辩律师头上的一道阴影。这道阴影曾迫使一些刑辩律师因自感“黯然失色”而改弦更张，退出刑辩队伍。但与此同时，又正是在一批批刑辩律师的坚守和努力之下，使得“辩护的力量”终于得到了由弱到强的发展，并且通过一个个鲜活的具体案例展现了这种力量的魅力。

可以说，“辩护的力量”，是一个社会法治化水平的重要标志之一。

彭吉岳律师以个人“办案手记”的形式，向社会大众汇报了他刑辩活动的成果、感受和思考，不仅向全社会展示了“辩护的力量”的真实存在和重要意义，而且也体现出中国新一代年轻律师的敬业精神、水平和情怀。“辩护的力量”离不开社会法治大环境的支撑，更离不开律师个人的努力和能力。彭吉岳律师正是通过其不懈的努力和不断提升的能力，才能在一桩桩亲历案件的实际成效中不断地展现出“辩护的力量”。

这种成果，既是律师个人的价值所在，也是刑事辩护的整体价值所在。

希望在法治建设四十年后的今天和未来，会有更多的刑辩律师能够在刑辩过程中更多地切身感受到“辩护的力量”；更希望随着中国法治化进程的发展，“辩护的力量”日益强大，且日益深入人心。

田文昌

2020 年 9 月 28 日

自　序

刑辩律师，是一个怎样的职业？

明代大儒吕坤曾写下“为人辩冤白谤，是第一天理”的句子，几百年后仍被胡适当作人生箴言。有人将这句话用在刑辩律师身上，于是，律师仿佛成了捍卫正义的天使。然而，在莎士比亚的戏剧中，也流传着一句广为人知的怒吼：“杀死所有律师！”一瞬间，律师的形象从天堂跌落地狱，似乎成了颠倒黑白的魔鬼。

律师既不是天使，也不是魔鬼。

本书展现了一名刑辩律师真实的所思所想、所作所为。亲历是最直观的学习方式之一，站在 2019 年的年终岁尾，总结、梳理这一年所经办的刑事案件，既经历了重大职务犯罪的从轻量刑、对普通人“无心之失”不起诉的成功，也见证了对公司高管高度存疑的指控、企业家犯罪中违法处置涉案财物的弊病……在总结与思考中，笔者越发深入地感悟到，这一个个案件不仅仅是自己的工作经历，它们也是一面镜子，反映着社会肌体的病痛与生机，反映着刑事司法机器的齿轮转动，也反映着刑事辩护活生生的现实。

因此，笔者选取 2019 年亲办的 12 起刑事案件（有的案件存在时间跨度），与同行交流分享，也希望更广大的读者能够从中感受到刑事辩护的力量。诚然，对于刑事辩护的价值，社会上经常有一些质疑的声音，甚至律师队伍中也有人不太理解。笔者希望通过展示真实的刑辩手记，让大家看到：刑辩律师是法治天平中不可或缺的一端，无论是为“好人”辩冤，还是替“坏人”说话，都是在为人之为人应有的权利而辩。每个人都有权利获得他（她）应有的公平正义，这是新时代中国社会不可或缺的要素。

当然，法治的前进虽艰难坎坷，但是推动前进的力量不可阻挡：刑辩律师每一次法庭上的专业辩护，每一份呕心沥血的辩护意见，每一次对实体公正的追求和每一声对程序公正的呐喊，实际上都是推动法治前进的力量！笔者在办案过程中虽然也有无奈的叹息，但确实感受到了法治的进步、法律人的坚守，你、我、他（她）共同努力，坚信中国的法治一定向好、向前！

本书中每个案件的办案手记均分为两大部分：一是以辩护人视角重现整个办案过程，对办案思路、辩护策略、重要的办案过程进行展示，与广大同仁交流分享办案经验；二是将每个案件的主要法律文书作为附件，呈现“原汁原味”的辩护工作。法律文书是刑辩律师工作的重要内容，也能够直观反映一个律师的专业水平和用心程度，笔者鼓起勇气一字不改地（除隐去或调整必要的案件信息）晒出曾经的辩护词及部分法律意见，希望广大读者批评指正，如能使读者有所借鉴，那当然最欣慰不过了。

除了办案手记，笔者还将办案过程中对一些专业问题或者热点案件的研究和思考文章收录于本书，这些文章和笔者2019年所参加的部分研讨、演讲等活动的照片剪影一起作为本书第二部分内容，它们也是刑辩律师真实生活的一部分。

刑事辩护是一项不断精进的事业，笔者虽有“会当凌绝顶”之志，但囿于自身水平、时间等因素，无论是辩护策略还是法律文书，都可能存在诸多值得商榷及不足之处，还望读者包涵与指正。

在此，感谢我的助理封旺，他本科和研究生毕业于中国政法大学，法学素养好，工作态度认真。冬去春来，他随同我一起从头至尾办理了本书中的所有案件，一年来，他兢兢业业地工作，及时完成我交派的任务，几乎没有按正常时间下过班。对于本书的文档整理、写作、校对和出版发行，给了我不少协助。感谢封旺，陪我一起“走南闯北”。

同时，笔者也非常感谢京都律师事务所众多师长、同事给予的帮助与鼓励，尤其是京都律师事务所高级合伙人杨大民律师，在艰难时刻，坚定了我的信心！也始终感谢田文昌老师在我顺利通过京都律所人力资源部安排的笔试、刑诉部安排的模拟法庭和面试考核后，进入京都律所时送给我的第一句话，“京都律师要始终坚持专业打法”，正是田老师的这句话、这个要求，一直勉励我坚定地将专业要求、法治情怀、真诚坦荡、勤奋执着贯穿于我的办案工作之中。

是为序，也是为感恩岁月！

北京市京都律师事务所高级合伙人　　彭吉岳律师

2020 年 2 月抗击“新冠疫情”期间于北京家中

目　录

第一部分　办案手记

第二部分　研究思考

第一部分 办案手记

刑辩的价值
庭后跟进 补强辩护 借钱也是犯罪
庭后跟进 补强辩护
正义不能讨价还价
细致阅卷确定辩护策略
证据之辩撬动从轻量刑的杠杆
一罪不起诉
案情重大 中纪委移交最高检，最高检指定异地查办
实体辩护
精辩实体 终获缓刑
直辩程序 退回补侦
神秘的客商
坚持 坚持 再坚持
专业意见 有理有据
直击立案动机及合法性
公证送达——证据意识很重要
证据保全
法庭之外 亦是律师舞台
输不起的时间 专业帮助要尽早
当警察来「敲门」
个案圆满解决
二审情理并重 成功说服合议庭撤销一审判决
八天走出看守所
刑辩律师的大数据思维
酒醒后的悔悟
司法监督机制点亮新的希望

“闪电式”辩护，八天走出看守所：河北退休干部李某妨害公务案

2020 年 1 月 10 日，公安部召开新闻发布会，通报最高人民法院、最高人民检察院、公安部联合印发《关于依法惩治袭警违法犯罪行为的指导意见》（以下简称《指导意见》）。从新闻发布会公布的情况来看，从 2016 年至 2019 年，因妨害公务罪共批准逮捕 41682 件 51658 人，提起公诉 59775 件 79024 人。

“袭警违法犯罪”主要是指妨害公务罪。《中华人民共和国刑法》（以下简称《刑法》）第 277 条第 5 款规定：“暴力袭击正在依法执行职务的人民警察的，依照第一款的规定从重处罚。”在实践中，司法机关对因暴力袭警而涉嫌妨害公务罪的行为一向从严处理。进行简单的网络检索，不乏因暴力袭警被严惩，甚至辱骂民警被拘留的新闻。

《指导意见》作为我国首部专门惩处袭警犯罪的规范性文件，进一步加强了惩处力度，《指导意见》明确，对民警人身实施撕咬、踢打、抱摔等直接攻击以及对民警正在使用的警用车辆、警械等警用装备进行打砸等破坏，间接对民警人身进行攻击的行为均属于暴力袭警行为，应当适用《刑法》关于袭警从重处罚的规定。醉酒的人实施袭警犯罪行为的，应当依法追究刑事责任。

在这种严峻的形势下，我们办理的一起袭警案件，接受委托后 8 天当事人便被取保候审，后检察院作出不起诉决定，当事人及其家属闻之喜极而泣！

我天天在挽救病人的生命，谁“救”我的父亲

案发时，李某已过花甲之年，从河北老家某机关退休后来到北京帮女儿看孩子，正是含饴弄孙、颐养天年的时光。

这一天，几个老战友邀李某闲来一聚，几人晚上在饭店开怀畅饮、共话

战友深情，觥筹交错间李某醺然欲醉。酒足饭饱，李某独自打车回家，在出租车上，酒劲上涌，醉意渐浓。

出租车开到北京市D区李某居住的小区楼下时已是半夜，处于醉酒状态的李某因为打车费问题和司机发生争执，据出租车司机报警时所称，当时李某动手打了他。司机报警以后便驾车离开，李某也便上楼睡觉。

李某的爱人见李某喝醉了，便搀扶其坐在凳子上休息。随后，两位民警来到李某家中调查了解情况，当时李某坐在椅子上，背对着门趴在桌子上睡着了。民警从李某背后拍打其肩膀叫其站起来配合调查，醉酒中的李某不知道有警察到来，本能地向后挥手与民警发生了肢体冲突——由此，李某被指控妨害公务罪，当晚被民警带走并被采取刑事拘留措施。

李某的女儿是北京某著名三甲医院的医生，一直在医院重要岗位每天挽救病人的生命，但是，不知道谁能“救”自己的父亲，自案发以来一直为父亲的事情奔走求助，介绍案情说到伤心处不免涕泪涟涟。家属的真诚打动了我们，考虑到本案的情节以及这家人的困难处境，笔者决定出手相助。

酒醒后的悔悟

接受委托后的第二天，我便赶往看守所会见了李某，李某提起案发经过一脸懵懂。原来案发当晚李某已经“喝断片”，第二天醒来发现自己在看守所，但完全不记得昨晚发生了什么，被讯问后才发现自己原来闯下大祸，知道真相的李某后悔莫及。

根据会见情况，我初步判断当事人只是酒后失态，并非蓄意对警察执行公务的行为加以妨害，主观恶性非常小。此外，当事人年事已高，且患有严重心脏病，在看守所羁押时间过长恐生意外。

基于以上理由，2019年6月5日，辩护人向公安机关递交了取保候审申请书，并附有当事人病历等证据材料。取保候审申请书主要表达了李某对自己冲动行为的歉意及深刻反思，并简要论述了李某的行为社会危害性低，没有主观恶意，取保候审不致发生社会危险的观点。

遗憾的是，第二天下午，辩护人就接到通知：拒绝取保候审，并将向检察院申请批捕。

刑辩律师的大数据思维

侦查机关已经向检察院提交了逮捕申请，根据法律规定，检察院审查决定是否逮捕的期限只有 7 天，如果李某被批捕，其羁押时间将会大幅延长，局面将变得十分不利。形势紧急，辩护人当即加班撰写不应批准逮捕的法律意见，装订好向检察院邮寄，第二天一上班又赶赴检察院进行当面沟通。

为了加强法律意见的说服力，辩护人对该区法院判处的妨害公务罪案例进行了细致检索和大数据分析，对法院认定犯罪的标准、量刑幅度及缓刑等执行措施的适用有了充分把握。通过检索可以发现，此类犯罪情节轻微的，即便被认定为犯罪，也有一定适用缓刑的空间，可见司法实践中对此类犯罪是充分贯彻了宽严相济的刑事政策的。

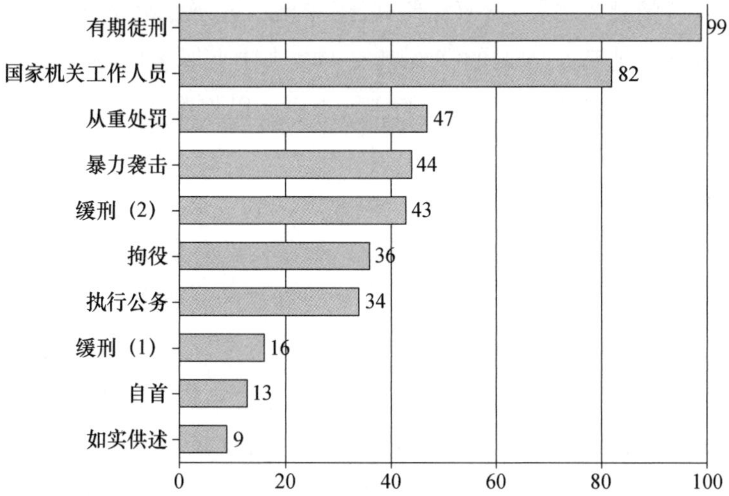

图 1　妨害公务罪量刑情节大数据分析

此外，本案的关键点之一在于如何理解《刑法》第 277 条第 5 款的“暴力袭击”。围绕这一争议焦点，辩护人对相关理论观点进行了检索，搜集到《检察日报：被执行人的反抗不构成妨害公务罪》《妨害公务罪中“暴力”认定的三个问题》等相关学术文章，为辩护意见提供了理论支撑。

本案事实虽然简单，但为了充分地对李某的行为进行剖析，论证其不具有暴力袭击的危险性及主观恶性，辩护人在申请不予批捕的法律意见中将整个过程划分为两个阶段逐一分析：第一阶段，警察到达李某家中，从李某背后叫其起来配合调查，李某往后挥手和警察形成肢体接触。第二阶段，李某起身后被警察控制并押送至看守所。

第一阶段，李某完全没有意识到警察的到来，挥手时也很难看到警察。此外，李某的行为也只是向后挥手阻止别人打扰其休息，远远没有达到妨害公务的严重程度。

第二阶段，李某被控制后，便再也没有实施任何拒绝或攻击的行为，也没有任何妨害警察执行公务的言论。这个阶段，无论从主观上还是客观上都不满足妨害公务罪的构成要件。

同时鉴于本案当事人年事已高的特殊情形，辩护人还在法与理的基础上进一步展开“情感攻势”。儒家经典有言：国法不外乎天理人情。司法也应当有人性的温度。笔者从本案的特点出发，以法律上罪名的构成要件为基础，结合刑法的谦抑性以及人文关怀之特点，重点予以陈述：

我国作为一个拥有悠久司法文明的古国，从古至今司法都渗透着人性的温暖。在古代，儒家“仁政”思想是政治的核心，司法也遵循“春秋决狱”，对年长者予以特殊照顾；在现代《刑法》也体现着对老年人的特殊关照，如一般情况下75周岁以上的老年人不判处死刑等。

刑罚的终极目的是矫正和教化，使违法的人守法，使不知法的人懂法，本案中李某本就是一名遵纪守法的良好公民，且其原来是一名军人，同样肩负着国家使命，履行着保家卫国的职责，从未违法违纪，对国家和社会从未有过对抗心理，只是一时酒后失态。鉴于李某年事已高，且一贯表现良好，没有对其逮捕及科处刑罚的必要。

家属看完该意见后短信回复：“律师您好，看完您的陈述，综篇觉得饱满合理，从法制到人文一脉贯通，有理有据。”

2019年6月9日，辩护人将法律意见提交了检察院。同时，为了使审查批捕部门真切了解当事人的状态及案发时的情形，辩护人还根据《中华人民共和国刑事诉讼法》（以下简称《刑事诉讼法》）第 88 条规定，向检察院提交了《请求检察院在决定是否批捕之前提讯李某申请书》，穷尽法律规定的一切权利为当事人争取取保候审。

八天走出看守所

2019 年 6 月 12 日深夜传来好消息，当事人没有被批准逮捕，成功取保候审，重归团圆的一家人喜极而泣！此时，距当事人被拘留 13 天，距辩护人接受委托仅 8 天。

然而，取保候审并不是最终结局。侦查机关仍然认为李某构成犯罪，几个月后，侦查机关向检察院移送审查起诉，《起诉意见书》指控：犯罪嫌疑人李某拒不配合民警工作并用拳击打民警头部，用脚踢民警腿部，经鉴定民警身体所受损伤程度不构成轻微伤……犯罪嫌疑人李某的行为已触犯《刑法》第 277 条之规定，涉嫌妨害公务罪。

得知这一消息后，当事人全家的神经又一下子紧张了起来。我们则继续投入“战斗”，迎接挑战，迅速向检察院递交了不起诉申请书，争取在审查起诉阶段即解决本案。

申请书中除了再次对李某的行为危险性、主观态度和悔过心态进行阐述，还着重从损害结果方面论述本案不宜作为犯罪处理的理由：

《刑法》虽不要求将暴力袭警造成特定严重后果作为妨害公务罪的客观要件，但犯罪的本质属性是法益侵害性，行为的结果是判断其是否成立犯罪的重要标准。

根据《北京 ZH 司法鉴定所司法鉴定意见书》，被鉴定人肖某文所受损伤不构成轻微伤。李某的行为自然不当，其一直以来也十分懊悔，但所幸没有造成严重后果。

辩护人将北京市 D 区人民法院所审理的妨害公务罪案例中，有醉酒情节的进行了整理，发现一般具有轻微伤情节的才予以定罪量刑①。

① 详见附件 4。

辩护人将检索到的案例通过表格形式列举在申请书中，列明案号、犯罪行为、判决结果等信息，使办案人员很容易发现其中的规律，通过将所列案例与本案对比，得出本案情节显著轻微、危害不大，不应认定为犯罪的结论。

递交书面申请后，辩护人再次赶赴检察院与检察官当面进行沟通，将本案的前因后果做了充分说明，晓之以理，动之以情，最终成功说服检察院作出不起诉决定，当事人一家再次悬起的心终于落了地。律师办案，虽然事实是依据，法律是准绳，相关工作的推进有程序法作为指引、保障，但是在实际办案中，主动、彻底地坚持做事亦很重要。如同莎士比亚所说，无数人的失败，都是失败于做事不彻底，往往做到离成功只差一步时停了下来。

本案案情虽然简单，但对于辩护律师而言，同样不能掉以轻心，该走的诉讼流程同样要走，该准备的法律文书同样需要认真准备，该与办案人员交流的事项同样需要一趟一趟奔走沟通。可能对于刑辩律师而言，案件有大有小，但对于当事人而言，每个案件都比天大。对于辩护人而言，只要接受了委托，每个案件都要用饱满的、无差别的精力和热情去努力，以不负当事人之重托！

附件：法律文书

附件 1：侦查阶段取保候审申请书

取保候审申请书

申请人：彭吉岳，北京市京都律师事务所律师，李某的辩护人

联系地址：北京市朝阳区景华南街 5 号，远洋光华国际大厦 22—23 层

联系电话：010-57096000　13910634028

申请事项：申请对犯罪嫌疑人李某取保候审

申请理由：

犯罪嫌疑人李某因涉嫌妨害公务罪，于 2019 年 6 月 1 日被北京市公安局 D 区分局刑事拘留，目前羁押在 D 区看守所。根据《刑事诉讼法》第 67 条之规定，辩护人申请对李某取保候审，理由如下：

一、李某成长于一个传统的干部家庭，自己也是军人出身，热爱祖国、热爱人民警察、遵纪守法，本案实属酒后误会，并无对民警的敌意

李某身份背景“根正苗红”，成长于家风良好的干部家庭，自幼热爱祖国、立志报效祖国，长大后成为一名军人，和人民警察一样肩负起保家卫国的重任，时时遵纪守法。本案之所以发生，实属醉酒后的一时误会，李某并没有对警察的敌意，且鉴于其行为的危险性也比较小，对其宜取保候审。

二、案发当时李某处于高度醉酒状态，神志不够清晰，主观恶意很小

案发之前李某和朋友聚会吃饭，喝了大量高度白酒，回家时已经处于高度醉酒状态，趴在桌子上睡觉，其辨认能力和控制能力已经大大减弱，加之当时警察在其身后，案发过程也非常短暂迅速，李某很难意识到在自己家中，站在自己身后的是警察，主观恶性非常小。

三、李某是一个年过花甲的老人，且身患缺血性心肌病等严重疾病，对其羁押时间过长恐出现意外

缺血性心肌病是由冠状动脉粥样硬化引起长期心肌缺血的一种严重疾病，平时需要多休息并需要他人照料，过大的精神压力和刺激容易导致病发。鉴于李某年事已高，身患重病，人身危险性很低，取保候审不至于发生社会危险。

四、李某的外孙女现在因病住院，正处在恢复的关键期，案发前一直由李某陪床照料，如果继续羁押李某也非常不利于孩子的健康

李某的外孙女不幸患有川崎病，这是一种以全身血管炎为主要病变的急性发热出疹的小儿疾病，本病可引起心脏血管系统损害，严重者可导致死亡。案发前李某一直在医院照料，也正是因为孩子患病，李某才心情郁结多喝了几杯酒。现在李某的外孙女正处于恢复的关键期，其父母工作繁忙难以照料，外孙女也思念姥爷心切，本着人道主义原则，应当尽快将李某取保候审。

根据《刑法》第277条之规定，妨害公务罪的法定刑是：三年以下有期徒刑、拘役、管制或者罚金。根据《刑事诉讼法》第67条之规定，可能判处管制、拘役或者独立适用附加刑或者可能判处有期徒刑以上刑罚，采取取保候审不致发生社会危险性的情形，可以取保候审。本案中，李某符合上述两种情形，对其取保候审没有任何社会危险。

综上，李某醉酒以及和民警发生冲突的行为确实是错误的、应当深刻反思的，但事出有因，其行为危害性较小，主观恶意较小，对其取保候审不致发生社会危险。李某年事已高，身患疾病，且有住院的孩子需要照料，恳请贵局充分考虑这家人的困难处境，将李某取保候审。

此致

北京市公安局D区分局

犯罪嫌疑人李某的辩护人：

北京市京都律师事务所律师　彭吉岳

2019年6月5日

附件 2：侦查阶段申请不予批捕的法律意见

关于李某在完全醉酒状态且在自己家中因身体本能反应与警察存在肢体接触不应该定性为妨害公务罪不应批准逮捕的法律意见

尊敬的检察官：

北京市京都律师事务所接受被告人李某家属的委托并经李某本人确认，指派本人担任李某的辩护人，辩护人向李某家属了解了案情，并且会见了李某，基于此，辩护人认为李某不构成妨害公务罪，不应将其批准逮捕，理由如下：

妨害公务罪，《中华人民共和国刑法修正案（九）》将该款规定在《刑法》分则第六章“妨害社会管理秩序罪”章，而没有规定在第四章“侵犯公民人身权利、民主权利罪”章，本质上是针对作为特殊行为对象的妨害公务行为的特别规定，而不是针对人民警察个人人身权利犯罪的专门规定。因此，判断暴力袭警行为是否适用该规定加重处罚，是否构成刑事犯罪，首先看行为是否成立妨害公务罪，重点判断行为人是否对公务的执行已经造成或者可能造成妨害。

一、本案中李某是在完全醉酒的状态下，出现了与民警有肢体接触的行为，其行为发生之前，他实际上完全不知道对方是谁，对方在干什么，是什么目的，仅仅是对外界人员在其极度困乏和醉酒难受情形之下打扰其休息作出的本能反应

刑法上认定犯罪需要达到主客观的统一，妨害公务罪的主观方面是行为人明知他人在合法执行公务，而故意实施暴力、威胁加以妨害。具体而言，行为人主观上必须有三个层面的认识：第一，认识到行为对象是国家机关工作人员；第二，认识到国家机关工作人员在执行公务；第三，认识到自己的行为将会妨害公务的执行并且刻意追求这种结果的发生。以上三个条件同时具备，妨害公务罪的主观要件才能够成立。

本案中，李某不知道对方是警察。首先，案发时李某已经处于完全醉酒状态，并且趴在桌子上睡觉，其辨认能力和控制能力已经非常弱，难以认识到当时有警察在场。其次，当时是在李某自己家中，根据一般情况，他更加难以预料到自己的家里会有警察。最后，案发时警察是在李某的身后，李某无法第一时间看到警察，不能辨别其身份。

李某之所以与警察发生了肢体接触，完全是其在极度困乏和醉酒难受的状态下，被人影响休息时的本能反应，而非蓄意“袭警”或者阻碍警察执行公务。

二、在民警和其短暂接触中，其没有任何表达主观恶意或想妨害公务的言语，在民警采取强制措施将其带至派出所及押送至看守所期间，也没有任何言语或肢体攻击行为，再次说明李某本人没有妨害公务的主观愿望，需要区别一般妨碍行为和“暴力袭警”造成的妨害公务

李某没有辨别出警察的身份，也就自然不知道警察在执行公务，更加不可能妨害执行公务。本案事实虽然十分简单，但从法律角度可以分为两个阶段：第一阶段，警察到达李某家中，从李某背后叫其起来配合调查，李某往后挥手和警察形成肢体接触。第二阶段，李某起身后被警察控制并押送至看守所。

第一阶段，李某完全没有意识到警察的到来，挥手时也很难看到警察。此外，李某的行为也只是向后挥手阻止别人打扰其休息，远远没有达到妨害公务的严重程度。

第二阶段，李某被控制后，便再也没有实施任何拒绝或攻击的行为，也没有任何妨害警察执行公务的言论。这个阶段，无论从主观上还是客观上都不满足妨害公务罪的构成要件。

辩护人在会见时了解到，李某第二天酒醒后发现自己在看守所非常惊讶，也不知道昨天发生了什么，可见其案发当晚已经醉酒“断片”，失去意识，不可能产生妨害公务的故意，甚至连对警察执行公务的事实都没有认识。

三、李某身高约1.65米，执勤民警身高约1.8米，且李某已62周岁，如果李某真正意识清楚或知道是民警在执行公务，李某不可能也不能实现达成任何妨害公务执行的效果，况且，民警推拉李某过程中并没有告知其有较为恶劣的后果，也不需要通过妨害公务达成某种目的

刑法虽不要求暴力袭警造成特定严重后果作为妨害公务罪的客观要件，但犯罪的本质属性是法益侵害性，连抽象危险犯的成立都至少要求存在法益侵害的风险，否则刑事犯罪将与行政违法无法区分。

本案中，李某在身高、年龄、精神状态以及人数方面均无法与执勤民警抗衡，无法形成对执行公务行为的妨害。李某身高约 1.65 米，执勤民警身高约 1.8 米；李某已经 62 岁，执勤民警年轻力壮；李某高度醉酒、神志不清，执勤民警精神状态良好；李某只身一人，执勤民警至少有 2 人，后又叫来几位民警协助将其带走。

从各方面看，李某都无法对执勤民警进行有效抵抗。并且根据上文分析，李某只在第一阶段和民警发生过一次身体接触，后续再没有任何抗拒行为。综合分析，应认定为酒后本能反应，而非意图明显的反抗行为。

四、《刑法》虽需要严格遵照执行，但在执行过程中也要有温度，何况警察执行公务中难免有肢体的碰撞，不能将任何受到的回击都定性为“袭警”，同时中国也遵从及推行“仁”的思想，请求司法机关对一个已经 62 周岁，曾经是一名军人，一名从没有违纪违法的老干部，给予人性化的关怀

刑法具有谦抑性，《刑法》第 13 条规定：“……情节显著轻微危害不大的，不认为是犯罪。”通过以上分析，足以证明本案情节十分轻微，李某醉酒的行为固然不对，但也没有对执勤民警造成明显身体伤害，也没有阻碍到公务的执行，因此根据《刑法》规定不宜认定为犯罪。

我国作为一个拥有悠久司法文明的古国，从古至今司法都渗透着人性的温暖。在古代，儒家“仁政”思想是政治的核心，司法也遵循“春秋决狱”，对年长者以特殊照顾；在现代《刑法》也体现着对老年人的特殊关照，如一般情况下 75 周岁以上的老年人不判处死刑等。

刑罚的终极目的是矫正和教化，使违法的人守法，使不知法的人懂法，本案中李某本就是一名遵纪守法的良好公民，且其原来是一名军人，同样肩负着国家使命，履行着保家卫国的职责，从未违法违纪，对国家和社会从未有对抗心理，只是一时酒后失态。鉴于李某年事已高，且一贯表现良好，没有对其逮捕及科处刑罚的必要。

五、李某患有严重的缺血性心肌病等老年疾病，如继续羁押并苛以刑责，出现意外的概率较大，因李某事宜，其老伴现在也发病需要住院，其女儿（独女，北京某医院急诊科医生）为其父亲的境遇恐慌及伤心不已，也严重影响其女儿全情投入治病救人的工作

李某年老多病，严重的心脏等疾病需要日常的休息和调理，看守所的羁押环境会导致其精神恐慌、焦虑，更加容易导致病发，一旦病发后果不堪设想。现在李某的全家都因此事心神不宁，其女儿是治病救人的医生，工作势必受到影响。李某的外孙女也生病住院，案发前李某一直在医院照料，李某被抓，这家人的生活更加陷入困境，孩子病情的恢复也很可能受到影响，此外，现在李某老伴因李某事宜“着急上火”，甲状腺疾病发作，已经预约入住中国人民解放军总医院。

另外，李某家属第一时间向执行公务的警官表达歉意，并说明了情况，该警官也明确表示不计较、不在意李某当时的不妥当行为，鉴于办案警官的谅解与事情本身没有造成恶劣影响，再次恳请贵院本着刑法的谦抑性，对于本案当事人李某不予批捕。

此致

北京市D区人民检察院

犯罪嫌疑人李某的辩护人：

北京市京都律师事务所律师　彭吉岳

2019年6月9日

附件3：审查批捕时请求检察官提讯李某申请书

请求D区人民检察院在决定是否批捕前提讯李某
进一步了解案情及其主观状态
申请书

申请人：彭吉岳，北京市京都律师事务所律师，李某的辩护人

联系地址：北京市朝阳区景华南街5号，远洋光华国际大厦22—23层

联系电话：010-57096000　13910634028

申请事项：申请D区检察院在决定是否对李某进行批捕时，首先对其提讯，以便进一步了解案情及李某的主观状态

事实与理由：

本案事实非常简单：执勤民警到李某家中调查情况时，李某已经处于高度醉酒状态，几乎完全失去了意识，并没有认识到对方是警察，在被叫醒时只是基于本能反应与警察发生了肢体接触，并没有暴力袭警的故意和行为。

一、李某完全没有意识到警察的存在，没有暴力袭警的故意

案发时李某高度醉酒，趴在桌子上睡觉，警察从背后叫他，李某已经无法辨认对方身份，只是基于醉酒的困乏和难受才本能地阻止别人打扰其休息，没有妨害公务的认识和故意。

辩护人会见李某时，李某表示第二天完全不记得当晚发生了什么，对自己身处看守所也非常诧异。可见其当时真的对环境和场景没有认识，更谈不上妨害公务的故意。

二、李某只是被叫醒时与警察发生了肢体接触，被带走的过程中没有任何抗拒的行为和言论，其行为远远没有达到妨害公务的危害程度

这更加能够证明李某在被叫醒时与警察发生的肢体接触是其酒后的本能反应，而非对抗警察执行公务的蓄意行为。

李某在酒醒后也非常后悔，对当晚的执勤民警心怀歉意，其主观状态只有李某自己最能表达。辩护人郑重建议贵院在决定是否对李某进行批捕时，首先提讯李某，如此可以对本案的性质有一个更加准确的判断，望贵院理解

并采纳。

此致

北京市D区人民检察院

犯罪嫌疑人李某的辩护人：

北京市京都律师事务所律师　彭吉岳

2019年6月9日

附件4：审查起诉阶段不起诉申请书

李某涉嫌妨害公务罪一案应作出不起诉决定
申请书

北京市京都律师事务所接受李某家属的委托并经其本人同意，指派彭吉岳律师担任李某的辩护人。辩护人经过会见及阅卷，已经充分了解了案件事实。在此基础上，辩护人认为李某符合法定不起诉条件，假使不属于法定不起诉，也属于相对不起诉（不需要判处刑罚或者免除刑罚）的情形，根据《刑事诉讼法》第16条、第177条之规定，申请贵院依法作出不起诉决定。

一、李某主观恶性极小，案发时其处于高度醉酒状态完全不知警察身份与目的，其行为仅仅是在极度困乏状态下被人打扰后的本能反应

妨害公务罪成立的前提，是行为人认识到公务人员身份及执行公务活动的存在。案发时李某处于醉酒状态，已经完全丧失了辨认能力和控制能力，没有认识到深夜会有警察出现在自己家中，没有妨害公务的故意。

1. 案发当晚其喝了一斤左右白酒，高度醉酒神志不清。根据李某供述：“2019年5月31日19时许，我和战友在北京市东城区吃饭喝酒，当时我喝了一斤左右白酒，后来的事情我就不知道了。”（法律手续、口供卷，P8）案发时李某已经62岁，一斤左右的白酒足以让其高度醉酒。辩护人会见李某时，其对自己当晚的行为也毫不知情，酒醒后对自己被拘留的处境十分诧异；在民警讯问李某时，所有情况其也因为高度醉酒而不知情，可见李某当晚确实已经完全神志不清，无法辨别警察身份。

2. 案发时执勤民警也认为当晚李某由于醉酒“神志不清”。当晚到李某家出警的民警有两个人，分别是肖某文和纪某旺，肖某文笔录中说，“经了解该醉酒男子名叫李某，李某趴在桌子上满身酒气，神志不清”（证据卷，P10）；纪某旺笔录中说，“经与其家人了解该醉酒男子名叫李某，李某满身酒气，意识不清”（证据卷，P24）。有两名执勤民警见证，可见李某确实已经处于深度醉酒状态，丧失了辨认和控制能力。

3. 根据案发时间和环境等情形，李某很难判断出警察的存在。案发当时是深夜11点多，根据普通人的生活经验，很难判断半夜会有警察出现在自己家中，且当时李某趴在桌子上睡觉，背对着警察，其无法第一时间看到警察，况且其已经高度醉酒。因此，当警察从背后叫李某起来说话时，李某在极度困乏状态下突然被人打扰休息，本能地便会起身反抗，因此产生了短暂的肢体冲突。整个过程中，李某对警察的身份没有明确的认识，也没有攻击警察、阻碍执行公务的恶意。

当然，醉酒并非放纵行为的理由，但也足以说明李某确实没有主观恶意，且本案事出有因，发生在深夜的家中，难以判断警察的出现，过程也十分短暂，与其他故意酗酒滋事的行为性质完全不同，本案情节十分轻微，李某的行为不足以体现出对民警的恶意。

二、李某没有对民警执行公务的行为造成实质的妨害，根据《到案经过》，李某在到所过程中无拒绝、阻碍、抗拒等行为，再次说明李某没有妨害公务的主观故意

本案事实虽然十分简短，但从法律角度可以分为两个阶段：第一阶段，警察到达李某家中，从李某背后叫其起来配合调查，李某难以认识到警察的到来，本能挥手和警察形成肢体接触。第二阶段，李某起身后被警察控制并押送至看守所，在此阶段可能已经模糊意识到警察的存在，没有进一步的抗拒行为。

第一阶段，李某完全没有意识到警察的到来，挥手时也很难看到警察。此外，李某的行为也只是向后挥手阻止别人打扰其休息，远远没有达到妨害公务的严重程度。

第二阶段，李某被控制后，可能已经认识到警察的存在，便再也没有实施任何拒绝或攻击的行为，也没有任何妨害警察执行公务的言论。根据《到案经过》，李某到所过程中无拒绝、阻碍、抗拒等行为。这个阶段，无论从主观上还是客观上都不满足妨害公务罪的构成要件。

妨害公务罪属于扰乱公共秩序类犯罪，其保护的主要法益是稳定的公共秩序及国家机关工作人员执行公务的活动，李某虽有不当行为，但并没有对民警的行为造成实质上的阻碍，他本人也于当晚被带走，警察对其相关问题的调查也在其酒醒之后正常进行，造成的影响十分轻微，不宜作为犯罪处理。

三、经鉴定民警不构成轻微伤，再次证明李某的行为危险性较小，没有造成严重后果

刑法虽不要求将暴力袭警造成特定严重后果作为妨害公务罪的客观要件，但犯罪的本质属性是法益侵害性，行为的结果是判断其是否成立犯罪的重要标准。

根据《北京ZH司法鉴定所司法鉴定意见书》，被鉴定人肖某文所受损伤不构成轻微伤。李某的行为当然不对，其一直以来也十分懊悔，但所幸没有造成严重后果。

辩护人将D区人民法院所审理的妨害公务罪案例中，有醉酒情节的整理如下，发现一般具有轻微伤情节的才予以定罪量刑。

表1　D区法院妨害公务罪案例整理

案号	行为	判决结果
（2016）京0115刑初619号	被告人徐×于2016年4月2日0时许，酒后到北京市D区黄村镇×村一小卖部内闹事，民警赶至案发现场后，徐×拒不配合出警民警郭×工作，在郭×将其带回派出所的途中，徐×辱骂民警郭×，并在警车内将郭×颈部、右手背侧打伤。经鉴定，郭×身体所受损伤程度为轻微伤。	有期徒刑6个月
（2016）京0115刑初431号	2015年12月9日23时许，被告人郭×在北京市D区北臧村镇×工地内，对执行公务的北京市公安局D区分局北臧村派出所民警宋×进行辱骂、推搡，并将宋×咬伤，被告人郝×以勒脖子等方式阻碍民警宋×执行公务。经鉴定，宋×的伤情构成轻微伤。	有期徒刑7个月
（2015）大刑初字第263号	2014年9月2日20时许，被告人王×在北京市D区×镇×村酒后无故打砸邻居车辆。同日21时许，北京市公安局D区分局×派出所民警丁×、李×接警后赶赴现场进行处置时，被告人王×辱骂、殴打民警，并打砸警车（经鉴定修复费用为500元），民警丁×在制伏被告人王×的过程中受伤（经法医鉴定为轻微伤）。	有期徒刑8个月，缓刑一年
（2017）京0115刑初1046号	2017年7月24日20时许，被告人崔×酒后在北京市D区黄村镇×村福兴街北200米处，因挪车问题与王×1等人发生口角后互殴，王×1挪车后，崔×驾驶车牌号为×××的凯迪拉克牌轿车离开并将车停在路边，民警到现场后崔×辱骂、踢踹执法人员，后被抓获。	拘役4个月

续表

案号	行为	判决结果
(2014) 大刑初字第880号	被告人赵×1于2014年4月18日23时许，酒后驾驶大众途锐轿车在北京市D区黄村镇×大街体委门口，强行冲撞交警的设卡，在逃跑过程中，造成一辆私家车与一辆警车受损，后被抓获。经北京市公安交通司法鉴定中心检测赵×1血液中的酒精含量为175.5mg/100mL。	拘役4个月
(2015) 大刑初字第526号	2014年9月10日23时许，被告人关×11、李×12、王×13、张×14等人在北京市D区×镇×歌厅消费，其间关×11与他人发生纠纷，民警接到报警后赶到现场，关×11、李×12、王×13、张×14对民警殴打、拉拽、辱骂，拒不配合工作，造成民警赵×、丁×受伤，经法医鉴定均为轻微伤。	有期徒刑9个月到免于刑事处罚不等
(2016) 京0115刑初886号	被告人陶×伙同杨×1、杨×2、饶×于2016年4月3日21时许，在北京市D区×镇×饭店内，因结账问题与他人发生口角，后北京市公安局D区分局×派出所民警苏×5、关×6、吴×7出警处置过程中，被告人陶×伙同杨×1、杨×2、饶×将民警苏×5、关×6打伤，经法医鉴定苏×5、关×6身体所受损伤均为轻微伤。	有期徒刑10个月，缓刑一年

李某的行为所造成的损害结果非常小，《刑法》第13条规定，情节显著轻微危害不大的，不认为是犯罪。本案事出有因，李某的行为危险性和主观恶性都非常小，本着刑法的谦抑精神，不宜作为犯罪处理。

四、李某在年龄、身材、精神状态等方面与执勤民警存在巨大差距，很难达成任何妨害公务执行的效果

本案中，李某在身高、年龄、精神状态以及人数方面均无法与执勤民警抗衡，无法形成对执行公务行为的妨害。李某身高约1.65米，执勤民警身高分别为约1.8米、1.92米；李某已经62岁，执勤民警年轻力壮；李某高度醉酒、神志不清，执勤民警精神状态良好；李某只身一人，执勤民警有2人，后又叫来几位民警协助将其带走。

从各方面看，李某都无法对执勤民警进行有效抵抗，其人身危险性很低，很难达成任何妨害公务的效果。

五、《刑法》虽严，但也应具有人道主义的关怀，尊老敬老一直是中华民族传统美德，也为法律所吸收，希望贵院能够考虑本案特殊情形，宽大处理，以达到更好的教育作用和社会效果

刑罚的终极目的是矫正和教化，使违法的人守法，使不知法的人懂法，本案中李某本就是一名遵纪守法的良好公民，且其原来是一名军人，同样肩负着国家使命，履行着保家卫国的职责，从未违法违纪，对国家和社会从未有过对抗心理，只是一时酒后失态。

鉴于李某年事已高，一贯表现良好，且其行为情节轻微，负面影响较小，恳请不对其起诉和定罪处罚。以此宽宏的方式处理本案，可能达到更好的教育感化效果，使得李某在以后的生活中更加敬畏和遵守法律。

综上，李某的行为是在极其偶然的情况下失态的表现，并非其本意，更加没有对警察和国家机关的敌意。李某的行为虽然不对，但毕竟没有造成严重的后果，情节较为轻微，可以不作为犯罪处理；即便作为犯罪处理，也不需要判处刑罚或者可以免除其刑罚，符合不起诉条件。

李某已经充分认识到自己的错误，并决心以此为鉴，痛改前非。如果贵院决定对其不予起诉，李某一定能够深切地体会到法律中的人性关怀，达到更好的法治教育作用和社会效果。故，辩护人根据《刑事诉讼法》第 16 条、第 177 条之规定，辩护人特此申请贵院对李某作出不起诉决定，请贵院采纳。

此致

D 区人民检察院

犯罪嫌疑人李某的辩护人：

北京市京都律师事务所律师　彭吉岳

2019 年 8 月 16 日

香港某房地产公司中国区高管涉嫌诈骗犯罪被成功撤案

刑事辩护有一个“黄金 37 天”法则，是指在当事人被刑事拘留后的 37 天内，是最重要的辩护时机之一。根据《刑事诉讼法》的规定，公安机关将犯罪嫌疑人刑事拘留进行调查，最长期限是 30 天。期限届满后，公安机关要么释放犯罪嫌疑人，要么向人民检察院申请批准逮捕，继续羁押犯罪嫌疑人，而检察院决定是否逮捕的审查期限是 7 天。因此，从被刑事拘留，到被批准逮捕，犯罪嫌疑人被羁押的最长期限是 37 天。

这段时间是刑事侦查的最初阶段，犯罪嫌疑人虽然可能短暂失去人身自由，但存在法定期限的限制。在此期间，辩护空间较大，困难相对较小，随着刑事诉讼进程的推进，公安机关、检察机关、法院先后加入追诉犯罪的队列，辩护的难度就会逐级加大。

正如《史记》中所记载的扁鹊的故事。扁鹊被奉为神医，而他却对魏文王说，自己有三个兄弟，大哥医术最好，二哥次之，自己最差。这不是扁鹊的谦辞，他解释说，大哥在病情发作之前就能够察觉，直接去除病因，防患于未然，因此不为人所知晓；二哥在病情刚刚显露的时候就能够药到病除，因此别人以为他只能治疗轻微的小病；我医术最差，病人病情发作到最严重的时候才治疗，又是针灸敷药，又是手术麻醉，所以大家才以为我的医术最好。

其实，刑事辩护又何尝不是如此呢？敬业而又有经验的律师，不会等到“病入膏肓”再“开方抓药”。

因此，辩护律师在“黄金 37 天”内发挥的作用不可小觑，无论是当事人以及家属，还是辩护律师，此时都不能“坐以待毙”，而应当主动寻找机会，积极与办案人员、相关当事人沟通，及时表达法律意见，说明问题，争取将法律风险“扼杀在摇篮中”，实现在侦查阶段即撤销案件的结果，避免冤假错案的发生。

当警察来“敲门”

谭某原本是一名小有成就的都市女白领——30 岁出头，阳光、青春、靓丽、能力突出。在职场中打拼多年的她，业绩出色，年纪轻轻便已担任著名的某地产公司（以下简称 A 公司）高级管理人员。在国家提出“北京城市副中心”的宏大构想后，谭某随公司立足通州区，积极加入建设开发北京城市副中心的行列，轰轰烈烈地大干了一场，使 A 公司相关项目成为北京城市副中心核心区建设的企业典范。

谭某的事业顺风顺水，直到 2019 年的一天，警察拨通了她的电话……

警察在电话里通知谭某，其被举报涉嫌诈骗罪，公安机关已经立案侦查，请其前来接受调查。闻听此言，谭某脑袋“嗡”地一下乱作一团，完全失去了主意。

怎么办？自己一直遵纪守法，兢兢业业工作，怎么就涉嫌犯罪了？是不是有什么误会，还是有意栽赃陷害，是公司人事斗争，还是和客户产生了矛盾？谭某心里设想了一百种可能，却还是无法解决最基本的问题：

要不要去公安局？

她担心万一“有去无回”怎么办，她还想：自己明明是清白的，万一有问题表达不清楚引起误会怎么办……

情急之下，谭某想到了律师，曾经在律政剧中看到的“有事请和我律师谈”的画面给她留下了深刻的印象。遇到法律风险及时委托律师，这是谭某在慌乱中作出的第一个正确选择。

事出有因：“棘手”的感谢费

根据《刑事诉讼法》第 34 条之规定，犯罪嫌疑人自被侦查机关第一次讯问或者采取强制措施之日起，有权委托辩护人。谭某虽然接到了侦查人员的口头传唤，但尚未受到正式的讯问，也尚未被采取强制措施。因此，从严格意义上讲，此时的我和法律意义上的“辩护人”身份还有微妙的差别，但是任何人在任何时候都有权聘请律师为其提供法律服务。

不过，这也恰恰体现出刑事辩护工作的复杂性。刑辩律师，并不是像技术工人一样在刑事诉讼的“流水线”上按部就班作业，而是面临着各种情况和突发挑战。本案中，当事人面临突如其来的刑事调查完全无法应对，这时就需要专业的律师替其“出头”，在法律授权范围内作为其代理人与相关部门沟通协调，律师不仅仅要掌握法律技能，还要有足够的谈判、斡旋、沟通技能，在真正严厉的强制措施到来之前，阻止诉讼程序“车轮”的转动。

在我的帮助下，谭某努力从记忆中搜寻任何可能与诈骗罪相关的蛛丝马迹，她怀疑被指控诈骗罪的事实是不是和她之前在房产销售过程中的一次纠纷有关：

2016 年，A 公司开发了一套房产项目，该项目位于通州副中心核心区，京杭大运河源头，在通州具有标志性的地位，定位极其高端，户型设计也非常好。

当时的一个客户王某看中了这个项目，在几次考察之后，决定购买项目中最好的楼栋和最好的户型。谭某作为该项目的负责人，曾经和王某对接沟通，在了解王某的购房意向后，谭某向领导贾某进行了汇报。

根据公司规定，房产销售实行“排卡制度”，即有购房意愿的客户按照先来后到的卡位排序，排卡顺序即为选房顺序。但是，由于王某到访时已有多位排卡客户，因此正常情况下王某很难选到最好楼栋和最佳户型。不过鉴于王某客户质量较高，公司决定可以为其争取。之后，王某交纳了排卡费，公司为其办理了排卡事宜。

2017 年，项目开盘当天，王某幸运地获得了其心仪房产的优先购买权，由于王某购买套数较多，整体金额巨大，在北京市住房和城乡建设委员会备案的价格区间内，贾某向公司提出申请，经过公司内部审批流程，最终确定了一个较为优惠的购房价格，相当于打了 9 折，王某获得了 900 余万元的优惠。王某对此结果非常满意，主动给予了谭某和贾某一定数额的现金酬谢。

然而好景不长，受到雾霾等种种因素的影响，原定的交房日期逐渐接近，房产工程项目进展有些放缓。同时，那段时间通州区房价涨幅可能并未达到王某预期，于是在一系列因素影响之下，王某提出退房、退款。

在这种情况下，A 公司为王某办理了退房手续，并且向王某退还了预付的前期购房款。按照约定，王某违约需要向公司支付高额违约金，但经协商公司本着宽宏原则考虑，愿意不再追究王某的违约金。

在办理完退房手续后，王某继续向谭某和贾某索要当时给予的酬谢，据谭某称，王某的态度极为强硬，逐渐开始在电话、微信中要挟、恐吓，甚至扬言要通过刑事手段将谭某送进监狱。这一纠纷发生后，鉴于王某情绪暴怒，双方沟通不太顺畅，断断续续一直没有解决矛盾。

但是谭某认为，当时的酬金是王某自愿支付的，自己也没有欺骗她，即便双方有矛盾，这也和诈骗扯不上关系……谭某纷乱的思绪又打上了一个又一个解不开的结。

输不起的时间，专业帮助要尽早

通过谭某的陈述，我初步判定侦查机关的调查与此事有关。根据办案经验，企业高管是刑事法律风险的高发主体，在本书中还有好几个案件涉及企业管理人员，他们被控的犯罪事实大多发生在融资、对外业务往来等环节。同样，销售环节也是刑事法律风险的高发节点之一。据统计，销售负责人是企业中最易触发犯罪的职务之一，至少排在前五名。[①]

事后根据多方信息确认，谭某被指控为诈骗罪的事实就是上述事件，报案人即为王某。如此，律师的分析对象便明确了。结合谭某陈述以及相关证据，经过深入细致地分析后，我认为谭某不构成诈骗罪。

首先，在购房过程中，谭某完全是按照公司规定履行职务，协助王某购买意向房屋，同时按照公司规定的价格幅度及审批流程操作，最终由公司确定了成交价格。谭某没有提供任何虚假信息，房屋也是客观存在的物件，王某自己考察过多次，整个过程中谭某没有虚构事实或隐瞒真相，不符合诈骗罪逻辑链条。

其次，本案中王某给予的一些感谢费用，是王某自己提出，谭某只是被动地接受，既没有主动索要，也没有编造谎言诱使王某，不存在诈骗的行为

① 北京师范大学中国企业家犯罪预防研究中心课题组，张远煌：《2017 中国企业家刑事风险分析报告》，载《河南警察学院学报》2018 年第 4 期。北京师范大学中国企业家犯罪预防研究中心课题组；张远煌：《2016 中国企业家刑事风险分析报告》，载《河南警察学院学报》2017 年第 4 期。

和故意隐瞒真相。

最后，王某在其购房目的达成之后，主动向谭某给予一定感谢费用，具有人情馈赠的性质，与诈骗无关，王某是受益者而非受害者。

我这样和谭某进行分析说明后，她心里的石头终于落了地，在案件发生后的几天之内，律师以专业和经验帮助当事人稳住了阵脚。

在此基础上，我们制定了以下方案：

第一，以无罪辩护为基本策略，以侦查阶段撤销案件为最终目标；

第二，律师尽快与办案人员沟通，说明事件性质；

第三，合理选择谭某与侦查人员见面的时机，本案不排除有人以刑事手段插手经济纠纷的怀疑；

第四，条件成熟时退还王某支付的感谢费。一方面，这是报案人的根本目的；另一方面，假使涉嫌犯罪，这也是认定行为危害性的重要考量因素。

法庭之外，亦是律师舞台

在上述指导思想之下，我们迅速针对案件中的各方主体展开了工作。

首先是侦查人员，我以谭某代理人的身份起草了本案不涉及刑事犯罪、不应刑事立案的法律意见，在法律意见中首先客观陈述了本案的基本事实，在此基础上进一步分析了本案不构成诈骗罪的理由。

本案的法律问题其实非常简单，问题的关键在于将案件中与法律无关的因素的影响降到最低。为此，律师必须和办案人员进行面对面的沟通。我携带书面意见来到公安机关，当面向办案人员进行了提交，也是创造一次双方接触的机会。

我很坦诚地跟办案人员说：谭某和律师都非常愿意配合公安机关调查，不过鉴于本案可能存在的一些干扰和误会，以及谭某一时慌乱，故暂未前来谈话，但这并不代表其拒绝配合，我作为其代理律师，有关法律问题可以全权代理她与各位办案人员沟通。如果贵局对于本案的处理确有难处，也可以告知谭某本人或律师，以便向相关部门进行解释及报告。

同时我着重向办案人员提出：公安机关办理经济犯罪案件，应当坚持惩罚犯罪与保障人权并重、实体公正与程序公正并重、查证犯罪与挽回损失并重，严格区分经济犯罪与经济纠纷的界限，切不可扩大打击范围。

同时，鉴于本案相关事项正处于公安机关内部审批之中，下一步极有可能对我的当事人采取刑事拘留措施。经验告诉我，此时公安局法制科的意见尤为关键，如果法制科对本案提出不同的意见或不能审核通过，案件形势就能得到有效控制，因此向法制科工作人员递交了书面法律意见，同时指出：

本案无罪的理由非常明显，但是王某不仅在A公司散播各种不实谣言，污蔑谭某，对其造成名誉、人身等多重攻击，并且更进一步无端指控谭某诈骗，直接以刑事手段威胁谭某，现在既不考虑首先启动民事程序，也不客观考虑当初自己是怎么用心良苦达成自己的目的，现在又想如何利用自己的“本领”把已经给予别人的感谢费索要回来，以刑事手段相逼，殊不知，公、检、法是国家司法机关，而不是某些人可以随意利用的工具。

报案人也是律师沟通对象之一，报案人以拿回感谢费为主要目的，因此为了加大力度，调动一切“资源”试图以刑事手段逼迫谭某“就范”。我在与报案人进行沟通时表示：各方只要达到自己目的即可，不需要浪费额外的精力，本案本质上不属于刑事案件，我国是法治国家，任何人的私人意志也无法凌驾于法律之上，也不可能一直左右司法机关，本案更适合坐下来好好谈，费用的退还很好商量。相反，如果选择通过不合适的手段，则很难达成目的，并且风险极大。

工作对象还包括谭某的上司贾某，因为除了谭某，贾某当时也收到了王某给予的好处费，其在思想上一时不想退还，成为案件中的一个棘手问题，谭某也没有有效地说服贾某。在此情况下，我主动致电贾某，对其进行说服教育工作，动之以情，晓之以理，析之以法律。我告诉他，如果不能妥善处置这笔款项，不排除后续其成为调查重点的可能。再三权衡之下，贾某同意退还款项。有的时候就是这样，在办案过程中，你永远不知道那个未知的因素最终是什么样的结果，为了这个不确定的结果，我们就得付出百倍的努力，争取10倍的可能，敲定关键的那一步，可能，就成功了。

最终，各方互相妥协，达成一致。谭某、贾某退还感谢费，王某不再就此主张任何权利，公安机关也认为谭某的行为不构成诈骗犯罪，属于民事纠纷，撤销了案件。

个案圆满解决，职业风险仍需防范

本案在“黄金37天”内妥善解决，当事人的职业生涯不再有后顾之忧，但这仍不妨成为广大企业高管的一个教训。在工作过程中要时时警惕，增强法律意识，切莫跨越法律红线，也不要在灰色地带试探，稍不留意便可能误入歧途、身陷囹圄。

几乎与本案同一时间，上海警方查获了一起房产销售员“捂盘卖房”，收取500万元“感谢费”而被追究刑事责任的案件，这些人利用自己的身份和权力扣下数十套房源，对外声称没有房源，私下却联系买主加价出售。[①]

本案尚不存在上述诸多较为严重的情节，故而具有撤销案件的事实基础，在纷繁复杂的市场经济活动中，如果不详加注意，难免保证自己不牵涉刑事法律风险中，如涉及，对一个人的职业生涯及家庭的伤害，不可估量。

① 新浪新闻：《销售员捂盘卖房，收了500万“感谢费”，被抓了!》，http：//news. sina. com. cn/o/2017-09-05/doc-ifykpzey4588959. shtml。

附件：法律文书

附件：侦查阶段法律意见

关于谭某接受王某以S公司名义购买×项目房产时主动给予酬谢费用的行为不应该定性为诈骗犯罪法律意见

就谭某担任房产销售总监，在房屋销售过程中相关行为被公安机关初步认为涉嫌诈骗罪一事，北京市京都律师事务所接受谭某委托，指派彭吉岳律师为谭某提供法律帮助。在本所律师与谭某充分沟通的基础上，基于现有信息，以及贵局初步告知谭某涉嫌诈骗犯罪的情节，本所律师认为谭某完全不涉及刑事犯罪，更不宜定性为涉嫌诈骗犯罪，理由如下：

一、本案基本事实

谭某原任某地产公司（以下简称A公司）营销中心副总监。在其任职过程中，曾协助客户王某购买通州区×项目房产，在该过程中，所有事项都是在谭某和王某及公司相关人员的充分沟通前提下进行的，整个交易也都是符合A公司内部规定的，为王某争取到了本不一定可以获得的房源，但本案中并无欺骗行为，更谈不上构成诈骗犯罪。

1. 王某主动找到谭某，明确表达购买×房产的意愿。A公司×项目位于通州副中心核心区，2016年王某即开始到×项目看房，当时谭某担任该项目A公司销售负责人。王某便主动找到谭某，表达了购房意愿和希望购买的楼栋和房源。

2. 购房方案及价格的确定。谭某根据王某本人的购买意向，以及所购房屋的位置、户型及朝向等，结合公司规定及北京市住房和城乡建设委员会备案的价格区间，初步确定了本次购房价格方案，然后由A公司营销总监贾某申请，经过公司内部审批流程，由A公司总裁赵某批准，最终确定了房产销售价格。

3. 王某主动提出愿意给予一定金额的感谢。由于王某购买套数较多、整体金额较大等各种因素，本次购房成交价格较为优惠，且给予了王某优先购买权，王某主动表示：愿意给予一定金额酬谢表示感谢。2017年2月，王某以S公司名义认购房屋并交纳了首付款。在交纳首付款确定具体交易房屋后，王某向谭某及为她购房提供帮助的人员给予一些费用表示感谢，这完全是王某自己主动、自愿的行为，没有谁通过虚构事实或隐瞒事实真相的行为，以非法占有为主观目的占有或骗取她的款项。

4. 2018年，王某单方面违约提出退房退款。在王某已经履行完毕全部购房手续且已经交纳完毕首付款的情况下，王某可能因为房价涨幅未达预期等原因，出于尽早止损的目的要求A公司退房退款。按照约定，王某违约需要向A公司支付高额违约金，但经协商A公司本着宽宏原则考虑，愿意不再追究王某违约金。

但是王某现在完全否认之前的赠与行为，不仅在A公司散播各种不实谣言，污蔑谭某，对其造成名誉、人身等多重攻击，并且更进一步无端指控谭某诈骗，直接以刑事手段威胁谭某，现在既不考虑首先启动民事程序，也不客观考虑当初自己是怎么用心良苦达成自己的目的，现在又想如何利用自己的“本领”把已经给予别人的感谢费索要回来，以刑事手段相逼，殊不知，公、检、法是国家司法机关，而不是某些人可以随意利用的工具。

二、谭某没有虚构事实或隐瞒真相，给予感谢费用及给予多少都是王某自己提出，是其真实意思表示，王某没有基于陷入认识错误而交付财产，谭某也没有非法占有的主观目的

诈骗罪的逻辑链条是：行为人虚构事实或隐瞒真相——被害人陷入认识错误——基于认识错误交付财物——行为人非法占有财物。本案中，在购房过程中，谭某完全是按照公司规定履行职务，协助王某购买意向房屋，同时按照公司规定的价格幅度及审批流程操作，最终由公司确定了成交价格。谭某没有提供任何虚假信息，房屋也是客观存在的物件，王某自己考察过多次，何况，房屋本身是A公司建造，合同签订是王某与A公司签署，后续双方如何履行协议不为谭某所左右。

本案中王某给予的一些感谢费用，是王某自己提出，谭某只是被动地接受，既没有主动索要，也没有编造谎言诱使王某，不存在诈骗的行为和故意隐瞒真相。王某的目的就是在购房这个特定的生意中，获取之前她无法获得的价格，然后找到谭某等帮忙，最后实现了自己的期望值。这是王某在投资过程中获取自己利益最大化的一种方式，是她的“精明之处”，也是众多生意往来中普遍存在的形式。

三、王某主动向谭某给予一些感谢费用，而且是在其目的达成之后，具有赠与的性质，与诈骗罪无关

由于涉案房产项目地段位于通州副中心核心地带，地段优越、定位高端，且谭某帮助其买到了符合其心意的楼栋，王某主动表示感谢也在情理之中。王某在实际购买相关房产后，给予一定感谢费的行为，且是真实的意思表示，没有损害王某本人的利益，也没有侵害A公司的利益，因此不应认定为诈骗犯罪，本案中，只不过是王某积极主动去争取，获得自己当初心满意足的房源，而不是张三，或者是李四等其他人获取了相关房源，实际上，这个交易在当时看来，王某是赢家，获得了自己想要的房屋，A公司也是赢家，在自己允许的条件下销售了房屋，只不过，其他人可能就失去了获得优质房源的机会，这本身并不违法，更谈不上犯罪。

四、请求贵局要严格区分是否真的存在纠纷，是民事纠纷还是刑事犯罪，更不能被报案人“误导”而为其“了难”，刑事程序必须要严格按照法律规定启动

中央以及最高司法机关一直以来注意保护正当经济活动，严格监督以刑事手段插手经济纠纷的行为。《最高人民法院关于充分发挥审判职能作用切实加强产权司法保护的意见》规定，严格区分经济纠纷与刑事犯罪，坚决防止把经济纠纷当作犯罪处理。《最高人民检察院　公安部关于公安机关办理经济犯罪案件的若干规定》第2条规定：“公安机关办理经济犯罪案件，应当坚持惩罚犯罪与保障人权并重、实体公正与程序公正并重、查证犯罪与挽回损失并重，严格区分经济犯罪与经济纠纷的界限，不得滥用职权、玩忽职守。”

刑法是社会秩序的最后一道防线，因其具有严厉性，故而具有谦抑性，应当严格遵循无罪推定原则，当纠纷可以通过其他法律手段解决时，不应动用刑事手段。

综上，谭某没有对王某实施欺骗行为，这是王某在实际获取到利益后主动、自愿表达感谢的行为，完全与刑事犯罪没有关系，更谈不上构成诈骗罪。对本案涉及的相关问题，贵局如需要进行案前调查，可以向谭某或者律师沟通核实，以查明事实，如果贵局（贵所）对于本案的处理确有难处，也可以告知谭某本人或家人向相关部门进行解释及报告，根据案件的进展情况，我们也会主动向相关部门进行解释及报告。恳请贵局本着无罪推定的原则，严格遵循刑法的谦抑精神，排除一切人为因素，审慎考虑并决定不对本案继续启动刑事程序。

此致

北京市公安局××分局

北京市京都律师事务所律师　彭吉岳

2019年8月9日

新疆矿业公司股权转让风波：周某掩饰、隐瞒犯罪所得案最终不予批捕

我国地大物博，资源丰富，美丽富饶的新疆更是如此。位于新疆喀什地区的帕米尔高原上的矿产企业 P 公司拥有一座铁矿的探矿权和采矿权。2011 年，公司探矿证面积为 19.78 平方公里，采矿证面积 0.585 平方公里，初步探明采矿区域铁矿储量 700 余万吨。本案当事人之一吴某原是公司大股东，持有公司 85%股权。

2012 年，新疆 A 地区国资委向所辖各国有监管企业下达矿业投资指标，并督促各单位必须按期完成矿业投资。新疆 Q 集团是 A 地区国资委下属企业之一，为了完成任务，公司专门成立了筹备领导小组。从 2012 年 2 月开始，筹备组率领专家团队分别在南疆和北疆等其他地区，进行了为期 20 多天的考察，完成了对 7 家有色金属矿产企业的考察和调研。经过反复比较和筛选，以及先后三次专家评估和公司实地考察，Q 集团最终确定了 P 公司作为投资对象。

2012 年 7 月，在历经了 3 天的商务谈判后，Q 集团最终与 P 公司股东吴某签订了《股权转让合同》，由 Q 集团收购吴某 30%的股份，股权转让价款 2.66 亿元。

股权转让完成后，P 公司便由 Q 集团主导经营，吴某也继续参与公司的投资管理等工作。然而，在公司正常经营了五六年之后，国家加大环境保护力度，新疆部分地区因划入自然保护区，直接导致上千家企业无法继续采矿。

2017 年，当地国土局下发文件，认为 P 公司部分探矿权位于自然保护区内，需要关停整顿。P 公司的遭遇并非个案，根据后来新疆维吾尔自治区以及 A 地区公布的环保督查整改方案，整个自治区因涉及自然保护区问题需要被清理的矿业权共计千余宗。

P 公司的生产经营难以为继，Q 集团认为自身投资受损，为了挽回损失，Q 集团先是向新疆维吾尔自治区高级人民法院提起民事诉讼，以矿产储量不符合约定以及自然保护区问题导致合同目的不能实现为由，诉请解除《股权转让合同》并返还股权转让款 2.66 亿元。

同时，Q 集团又诉诸刑事手段，向 A 地区下设的 S 公安局报案称受到吴某诈骗。公安机关立案侦查后认为：

吴某作为股东（董事长），故意隐瞒 P 公司×铁矿位于野生动物自然保护区的事实真相，伪造“铁矿远离野生动物自然保护区和水源地”的《环境影响评价报告书》《代土地复垦方案》，以矿产具有巨大开发价值为诱饵，通过签订《股权转让合同》的方式，以非法占有为目的，诱骗报案人产生错误认识，继而以高出股权价值数倍的价格受让股权，骗取股权转让款 2.66 亿元。

至此，吴某被以诈骗罪立案追诉。假使吴某构成诈骗罪，那么股权转让款便属于违法所得，于是侦查机关很快以吴某为核心，根据财产线索对其周围的人展开了调查——一个让一个家族受影响的案件正式拉开序幕。

协助家人办理保单信息变更成了犯罪嫌疑人

侦查机关的矛头很快指向了吴某的嫂子周某。

原来，吴某曾经购买过一份价值 3000 万元的保险，后来因故需要将投保人信息变更为吴某的丈夫，原则上需要吴某本人亲自办理，但当时吴某不在国内，便委托她的嫂子周某代为办理了此事。

此外，据称周某还曾同意吴某借用自己的身份信息办理过银行卡，也被作为涉嫌犯罪的事实加以指控。在周某看来，这些只不过是亲戚之间力所能及的帮助而已，况且吴某购买保险也是在案发之前，那时她也不可能认识到相关钱款与犯罪相关，况且购买保险与股权转让相隔多年，谁会凭空将二者联系到一起呢？吴某的经济来源不止一种，如何证明保险费就是股权转让款？

然而，周某还是被侦查机关以掩饰、隐瞒犯罪所得、犯罪所得收益罪立案侦查，她先是被刑事拘留一个月，后来被指定居所监视居住，地点是在喀什市某镇的一处出租屋里。

一家人中两人先后被立案追诉，形势顿时紧迫。找到本所时，当事人的家属已经聘请过当地律师提供过一段时间的法律服务，由于案件标的大、办案力度大，案件暂时没有进展，当事人吴某被网上追逃，周某先是被羁押一个月，后又被指定居所监视居住，我们介入时已近4个月。

本案办案机关为A地区内S公安局，而报案人为A地区国资委全资企业。认真研判案情之后，我们认为有充分的证据证明当事人无罪，本案最多只是一起民事纠纷。

局面虽然艰难如铜墙铁壁，但刑辩律师必须有勇气迎难而上！当事人家属均委托本所律师作为吴某、周某的辩护人，我作为前锋主要负责周某掩饰、隐瞒犯罪所得案辩护。

经侦支队负责人畅听辩护律师五点意见

“不到喀什游，不算到新疆”，这是我们在喀什街头看到的宣传语，也是我对喀什的最初印象。本案办案机关有着独特的制度架构和领导体系，加之本案报案人与办案机关具有同样的系统背景，本案中与办案机关的沟通协调，将不同于以往与办案机关沟通的方式和逻辑，辩护人更加面临挑战。

我和助理飞抵乌鲁木齐，先和家属会面，进一步详细了解了案情和相关证据材料，证实了我们之前的判断，心中形成了初步的辩护纲领：

吴某案与周某案是两个不可分割的案件，二者是“皮毛依附”关系。周某构成犯罪，以吴某成立诈骗罪为前提，而吴某被指控为诈骗罪的理由主要有两个：其一，矿石储量不符合约定。《股权转让合同》约定涉案铁矿中铁矿储量不低于1500万吨，而Q集团称储量并未满足该标准。其二，吴某在股权转让时隐瞒了涉案矿区位于自然保护区的事实，直接导致现在被关停。

关于前者，股权转让完成后，P公司曾委托地质勘查公司再次对矿石储量进行探测，评审意见指出P公司探矿证范围内矿石总储量4000余万吨，且该评审意见已取得自治区国土资源厅备案证明，这表明矿石储量远超约定；关于后者，股权转让前，P公司在办理探矿权和采矿权证过程中，塔什库尔干县政府、喀什地区林业局、自治区林业厅相关批复文件均证明部分矿区只是位于自然保护区试验区，属于允许生产经营的范围，Q集团对此也应当知情。况且，这也是自治区相关部门在政策执行过程中的整体性问题，因自然保护区被清理的矿业权达上千宗，政府行为不应由个人承担责任。

因此，以上两条指控事由均存在无法回避的客观问题，指控吴某构成诈骗罪的证据体系还非常薄弱。在此情况下，又如何能够认定股权转让款是赃款，周某掩饰、隐瞒了赃款呢——皮之不存，毛将焉附？

次日，我们信心满满地飞往喀什，与办案人员进行第一次会面。此行的目的在于从另一个角度了解案件事实，探寻侦查人员的观点，同时也反馈我们的辩护意见。我相信，只要我们有理有据，以诚相待，就不会无功而返。

本案的侦办警官——该局经侦支队队长非常重视，和另一位办案人员一同接待了我们。不得不说，边疆的公安干警真的恰似矗立在大漠边关的小白杨，两位警官的脸上都烙印着烈日风沙的痕迹。据了解，为了维护新疆的繁荣稳定，他们常年周末无休，十分辛苦。面对两位公安干警，我由衷地希望他们也会本着高度负责和敬业的态度办理本案，严格依法办案，真正以自己的汗水构筑起中国法治的长城。

交谈进行得很顺利，我们发现公安机关目前基本没有其他的指控事实，家属之前反馈的信息比较全面。至于指控犯罪的主要理由，我们也早有准备，与办案人员逐一进行了商榷：

第一，股权转让过程中，矿石储量和矿区位置都是双方明知且公开的事实，特别是股权收购方为大型国企，已进行了长时间的细致考察，且股权转让之后探明的矿石储量远高于合同约定，Q 集团不可能被骗。

第二，股权转让后，涉案企业已经营近 6 年，所谓“被害人”从未提出自己被骗，之所以主张被骗是因为公司矿权受到环保政策影响，但政策因素并非当事人人为因素，类似情况在新疆有上千家企业。

第三，没有证据证明相关财产是“犯罪所得及其收益”，钱款属于种类物，无法证明购买保险的钱款就是多年前股权转让的钱款，周某的行为也不可能产生“掩饰、隐瞒”的效果。

第四，掩饰、隐瞒犯罪所得、犯罪所得收益罪需要上游犯罪依法裁判或者查证属实，本案上游犯罪还在侦查阶段，且有重大无罪证据，不满足上述条件。

第五，周某不符合指定居所监视居住的适用条件。

虽然我们的意见对办案人员而言可能颇有压力，但警官还是表示“喜欢与律师交流”并一直把我们送出大门。至此，我们顺利地完成了和侦查机关的第一次有效沟通。

从公安局出来，我们紧接着赶往周某被指定的监视居住地点与其进行会见和慰问，在和周某交流的过程中，我们着重询问了其羁押状况：有无刑讯逼供、有无行动自由、健康状况等。周某虽然已被采取强制措施近 4 个月，但是心态和精神面貌非常不错。不得不说，当事人乐观坚定的心态和健康的身体会给办案律师减轻不少的压力。

证据保全、公证送达——证据意识很重要

新疆出差回来，我们迅速将出差期间了解到的具有证据价值的政府部门官方网站信息作了保全公证，以免将来丢失。同时，调查取证是刑辩律师工作的高风险项，权威、客观、留痕的取证行为有助于降低风险。

为了尽快使周某重获自由，我们迅速形成了书面法律意见《关于周某不符合指定居所监视居住适用条件法律意见书》，详细陈述了周某不符合指定居所监视居住条件的理由[①]。

同时，鉴于本案的特殊情况，为保万无一失，我们特意采取公证送达的方式向办案机关邮寄了上述法律意见。这样可以由公证处以公证书的形式记录邮寄文件的内容、邮寄时间、快递单号及签收信息等，将办案机关收悉相关文件的过程以法律认可的方式固定下来。

专业意见，有理有据

刑事案件的当事人或者其家属，特别是认为自己受到冤屈的情况下，往往喜欢滔滔不绝地向他人讲述自己的遭遇和辩解理由，这种方式除了可能影响倾听者的情绪，对案件几乎不会有任何影响。

因此，法律意见的表达必须要采用书面形式，这也是律师工作的一大价

① 详见附件 1。

值，它可以把杂乱无序的想法梳理成条理清晰的文字，佐之以相应证据，会极大地增强说服力，且书面文件也更有利于信息的传播和保存，甚至如果再排版装订精美一些，还可能给人留下较好的第一印象，从心理上增加被信任的可能，字如其人，文亦如其人。因此，一名认真负责、具有优秀文字功底的辩护人，是保证刑事案件辩护效果之关键。

在全部已有材料和信息的基础上，结合相关法律规定、法学理论和司法案例，我们认真出具了一份近 20 页的辩护意见：《关于 Q 集团收购吴某股权过程中吴某不存在诈骗及周某不构成掩饰、隐瞒犯罪所得、犯罪所得收益罪法律意见书》（附有证据材料 40 余页），从实体上论证无罪观点，有了这份意见，律师和家属反映案件情况就有了一个基本的支点。这份意见分为两大部分：第一部分对周某不构成犯罪的理由进行阐述，主要有以下几点：

第一，本案涉及的是犯罪所得还是犯罪所得收益？目前在罪名定性上界定不清。

第二，所谓犯罪所得实属“空穴来风”，无论人寿保险本身还是购买保险的费用均不能认定为犯罪所得或者犯罪所得收益。

第三，周某帮助变更投保人客观上不会产生掩饰、隐瞒财产的效果。

第四，吴某是股权转让多年之后购买保险，购买保险的时间也早于公安机关立案的时间，主观上周某不具有掩饰、隐瞒犯罪所得、犯罪所得收益的故意。

第五，至于吴某借用周某的银行卡处理相关事务与周某没有关系。

第六，掩饰、隐瞒犯罪所得、犯罪所得收益罪的成立，原则上以上游犯罪的生效裁判为前提，至少被查证属实，目前吴某案以及相关的贺某案，当事人均不认罪，且吴某尚未归案，且有大量证据证明其无罪，现有证据远未达到查证属实的程度。

为了更深一步论证周某不构成犯罪，辩护人还展开第二部分，对本案的前提，也就是吴某不构成诈骗罪的理由进行论述。辩护人首先简述了股权转让的背景和过程，列明了相关事实要点，在此基础上提出以下论点：

第一，吴某在股权转让过程中，没有虚构事实、隐瞒事实真相，涉及股权转让相关文件均可以在有关部门公开查询，并且相关部门对涉案矿区是否在自然保护区等事实认识清楚，股权转让时及之后P公司相关矿产权利合法有效至今，此次中央督察组强令关闭，包括本案涉及矿产共计1021宗受到影响，完全是一个群体共性的案件，不能认定为个人有诈骗的故意。

第二，Q集团没有陷入认识错误，股权转让时其对矿山区位、矿产储量等情况均有明确了解。

第三，吴某于2010年成为股东之后至股权转让Q集团之前，因需要进行基建等进行投资逾亿元，股权转让后，吴某仍是最大股东，也一直没有再转让股权，仍然参与矿山开发经营并承担大量投资成本，其主观上是生产经营的目的，不具有非法占有的目的。

第四，本案涉嫌利用刑事手段插手经济纠纷，部分人员可能存在滥用职权，违背了中央三令五申坚决防止刑事手段干预经济纠纷及依法保护民营企业、民营企业家的刑事政策。

同时，在程序上，针对周某被指定居所监视居住的问题，我深知公安机关是指定居所监视居住的决策和执行机关，通过他们解决监视居住问题的可能性不大。因此，我们将情况反映的对象转向检察院。我们准备了《羁押必要性审查申请书》（虽然周某并未被逮捕羁押，但对其的监视居住实际上已经高度限制了人身自由，与羁押无异，采用“羁押必要性审查”的名称本身就用来表达一种态度）、《检察监督申请书》，试图通过检察院监督的方式影响侦查机关，尽快将周某释放或者取保候审。

监视居住是2012年《刑事诉讼法》修正时增设的强制措施类型，当时引起了法学界的激烈讨论。为了防止监视居住措施的滥用，最高人民检察院专门在2015年12月17日发布《人民检察院对指定居所监视居住实行监督的规定》。在监视居住的适用问题上，检察院对公安机关具有很大的监督权限，辩护人在意见中列明了申请检察监督的法律依据：

指定居所监视居住集空间隔离、信息阻断等限制措施于一体，是一项关乎犯罪嫌疑人、被告人重大人身利益的强制措施，对其适用不可不察。

《刑事诉讼法》第75条第4款规定：“人民检察院对指定居所监视居住的决定和执行是否合法实行监督。”

《人民检察院对指定居所监视居住实行监督的规定》第2条规定：“公安机关、人民检察院、人民法院对犯罪嫌疑人、被告人适用指定居所监视居住的，人民检察院应当依法对指定居所监视居住的决定和执行是否合法实行监督。”

根据该规定第7条第（一）项规定，犯罪嫌疑人及其法定代理人、近亲属或者辩护人认为指定居所监视居住决定违法，向人民检察院提出控告、举报、申诉的，人民检察院应当对指定居所监视居住决定是否合法启动监督；第11条规定：“人民检察院侦查监督部门审查指定居所监视居住决定是否合法，应当在启动监督后七日以内作出决定。”鉴于S公安局的违法行为，本所已经向其递交过法律意见书，但其迟迟未予纠正。现本所辩护人申请贵院依法启动监督程序。

该规定第12条第1款规定：“人民检察院经审查，对于公安机关决定指定居所监视居住不符合法定条件的，应当报经检察长批准后，向公安机关发出纠正违法通知书，并建议公安机关撤销指定居所监视居住决定。”如前所述，S公安局对周某采取指定居所监视居住措施，明显不符合法定条件，请贵院依法予以纠正。

以上三份文件，辩护律师再次通过公证送达的方式邮寄给办案机关，期望周某能尽快恢复自由。

与办案机关耐心沟通是刑辩律师的必修课

带着分别向不同机关提交的法律意见，我们再度踏上了新疆大地。

此次工作的重心在于检察院，办理刑事案件中往往没有固定的工作对象，凡是在法律上有关联的部门都可以作为辩护意见的反映对象，充分发挥不同部门的不同职能，甚至利用部门之间的博弈或监督功能，尽一切手段维护当事人利益的最大化。

人民检察院是法律实施的监督机关，虽然案件尚未移送到检察院，但我们仍然可以来到检察院反映本案存在的问题，案管科吴主任和控申科王科长接待了我们。

我们首先口头介绍了本案基本情况，并在此基础上指出了本案不符合指定居所监视居住条件的理由。同时，我们还从实体层面分析认为，周某仅仅帮助吴某变更了投保人信息，这根本不是掩饰、隐瞒财产的行为。我们还进一步引申到吴某案，向吴主任陈述了吴某不构成犯罪的理由及证据。随后，我们递交了事先胶装成册的三份法律意见，检察官认真负责，当场就仔细阅读。

检察官仔细听取了我们的意见，表示对该案有些了解，但对周某被指定居所监视居住的情形却是第一次听说，对我们反映的问题也非常重视，当即就表示会马上启动调查程序。律师像蜜蜂一样在各个办案机关之间穿梭往来，起着重要的信息传递的作用，有时候并非办案机关不作为，而是相关信息没有被掌握或者被重视。

同时，我们在与检察官的交谈中发现，本案管辖权也存在严重问题——刑事案件由犯罪行为发生地或犯罪结果所在地人民法院管辖，A 系统下的 S 公安局的管辖范围仅限于系统内部的行政辖区，而本案中股权转让合同签订地、P 公司注册地、涉案矿山所在地等都不在 A 系统辖区，S 公安局对本案没有管辖权。

第二天再次联系侦查人员未果，我们变换对象，与公安局法制科取得了联系，法制科与经侦大队是平行关系，在公安局内部具有法律监督职能，我们同样口头陈述了辩护意见并递交了书面材料，启动了公安局内部的监督程序。

直击立案动机及合法性

立案是刑事诉讼程序的起点，管辖权是刑事诉讼中至关重要的问题，如果立案管辖存在错误，那么后续一切侦查和司法行为将全部丧失正当性。因此，我们进一步着重对本案的管辖权进行了质疑，并形成了《管辖权异议申请书》新的书面法律意见并公证送达给公安机关。

本案明显属于经济纠纷，无罪理由充分却仍然立案侦查，并且立案侦查的公安机关没有管辖权，说明本案背后的问题可能并不“纯粹”，这时候法律监督就异常重要。《人民检察院刑事诉讼规则（试行）》（2012 年修订）[①] 第 553 条第 1 款规定，当事人认为公安机关不应当立案而立案，向人民检察院提出的，人民检察院应当受理并进行审查。第 555 条第 2 款规定，有证据证明公安机关可能存在违法动用刑事手段插手民事、经济纠纷，或者利用立案实施报复陷害、敲诈勒索以及谋取其他非法利益等违法立案情形，尚未提请批准逮捕或者移送审查起诉的，经检察长批准，应当要求公安机关书面说明立案理由。据此，我们向检察院递交了《立案监督申请书》，请求纠正公安机关违法立案和违法羁押的行为。

坚持、坚持、再坚持

根据《刑事诉讼法》，监视居住最长期限为 6 个月，我们介入时便已经 4 个月左右，转眼期限即将届满。在此期间，我们持续向办案机关书面递交法律意见，并多次前往新疆沟通协调。

正当我们满怀信心地认为当事人即将被取保候审之际，却突然传来公安机关已经再次申请批捕的消息，刑事案件就是如此，意外情况随时可能发生，刑辩律师既要全力以赴，又要淡定从容。关键时刻辩护人一天之内向检察官致电五次之多，同时也向检察院批捕部门负责人书面表达意见，把握最后一丝希望。有的时候，你想妥协，真的有一千个理由，但是不妥协，就只有一个理由。

我相信，只要坚持正确的事情，我们内心的笃定和自信就会影响周围的人，影响办案人员，赢得他们的认同。

有心人，天不负，检察机关严格依法办案并接受了我们的意见，周某没有被批准逮捕，并于 2019 年 5 月 28 日和家人团聚。

远赴新疆辩护不易，新疆办案人员也不易

远赴新疆辩护的这次经历，也使我亲身感受到了新疆独特的风土人情，

① 本规则经 2019 年修订，现已失效。

多次深入新疆，深感秩序井然，祥和温馨。虽在办案中多次表达异议之见，但彼此都是为了工作，抛开个案分歧不谈，办案人员兢兢业业，为维护新疆繁荣稳定而默默坚守的精神最令我敬佩和动容。

检察院案管科吴主任，一个来自江苏鱼米之乡的江南女子，为了支援祖国边疆建设，一头扎进了西北大漠，从此便以新疆为家。

检察院检察长及全体检察官，这个原本只需在法庭上捍卫正义的群体，却每周 3 天都要如战时一样进行着军事化的操练，上班时忠于职守，下班后也不离开以单位为中心的半小时路程圈，领导也不例外，真是一心为国家时刻准备着。

公安局法制科艾警官，一个高大的小伙子，有着新疆人特有的迷人的眼睛和石榴般红红的脸颊，他很乐于倾听律师的意见，敬业而负责。我在与他的攀谈中了解到，公安干警同事基本全年周末无休，随时待命，特殊情况下甚至就睡在办公室的简易折叠床上。

某次前往与办案人员沟通，正值清明节前夕，全院公安干警集体参加为牺牲战友的扫墓活动，祭奠壮烈牺牲的英灵。据统计，新疆公安干警的牺牲率是全国公安干警的 5.4 倍；新疆的烈士约占全国的 1/3；仅 2014 年一年，新疆基层干部猝死在工作岗位上的就有 230 多人，大大超过全国平均数。[①] 今天，我作为辩护人为个案奔走辩护，实质上与公、检、法一样，同为法治之车的两轮，是在合力并行，才可不枉不纵，是为了我们共同的家园更美好，各尽职责！

① 张春贤：《新疆警察牺牲率是全国警察的 5.4 倍》，http：//history. people. com. cn/peoplevision/n/2015/0312/c371453-26680984. html。

附件：法律文书

附件1：关于周某不符合指定居所监视居住适用条件法律意见书

关于周某不符合指定居所监视居住适用条件法律意见书

北京市京都律师事务所接受周某的委托，指派彭吉岳律师在周某涉嫌掩饰、隐瞒犯罪所得、犯罪所得收益罪一案中，担任她的辩护人。辩护人通过查阅相关案件背景材料、会见周某本人，深入了解了案件事实，在此基础上，辩护人认为周某不符合指定居所监视居住的适用条件，现在对其采取这种强制措施严重违法，具体理由如下：

周某于2018年10月22日被刑事拘留，2018年11月22日被S公安局指定居所监视居住，至今仍未恢复自由。

一、周某不符合监视居住的适用条件

根据《刑事诉讼法》第74条之规定，两种情况下可以采取监视居住：第一，符合逮捕条件，但存在患有严重疾病、生活不能自理等五种法定情形的；第二，符合取保候审条件，但犯罪嫌疑人、被告人不能提出保证人，也不交纳保证金的。本案不属于以上任何一种情形。

首先，周某不符合逮捕条件。根据《刑事诉讼法》第81条之规定，逮捕适用于具有一定社会危险性或者可能判处10年有期徒刑以上刑罚等情形。本案中，周某涉嫌的罪名是掩饰、隐瞒犯罪所得、犯罪所得收益罪，社会危险性很小。另外，在其被拘留30日后没有被批捕而是直接转为监视居住，本身就表明办案机关也认为其不符合逮捕条件。

其次，周某也不符合不能提出保证人，也不交纳保证金的情形。本案中，周某的家属一直在与侦查机关积极沟通，完全有能力提供保证人或者保证金，只是在周某拘留期限行将届满之时，忽然和侦查机关失去联系，才被强行采取了指定居所监视居住的措施。

综上，周某不符合以上任何一种监视居住的情形，更不应该在离家1500余公里之外对其异地指定居所监视居住。

二、侦查机关违法对周某采取指定居所监视居住的强制措施，却没有明确书面告知亲属周某被监视居住的具体地点，严重侵犯周某及其家属的诉讼权利

《刑事诉讼法》第75条第2款规定："指定居所监视居住的，除无法通知的以外，应当在执行监视居住后二十四小时以内，通知被监视居住人的家属。"由于被监视居住的犯罪嫌疑人及其家属有会见的权利，因此法律规定的"通知"的内容，应当包含被监视居住的具体地点，否则就成了秘密羁押。

然而，S公安局公（经）监通字〔2018〕1号《指定居所监视居住通知书》只载明："周某（性别女，出生日期××年×月××日，住址乌鲁木齐天山区建国路××号×号楼×单元×××室）"，并未明确上述乌鲁木齐的地址是否为监视居住的地址。

首先，如果上述地址并非监视居住地址，则侦查机关只是告知了周某被监视居住的事实，却并未通知其家属指定监视居住的地点。若非其家属主动向侦查机关询问，周某的家人很可能现在还不知道她被控制在何处以及如何与其取得联系，周某及其家属的诉讼权利根本得不到保障。

其次，如果被监视居住的地址应该是上述乌鲁木齐的地址，那么周某实际被监视居住的地址并非该地，事实上，周某被监视居住的地点为喀什市××镇××小区××号楼×单元×层，该地址与办案机关通知的地址完全不符，且相距1500余公里之遥。如此，侦查机关的行为自相矛盾，违反程序法。

三、在指定居所监视居住期间，执行人员掌管周某房间钥匙，超出法律规定的范围剥夺周某自由，属于变相羁押

关于被监视居住的犯罪嫌疑人的活动范围，《刑事诉讼法》第77条第1款第（一）项规定："未经执行机关批准不得离开执行监视居住的处所。"根据该规定，犯罪嫌疑人的活动范围主要是监视居住的处所，且经过批准还可以离开该处所。这也是监视居住相对于逮捕和拘留等强制措施较为宽松的地方。

然而本案中，执行机关掌管着周某被监视居住房间的钥匙，如此一来，周某就丧失了行动的自由。如果执行机关将周某锁在房间不开门，指定监视居住的处所就变成了监狱，监视居住就变成了羁押和监禁。

在这种情况下，周某不仅丧失了自由，其生命安全也将面临重大风险。

试想，如果发生火灾、地震等突发事故和灾害，周某被锁在房间里根本无法逃生。《公安机关办理刑事案件程序规定》（2012 年修订）① 第 108 条第 2 款规定：“指定的居所应当符合下列条件：（一）具备正常的生活、休息条件；（二）便于监视、管理；（三）保证安全。”执行人员掌管房间钥匙的行为，根本不能保证周某的人身安全，大大超出了监视居住的限制范围，严重违法。

《公安机关办理刑事案件程序规定》（2012 年修订）第 112 条规定：“公安机关对被监视居住人，可以采取电子监控、不定期检查等监视方法对其遵守监视居住规定的情况进行监督；在侦查期间，可以对被监视居住的犯罪嫌疑人的电话、传真、信函、邮件、网络等通信进行监控。”根据以上规定，法律也并没有赋予执行人员以掌管钥匙这般重大的限制措施，执行行为涉嫌违法。

综上，现在对周某采取指定居所监视居住的强制措施严重违法，且在执行过程中也存在变换监视居住地点、变相羁押等严重违法行为，应当立即予以纠正。

此致

S 公安局

犯罪嫌疑人周某的辩护人：

北京市京都律师事务所律师　彭吉岳

2019 年 3 月 13 日

① 本规定经 2020 年修订，现已失效。

附件2：羁押必要性审查申请书

周某涉嫌掩饰、隐瞒犯罪所得、犯罪所得收益罪
强制措施必要性审查及请求变更
申请书

申请人：彭吉岳，北京市京都律师事务所律师，周某的辩护人

地址：北京市朝阳区景华南街5号，远洋光华国际C座22—23层

电话：010-57096000　13910634028

申请事项：

申请对周某指定居所监视居住的强制措施进行必要性审查，立即解除对周某指定居所监视居住的强制措施，将周某释放。

事实与理由：

2018年10月22日，周某因涉嫌掩饰、隐瞒犯罪所得、犯罪所得收益罪被刑事拘留，后检察院没有批准逮捕。2018年11月22日，周某被S公安局指定居所监视居住，由K垦区公安局具体执行，至今仍未恢复自由。

一、周某不符合指定居所监视居住的适用条件

1. 周某不符合监视居住的适用条件，更不能对其指定居所监视居住

根据《刑事诉讼法》第74条之规定，两种情况下可以采取监视居住：第一，符合逮捕条件，但存在患有严重疾病、生活不能自理等五种法定情形的；第二，符合取保候审条件，但犯罪嫌疑人、被告人不能提出保证人，也不交纳保证金的。本案不属于以上任何一种情形。

首先，周某不符合逮捕条件。根据《刑事诉讼法》第81条之规定，逮捕适用于具有一定社会危险性或者可能判处10年有期徒刑以上刑罚等情形。本案中，周某涉嫌的罪名是掩饰、隐瞒犯罪所得、犯罪所得收益罪，社会危险性很小。另外，在其被拘留30日后没有被批捕，本案中始终未见检察机关的批准逮捕文书，足以说明其不符合逮捕的条件。

其次，周某也不符合不能提出保证人，也不交纳保证金的情形。本案中，周某的家属一直在与侦查机关积极沟通，完全有能力提供保证人或者保证金，假使不能联系周某的丈夫，还可以联系其儿子，且儿子为有民事行为能力的人，何况还可以联系周某其他亲属，如果办案机关不能联系，周某本人也是

可以联系的，周某本人在乌鲁木齐也有固定住处，且办案机关也明知其固定住处。以上种种理由均可以说明，侦查机关不能以联系不上家属为理由指定监视居住。

综上，周某不符合以上任何一种监视居住的情形，更不应该在离家1500余公里之外对其异地指定居所监视居住，目前指定监视居住明显违背法律的规定。

2. 在指定居所监视居住期间，执行人员掌管周某房间钥匙，超出法律规定的范围剥夺周某自由，并且对周某的人身安全和生命安全造成威胁，如此指定监视居住属于变相羁押

关于被监视居住的犯罪嫌疑人的活动范围，《刑事诉讼法》第77条第1款第（一）项规定：“未经执行机关批准不得离开执行监视居住的处所。”根据该规定，犯罪嫌疑人的活动范围主要是监视居住的处所，且经过批准还可以离开该处所。这也是监视居住相对于逮捕和拘留等强制措施较为人道和宽松的地方。

然而本案中，执行机关掌管着周某被监视居住房间的钥匙，如此一来，周某就丧失了行动的自由。如果执行机关将周某锁在房间不开门，指定监视居住的处所就变成了监狱，监视居住就变成了羁押和监禁。

在这种情况下，周某不仅丧失了自由，其生命安全也将面临重大风险。试想，如果发生火灾、地震等突发事故和灾害，周某被锁在房间里根本无法逃生。《公安机关办理刑事案件程序规定》（2012年修订）第108条第2款规定：“指定的居所应当符合下列条件：（一）具备正常的生活、休息条件；（二）便于监视、管理；（三）保证安全。”执行人员掌管房间钥匙的行为，根本不能保证周某的人身安全，大大超出了监视居住的限制范围，严重违法。

《公安机关办理刑事案件程序规定》（2012年修订）第112条规定：“公安机关对被监视居住人，可以采取电子监控、不定期检查等监视方法对其遵守监视居住规定的情况进行监督；在侦查期间，可以对被监视居住的犯罪嫌疑人的电话、传真、信函、邮件、网络等通信进行监控。”根据以上规定，法律也并没有赋予执行人员以掌管钥匙这般重大的限制措施，执行行为严重违法。

二、没有充分证据证明周某构成犯罪，应当将其立即释放，不应适用任何强制措施

另案犯罪嫌疑人吴某（周某是吴某的嫂子）被指控在2012年的一次股权转让过程中犯诈骗罪，吴某在2018年（被刑事立案前）购买了一项保险，后周某帮助吴某丈夫王某将投保人变更为王某，因此周某被指控掩饰、隐瞒犯罪所得、犯罪所得收益罪。

1. 本案中吴某购买的保险系合法财产，完全通过正规途径在正规保险公司购买，不属于非法所得及其收益

按照侦查机关的逻辑，周某协助将投保人由吴某变更为王某，所以掩饰、隐瞒了“犯罪所得”，言下之意，保险是一种“犯罪所得”。如同抢劫犯如果用抢劫的钱款去消费购买了一件衣服或一箱牛奶，我们是否应该认定衣服或牛奶就是犯罪所得，涉及衣服或牛奶处置的人，都应该认定为涉嫌隐瞒犯罪所得（所得收益）罪，显然，按照常理推论都认为存在错误。

2. 周某只是帮助王某将其变更为投保人，变更之后相关财产仍属于吴某、王某夫妻共同财产，不会产生掩饰、隐瞒财产的效果

2012年股权转让时，吴某与王某系夫妻关系，股权转让款属于夫妻共同财产。2018年吴某购买保险时，二人仍是夫妻关系，假使根据吴某所购买的险种，投保人也享有一定的财产性利益，那么也属于夫妻共同财产的范畴，在这种情况下，投保人由吴某变更为王某，相关财产权利的主体仍然是夫妻双方，变来变去都属于夫妻共同财产，因此也就不可能产生掩饰、隐瞒财产的效果。

3. 掩饰、隐瞒犯罪所得、犯罪所得收益罪成立的前提是上游犯罪经依法裁判，至少是查证属实，本案中吴某涉嫌诈骗案基本事实暂未查清，众多证据表明吴某无罪

吴某涉嫌诈骗罪一案，吴某尚未归案，案件基本事实尚未查清，且目前有大量证据证明2012年吴某在向Q集团转让股权的过程中没有欺骗行为，不构成诈骗罪，吴某本人也认为自己无罪。在这种情况下，不能认定为吴某涉嫌诈骗的事实已查证属实。周某被指控掩饰、隐瞒犯罪所得、犯罪所得罪缺乏基本的事实和法律前提。

三、根据《刑事诉讼法》之规定，检察院发现对犯罪嫌疑人采取强制措施不当的，应当及时撤销或者变更，本案符合依法变更或撤销的条件

《刑事诉讼法》第96条规定，人民法院、人民检察院和公安机关如果发现对犯罪嫌疑人、被告人采取强制措施不当的，应当及时撤销或者变更。《人民检察院刑事诉讼规则（试行）》（2012年修订）第118条第1款规定：“人民检察院应当依法对指定居所监视居住的决定是否合法实行监督。”第119条第1款规定：“被指定居所监视居住人及其法定代理人、近亲属或者辩护人认为侦查机关、人民法院的指定居所监视居住决定存在违法情形，提出控告或者举报的，人民检察院应当受理，并报送或者移送本规则第一百一十八条规定的承担监督职责的部门办理。”

如前所述，周某不构成犯罪，不应该对其采取任何强制措施，现在周某被指定居所监视居住，被监视居住的地点由公安机关指定，且房屋钥匙也被执行人员掌管，实为变相羁押，请贵院依法对强制措施合法性、必要性作出审查，并依法回复辩护人。

此致

S人民检察院

犯罪嫌疑人周某的辩护人：

北京市京都律师事务所律师　彭吉岳

2019年4月1日

附件3：请求检察机关对指定居所监视居住的强制措施进行检察监督申请书

关于对S公安局违法将周某采取指定居所监视居住强制措施进行检察监督申请书

申请人：彭吉岳，北京市京都律师事务所律师，周某的辩护人

地址：北京市朝阳区景华南街5号，远洋光华国际C座22—23层

电话：010-57096000　13910634028

申请事项：

申请贵院对S公安局违法对周某采取指定居所监视居住强制措施的行为进行检查监督，依法向S公安局发出纠正违法通知书，并建议S公安局撤销指定居所监视居住的决定。

事实与理由：

2018年10月22日，周某因涉嫌掩饰、隐瞒犯罪所得、犯罪所得收益罪被刑事拘留，后检察院没有批准逮捕。2018年11月22日，周某被S公安局指定居所监视居住，至今仍未恢复自由。本所已向S公安局递交周某不符合指定居所监视居住适用条件的法律意见书，敦促其立即变更强制措施或者予以释放，但其迟迟没有回复。

一、周某不符合指定居所监视居住的适用条件

详见附件2。

二、没有充分证据证明周某构成犯罪，应当将其立即释放，不应适用任何强制措施

详见附件2。

三、根据相关法规，人民检察院应当对公安机关指定居所监视居住的决定进行合法性监督，对不符合法定条件的，应当发出纠正违法通知书并建议公安机关撤销决定

指定居所监视居住集空间隔离、信息阻断等限制措施于一体，是一项关乎犯罪嫌疑人、被告人重大人身利益的强制措施，对其适用不可不察。

《刑事诉讼法》第75条第4款规定："人民检察院对指定居所监视居住的决定和执行是否合法实行监督。"为了防止该强制措施的滥用，最高人民检察

院专门在2015年12月17日发布了《人民检察院对指定居所监视居住实行监督的规定》。

该规定第2条规定："公安机关、人民检察院、人民法院对犯罪嫌疑人、被告人适用指定居所监视居住的，人民检察院应当依法对指定居所监视居住的决定和执行是否合法实行监督。"

该规定第7条第（一）项规定，犯罪嫌疑人及其法定代理人、近亲属或者辩护人认为指定居所监视居住决定违法，向人民检察院提出控告、举报、申诉的，人民检察院应当对指定居所监视居住决定是否合法启动监督。第11条规定："人民检察院侦查监督部门审查指定居所监视居住决定是否合法，应当在启动监督后七日以内作出决定。"鉴于S公安局的违法行为，本所已经向其递交过法律意见书，但其迟迟未予纠正。现本所辩护人申请贵院依法启动监督程序。

该规定第12条第1款规定："人民检察院经审查，对于公安机关决定指定居所监视居住不符合法定条件的，应当报经检察长批准后，向公安机关发出纠正违法通知书，并建议公安机关撤销指定居所监视居住决定。"如前所述，S公安局对周某采取指定居所监视居住措施，明显不符合法定条件，请贵院依法予以纠正。

综上，周某不构成犯罪，更不符合指定居所监视居住的条件，S公安局的行为严重违法。贵院应当依法履行法律监督职能，对S公安局的违法行为进行监督，并依法纠正其违法行为，使其撤销错误决定，维护法律的正确实施。

此致

S人民检察院

犯罪嫌疑人周某的辩护人：

北京市京都律师事务所律师　彭吉岳

2019年4月1日

附件4：关于周某不构成犯罪的法律意见

关于Q集团收购吴某股权过程中吴某不存在诈骗及周某不构成掩饰、隐瞒犯罪所得、犯罪所得收益罪法律意见书

北京市京都律师事务所接受周某家属的委托及经过她本人同意，指派我所彭吉岳律师在周某涉嫌掩饰、隐瞒犯罪所得、犯罪所得收益罪一案（以下简称周某案）中，担任她的辩护人。我所律师通过查阅相关案件背景材料、会见周某本人，深入了解了案件事实，由于周某案因吴某涉嫌诈骗罪一案（以下简称吴某案）而起，吴某案属于周某案的上游事实，因此本文将两起案件进行综合说明。

第一部分 周某不构成掩饰、隐瞒犯罪所得、犯罪所得收益罪

一、本案涉及的是犯罪所得还是犯罪所得收益？目前在罪名定性上界定不清

掩饰、隐瞒犯罪所得、犯罪所得收益罪是选择性罪名，根据犯罪对象的不同，在具体适用时应当分别认定为掩饰、隐瞒犯罪所得罪或者掩饰、隐瞒犯罪所得收益罪，这是刑法理论上的常识。

本案中根据侦查机关提供的信息，周某被指控为犯罪的事实实际上非常简单：2018年4月13日，吴某在中国人寿保险股份有限公司购买了保费为3000万元的人寿保险，投保人为吴某。2018年6月27日，周某以吴某的名义将投保人变更为王某，其余信息未作变更。

周某的上述行为是否构成犯罪留待下文详述，仅就该过程中所涉及的财产来看，只有人寿保险一种，假使相关行为构成犯罪，保险的法律定性也只可能有一种，要么是犯罪所得，要么是犯罪所得收益，不可能两者都是，而侦查机关现在对周某认定的罪名却是掩饰、隐瞒犯罪所得、犯罪所得收益罪，这一罪名明显与事实不符，且相互矛盾，适用法律错误。

二、所谓犯罪所得实属“空穴来风”，无论人寿保险本身还是购买保险的费用均不能认定为犯罪所得或者犯罪所得收益

对吴某转让股权、获得股权转让款、购买保险的过程可以如下图展示：

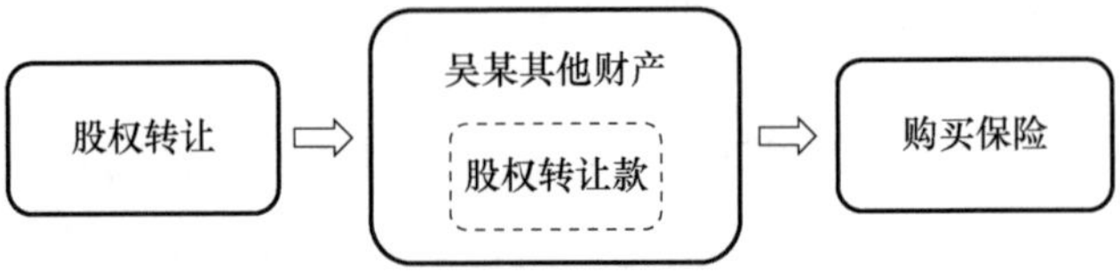

图 2　股权转让及购买保险过程

侦查机关认为吴某向 Q 集团转让 P 公司股权的行为涉嫌诈骗罪，因此吴某获得的股权转让款属于所谓“犯罪所得”。辩护人认为，吴某的诈骗罪是否能够成立暂且不论，现在没有任何证据能够证明吴某 2018 年用于购买保险的钱款或者保险本身与 2012 年获得的股权转让款之间有任何对应关系。

1. 没有证据证明吴某用于购买保险的 3000 万元款项来源于股权转让款，且该笔款项也与周某无关。金钱的法律属性是种类物，不带有其他标签，相互无法区分。吴某通过股权转让获得转让价款后，转让价款就和吴某之前的其他财产融为一体了，就像水滴落入大海，不能够区分吴某的存款中哪些属于股权转让款，哪些属于其他名目。且股权转让发生在 2012 年（见《股权转让合同》），而吴某购买保险发生在 2018 年，相隔 6 年之久，6 年间吴某的财产状况足以发生很大变化，股权转让款完全可能都已消费完毕或另作他用了，并且这段时间吴某还有其他收入，资产的形式发生了变化。

另外，无论购买保险的款项从何而来，与周某都没有关系。周某并没有参与购买保险的过程，只是在吴某已经购买保险之后，帮助其变更了投保人。周某并没有直接接触股权转让款，之间至少还有两重阻隔，第一，购买保险的钱不能证明是股权转让款；第二，周某也没有参与用钱购买保险的过程，也不是保险的受益人或者其他任何主体，只是帮助变更了一项手续。

2. 关键的问题是：吴某购买的人寿保险本身既不属于犯罪所得也不属于犯罪所得收益。按照侦查机关的逻辑，周某协助将投保人由吴某变更为王某，所以掩饰、隐瞒了“犯罪所得”，言下之意，保险是一种“犯罪所得”。如同抢劫犯如果用抢劫的钱款去消费购买了一件衣服或一箱牛奶，我们是否应该认定衣服或牛奶就是犯罪所得，涉及衣服或牛奶处置的人，都应该认定为涉嫌隐瞒犯罪所得（所得收益）罪，显然，按照常理推论都认为存在错误。并且保险只是一种期待利益，在保险事故发生之前或约定权益没有达到条件时，受益人所拥有的也只是一种期待性利益，而并非现实的、物质性的财产，根本无法转移和隐匿。且本案中变更的只是投保人信息，通过这种变更而从吴某转移至王某处的甚至算不上是一种财产权利的转让，因为变更的只是投保人而非受益人。

三、周某帮助变更投保人客观上不会产生掩饰、隐瞒财产的效果

掩饰、隐瞒犯罪所得或者犯罪所得收益，本质上是通过窝藏、转移、收购、代为销售等方式改变犯罪所得或者犯罪所得收益的外观或者权属，以达到逃避司法追查和财产权人追索的目的。本案中，周某并未改变保险的性质，也未对相关财产或者财产权进行转移，客观上没有也不可能造成任何隐匿财产的效果。

1. 周某在吴某购买保险之后才被牵涉进本案，此时吴某的涉案财产已经转化并固化为保险，周某只是更改了保险的一项信息，并没有改变财产形式或者权属。在本案整个过程中，仅有的一次财产性质的转变是吴某用人民币购买保险，财产形式从现金改变为保险服务。此后，财产形式再未发生变更。周某协助将投保人由吴某变更为王某，只是一项保险信息的变更，且保险业务中利益关系最密切的主体是受益人而非投保人，投保人的变更并不会导致财产权属或者财产性质发生变化。

2. 吴某与王某是夫妻关系，投保人如何变化都不可能存在财产或权益发生转移，更称不上隐匿。2012 年股权转让时，吴某与王某系夫妻关系，股权转让款属于夫妻共同财产。2018 年吴某购买保险时，二人仍是夫妻关系，假使根据吴某所购买的险种，投保人也享有一定的财产性利益，那么也属于夫妻共同财产的范畴，在这种情况下，投保人由吴某变更为王某，相关财产权利的主体仍然是夫妻双方。亦就是说，就财产权利的权属而言，投保人的变更在法律上是没有意义的，变来变去都属于夫妻共同财产，因此也就不可能产生掩饰、隐瞒财产的效果，可见，股权转让款、保险相关权益都是夫妻共同财产或财产权益，夫妻关系存续期间想怎么处置就可以怎么处置，属于私事，如对这样的事情都能够被冠以罪名，只能感慨“欲加之罪何患无辞”！

3. 保险办理过程正规合法，投保信息在保险公司备案，有据可查，如果真的要掩饰、隐瞒财产不会留下这么明显的痕迹。掩饰、隐瞒犯罪所得、犯罪所得收益罪中被隐瞒的对象往往是有形财产，通过变更外观、转移、转卖等方式改变财产外观，使其销声匿迹、无处可查；如果是现金或者存款等，则往往隐匿于看似无关的账户，也是为了达到将赃款“改头换面”甚至合法化的目的。本案中，周某不仅没有改变保险的形式，仅仅涉及的投保人的变更也只是在夫妻之间，如此简单明显的操作无论从形式意义上还是法律意义上都不可能达到掩人耳目的目的，就像把左手里的钱放到了右手，根本不构成掩饰、隐瞒的行为。

4. 周某在协助进行投保人变更时是否有吴某的书面授权，只涉及保险公司业务规范的问题，与刑法意义上的法益侵害性无关，也谈不上涉及伪证罪等。社会规范有很多种，法律规范只是其中之一，刑法规范更是其中的很小一部分。保险公司在业务办理时也有其相应规范，周某没有吴某书面授权而替代吴某签字，只是违背了保险公司的业务办理规范，而远未触犯刑法规范。

是否触犯刑法规范的实质标准在于行为是否具备刑法所规定的法益侵害性。掩饰、隐瞒犯罪所得、犯罪所得收益罪所保护的法益是国家对犯罪所得、犯罪所得收益的追查权和被害人的追索权，如前所述，投保人由吴某变更为其丈夫王某，夫妻之间的变更，无论是从财产权属还是财产外观，都不会产生掩饰、隐瞒财产的效果，也就不可能侵犯该罪的法益，行为不具有相应的法益侵害性，也就不可能构成犯罪。

四、吴某是股权转让多年之后购买保险，购买保险的时间也早于公安机关立案的时间，主观上周某不具有掩饰、隐瞒犯罪所得、犯罪所得收益的故意

1. 吴某购买保险的时间与股权转让的时间已相隔6年之久，且购买于被刑事立案之前，周某不可能明知其为非法所得或者非法所得收益。吴某购买保险的时间是2018年4月13日，因涉嫌合同诈骗罪被立案的时间是2018年6月6日，其间也相隔近2个月。在这种情况下，周某不可能认识到吴某被刑事立案前2个月购买的保险具有非法性。况且，周某只是应邀帮助吴某变更投保人信息，只是在保险公司简单地办理一下手续，也并非什么转移财产的行为，与将存款从一人账户转至另一人账户的行为性质完全不同。我们不能忽视周某（其丈夫是吴某的亲哥哥）与吴某属于近亲属关系，一家人之间，因家人（吴某）身在国外不方便，帮忙办事是再自然不过的事情，况且办理的事情还是吴某夫妻之间的事情，又不是将相关财产或财产权益转让给第三人，周某完全不用多虑，是人之常情，与掩饰、隐瞒财产无关。

2. 根据相关法律，周某不符合本罪主观明知的要件。根据《刑法》第312条，掩饰、隐瞒犯罪所得、犯罪所得收益罪的行为模式是：明知是犯罪所得及其产生的收益而予以窝藏、转移、收购、代为销售或者以其他方法掩饰、隐瞒。本罪的成立，要求行为人对财产性质存在明知。

关于“明知”的判断和认定，2009年11月4日《最高人民法院关于审理洗钱等刑事案件具体应用法律若干问题的解释》规定了应当结合被告人的认知能力，接触他人犯罪所得及其收益的情况，犯罪所得及其收益的种类、数额，犯罪所得及其收益的转换、转移方式以及被告人的供述等主、客观因素进行认定。具有下列情形之一的，可以认定被告人明知系犯罪所得及其收益，但有证据证明确实不知道的除外：（1）知道他人从事犯罪活动，协助转换或者转移财物的；（2）没有正当理由，通过非法途径协助转换或者转移财物的；（3）没有正当理由，以明显低于市场的价格收购财物的；（4）没有正当理由，协助转换或者转移财物，收取明显高于市场的“手续费”的；（5）没有正当理由，协助他人将巨额现金散存于多个银行账户或者在不同银行账户之间频繁划转的；（6）协助近亲属或者其他关系密切的人转换或者转移与其职业或者财产状况明显不符的财物的；（7）其他可以认定行为人明知的情形。

周某的行为不符合以上任何一种情形。首先，截至吴某被刑事立案，股权转让已过去6年，且6年间P公司一直正常经营，所谓的被害人Q集团也没有提出任何异议，在这种背景下有谁能够想到6年前的事情会被突然挖出来并被指控为犯罪？况且涉案保险是吴某被刑事立案前购买，也没有证据证明购买保险的钱和股权转让款直接有关，周某根本不能认识到吴某从事犯罪活动，事实上吴某也确实没有犯罪。其次，吴某购买保险的途径、价格完全合法，手续正规。周某帮助吴某处理这样一个完全合法的保险的相关事务，也不可能认识到保险涉嫌犯罪。最后，周某没有受益，没有频繁划转财产，只是参与了变更投保人这样一个微不足道、几乎没有任何法律意义的小事，其所做的仅仅是亲属之间举手之劳的帮忙，并非什么反常行为，不能说明周某“明知”保险为犯罪所得及其收益。

事实上，周某不可能存在“明知”。因为如前所述，无论是保险费还是保险本身，都没有证据证明其属于犯罪所得及其收益，根据正常逻辑，这一点连侦查机关也不可能证明。没有证据证明存在的事实，周某又如何“明知”呢？这也恰恰说明本案从头到尾都是不能成立的。

五、至于吴某借用周某的银行卡处理相关事务与周某没有关系

亲属之间借用银行卡办理相关事宜，属于再正常不过的事情，况且也不是在吴某宣告涉嫌刑事犯罪过程之后，如果侦查机关真的想把此案办得让人服气，可以调取银行卡转账记录及询问收款人，是否是周某本人签字，该用途是否周某明知且通过她完成相关操作，周某当时本人的主观目的是什么。在侦查人员问讯周某涉及该银行卡事宜时其本人也愕然不已，说明周某没有帮助吴某隐瞒犯罪所得的故意，更没有客观行为，假使吴某构成犯罪，转移款物与吴某涉嫌犯罪其他行为属于同一范畴，都包含在一个犯罪认定范围内，但是没有证据证明吴某构成诈骗罪。法律不能强人所难，法律中的刑法尤其不能强人所难，否则我们每个人或我们的家人现在或今后都有可能是受害者。

六、掩饰、隐瞒犯罪所得、犯罪所得收益罪的成立，原则上以上游犯罪的生效裁判为前提，至少被查证属实，目前吴某案以及相关的贺某案，当事人均不认罪，且吴某尚未归案，且有大量证据证明其无罪，现有证据远未达到查证属实的程度

2015 年 5 月 29 日发布的《最高人民法院关于审理掩饰、隐瞒犯罪所得、犯罪所得收益刑事案件适用法律若干问题的解释》第 8 条第 1 款规定：“认定掩饰、隐瞒犯罪所得、犯罪所得收益罪，以上游犯罪事实成立为前提。上游犯罪尚未依法裁判，但查证属实的，不影响掩饰、隐瞒犯罪所得、犯罪所得收益罪的认定。”

1. “上游犯罪事实成立”原则上以上游犯罪依法裁判为标准，例外情况下才可以以“查证属实”为标准。《刑事审判参考》第 1104 号案例（奥姆托绍等四人掩饰、隐瞒犯罪所得案——上游犯罪认定与掩饰、隐瞒犯罪所得认定的关系）指出：该解释（《最高人民法院关于审理掩饰、隐瞒犯罪所得、犯罪所得收益刑事案件适用法律若干问题的解释》）明确了一个基本原则，即认定掩饰、隐瞒犯罪所得、犯罪所得收益罪，应当以上游犯罪事实成立为前提。这一原则包含两层意见：第一是上游犯罪事实必须成立，既指上游犯罪事实有充分证据证明，也指上游犯罪事实达到犯罪程度。第二是对掩饰、隐瞒犯罪所得、犯罪所得收益罪事实的认定，原则上应当在对上游犯罪依法裁判确定后进行。作为一种例外，在极少数情况下，由于上游犯罪人还有其他犯罪事实一时难以查清或者因为其他原因尚未依法裁判，为依法及时审判掩饰、隐瞒犯罪所得及其收益案件，才在上游犯罪查证属实的情况下先行认定本罪。

本案中，吴某涉嫌的诈骗罪为上游犯罪，目前该罪尚未进行司法裁判，原则上不能处理周某涉嫌的下游犯罪。

2. 吴某案不属于“查证属实”的情况。关于何为“查证属实”，并没有明确规定。首先，我们必须在提高司法效率和节约司法资源的意义上理解“查证属实”。如果严格按照刑事法理，下游犯罪必须以上游犯罪的成立（至少是违法性层面的成立）为前提，而上游犯罪成立的唯一判断标准是生效判决。也因此，只有在上游犯罪作出生效判决后才能对下游犯罪作出处理。这是理论上的分析，但是现实中出于犯罪特殊情况以及提高司法效率、节约司法资源等考虑，在极个别情况下不得不在程序上作出妥协，即在个别上游犯罪一时难以作出生效判决的情况下，只要犯罪事实已经被“查证属实”，也可以对下游犯罪进行处理。

但这种程序上的变通不等于实体上的牺牲。正是因为程序上作了简化，才有必要在实体上更为严格，更加注重在实体层面犯罪事实是否真的已经查清，否则会得到效率而丧失公正。绝对不能认为没有生效裁判，只有初步证据就可以处理下游犯罪。司法判决的证据标准是排除合理怀疑，同样，对于暂未判决的上游犯罪，侦查机关或者检察机关的证据至少也应达到排除合理怀疑的程度，才能够对下游犯罪进行追诉。

其次，司法实践中“查证属实”一般要求被害人陈述、犯罪所得及其收益等物证或相关凭证、（下游犯罪）犯罪嫌疑人供述等证据相互印证，证明案件事实确实存在。《刑事审判参考》第1105号案例（谭细松掩饰、隐瞒犯罪所得案——“上游犯罪事实经查证属实”的具体把握）认为：被告人谭细松所购买的摩托车，系顾某源被盗的摩托车，这一事实是清楚的，有失主的陈述、购买摩托车证明、提取的被盗摩托车等证据证实，完全可以认定谭细松销售的摩托车是赃物；同时，谭细松供认其明知该摩托车是赃物而予以销售，故可以认定其主观上明知是犯罪所得的赃物，其行为构成掩饰、隐瞒犯罪所得罪。虽然上游犯罪的犯罪嫌疑人未被抓获，更未依法裁判，但现有的证据足以认定该犯罪事实的存在，可以认定属于“上游犯罪尚未依法裁判，但查证属实”的情形，故不影响对谭细松掩饰、隐瞒犯罪所得罪的认定和量刑。

本案中现有证据显然没有达到参考案例中的证明标准。首先，吴某及关联案件的另一犯罪嫌疑人贺某明确认为自己不构成犯罪；其次，涉案股权转让款的去向、使用情况均没有查明，更不能证明购买保险的钱款就是来源于股权转让款；最后，如果吴某真的构成诈骗罪，为什么在股权转让之后继续投资经营涉案矿山，为什么所谓的Q集团6年内都没有提出任何意见呢？此外，周某并非数年之前股权转让的主体，没有参与，也不了解具体情况，对吴某案这一上游犯罪根本就不了解，对吴某购买保险的款项的性质更加不了解。在上、下游犯罪均存在诸多疑问与证据漏洞的情况下，指控的基本事实甚至都很难建立起来（侦查机关也正因此还更换过罪名），更何谈“查证属实”呢？

吴某案没有经过司法裁判，也没有查证属实，目前没有充分证据证明上游犯罪事实成立，不能对周某以掩饰、隐瞒犯罪所得、犯罪所得收益罪追究责任。

综上，从实体层面讲，涉案保险不属于犯罪所得或者犯罪所得收益，也没有证据证明吴某在股权转让后没有任何其他收益，也不能证明购买保险的款项与股权转让款具有直接的等同关系，主观上，周某为近亲属提供力所能及的方便，不具有隐瞒犯罪所得或隐瞒犯罪所得收益的主观故意，客观上周某帮助变更投保人的行为或提供银行卡也不可能产生掩饰、隐瞒财产的效果，主客观两个方面的要件均不能成立；从程序层面讲，吴某案作为上游犯罪既未依法裁判，又未查证属实，目前依法不能对周某以掩饰、隐瞒犯罪所得、犯罪所得收益罪追究责任。鉴于此，周某在检察院没有批准逮捕的情况下，还指定监视居住，显然不合时宜，不合法、不合理。

第二部分　吴某不符合诈骗罪构成要件

一、股权转让的背景和过程

本案因Q集团收购吴某在P公司的股权而起。P公司成立于2005年7月20日，吴某是创始股东，2005年7月即持有P公司股权。2012年股权转让时，吴某持有85%股权，贺某持有15%股权。公司成立时探矿权证面积为19.78平方公里，经过多年勘探，2011年将探矿权证面积调整为9.98平方公里，案发前公司经新疆维吾尔自治区国土资源厅评审中心评审的详细勘探面积为4.18平方公里，已详勘4.18平方公里的铁矿石储量为4321.44万吨，已取得采矿证采矿面积0.585平方公里，采矿区域铁矿储量764.23万吨。

2012年年初A地区国资委向所属各国有监管企业下达矿业投资指标，并督促各单位必须按期完成矿业投资。2012年Q集团成立筹备领导小组，从2

月20日开始，由筹备领导带队聘请业内专家进行了为期20多天的考察，完成了对7家有色金属矿产企业的考察和调研。经研究确定，Q集团最终与P公司于3月12日签订了《合作意向书》。

《合作意向书》经A地区领导批准后，Q集团对P公司进行了细致的审查，先是委托新疆TY有限责任会计师事务所对P公司进行审计，同时分别委托新疆HC矿业权评估咨询有限责任公司、江苏WX资产评估有限责任公司对P公司采矿权进行评估。此后，Q集团又委托新疆HS资产评估与不动产估价有限公司审核新疆HC矿业权评估咨询有限责任公司出具的HC矿评字〔2012〕第1-021号《P公司新疆塔什库尔干X铁矿采矿权评估报告》，出具了《新疆Q集团公司拟收购股权涉及的P公司股东全部权益价值评估报告》。

在此基础上，2012年7月2日至4日，新疆Q集团公司与P公司股东吴某和贺某进行了历时3天的商务谈判，最终共同协商确定了股权价格和股权转让份额。

二、吴某在股权转让过程中，没有虚构事实、隐瞒事实真相，涉及股权转让相关文件均可以在有关部门公开查询，并且相关部门对涉案矿区是否在自然保护区等事实认识清楚，股权转让时及之后P公司相关矿产权利合法有效至今，此次中央督察组强令关闭，包括本案涉及矿产共计1021宗受到影响，完全是一个群体共性的案件，不能认定为个人有诈骗的故意

Q集团认为所谓的“诈骗”有两点：一是吴某隐瞒涉案矿山在自然保护区的情况；二是股权转让时探明的矿产储量没有达到合同约定的1500万吨。我们认为这两点都不成立。

1. 吴某及P公司均没有隐瞒矿山在自然保护区的情况。Q集团认为吴某故意隐瞒P公司X铁矿位于野生动物自然保护区的真相，进而诱导其收购P公司的股权。

Q集团的依据其实只有两句话：第一，《新疆P公司X铁矿采选50万t/a新建工程环境影响报告书》（以下简称《环境影响报告书》）第4页，“根据现场调查分析，选矿厂、采矿区……附近无自然保护区及其他需要特殊变化区”；第二，《P公司新疆塔什库尔干县X铁矿矿山地质环境保护与治理恢复方案（代土地复垦方案）》（以下简称《代土地复垦方案》）第10页，“矿区及可能影响范围内无名胜古迹、自然保护区、地质遗迹、地质公园等旅游景点”。

以上表述并不能形成对Q集团的欺骗。

第一，《代土地复垦方案》已通过新疆维吾尔自治区国土资源厅组织的专家评审，并获得新国土资地环审发〔2011〕075号《关于对〈P公司新疆塔什库尔干县×铁矿矿山地质环境保护与治理恢复方案（代土地复垦方案）〉专家意见的认定》，评审结论为：同意审查通过。

第二，《代土地复垦方案》是提交给新疆维吾尔自治区国土资源厅用于办理矿权手续的，并不是交给Q集团的。无论该文件是否存在不实之处，其直接针对的对象也只能是国土资源厅，而不是Q集团。现在国土资源厅都没有认为受到欺骗，Q集团更加没有理由认为自己受骗。

第三，Q集团于2012年2月20日即开始对包括P公司在内的几家矿产企业进行考察，3月12日与P公司签订了《合作意向书》，7月18日与吴某正式签署了《股权转让合同》。2012年2月至7月，Q集团对P公司及其相关矿产权利进行了充分的考察。

在双方洽谈股权转让期间，P公司就开发铁矿建设项目用地问题曾专门提出申请，塔什库尔干县政府、县水利局均作出书面批示。喀什地区林业局依法就P公司在自然保护区内实施探矿建设用地审核问题向新疆维吾尔自治区林业厅请示，林业厅经核查，查实P公司矿区在塔什库尔干自然保护区试验区18林班内，项目建设符合《中华人民共和国自然保护区条例》的有关规定，同意P公司在自然保护区试验区内进行探矿作业。上述文件属于P公司办理铁矿建设项目所需的基础批文，在相关审批机构均有备案，原告对此应当明知。

第四，1984年政府对塔什库尔干自然保护区的划定是否合法，则完全超出了吴某的掌控范围，假使当初的划定存在瑕疵，也与吴某无关。另外，自然保护区的划定是政府行为，是公开的事实，任何人都可以查询，任何人也无法隐瞒。假如涉案矿区位于自然保护区内，Q集团自己完全可以查询知晓，给P公司办理采矿权证和探矿权证的相关政府部门更加能够知晓。如果它们明知涉案矿区位于自然保护区，为什么还能够通过相关审批呢？且不止P公司一家，而是一共1021家公司。对于涉案矿区是否位于自然保护区这一问题，面对行政机关的层层审批和Q集团的严格考察，P公司或吴某不可能瞒得过去。之所以出现千余家企业审批通过而数年后又被认为违法的情况，完全是相关行政部门的原因，各公司只是基于对政府行为的信赖利益从事经营活动，此过程中个人不可能也不需要采取诈骗行为。是否在自然保护区，属于公开且任何人都可查询的信息，不可能被“虚构”或被“隐瞒”，如果Q集团真的不知道或认为不知道，假如吴某案真的定罪量刑，某些负有责任的领导也将需要以“签订、履行合同失职被骗罪”或“国有公司、企业、事业单位人员失职罪”被追究刑事责任。

2. X铁矿的储量符合《股权转让合同》的约定，吴某没有欺骗Q集团。《股权转让合同》第4条第5款约定：“塔什库尔干县X铁矿中符合国家可选矿生产标准的磁铁矿储量不低于1500万吨。”应当注意，本条只约定矿产储量不低于1500万吨，而未限定是可以开采的数量，这意味着只要涉案矿山中勘探测明的储量达到1500万吨即可。

2014年7月8日，Q集团公司与乌鲁木齐ZB地质勘查有限公司签订《新疆塔什库尔干县X铁矿项目合同》，约定由ZB公司负责查明X铁矿4.2平方公里范围内资源情况，为办理采矿许可证提供依据。该公司勘测结果获得了新疆维吾尔自治区矿资源储量评审中心新国土资储评〔2015〕082号评审意见书。评审意见书明确指出，P公司尾号30187号探矿面积为9.98平方公里，本次核实区范围为4.156平方公里，矿石种类基本为原生磁铁矿石，总储量为4321.44万吨。评审报告通过后，2015年9月2日，P公司依法在新疆维吾尔自治区国土资源厅进行了备案，并获得了新国土资储备字〔2015〕082号备案证明。

2016年1月5日，P公司依据上述评审报告、备案证明向国土资源厅申请办理采矿许可证。国土资源厅经审核发现，该矿区0.5%部分在塔什库尔干野生动物自然保护区，4%在水源涵养区，遂建议退件处理。2017年3月30日，储量评审中心出具新国土资储补字〔2017〕05号补充说明，指出因核实区范围与野生动物保护区、水源涵养区范围有少量重叠，核实区范围需调整。经评审中心测量调整后，确定矿石储量为4304.86万吨。

2017年6月5日，自治区国土资源厅依法向P公司出具了新国土资采划〔2017〕009号划定矿区范围批复，确定本次新增储量的矿区面积为3.707平方公里，要求P公司于2020年6月5日前持采矿申请资料到登记机关办理采矿登记手续。

以上过程足以说明，希尔布里萨依的铁矿储量完全符合甚至远远超出《股权转让合同》第4条第5款的约定，吴某并没有在矿石储量上弄虚作假。

三、Q 集团没有陷入认识错误，股权转让时其对矿山区位、矿产储量等情况均有明确了解

吴某股权转让的过程中没有就矿山在自然保护区以及矿产储量的问题上欺骗Q集团，Q集团也不会陷入认识错误。

1. 自2012年股权转让Q集团入资P公司以来至案发，已经过了6年左右的时间。6年里P公司一直在进行正常的生产经营，Q集团也从来没有提出过自己被骗了。

Q集团认为自己被骗的真实原因是2017年塔什库尔干县政府以及国土资源局突然自我否定之前关于自然保护区以及P公司矿产权利的决定，以P公司矿山在自然保护区为由，要求拆除设备并恢复治理，并吊销了P公司营业执照。Q集团自认为投资失败，为了挽回投资损失而指控吴某诈骗，这种做法明显与事实不符。

之所以出现现在的结果，真正的原因是相关部门政策的变化。2017年被关停的企业远不止P公司一家，根据《新疆维吾尔自治区贯彻落实中央第八环境保护督察组反馈意见整改任务和措施清单》，国土资源厅违反《中华人民共和国自然保护区条例》有关规定，2013年以来，在国家级和自治区级自然保护区内，新立或延续矿权1021宗。本案也是其中一例，是相关部门政策原因导致的事件，P公司原来的申请也得到了相关部门的批准，P公司以及吴某以及千余家其他企业也是基于信赖利益才继续经营的，现在政策变化出了问题却被追究诈骗的责任，实在不公平。

2. Q集团对涉案矿山在自然保护区内的情况以及矿产储量存在明知。如前所述，在洽谈股权转让期间，林业厅等相关部门的文件就已指出P公司矿区位于塔什库尔干自然保护区的试验区内，并认为P公司在试验区内进行探矿作业符合法律规定。另外，在2016年向新疆维吾尔自治区国土资源厅申请办理采矿许可证时，新疆维吾尔自治区国土资源厅也审核发现矿区部分处于自然保护区内，并退件处理，储量评审中心重新作出调整后，P公司获得了新疆维吾尔自治区国土资源厅的批复。此时Q集团已经参与P公司的管理，对上述情况不可能不知情，而在知情的情况下，Q集团也并没有提出自己被骗，可见其早就对此明知。

关于矿产数量问题，如前所述，2014年评审意见书明确指出总储量为4321.44万吨，远超过《股权转让合同》约定的1500万吨，Q集团也不可能被欺骗。

四、吴某于2010年成为股东之后至股权转让给Q集团之前，基建等投资逾亿元，股权转让后，吴某仍是最大股东，也一直没有再转让股权，仍然参与矿山开发经营并承担大量投资成本，其主观上是生产经营的目的，不具有非法占有的目的

Q集团投资P公司之前，P公司固定资产总计1243.45万元，吴某已对矿山进行了大量投资建设。

1. 矿山基建：2012年开始修建矿山运输道路共计26公里，基建剥离量69.81万m^3、4880m平硐1826m、4680m平硐404m，矿山基建工程款共计6492.93万元。

2. 建设60万吨选矿厂：主要包括选矿厂厂房及建筑物、35KV变电站、设备及安装，工程款共计6200万元。

在股权转让前后，吴某均对矿山进行了大量投资建设，可见其并不是为了单纯获取股权转让款，而是实实在在地经营矿山项目，如果其只是想骗取股权转让款，完全可以在股权转让后撒手不管，或者继续转让剩余的股权，没有必要自己还要持续持有股权，并且还是最大的股东。

五、本案涉嫌利用刑事手段插手经济纠纷，部分人员可能存在滥用职权，违背了中央三令五申坚决防止刑事手段干预经济纠纷及依法保护民营企业、民营企业家的刑事政策

中央以及最高司法机关一直以来注意保护正当经济活动，严格监督以经济手段插手经济纠纷的行为。《最高人民法院关于充分发挥审判职能作用为企业家创新创业营造良好法治环境的通知》指出，依法保护企业家的人身自由和财产权利。严格执行刑事法律和司法解释，坚决防止利用刑事手段干预经济纠纷。坚持罪刑法定原则，对企业家在生产、经营、融资活动中的创新创业行为，只要不违反刑事法律的规定，不得以犯罪论处。《最高人民检察院 公安部关于公安机关办理经济犯罪案件的若干规定》第2条规定："公安机关办理经济犯罪案件，应当坚持惩罚犯罪与保障人权并重、实体公正与程序公正并重、查证犯罪与挽回损失并重，严格区分经济犯罪与经济纠纷的界限，不得滥用职权、玩忽职守。"《最高人民检察院关于充分履行检察职能加强产权司法保护的意见》也明确指出，加强对刑事立案活动的监督，重点监督侦查机关以刑事手段插手经济纠纷、选择性执法等妨害产权平等保护的问题。

本案甚至连民事纠纷都算不上，因为《股权转让合同》早已履行完毕，且股权转让后公司已经正常生产经营6年之久。在股权转让过程中，吴某连民事上的欺诈行为都不曾有过，更不可能构成刑事犯罪。本案的实质就是Q集团及其背后的利益关联方不愿、不敢、不能面对投资损失，将相关部门环保政策变化带来的不利后果归咎于吴某，而强行使用刑事手段插手经济纠纷，办案机关应当严格遵循法律、刑事政策和党中央政策精神，秉公处理本案。

综上，周某不符合掩饰、隐瞒犯罪所得、犯罪所得收益罪的构成要件，且吴某涉嫌合同诈骗案这一上游犯罪也明显不能成立。该案目前已经受到国内外部分媒体关注，受到了最高人民检察院等单位的关注，希望本案经得起时间上的考验、公众的考问、上级机关的检验，请相关办案部门依法办案，秉公执法，请求撤销对周某、吴某的立案。

此致

S公安局

犯罪嫌疑人周某的辩护人：

北京市京都律师事务所律师　彭吉岳

2019年5月13日

附件5：管辖权异议申请书

周某涉嫌掩饰、隐瞒犯罪所得、犯罪所得收益案
管辖权异议申请书

申请人： 彭吉岳，北京市京都律师事务所律师，周某的辩护人

地址： 北京市朝阳区景华南街5号，远洋光华国际C座22—23层

电话： 010-57096000　13910634028

申请事项：

申请S公安局对周某涉嫌掩饰、隐瞒犯罪所得、犯罪所得收益案撤销立案

事实与理由：

一、本案中所谓“犯罪行为发生地”和“犯罪结果发生地”都不在S公安局辖区，S公安局对本案没有管辖权

《公安机关办理刑事案件程序规定》（2012年修订）第15条规定：“刑事案件由犯罪地的公安机关管辖。如果由犯罪嫌疑人居住地的公安机关管辖更为适宜的，可以由犯罪嫌疑人居住地的公安机关管辖。犯罪地包括犯罪行为发生地和犯罪结果发生地。犯罪行为发生地，包括犯罪行为的实施地以及预备地、开始地、途经地、结束地等与犯罪行为有关的地点；犯罪行为有连续、持续或者继续状态的，犯罪行为连续、持续或者继续实施的地方都属于犯罪行为发生地。犯罪结果发生地，包括犯罪对象被侵害地、犯罪所得的实际取得地、藏匿地、转移地、使用地、销售地。居住地包括户籍所在地、经常居住地。经常居住地是指公民离开户籍所在地最后连续居住一年以上的地方……”

A系统内的公安机关管辖范围仅限于系统辖区。S公安局的管辖范围只包括16个农牧团场，只有发生在上述团场范围内的刑事案件，S公安局才有管辖权。

在本案中，周某帮助变更投保人信息的保险公司位于乌鲁木齐，吴某使用周某身份信息办理的银行卡也不在S公安局辖区。所有与本案有关的地点都不在S公安局的管辖范围内，S公安局对本案不具有管辖权。

二、周某案因吴某案而起，S公安局对吴某案也不具有管辖权，在此基础上对周某案的管辖权更加没有依据

本案之所以发生，根源上是因为包括P公司在内的22家矿山企业被强拆

而遭受了巨大损失，而Q集团为了将损失全部转嫁给吴某，竟罔顾事实称自己在收购吴某股权的过程中受骗。但《股权转让合同》签订在乌鲁木齐，所谓被害人Q集团的住所地位于喀什，涉案矿山项目位于塔什库尔干县，也都不在S公安局管辖范围内，其对吴某案没有管辖权。

在办理吴某案的过程中，S公安局认为周某帮助吴某隐匿财产，因此对周某也进行了刑事立案。但周某被指控的事实也并没有发生在S公安局辖区，从吴某案与周某案的双重角度来讲，S公安局对吴某案与周某案均没有管辖权。

综上，周某涉嫌掩饰、隐瞒犯罪所得、犯罪所得收益罪一案，无论是犯罪行为发生地还是结果发生地或者犯罪嫌疑人居住地，均不在S公安局辖区内，其对本案没有管辖权。S公安局应当立即撤销立案。

此致

S公安局

犯罪嫌疑人周某的辩护人：

北京市京都律师事务所律师　彭吉岳

2019年6月16日

附件 6：立案监督申请书

周某涉嫌掩饰、隐瞒犯罪所得、犯罪所得收益案
立案监督申请书

申请人： 彭吉岳，北京市京都律师事务所律师，周某的辩护人

地址： 北京市朝阳区景华南街 5 号，远洋光华国际 C 座 22—23 层

电话： 010-57096000　13910634028

申请事项：

请求责令 S 公安局纠正对周某的违法立案及违法羁押行为

事实与理由：

一、本案中所谓“犯罪行为发生地”和“犯罪结果发生地”都不在 S 公安局辖区，S 公安局对本案没有管辖权

详见附件 5。

二、周某案因吴某案而起，S 公安局对吴某案也不具有管辖权，在此基础上对周某刑事立案更加没有依据

详见附件 5。

三、周某涉嫌的是掩饰、隐瞒犯罪所得、犯罪所得收益犯罪，上游犯罪尚未查证属实，依法不应对其刑事立案

2015 年 5 月 29 日发布的《最高人民法院关于审理掩饰、隐瞒犯罪所得、犯罪所得收益刑事案件适用法律若干问题的解释》第 8 条第 1 款规定：“认定掩饰、隐瞒犯罪所得、犯罪所得收益罪，以上游犯罪事实成立为前提。上游犯罪尚未依法裁判，但查证属实的，不影响掩饰、隐瞒犯罪所得、犯罪所得收益罪的认定。”

吴某案作为上游犯罪，尚未依法裁判也未查证属实。对掩饰、隐瞒犯罪所得、犯罪所得收益罪事实的认定，原则上应当在对上游犯罪依法裁判确定后进行。作为一种例外，在极少数情况下，由于上游犯罪人还有其他犯罪事实一时难以查清或者因为其他原因尚未依法裁判，为依法及时审判掩饰、隐瞒犯罪所得及其收益案件，才在上游犯罪查证属实（但未依法裁判）的情况下先行认定本罪（《刑事审判参考》第 1104 号案例）。未经依法裁判，并不意

味着仅有初步证据就可以对下游犯罪进行处理，也要达到与法院裁判相当的证明标准。司法实践中“查证属实”一般要求被害人陈述、犯罪所得及其收益等物证或相关凭证、（下游犯罪）犯罪嫌疑人供述等证据相互印证，证明案件事实确实存在（《刑事审判参考》第1105号案例）。

目前吴某是否构成犯罪争议极大，有大量证据证明吴某无罪。在此情况下，绝对没有达到上游犯罪查证属实的证明程度，此时不应对周某进行立案侦查。

四、根据相关法规，检察院对不应立案而违法立案的情形进行监督，应通知S公安局撤销案件

《人民检察院刑事诉讼规则（试行）》（2012年修订）第553条第1款规定，当事人认为公安机关不应当立案而立案，向人民检察院提出的，人民检察院应当受理并进行审查。

第555条第2款规定，有证据证明公安机关可能存在违法动用刑事手段插手民事、经济纠纷，或者利用立案实施报复陷害、敲诈勒索以及谋取其他非法利益等违法立案情形，尚未提请批准逮捕或者移送审查起诉的，经检察长批准，应当要求公安机关书面说明立案理由。

第558条规定，公安机关说明不立案或者立案的理由后，人民检察院侦查监督部门应当进行审查，认为公安机关不立案或者立案理由不能成立的，经检察长或者检察委员会讨论决定，应当通知公安机关立案或者撤销案件。侦查监督部门认为公安机关不立案或者立案理由成立的，应当通知控告检察部门，由其在10日以内将不立案或者立案的理由和根据告知被害人及其法定代理人、近亲属或者行政执法机关。

根据以上情形，贵院应当受理我们的检察监督申请并对上述情况进行审查，要求S公安局书面说明立案理由，如果其不能说明理由或者理由不成立，应当通知其撤销案件；如果贵院认为其立案理由成立，应当将立案的详细理由告知辩护人或犯罪嫌疑人。

综上，周某涉嫌掩饰、隐瞒犯罪所得、犯罪所得收益罪一案，无论是犯罪行为发生地还是结果发生地或者犯罪嫌疑人居住地，均不在S公安局辖区内，其对本案没有管辖权。且周某案的上游犯罪尚未查证属实，现阶段不宜对其立案侦查，请求责令S公安局纠正对周某的违法立案及违法羁押行为。

此致

S人民检察院

犯罪嫌疑人周某的辩护人：
北京市京都律师事务所律师　彭吉岳
2019年6月16日

冰城看守所里来的“神秘订单”：某企业销售负责人李某假冒专利罪案终获缓刑

2019 年 1 月，黑龙江省某法院正式宣告我的当事人李某缓刑，一位在看守所里会见时几度落泪的“汉子”终于得以回家和家人团圆了。

回顾本案，当事人被指控的“犯罪事实”其实是一起原本不会发生的化学品交易。我们认为，本案部分侦查人员涉嫌诱惑侦查、违法扣押、违法提取电子数据等程序违法行为。故此，在常规的实体辩护之外，辩护人还进行了强有力的程序性辩护，践行了辩护律师作为刑事诉讼程序监督者的神圣职责。

根据辩护所要达到的具体目标，有学者将刑事辩护分为五种基本形态：无罪辩护、量刑辩护、罪轻辩护、程序性辩护和证据辩护。无罪和罪轻辩护主要是对罪与非罪、此罪与彼罪的分析，属于实体辩护的范畴。与实体辩护直接以影响定罪量刑为目标的模式不同，程序性辩护针对的是公安、检察、审判机关的违法行为，寻求法院将上述违法行为作出无效宣告，进而削弱控方证据体系，并最终达到实体辩护目标的辩护形态。正如轰动世界的美国“辛普森杀妻案”中，辩护律师紧紧抓住了警察漏洞百出的侦查行为，特别是警方对辛普森住宅的非法搜查行为，极大地削弱了控方证据的说服力，使得陪审团最终作出无罪裁决。

美国著名刑事辩护律师德肖维茨将程序性辩护喻为一种“以守为攻”的辩护，这是一种对公权力行使过程中的合法性和正当性进行正面监督和质疑的辩护方式，最为集中地体现出“为权利而斗争”的精神。更有学者认为，程序性辩护是一种“与世界同步”的高级辩护形态，在一定意义上，程序性辩护有可能成为衡量中国刑事辩护乃至整个刑事司法状况的试金石。

我相信，随着社会物质文明建设进程的加快，普通公民的权利意识也在逐步提高，而公权力机关也将更加具有“将权力关进笼子”的自觉，在这个过程中，刑辩律师作为法律共同体的一员，就像啄木鸟一样担当法治森林的守护者和监督者。正如本案中，针对某些涉嫌违法的办案行为，辩护律师勇于发声，与各方共同确保案件不再偏离法治的轨道。

看守所里来“订单”

本案的被告人李某，系杭州×公司经理，公司生产一种名为分散蓝的化工产品，黑龙江H公司为其购货商，法定代表人为吴某。

2016年12月26日，李某代表×公司与H公司签订了120吨分散蓝的销售合同，每吨价格41000元，合同有效期为90天，至2017年3月26日自动失效。合同签订后，双方并没有及时履行。

2017年2月初，吴某制作了一批分散蓝包装纸箱，这批纸箱上印有H公司标识，还有一串专利号。吴某另行向李某订购2吨分散蓝，双方约定每吨价格42000元，随后吴某将400个纸箱邮寄到×公司，要求李某将生产好的分散蓝装入上述包装箱内发货，以便其直接对外销售。对于箱子上印刷内容的含义及来源，李某并未详细过问及核实。

2017年2月16日，李某将生产好的2吨分散蓝装进吴某寄来的包装箱发货给吴某。同日，吴某支付货款84000元。从李某的视角来看，一宗普通的交易已经完成。

2017年4月，吴某因涉嫌假冒专利罪被H市某公安局刑事拘留。原来，包装纸箱上专利号的所有权人并非吴某或H公司，而是第三方杭州Y公司，也就是本案的报案人。

2017年6月22日，吴某被取保候审。在此期间吴某一直被羁押于看守所，失去了与外界的联系。对此，李某毫不知情。

2017年5月2日，蹊跷的事情发生了，李某突然接到吴某来电，声称需要再订购8吨分散蓝，仍然装到之前的包装箱里发货，同时吴某表示自己不便过来，会派其他人过来沟通接洽。远在杭州的李某并不知道，此时的吴某已经成为一步步将其带入“犯罪道路”上的诱饵。

原来，侦查机关认为李某是吴某实施假冒专利行为的共犯，为了将其一网打尽，办案人员安排吴某以再次购货的名义，从看守所里发出订单，将李某“引蛇出洞”。

神秘的客商

2017 年 5 月 4 日，果然有两名客商来到杭州李某所在的公司，声称其为代表吴某过来取货的客商。二人先下榻在杭州市某酒店，然后便联系李某并来到了其公司。

在来公司的路上，两位客商便急切地询问李某产品有没有包装好，李某回答说没有，他们便催促李某尽快用吴某的纸箱打包完毕。上午 10 点钟左右，李某陪同两位客商到达工厂后，立即安排工人将货物装箱，其间，两位客商又多次催促加快进度，并于中午两次到工厂查看进度，其中一名客商还拿出手机拍摄了包装过程，声称是向合伙人汇报。

就在工人加班加点终于包装完毕之后，这两名神秘的客商突然亮出了警官证——他们不是吴某派过来的代表，而是 H 市某公安局的警察。两名警察当场派人拉走了涉案化学品，并以涉嫌假冒专利罪为由将李某带走调查。

本来，李某原本只销售 2 吨分散蓝给吴某，价值 84000 元，但吴某在被采取强制措施后再次电话“要货”，涉案事实就变成了两起，根据起诉书指控：李某在明知该专利不是吴某所有的情况下，于 2017 年 2 月 16 日，将自己工厂生产的 2 吨分散蓝染料换成上述包装销售给吴某。又于 2017 年 5 月 4 日将自己工厂生产的 8 吨分散蓝染料装在上述包装箱内准备发给吴某……被告人李某违反国家专利管理法规，未经专利权人许可，为生产经营目标，在其销售的产品的包装上标注他人专利号，构成假冒专利罪。

如此一来，且不论李某是否具有犯罪故意，单就所谓“犯罪金额”而言，从 84000 元变为超过 40 万元。这不仅仅是一大一小两个数字那么简单。根据《刑法》规定，假冒专利罪是结果犯，行为人实施假冒专利的行为，只有造成法定的结果后才构成犯罪。根据《最高人民法院、最高人民检察院关于办理侵犯知识产权刑事案件具体应用法律若干问题的解释》，实施假冒专利行为，非法经营数额在 20 万元以上或者违法所得数额在 10 万元以上的才成立本罪。

因此，侦查人员的乔装打扮卧底侦查，使一桩正常逻辑下根本不会发生的交易出现，这直接改变了事实的性质，使原本不应追诉的行为越过了犯罪的红线。

直辩程序，退回补侦

得知李某涉嫌假冒专利罪被带走，家属十分焦急，委托我们为李某进行辩护。

没有程序正义，实体正义将无从谈起。经系统梳理与分析，辩护人发现侦查人员在办案过程中存在的程序问题包括：

1. 诱惑侦查。在吴某已经不可能与李某继续进行交易的情况下采取诱导方式，人为制造 8 吨分散蓝交易。

2. 违法扣押。侦查人员扣押涉案 8 吨分散蓝时，没有当场制作扣押清单，只是让一辆卡车拉走了分散蓝，后续运输、保管信息不详。

3. 电子数据提取程序违法。侦查人员在提取李某手机聊天记录的过程中，没有严格依照法定程序进行。

诱惑侦查是本案最突出、争议最大的程序问题。对诱惑侦查，我国《刑事诉讼法》并没有作明确的规定，《刑事诉讼法》第 52 条中概括规定，“严禁刑讯逼供和以威胁、引诱、欺骗以及其他非法的方法收集证据”。第 153 条规定：“为了查明案情，在必要的时候，经公安机关负责人决定，可以由有关人员隐匿其身份实施侦查。但是，不得诱使他人犯罪，不得采用可能危害公共安全或者发生重大人身危险的方法。对涉及给付毒品等违禁品或者财物的犯罪活动，公安机关根据侦查犯罪的需要，可以依照规定实施控制下交付。”

诱惑侦查可以分为“机会提供型”和“犯意诱发型”。“机会提供型”是指行为人本来就已经产生犯罪倾向或者已有先前犯罪行为，而侦查人员仅仅是提供了一种有利于其实施犯罪的客观条件和机会的侦查行为；“犯意诱发型”是指侦查机关促使被诱惑者产生犯罪意图并实施犯罪的侦查行为，这本质上属于政府利用人性弱点制造犯罪，违背法律精神，为各国所禁止。本案中，吴某原本已经被采取强制措施，李某原本不可能再次使用涉案纸箱将货物销售给吴某或者任何人，正是在侦查人员隐匿身份的诱导性侦查行为之下，第二次交易行为才得以发生。因此本案属于“犯意诱发型”诱惑侦查，第二次交易不应被视为犯罪。为此，我向检察机关提交了《对李某涉嫌假冒专利罪案件中侦查人员利用被控制的吴某沟通联络并假冒成商人现场诱使李某包装“涉案货物”的行为严重违背刑事诉讼法等相关规定的法律意见》，指出：

根据法律规定，经公安机关负责人决定，侦查人员可以隐匿身份侦查，但不可诱使他人犯罪。本案中，侦查人员隐匿身份进行侦查，是否有公安机关负责人的决定本身就存疑，其合法性值得怀疑。更为严重的是，侦查人员对李某进行“诱惑侦查”，在侦查人员一步步精心诱导下，终于使李某落入“法网”。

本案既没有公安机关负责人准许侦查人员隐匿身份侦查的决定，又不符合“诱惑侦查”的法定情形，侦查人员的上述行为为《刑事诉讼法》等相关法律法规所禁止。

侦查人员乔装商人以吴某要求更换涉案货物包装为由，让李某将涉案货物装到印有专利号的纸箱中，并在当天先后 4 次进入×公司工厂观察、拍摄包装过程。然而，侦查人员拍摄的手机视频却没有作为证据随案提交。我认为该视频记录了当时现场的情况，视频本身很可能就是证明诱惑侦查行为的关键证据，因此我再次向检察机关提交法律意见《关于李某涉嫌假冒专利罪案中就侦查人员 5 月 4 日当天在杭州×公司拍摄涉案货物包装情节需要核实部分重要信息申请书》，提请核实以下几个重要问题：

1. 请求贵院令侦查机关提交储某、蒋某 2017 年 5 月 4 日在×公司工厂所拍摄的视频以及视频原始存储介质。

2. 请求贵院令侦查人员储某、蒋某书面说明先后 4 次进入×公司工厂的理由，以及是否每次都进行了拍摄、拍摄到什么。

3. 请求贵院令侦查人员储某、蒋某书面说明第一次进入工厂后，间隔一段时间后再次到工厂进行拍摄的真实目的。

4. 请求贵院核实是否存在侦查人员要求×公司更换包装，第一次到达工厂时是否还没有更换完毕包装，是否携报案单位人员进入×公司，进入×公司的两辆汽车是否为报案单位提供，报案单位人员为什么要进入×公司，随后进入协力的公司货运车辆是谁联系的，是谁支付的运费，是否存在报案单位人员随物流公司车辆办理物流运输手续。

之所以提请检察机关注意货运车辆问题，是因为辩护人发现有证据证明运走现场涉案货物的货车是报案人联系并支付运费的，并且侦查人员在扣押货物时也没有当场清点并出具扣押清单，便径自认定涉案货物为8吨。虽然卷宗中有一份《扣押清单》，但其为打印件，上面的表格中打印有“分散蓝2BLF200%”“8吨”“外包箱印有专利号：×××××”等字样，打印的落款时间为2017年5月3日。然而，侦查人员扣押涉案货物的实际时间是2017年5月4日，为何在扣押前一天就已经制作好《扣押清单》，并且已填好名称、数量和特征等内容，难道侦查人员有未卜先知的神通？

辩护人认为，对涉案货物的保管链条不具有完整性和合法性。对此，我向检察机关递交了《李某涉嫌假冒专利罪案件中侦查人员扣押货物行为不具有合法性法律意见》，提出以下问题：

1. 2017年5月4日为什么没有出具扣押决定书而强行扣押？
2. 为何没有当场制作扣押笔录和扣押清单？
3. 卷宗中《扣押清单》是什么时候制作的？
4. 涉案分散蓝由谁运走？运输条件如何？
5. 涉案分散蓝被运走后保管在哪里？由谁看管？保管条件如何？
6. 涉案分散蓝是何时、由谁、在何地、以何种方法称量的？有无见证人？

除了对涉案货物的扣押和保管存在严重问题，侦查人员扣押李某手机的行为也没有严格遵守法定程序。侦查人员提取李某与吴某的微信聊天记录作为证据，辩护人认为手机的扣押和保管过程已经受到污染，无法确保聊天记录的真实性，并提交了《李某涉嫌假冒专利罪案件中侦查人员扣押李某手机行为不具有合法性法律意见》，提出了以下观点：首先，侦查人员没有出具扣押决定书或任何书面文件而强行扣押；其次，侦查人员扣押手机后未依法制作扣押笔录、开具扣押清单；最后，非法扣押行为污染了侦查机关后期从被扣手机中调取的电子数据证据。特别是对电子数据的收集和提取，有着严格的操作规范，《最高人民法院　最高人民检察院　公安部关于办理刑事案件收集提取和审查判断电子数据若干问题的规定》第8条规定：“收集、提取电子数据，能够扣押电子数据原始存储介质的，应当扣押、封存原始存储介质，并制作笔录，记录原始存储介质的封存状态……封存手机等具有无线通信功能的存储介质，应当采取信号屏蔽、信号阻断或者切断电源等措施。”很明显，手机作为电子数据的存储介质，对其扣押和封存有着更为严格的规定。本案中，侦查人员在扣押手机时，不仅没有屏蔽信号或切断电源进行封存，甚至连最基本的扣押手续都没有。这就意味着，侦查机关拿到李某的手机后，可以对其进行任何技术操作，在这种情况下所提取出来的聊天记录，根本无法保障其真实性、客观性与合法性。侦查人员违法扣押的行为，是对证据源头的污染。

在辩护人屡屡对本案程序问题提出异议之后，检察机关决定将本案退回补充侦查。辩护人得知本案即将退回补充侦查的消息后，为了充分揭示本案的程序问题，迅速向检察机关递交了《关于建议检察机关对李某涉嫌假冒专利罪退回补充侦查时应予以重点查清部分事实的法律意见书》，从辩护人角度列举了退回补充侦查时应重点查明的问题：

一、关于侦查机关提交的微信聊天记录

依据《最高人民法院　最高人民检察院　公安部关于办理刑事案件收集提取和审查判断电子数据若干问题的规定》等规定，请求查明以下问题：

1. 微信聊天记录的收集与提取是否由二名以上侦查人员进行。除了侦查人员外，是否有其他的见证人，如果有见证人，请提供见证人相关信息。

2. 侦查机关是否扣押了微信聊天记录的原始存储介质（手机或电脑），如果扣押了原始存储介质，是否制作了笔录，并记录了原始存储介质的封存状态。涉案吴某的微信聊天记录的原始存储介质是什么时候扣押的，李某的微信聊天记录的原始存储介质是什么时候扣押的。现在两个存储介质封存在哪里，是什么状态。

3. 封存原始存储介质，是否能够保证在不解除封存状态的情况下，无法增加、删除、修改微信聊天记录。封存前后是否拍摄了被封存原始存储介质的照片，清晰反映封口或者张贴封条处的状况。

4. 封存手机或电脑时，是否采取了信号屏蔽、信号阻断或者切断电源等措施。

5. 收集、提取微信聊天记录，是否制作了笔录，记录案由、对象、内容、收集、提取微信聊天记录的时间、地点、方法、过程，是否附有清单，注明类别、文件格式、完整性校验值等，并由侦查人员、李某签名或者盖章；如果李某没有签名，是否已在笔录中注明，并由见证人签名或者盖章。是否具备条件对相关活动进行录像。

6. 原始介质是否有密码，侦查机关如何获取的密码，现在是否有密码，如果有密码，在密码为侦查人员所知悉的情况下，采取了什么方法保证原始介质之前存储的信息的完整性。

7. 请说明移送审查起诉时，是否以封存状态移送了原始存储介质，如果没有，请说明原因。

根据《最高人民法院　最高人民检察院　公安部关于办理刑事案件收集提取和审查判断电子数据若干问题的规定》第 27 条之规定，以上侦查行为如存在瑕疵，不能补正或者作出合理解释的，不能作为定案证据。因此，这些问题关乎犯罪嫌疑人是否构成犯罪，恳请贵院在补侦意见中作出详细说明。

二、关于涉案 8 吨分散蓝 2BLF200%查封、扣押情况

侦查机关认为 8 吨 2BLF200%分散蓝也属于犯罪对象，贵院在补充侦查时，应当重点查明：

1. 查封、扣押该批涉案分散蓝 2BLF200%的时间，以及当时该批货物在什么地方存放，是用什么包装的，是否存在侦查人员要求李某或工厂工人将涉案货物原来的包装拆除，按照侦查人员的要求分包在吴某提供的箱子里的情况。

2. 是否有查封、扣押该批涉案分散蓝 2BLF200%的法律文书，是否制作了扣押清单，清单上是否有侦查人员、见证人和持有人签名或盖章。

3. 查封、扣押该批涉案分散蓝 2BLF200%时，是采用何种手段确定其重量的。在运输前后是否都有称重，重量是否发生变化，如何确定就是 8 吨。

4. 该批涉案分散蓝 2BLF200%在被查封、扣押后，负责运输的主体、运输方式、运费支付主体的详细信息。如何保证目前侦查机关扣押的货物就是当时扣押的李某公司的货物，怎么保证该批货物的数量和质量完全等同于扣押时的数量和质量。

5. 该批涉案分散蓝2BLF200%目前的保管地、保管条件、保管期间是谁在负责看管。

6. 对该批分散蓝2BLF200%的司法鉴定，是否支付了费用，是谁支付的费用，支付费用的凭据有否。

7. 司法鉴定为什么没有鉴定人个人的签名。假冒专利罪，不应该关注是否有专利侵权的问题吗？公安机关司法鉴定的意义是什么。

8. 扣押李某公司货物时除了侦查人员外，是否有其他人员参与，有几个人、几辆车参与，都是什么单位的车，这些人员和车辆是否进入了李某所在公司厂房内，除了侦查人员，其他人员进入工厂内的目的是什么。

9. 既然已经立案，侦查人员为什么不以侦查人员的身份进入工厂，而让吴某联系，并谎称是吴某的工作人员来进行接触，该侦办程序是否有上级领导的签字确认，是否有已经在内部进行过讨论形成的侦查或扣押方案，哪些人来决定这个侦查方案。

10. 吴某当时既然已经被控制，按照最基本的常理，不可能再次和外界发生任何交易了，也不可能完成任何交易了，侦查机关如何确认吴某被控制后还能够和李某进行交易。

11. 扣押涉案货物在2017年5月，按照常理，如果李某构成犯罪，应该在2017年5月前后立案或对李某采取强制措施，为什么在大约一年后才对李某采取了强制措施，请贵院关注侦查机关立案的过程及相关手续。

争取被告人上厕所的次数不受限制的权利

在辩护人有一次会见李某时，我问起他在里面的生活状况，李某很无奈地说，自己每天只被允许上一次厕所，有时很不方便。这令我十分惊讶，“吃喝拉撒”是人最基本的权利，为何连上厕所的次数都被限制。

会见完毕，我立即找到看守所负责人，据实反映了这一问题。我说，做刑辩律师这么多年，全国各地大大小小的看守所我也去过无数，却是头一次听说限制在押人员上厕所，贵单位位于著名的北方城市，它有着“东方莫斯科”的美誉，不要因为个别工作人员的不当行为，影响大家对这座美丽城市的印象。

看守所负责人的态度非常认真，他很重视我反映的问题，当即称一定会尽快查实处理。果然，等我下一次再会见李某时，他说上次我走后很快上厕所的问题就解决了，生活“舒坦”了很多。

的确，再细微的权利也值得较真儿和争取。不过，在司法实践中，审前羁押问题确实值得重视，一方面是部分地区羁押环境和条件有待改善；另一方面是审前羁押率有待降低。

2019 年 12 月 4 日是第六个国家宪法日，中央电视台《新闻 1+1》栏目专门聚焦“不当羁押”问题。根据统计数据，2019 年 1 月至 11 月，全国检察机关受理、审查逮捕的人数共计 127. 7 万人，检察机关对其中 28 万人作出了不予批捕的决定，不捕率是 21. 9%；2019 年 1 月至 11 月，全国检察机关受理移送审查起诉人数是 199. 5 万人，未采取逮捕、拘留强制措施的有 90. 6 万人，非羁押率是 45. 4%，不到半数。①

2018 年，唐山市一名叫周广华的女性因涉嫌职务侵占罪、行贿罪被刑事拘留。因有病在身，她陆续出现咳嗽、咳痰、咳血等情况，止血效果差。唐山市第一看守所认为周广华已不适合继续羁押，在一年内 4 次向办案单位提出变更强制措施建议。2019 年 9 月 5 日上午，唐山市第一看守所再次向玉田县人民法院建议变更强制措施，并递交了一份“病危情况说明”。当天下午，玉田县人民法院变更强制措施为监视居住。然而，患有陈旧性肺结核、肺大疱病、被羁押了 515 天的嫌疑人周广华，于 9 月 8 日被送至医院抢救，再没醒来。②

周广华的悲剧并非个案，依法适用逮捕等刑事强制措施规定，适当降低审前羁押率已经迫在眉睫，特别是对患有重大疾病的犯罪嫌疑人而言。本案中，李某血压有时高达 180mmHg，同时患有糖尿病等疾病，身体状况堪忧。我们第一时间向办案机关递交了取保候审申请书。

---

① 《“不当羁押”如何有效治理》，http：//tv. cctv. com/2019/12/04/VIDEqkW9yjoeXm424KArAP7l191204. shtml。

② 《被羁押的病重嫌疑人周广华之死 | 深度报道》，https：//mp. weixin. qq. com/s/CBMnbx_ 5_fsZDfBJ8CXsxQ。

令人无奈的是，辩护人的申请并没有得到回应。《刑事诉讼法》2018 年版规定，患有严重疾病、生活不能自理，采取取保候审不致发生社会危险性的，符合取保候审的情形。但是，哪些疾病属于“严重疾病”，却没有任何文件明确。因此在司法实践中，辩护人以“严重疾病”为由申请取保候审，在疾病种类方面缺乏充分依据。为此，我们专门撰写了一篇研究文章：《“严重疾病”谁说了算，办案标准须统一》（见本书第二部分研究思考），请法律界关注这一问题。

精辩实体，终获缓刑

除了程序辩护，我们在实体方面详细论述了李某不构成假冒专利罪的理由：

1. 没有证据证明被告人与吴某有共谋假冒报案人专利号的行为，李某更没有参与假冒专利号箱子的设计、制作，被告人只是被动地接受了吴某的邮寄箱子，属于合乎情理的商业行为。

2. 假使被告人李某知晓箱子存在假冒专利号的情况，根据罪刑法定原则，按照《刑法》第 216 条及相关司法解释等规定，本案中×公司向 H 公司实际销售的数量因没有达到立案标准，不应立案，更不应该认定为构成假冒专利罪。

3. 依据党中央及最高司法机关保护民营企业的精神，如果能够按照民事途径解决的纠纷，不宜采取行政手段解决，如果通过民事途径、行政途径可以解决的矛盾，不宜采用刑事途径，要保持刑法的谦抑性。

经过一份份法律意见的寄出，一番番沟通的进行，以及案件的开庭审理，最终法院虽然认定犯罪成立，但是对被告人判处缓刑，原本只希望春节前回家的被告人，没想到提前就走出了看守所的大门。

本案中辩护人“锱铢必较”地进行了程序辩护，一方面，严格依法办案就是公安、检察、审判机关的义务；另一方面，程序性辩护也有助于实现从轻量刑的目的。对于辩护人而言，虽然程序性违法的最理想结果是非法证据排除，但正如有学者指出，“在排除规则的具体适用上，由于该规则是一种‘全有或者全无’的处理方式，因此，在排除与不排除证据之间，裁判者往往需要在是否可能会因为排除证据而放纵真正犯罪人的巨大心理压力下，进行‘成本—收益’的利益权衡。在我国，由于缺乏有效的外部制度保障，加之社会公众尚未普遍接受并形成程序正义的观念，法官在是否排除非法证据时往往需要承受更大的体制压力和心理压力”。[①]

因此，“一些法院针对那种情节特别严重的程序违法行为，尤其是刑讯逼供、诱惑侦查等违法侦查行为，也试图采取另一种形式的制裁措施，以示对这些程序违法行为的零容忍，以及对程序违法行为受害者的救济和抚慰。这种制裁通常都是体现为作出从轻量刑”。[②]

可以说本案是一起实体辩护与程序辩护相结合，以指出程序性违法换取量刑利益的典型案件。在最高可被判处 3 年有期徒刑的情况下，辩护人实体与程序辩护双管齐下，使得当事人最终获得缓刑免于牢狱之灾，也算是一种“打折的无罪”。

---

① 吴宏耀、赵常成：《程序性违法的量刑补偿机制研究》，载《国家检察官学院学报》2019 年第 3 期。

② 陈瑞华：《论刑事辩护的理论分类》，载《法学》2016 年第 7 期。

附件：法律文书

附件 1：审查起诉阶段针对“诱惑侦查”的法律意见

对李某涉嫌假冒专利罪案件中侦查人员利用被控制的吴某沟通联络并假冒成商人现场诱使李某包装“涉案货物”的行为严重违背刑事诉讼法等相关规定的法律意见

A 区人民检察院：

李某涉嫌假冒专利案由 H 市公安局经侦支队侦办，办案人员储某、蒋某在侦办过程中，利用被控制的嫌疑人吴某，让其致电李某，然后假装成吴某公司的工作人员，到达李某所在的公司后，没见到“涉案货物”，然后“欺骗”“诱导”嫌疑人将工厂其他包装的货物进行拆除，最后“成功”装入侦查人员“期待”的包装箱中，该侦查行为属于“诱惑侦查”行为，该种行为违反《刑事诉讼法》，系非法侦查行为。具体事实和理由如下：

一、侦查人员“诱惑侦查”事实情况

2017 年 4 月 10 日，吴某到 H 市公安局经侦支队投案自首，供述了自己假冒专利的犯罪行为。2017 年 4 月 30 日，H 市公安局经侦支队对李某假冒专利案立案侦查。至此，公安机关已对吴某和涉案信息有了充分的掌控，吴某不可能再继续实施犯罪行为。

2017 年 5 月 2 日，吴某致电李某，致电记录为：5 月 2 日 15 时 03 分，吴某（电话号码：150……）致电李某（电话号码：136……），声称近期需要购买 8 吨分散蓝，但自己不便过来，会派其他人过来沟通洽谈。2017 年 5 月 3 日 19 时 42 分 55 秒，办案人员储某（电话号码：158……）致电李某（电话号码：136……），自称储总，代表吴某前来购买分散蓝。当晚 21 时 17 分 27 秒，吴某（电话号码：150……）再次致电李某（电话号码：136……），确认说由储总等 2 人代表其来杭州面谈购买分散蓝事宜，让其好好招待。

2017 年 5 月 4 日，本案侦查人员、H 市公安局经侦支队警官储某、蒋某以吴某派过来接洽买货人的身份到达杭州X公司，二人让工人卸掉分散蓝现有的纸质包装箱，换上黑龙江H公司包装箱，并要求X公司必须在中午12点之前将包装箱更换完毕。包装箱更换完毕后，储某以汇报合伙人为由对装好华源化工公司外包装的分散蓝进行视频拍摄。随后侦查人员将涉案分散蓝扣押，并将其作为定罪证据。

二、侦查人员利用被控制的犯罪嫌疑人完成“本不可能完成的交易”涉嫌违法侦查

1. 不可能完成的交易：吴某的犯罪行为已被立案侦查，其已经不具备再次实施犯罪行为的条件和可能性。然而，侦查人员将吴某作为诱饵，诱使其与李某进行沟通，并伪装成接洽买货的人员，且在买货过程中明确提出改换货物包装箱，这是典型的“诱惑侦查”和“控制下交付”。

2. “诱惑侦查”违背法律的规定：《刑事诉讼法》第153条规定：“为了查明案情，在必要的时候，经公安机关负责人决定，可以由有关人员隐匿其身份实施侦查。但是，不得诱使他人犯罪，不得采用可能危害公共安全或者发生重大人身危险的方法。对涉及给付毒品等违禁品或者财物的犯罪活动，公安机关根据侦查犯罪的需要，可以依照规定实施控制下交付。”《公安机关办理刑事案件程序规定》（2012年修订）第262条规定：“为了查明案情，在必要的时候，经县级以上公安机关负责人决定，可以由侦查人员或者公安机关指定的其他人员隐匿身份实施侦查。隐匿身份实施侦查时，不得使用促使他人产生犯罪意图的方法诱使他人犯罪，不得采用可能危害公共安全或者发生重大人身危险的方法。”

根据法律规定，经公安机关负责人决定，侦查人员可以隐匿身份侦查，但不可诱使他人犯罪。本案中，侦查人员隐匿身份进行侦查，是否有公安机关负责人的决定本身就存疑，其合法性值得怀疑。更为严重的是，侦查人员对李某进行“诱惑侦查”，在侦查人员一步步精心诱导下，终于使李某落入“法网”。

综上，本案既没有公安机关负责人准许侦查人员隐匿身份侦查的决定，又不符合“诱惑侦查”的法定情形，侦查人员的上述行为为《刑事诉讼法》等相关法律法规所禁止。

就李某而言，其主观上原本没有犯罪故意，是在侦查人员明确要求下才给涉案货物改换包装。当然，即便李某改换了包装，也不能证明其具有假冒专利的故意，因为其这样做是受到了吴某的指使和欺骗，没有充分证据证明其对专利号的权属存在明知。重要的是，该批涉案分散蓝不可能真正完成交易，该批货物不可能流入市场，也就不可能对专利权人的知识产权和市场经济秩序造成任何侵害，其行为没有法益侵害性。因此，李某这一在侦查机关“诱惑侦查”下所实施的行为，主客观两方面都不符合犯罪构成要件。该批涉案货物不应纳入犯罪范围。

以上意见，恳请贵院认真考虑并采纳！

此致

A 区人民检察院

犯罪嫌疑人李某的辩护人：

北京市京都律师事务所律师　彭吉岳

2018 年 7 月 26 日

附件2：审查起诉阶段请求核实侦查人员拍摄货物包装情节的申请书

关于李某涉嫌假冒专利罪案中就侦查人员5月4日当天在杭州×公司拍摄涉案货物包装情节需要核实部分重要信息申请书

A区人民检察院：

李某涉嫌假冒专利案由H市公安局经侦支队主要侦办，2017年5月4日，侦查人员储某、蒋某曾以吴某公司工作人员的身份到达杭州×公司。储某警官和蒋某警官以吴某要求更换涉案货物包装为由，让李某将涉案货物装到印有专利号的纸箱中，并在当天先后4次进入×公司工厂观察、拍摄包装过程。针对侦查人员的这一行为，辩护人提出以下请求：

1. 请求贵院令侦查机关提交储某、蒋某2018年5月4日在×公司工厂所拍摄的视频以及视频原始存储介质。

2. 请求贵院令侦查人员储某、蒋某书面说明先后4次进入×公司工厂的理由，以及是否每次都进行了拍摄，拍摄到什么。

3. 请求贵院令侦查人员储某、蒋某书面说明第一次进入工厂后，间隔一段时间后再次到工厂进行拍摄的真实目的。

4. 请求贵院核实是否存在侦查人员要求×公司更换包装，第一次到达工厂时是否还没有更换完毕包装，是否携报案单位人员进入×公司，进入×公司的两辆汽车是否为报案单位提供，报案单位人员为什么要进入×公司，随后进入协力的公司货运车辆是谁联系的，是谁支付的运费，是否存在报案单位人员随物流公司车辆办理物流运输手续。

储某警官和蒋某警官4次进入×公司工厂的具体时间节点如下：

第一次，储某警官和蒋某警官在李某等人陪同下于5月4日上午10点38分10秒进入×公司工厂，上午10点41分45秒离开，停留3分35秒。

第二次，储某警官和蒋某警官在李某等人陪同下于5月4日中午12点25分01秒进入×公司工厂，中午12点30分58秒离开，停留5分57秒。

第三次，储某警官和蒋某警官5月4日在李某等人陪同下于下午1点07分22秒进入×公司工厂，下午1点13分23秒离开，停留8分01秒。

第四次，储某警官和蒋某警官和Y公司员工等人5月4日下午2点01分34秒进入X公司工厂，几个小时后才离开。

首先，根据辩护人了解的情况，在涉案货物包装箱更换完毕后，储某警官和蒋某警官以汇报合伙人为由对装好印有专利号纸箱的涉案货物进行了视频拍摄。然而，本案中侦查人员并没有向检察机关移送相关视频及其原始存储介质。根据《刑事诉讼法》第113条、《公安机关办理刑事案件程序规定》第170条之规定，侦查机关应当全面、客观地搜集犯罪嫌疑人有罪、无罪或罪轻的证据材料。本案中，侦查人员所拍摄的视频可能证明侦查人员存在诱惑侦查行为，若属实，则需要再次审视嫌疑人的罪名是否成立。侦查机关未移交相关视频及其原始存储介质，违反了法律规定。

其次，储某警官和蒋某警官多次进入工厂，且第一次进入工厂后2个多小时后再次进入工厂对涉案货物进行拍摄，该行为的原因和动机存疑。储某警官和蒋某警官在5月4日早上10点多进入X公司工厂之后，工人已经开始在按照他们的要求重新包装货物，其间两位警官多次催促加快包装进度，并于中午12点25分、下午1点07分又两次进入工厂观察进度，且等包装更换完毕后用手机对涉案货物进行了视频拍摄。侦查人员应当说明，其前两次进入工厂是否对涉案货物进行了拍摄？为何等货物包装更换完毕后再次进行拍摄？

以上疑点和问题，恳请贵院进行关注，请贵院通知侦查机关作出书面说明，并提交相关证据，以让本案得以公正、阳光处理。

此致

A区人民检察院

犯罪嫌疑人李某的辩护人：
北京市京都律师事务所律师　彭吉岳
2018年9月17日

附件 3：审查起诉阶段对违法扣押货物行为的法律意见

李某涉嫌假冒专利罪案件中侦查人员
扣押货物行为不具有合法性
法律意见

A 区人民检察院：

李某涉嫌假冒专利案由 H 市公安局经侦支队侦办，办案人员储某、蒋某在侦办本案过程中在没有扣押决定书的情况下将李某工厂的货物扣押，并且未当场开具扣押清单，案卷中的《扣押清单》明显不符合当时的客观情况，签署日期、扣押物品详细信息、打印字体等反映为多日之后补充的材料，侦查机关上述的行为严重违反《刑事诉讼法》《公安机关办理刑事案件程序规定》（2012 年修订）等法律法规，扣押行为不具有合法性。具体意见如下：

2017 年 5 月 4 日，本案侦查人员、H 市公安局经侦支队警官储某、蒋某以吴某派过来接洽买货人的身份到达杭州，二人到杭州 X 公司让工人卸掉分散蓝现有的纸质包装箱，换上 H 公司包装箱，并要求 X 公司必须在中午 12 点之前将包装箱更换完毕。包装箱更换完毕后，储某以汇报合伙人为由对装好 H 公司外包装的分散蓝进行视频拍摄。

储某、蒋某在没有出具任何扣押手续的情况下，在 Y 公司相关人员直接参与下（Y 公司相关人员和车辆随同储某警官、蒋某警官进入 X 公司工厂）将所谓 8 吨分散蓝（并没有证据证明该批分散蓝的重量）运走，同时将李某的苹果手机没收带走。扣押货物时，储某与蒋某并未按照法律规定对涉案货物进行称量和查点，也并未当场制作扣押笔录和扣押清单。扣押作为一种侦查手段，目的是固定和明确证据，本案中涉案货物的数量关乎犯罪的成立与否，而侦查人员却未予以明确和记录，所谓的扣押就完全失去了侦查意义，沦为一种违法行为。上述事实，有李某和吴某、储某警官多次通话记录、多名目击证人、工厂内监控录像为证。

上述过程中，侦查人员的行为严重违背了法律的规定：

1. 没有出具扣押决定书或任何书面文件而强行扣押。《公安机关办理刑事案件程序规定》（2012 年修订）第 223 条第 1 款规定，在侦查过程中需要扣押财物、文件的，应当经办案部门负责人批准，制作扣押决定书；在现场勘查或者搜查中需要扣押财物、文件的，由现场指挥人员决定。本案中，侦查机关利用自首后的吴某，诱使李某进行分散蓝交易、“完成犯罪”，侦查人员从H市到杭州×公司工厂的目的非常明确，就是诱使李某出售工厂库存的分散蓝。吴某、储某和蒋某与李某联系的内容，就是明确表示要购买分散蓝。侦查人员在到达杭州之前，已经明确将其作为犯罪对象，明知需要对其进行扣押，却没有提前作出扣押决定书。退一步讲，即便是储某和蒋某当场才发现有货物应当扣押，其也没有出具任何书面决定或笔录。这种突如其来而又毫无根据的扣押严重违反法律，严重践踏程序正义。

2. 没有当场出具扣押笔录和扣押清单，当前案卷中的《公安局扣押物品、文件清单》不具有客观性，不能作为证据采纳。《刑事诉讼法》2012年版第140条和《公安机关办理刑事案件程序规定》（2012年修订）第224条、第225条明确规定，公安机关扣押财物，需要当场清点，并当场制作扣押笔录和扣押清单，载明扣押物名称、数量、特征等信息。本案中，储某和蒋某直接派人将被非法扣押的货物运走，根本没有清点，也没有当场制作扣押笔录和扣押清单，以至于到现在都不能确定当天被扣押的货物重量是多少，该批货物被运走后保管条件不明，无法确保其没有被污染，如今早已丧失了查点、称量的条件。

目前卷宗中存有的《公安局扣押物品、文件清单》（以下简称《扣押清单》）为打印件，落款为2017年5月3日，《扣押清单》的表格中打印有“分散蓝2BLF200%”“8吨”“外包箱印有专利号：×××××”等字样。针对该《扣押清单》的制作时间，有两种可能。第一，制作时间与落款时间一致，为2017年5月3日。如果是这样，侦查人员扣押涉案货物的实际时间是2017年5月4日，为何在扣押前一天就已经制作好《扣押清单》，并且已填好名称、数量和特征等内容，难道侦查人员有未卜先知的神通？第二，《扣押清单》并非2017年5月3日制作，而是侦查人员在实际扣押货物之后补作的。辩护人认为，在侦查人员没有当场清点扣押物，没有当场制作扣押笔录的情况下，后补的《扣押清单》是没有任何客观性的。扣押物被运走，运输主体不详、运输条件不详，运走后保管地点不详、保管条件不详、有无被调包或者污染等情形不详，该案直到目前，我们仍不知道侦查人员关于扣押货物重量为8吨的结论是如何得出的。

综上，储某、蒋某对涉案分散蓝的扣押行为明显违反法律规定，扣押行为不具有合法性。该批货物关乎李某的罪名是否成立，关乎司法公正是否能够实现。根据2010年最高人民法院、最高人民检察院、公安部、国家安全部、司法部印发的《关于办理刑事案件排除非法证据若干问题的规定》以及2017年最高人民法院、最高人民检察院、公安部、国家安全部、司法部印发的《关于办理刑事案件严格排除非法证据若干问题的规定》，侦查机关应当予以补正或者作出合理解释，否则被扣押的分散蓝不能作为定案的根据。本案中，侦查人员至少应当对下列问题进行合理解释：

1. 2017年5月4日为什么没有出具扣押决定书而强行扣押？

2. 为何没有当场制作扣押笔录和扣押清单？

3. 卷宗中《扣押清单》是什么时候制作的？

4. 涉案分散蓝由谁运走？运输条件如何？

5. 涉案分散蓝被运走后保管在哪里？由谁看管？保管条件如何？

6. 涉案分散蓝是何时、由谁、在何地、以何种方法称量的？有无见证人？

以上情况及疑问，恳请贵院详细调查核实，以上意见，恳请贵院考虑，我们作为辩护人，只是协助司法机关办理案件，我们只是针对案件发表意见，不是针对个人表达情绪，我们只是努力在让嫌疑人在程序上、实体上享受到法律的公正对待，以避免冤假错案。

此致

A区人民检察院

犯罪嫌疑人李某的辩护人：

北京市京都律师事务所律师　彭吉岳

2018年7月31日

附件4：审查起诉阶段对违法扣押手机行为的法律意见

李某涉嫌假冒专利罪案件中侦查人员扣押李某手机行为不具有合法性法律意见

A区人民检察院：

李某涉嫌假冒专利案由H市公安局经侦支队侦办，侦查人员储某、蒋某在办案过程中违法扣押李某手机，扣押时没有向其出示任何扣押决定书或相关决定，扣押后没有当场制作扣押清单。该扣押行为严重违反《刑事诉讼法》《公安机关办理刑事案件程序规定》（2012年修订）等法律和部门规章，不具有合法性。具体事实和意见如下：

2017年5月4日，本案侦查人员、H市公安局经侦支队警官储某、蒋某以吴某派过来接洽买货人的身份到达杭州，二人在杭州×公司采用“犯意引诱”的方式诱使李某向其出售部分分散蓝并装入H公司包装箱。下午1：05分左右，储某警官提出让李某送他们回杭州。在李某送他们回杭州的路上，车行驶到浦阳新谊村附近时，储某警官提出要停车拍照。停车后李某被强行推上一辆牌照为浙A×××57的车，在无任何手续的情况下，二侦查人员在车上将李某价值4000余元的苹果手机扣押。

上述过程中，侦查人员的行为严重违背了法律的规定：

1. 没有出具扣押决定书或任何书面文件而强行扣押。《公安机关办理刑事案件程序规定》（2012年修订）第223条规定在侦查过程中需要扣押财物、文件的，应当经办案部门负责人批准，制作扣押决定书；在现场勘查或者搜查中需要扣押财物、文件的，由现场指挥人员决定。扣押作为一种侦查行为，涉及犯罪嫌疑人的财产权，因此应当受到严格限制。侦查人员采取扣押措施，应当以办案部门负责人批准、制作书面决定为原则。本案中，侦查人员事先已决定对李某采取强制措施，明知很可能要扣押其相关物品及工厂货物，却没有提前制作扣押决定书，是对法律的无视。即便侦查人员当场决定扣押李某的手机，其也没有出具任何书面决定或笔录。

2. 侦查人员扣押手机后未依法制作扣押笔录、开具扣押清单。《刑事诉讼法》2012年版第140条、《公安机关办理刑事案件程序规定》（2012年修订）第224条、第225条明确规定，公安机关扣押财物，需要当场清点，并当场制作扣押笔录和扣押清单，载明扣押物名称、数量、特征等信息。本案当中，李某的手机被侦查人员拿走，从头到尾都没有给出一个“说法”。侦查人员没有制作扣押笔录，载明扣押手机的人员、时间、过程、见证人等信息，也没有列明扣押清单，载明被扣手机的型号、特征等情况。没有任何法律手续而剥夺公民价值4000元的财产，侦查行为严重违法。

3. 非法扣押行为污染了侦查机关后期从被扣手机中调取的电子数据证据。本案中，李某的手机既是证据，又是证据的物质载体。侦查人员扣押李某手机后，从中调取了部分微信聊天记录作为证据使用。根据《最高人民法院 最高人民检察院 公安部关于办理刑事案件收集提取和审查判断电子数据若干问题的规定》，微信聊天记录属于电子数据。该规定第8条规定：“收集、提取电子数据，能够扣押电子数据原始存储介质的，应当扣押、封存原始存储介质，并制作笔录，记录原始存储介质的封存状态……封存手机等具有无线通信功能的存储介质，应当采取信号屏蔽、信号阻断或者切断电源等措施。”很明显，手机作为电子数据的存储介质，对其扣押和封存有着更为严格的规定。本案中，侦查人员在扣押手机时，不仅没有屏蔽信号或切断电源进行封存，甚至连最基本的扣押手续都没有。这就意味着，侦查机关拿到李某的手机后，可以对其进行任何技术操作，在这种情况下所提取出来的聊天记录，根本无法保障其真实性、客观性与合法性。侦查人员违法扣押的行为，是对证据源头的污染。

综上，本案侦查人员扣押李某手机的行为严重违反法律规定，不仅扣押手机的行为本身不具有合法性，其还致使从手机中提取的电子数据不具有合法性、真实性和客观性。以上情况及意见，恳请贵院详细调查核实，以尽量减少本案在程序上可能出现的错误，避免冤假错案的发生。

此致

A区人民检察院

犯罪嫌疑人李某的辩护人：

北京市京都律师事务所律师　彭吉岳

2018年7月31日

河北明星企业异地涉案：张某某组织、领导传销活动案全案缓刑

刑事案件很多时候不仅关乎犯罪嫌疑人、被告人的生命和自由，也关乎其自身或者第三人的财产权利。被告人的人身权利和财产权利实际上是密切相关的，如果被告人被认定有罪，则其相关财产则可能被认定为违法所得而予以追缴。因此，被告人的人身权与财产权是“一荣俱荣、一损俱损”的关系。

个别案件中，有时候办案机关的目的并不纯粹，给犯罪嫌疑人、被告人定罪并非其唯一目的，背后的相关财产利益也是重要的动因，在涉民营企业案件中尤为如此。虽然《刑法》第 64 条明确了涉案财物处置的基本原则——没收的财物和罚金，一律上缴国库，不得挪用和自行处理，但是实践中仍然存在财政部门向办案单位返还或提留的行为，从而使得办案单位“有利可图”。正如有学者指出：在办案经费上虽然实行的是一种收支两条线的制度，办案经费不能与办案机关罚没收入直接挂钩，但一般都按一定比例将罚没收入作为办案经费返还办案机关。在这种情况下，罚没收入越多，所得办案经费也就越多。在这种利益驱使下，裁决者要想保持中立地位也就很难。① 这些名义上被“上缴国库”的财物，最终都被各级政府财政部门通过“按比例返还”的方式重新支付给办案部门。② 因此，我们看到有的案件中办案机关大肆查封、扣押、冻结与案件无关的财产，有的办案机关甚至在宣判前就非法处置财产。

正因如此，近年来中央才一直呼吁保护私有产权、保护民营企业家，最高人民法院、最高人民检察院也相继出台相关司法标准、工作意见等文件，以期进一步规范个别办案机关违法处置涉案财产的行为。

---

① 吴光升：《刑事涉案财物处理程序的正当化》，载《法律适用》2007 年第 10 期。

② 陈瑞华：《刑事对物之诉的初步研究》，载《中国法学》2019 年第 1 期。夏鹏程、李鑫、董晓龙：《关于政法机关经费保障问题的思考》，载《地方财政研究》2009 年第 7 期。

频频见诸报端的河北明星企业

我们所代理的河北 HL 集团旗下河南 K 市某分公司经理张某某涉嫌组织、领导传销活动罪一案，也是一个反映涉案财物处置混乱现象的典型案件。在这个案件中，除了被告人自身的定罪量刑，对于涉案财物的认定和处置问题，也是重要的辩护内容之一。

河北 HL 集团，并非一家默默无闻的普通企业。HL 集团推出的酸碱平衡理论以及酸碱平系列产品风靡一时。为了专门经营酸碱平系列产品，HL 集团 2002 年成立 HL 公司，主营一款名为“DDS 美容养生按摩器”的产品及配套用品。2015 年 HL 公司获得商务部颁发的直销牌照，获准在河北省石家庄市、保定市内以直销方式销售其自产的包括酸碱平牌嫩白美体护手霜等 8 种直销化妆品。据报道，在拿到直销牌照后的第二年，HL 公司的业绩就做到了 36 亿元，在全国数百家直销企业中排名第 13 位。2017 年，这一数字增长到了 39 亿元。①

随着经营规模的扩大，HL 公司在河北某市的总部之外，在全国逐步设立了所谓“八大总部”等分支机构及多家分公司。但是在从事“直销”的过程中，HL 公司逐步被曝出存在夸大宣传、超出经营范围、产品及模式存疑等问题。2018 年 4 月，原国家工商总局反垄断与反不正当竞争执法局向直销企业通报了 2017 年直销投诉情况，HL 公司以 33 件投诉位居榜首，比第二名天津权健的 16 件多出一倍还多。

2018 年 12 月底，天津权健涉传销等问题被查。与此同时，HL 公司也因涉嫌传销活动案发。导火索最初由 HL 公司河南 K 市分公司引燃，在该市的一次产品宣讲会后，有群众实名举报宣讲会的组织者——HL 公司河南分公司涉嫌传销。2019 年 1 月，河南分公司经理张某某等人被以组织、领导传销活动罪刑事拘留。

据指控：HL 公司以销售 DDS 美容养生按摩器及相关按摩乳膏为名，要求参加者交纳费用以获得会员资格，并按照交纳费用的金额设置四个级别，将

① 《澎湃新闻》，https：//www. thepaper. cn/newsDetail_ forward_ 2850743。

会员按照发展与被发展的顺序依次形成层级，以发展人员的数量设置四种计酬模式作为返利依据，引诱会员继续发展他人参加，骗取财物，开展传销活动。张某某系 HL 公司河南分公司经理，负责“HL 集团第八总部”日常管理等工作，并组织参与传销人员进行培训，其间，第八总部收取会费共计 2.7 亿余元。

根据法律规定，吸收传销资金 250 万元以上便属于“情节严重”。按照 2.7 亿余元如此巨大的涉案金额，如果检察机关的指控成立，张某某将至少面临 5 年以上有期徒刑，最高可判处 15 年有期徒刑。

追查涉案财物的“天罗地网”

虽然 HL 公司河南分公司注册地在河南另外某地，但是其会员在一次培训中选择了河南 K 市，因此张某某涉嫌组织、领导传销活动罪一案由该市某公安分局侦办。

本案侦查机关指控的是张某某个人犯罪，因此理论上对涉案财物的处置只应限于与张某某个人相关的财产，如其工资等，然而对张某某个人立案侦查后，侦查机关却在财产处置上撒开了“天罗地网”：首先，侦查机关不仅扣押了张某某本人的手机等财产，还冻结了河南分公司的银行账户，甚至将账户内资金直接划扣至法院账户；其次，河南的办案机关还控制了 HL 公司河北总部的财产，这直接倒逼当地侦查机关对 HL 公司总部相关人员进行刑事立案，在涉案财物的处置权上与河南方面进行争夺；最后，河南警方顺藤摸瓜，对与 HL 公司发生过经济往来的大量公司和个人的财产采取了强制措施。HL 集团是家族企业，除了 HL 公司还涉足汽车、酒厂等产业，这些公司的经营范围与被指控的犯罪事实毫无关联。HL 集团旗下位于贵州茅台镇的酒厂也被查封，被不明人员擅自出租酿酒。办案机关查封、扣押、冻结的财产金额已远远超出了指控张某某个人犯罪的范畴。

财产权辩护是本案的重点工作之一。在涉案财物的处置方面，辩护人主要面临以下问题：（1）办案机关超范围处置财产，查封、扣押、冻结了大量与案件无关的财产；（2）办案机关冻结河南分公司账户后，直接划扣了账户内资金，应予返还；（3）虽然本案存在超范围处置财产问题，但是办案机关却并没有随案移送财产处置相关卷宗，没有扣押决定书等文件。针对以上问题，辩护人频频与办案人员沟通，为了及时阻止不当的涉案财物认定和处置行为，辩护律师甚至将法律意见反映到了省高级人民法院、省检察院以及省公安厅。

根据2018年实施的《最高人民检察院　公安部关于公安机关办理经济犯罪案件的若干规定》第46条第1款规定，查封、扣押、冻结以及处置涉案财物，应当依照法律规定的条件和程序进行。除法律法规和规范性文件另有规定以外，公安机关不得在诉讼程序终结之前处置涉案财物。严格区分违法所得、其他涉案财产与合法财产，严格区分企业法人财产与股东个人财产，严格区分犯罪嫌疑人个人财产与家庭成员财产，不得超权限、超范围、超数额、超时限查封、扣押、冻结，并注意保护利害关系人的合法权益。因此，办案机关扣押上述与案件无直接关联的财产缺乏事实和法律依据，并违反了上述规定。

《最高人民检察院　公安部关于公安机关办理经济犯罪案件的若干规定》第47条第1款、第3款规定：对依照有关规定可以分割的土地、房屋等涉案不动产，应当只对与案件有关的部分进行查封。冻结涉案账户的款项数额，应当与涉案金额相当。

无论是从合法经营的角度，还是从公安机关初步侦查认定的角度而言，河南分公司的经营数额应当都是确定的，并且应当以在案证据证明的数额为准。据指控，河南分公司涉案金额为2.7亿余元，而被查封、扣押、冻结的资产价值数十亿元，已经远远超出司法机关可能认定的违法所得数额。

同时，辩护人认为法院在审判前就划扣公司账户资金也属违法，虽然这并不是对银行账户资金进行实体处分的行为，但是对于公权力机关而言，法无授权即禁止，辩护人对办案机关任何没有法律依据的行为都要勇于提出异议，就本案辩护人提出了以下意见：

贵院受理的张某某涉嫌组织、领导传销活动罪一案，侦查机关冻结了秦某银行卡（尾号4850）资金8000万余元，2019年3月7日贵院划扣该账户款项80000558元，目前该银行卡余额为0.18元。

辩护人支持司法机关依法调查、审理本案，办案机关有权对涉案财物采取查封、扣押、冻结措施，但我们认为：在秦某银行卡内涉案资金已经被冻结的情况下，贵院无权划扣该银行卡内款项至其他账户，理由如下：

一、《刑事诉讼法》所规定对财产的处置措施只有查封、扣押和冻结，不包括将涉案资金直接划扣至其他账户。对银行卡内存款的冻结，只能由银行执行，将款项冻结在原银行卡内。

二、根据《最高人民法院关于适用〈中华人民共和国刑事诉讼法〉的解释》第368条之规定："对冻结的存款、汇款、债券、股票、基金份额等财产判决没收的，第一审人民法院应当在判决生效后，将判决书、裁定书送达相关金融机构和财政部门，通知相关金融机构依法上缴国库并在接到执行通知书后十五日内，将上缴国库的凭证、执行回单送回。"这也说明冻结财产的实施主体是相关金融机构，法院无权直接将涉案款项划扣至其他账户。

三、根据法治原则，对于公权力而言，法无授权即禁止。刑事诉讼相关法律中，均没有法院可以划扣已被冻结款项的规定，故法院不可以实施这种行为。

综上，贵院直接从秦某银行卡内划扣8000余万元的行为违法，请贵院予以纠正，我们会积极配合贵院的一切合法行为。

在办理本案的过程中，正值湖北省法学会律师法学研究会、西北政法大学刑事辩护高级研究院等机构主办的"纪念刑法、刑事诉讼法实施四十周年暨刑事辩护制度发展与展望高端论坛"召开，本人受邀参加此次论坛，刑事涉案财物的处置问题也是本次论坛的重点关注之一，结合办理张某某组织、领导传销活动罪案件的所思所感，撰写了《刑事涉案财物认定与处置的救济程序研究》一文，收录于本次论坛论文集（详见本书第二部分）。文章认为：刑事涉案财物认定与处置程序的建构和完善，既要满足程序层面证据保全及财产保全等功能，又要满足实体层面的最终精确处理，这是一个复杂的工程，需要结合刑事诉讼基本原理、司法实践经验不断推敲和总结，以期充分维护当事人合法权益，维持公民对司法的信心。

本案案情复杂，影响巨大，法院高度重视，该院副院长亲自担任本案审判长，刑庭庭长担任主审法官。然而，在辩护人强有力的财产权辩护之下，主审法官也充分认识到了本案在涉案财物处置方面存在的严重问题，本案主审法官是一位非常有责任心和担当的法官，在办案过程中顶住了相关部门和领导的压力，确保本案在法治框架内解决。由于辩护人对本案涉案财物处置问题屡屡提出意见，办案机关后续补充了45本卷宗，原计划9月开庭、快审快判的案件，直至12月才得以开庭审理。

实体辩护——传销犯罪的本质在于“诈骗”

在坚决进行财产权辩护的同时，我们也着手本案的实体辩护。虽然我们只是张某某个人的辩护人，但张某某是HL公司河南分公司的员工，对其个人犯罪的指控不可能绕开公司总部及总部人员，这也是本案的一个诡异之处所在——在公司总部或总部人员没有被定罪的情况下，由异地司法机关先行对分公司员工进行审判，这一方面难以查明公司的经营模式及全部涉案事实，另一方面也容易导致司法裁判观点的冲突，如果分公司员工被认定犯罪，而公司总部或总部人员被判无罪，这种矛盾将如何处理？

本案涉及的罪名是组织、领导传销活动罪，“传销活动”的内涵相对复杂，既有行政法上的含义，又有刑法上的含义，且二者不尽相同。特别是在现代社会经济形式、经营模式五花八门的情况下，认定一种模式是否构成刑法意义上的传销活动也是本案的重点和难点。

在上述思想的指导下，我们的辩护意见主要分为三大层面的内容：第一，结合组织、领导传销活动罪的立法背景、法律规定，界定该罪名的核心特征、构成要件；第二，结合在案证据，分析HL公司经营模式的特征，与典型传销犯罪进行比对，分析其经营模式是否构成犯罪；第三，结合张某某的职务、权力及证据情况，分析张某某个人是否构成犯罪。

国家对传销活动的规制手段经历了由行政规范到刑法规范的演变。2005年，国务院颁布《禁止传销条例》，将传销行为划分为三种类型：拉人头式传销、收取入门费式传销和团队计酬式传销。其中，前两种没有实质经营内容，完全是以销售商品或提供服务为幌子骗取钱财，因此被定义为“诈骗型传销”；第三种有真实的商品或服务，有实际经营活动，并且按照下线销售业绩给付上线报酬，这种模式也采取拉人头的活动方式，具有扰乱经济秩序和骗取钱财的潜在风险，因此也被认定为传销活动，属于“经营型传销”。

2009年施行的《中华人民共和国刑法修正案（七）》中增设了组织、领导传销活动罪，对该罪名的表现形式和构成要件，法条对此表述为：组织、领导以推销商品、提供服务等经营活动为名，要求参加者以交纳费用或者购买商品、服务等方式获得加入资格，并按照一定顺序组成层级，直接或者间接以发展人员的数量作为计酬或者返利依据，引诱、胁迫参加者继续发展他人参加，骗取财物，扰乱经济社会秩序的传销活动的，处5年以下有期徒刑或者拘役，并处罚金；情节严重的，处5年以上有期徒刑，并处罚金。

根据上述规定，“骗取财物”是本罪构成要件之一，因此，只有“诈骗型传销”在属于行政违法的同时，也构成刑事犯罪；“经营型传销”只属于行政违法，不构成刑事犯罪。这种观点为司法解释所确认，2013年《最高人民法院 最高人民检察院 公安部关于办理组织领导传销活动刑事案件适用法律若干问题的意见》规定，传销活动的组织者或者领导者通过发展人员，要求传销活动的被发展人员发展其他人员加入，形成上下线关系，并以下线的销售业绩为依据计算和给付上线报酬，牟取非法利益的，是“团队计酬”式传销活动。以销售商品为目的、以销售业绩为计酬依据的单纯的“团队计酬”式传销活动，不作为犯罪处理。

陈兴良教授指出：“骗取财物是组织、领导传销活动罪的本质特征。”①我认为，本罪有意设置在合同诈骗罪之后，表明本罪也属于诈骗类犯罪之一。诈骗类犯罪本质上没有基本等值的对价交换，行为人单向地从被害人处获得利益，而被害人并不获得对价，因此其财产权受到侵害。和普通的诈骗行为相比（一对一的“个体诈骗”），传销犯罪本质上是一种“群体诈骗”，在传销犯罪中，会员向传销组织交纳费用，但并不从传销组织获得实质利益，这也正是法律规定的“以推销商品、提供服务等经营活动为名”，因为会员并不获得有真实价值的商品或服务。因为是“群体诈骗”，受害的对象便也呈几何式增长，“诈骗效率”远高于普通诈骗行为，因此破坏力也更大。

在此基础上，本案辩护工作的核心就是和典型传销模式进行对比，分析其是否具备骗取财物的性质，具体而言，从宏观上讲：HL公司有无真实经营活动？会员交纳费用后是否获得等值产品？返利来源于会员销售业绩（产品

① 陈兴良：《组织、领导传销活动罪：性质与界限》，载《政法论坛》2016年第34卷第2期。

利润）还是人头费？从微观上讲：会员加入的动因是什么？是否使用过相关产品，效果如何？是否存在人身控制和暴力胁迫？……

辩护人结合证据材料，从以上各个方面进行了分析，逐一列举出了 HL 公司经营模式与典型传销模式的区别，为了能够清晰地在法庭上展示，辩护人还制作了简明的卡片：

微观

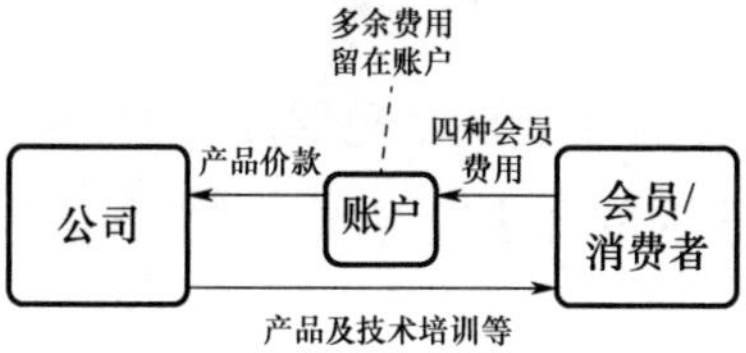

注解及证据：

1. 四种级别会员的费用并非入门费，而是不同级别代理，用于购买不同价位的产品。

2. 会员支付的费用留存在自己账户，其中购买产品的费用支付给 HL 公司，剩余费用存在账户用于后续购买产品。

3. HL 公司在销售产品的同时，还提供技能培训。

宏观

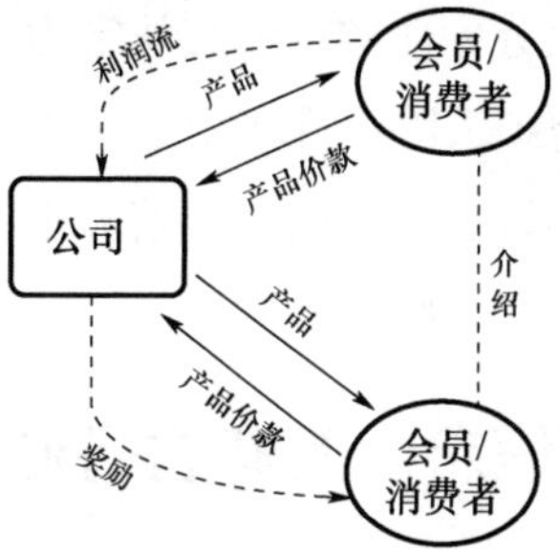

注解及证据：

1. 公司有真实产品销售，能够产生利润。

2. 产品并非道具商品。会员购买产品后确实在使用。

3. 奖励来自产品利润，而非其他会员交纳的费用。

图 3　HL 公司销售模式图解

微观

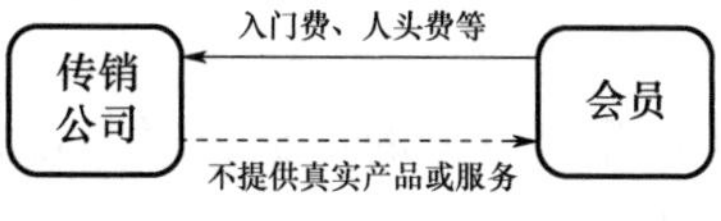

注释：

在传销犯罪中，会员向传销公司交纳入门费、人头费等，但却不能从传销公司获得对价，即真实的产品或服务，因此具有诈骗的性质。

宏观

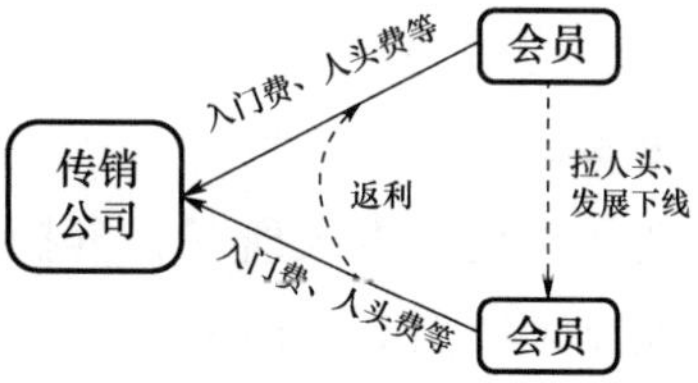

注释：

在传销犯罪中，传销公司向会员的返利来自新会员支付的入门费或人头费，而不可能有会员持续加入，因此这种模式是不可持续的。

图 4　传销犯罪销售模式图解

在 HL 公司模式与典型传销模式存在重大区别的前提下，对张某某个人构成组织、领导传销活动罪的指控就更加薄弱了。根据法律规定，只有组织者、领导者才构成本罪，对于受单位指派，仅从事劳务性工作的人员，一般不予追究刑事责任。张某某虽名为经理，但并非“位高权重”的管理者，其无权参与公司相关活动的决策和策划活动，也没有直接参与宣传培训，其工作职责仅限于行政事务，和会员培训相关的也只是信息的上传下达等，应当认定为一般劳务性质，不宜认定为犯罪。

辩护人除了准备上述无罪意见之外，又在假使被认定犯罪成立的情况下做对从轻、减轻的量刑情节予以论述，给被告人的合法权益加上“双保险”。

坚定信念，博弈后各退一步，终获缓刑

检察院指控：被告人张某某在传销活动中承担管理、协调职责，起组织、领导作用，扰乱经济社会秩序，情节严重……犯罪事实清楚，证据确实、充分，应当以组织、领导传销活动罪追究其刑事责任。鉴于案情重大，检察院公诉科科长亲自担当公诉人。

根据《刑法》规定，犯组织、领导传销罪，情节严重的，法定量刑幅度为 5 年至 15 年有期徒刑。张某某作为一名员工，只是通过在求职网站上偶然看到的一则招聘信息来到 HL 集团工作，还没工作多久就遇到此次事件，既未直接参与传销活动，除了每个月固定的几千元工资外，也没有获得额外分红或报酬，假如张某某因此被判处 5 年以上有期徒刑，恐怕其不能承受。

为了不负当事人所托，辩护人竭尽全力去拆解控方的证据体系。首先，对张某某定罪的前提是 HL 公司经营模式符合传销犯罪特征，而本案证据体系只涉及河南分公司，没有公司总部人员直接的言词证据，对于检察机关指控的会员人数、人员分级情况、管理体系、传销资金等，也仅有部分公司员工和会员的言词证据，并无客观证据印证，侦查机关虽然远程调取了公司总部电脑数据库的信息，但提取程序并不符合法律规定，且仅仅制作了《电子证据检查笔录》等，数据本身没有作为证据随案移送。因此，对于 HL 集团经营模式系传销的指控，总有“雾里看花”之嫌。

其次，假使张某某构成犯罪，对于涉案金额，《审计报告》也漏洞重重。《审计报告》计算会费的依据是银行流水的转入资金，按照这种审计方法，被认定为传销会员的人转入的资金将全部被计作会费，但是存在会员部分费用未用于购买产品、留存在自己会员账号中的情况。此外，对于 HL 公司实际发出的产品的价值，也应当从传销资金数额中扣除。甚至，《审计报告》中连部分审计人员的职业资格证书都没有附随齐备。辩护人认为，该《审计报告》不足以作为认定涉案金额的依据。

控辩双方秉持各自信念，就一个个法律问题进行了多番较量，本案庭前会议一度从下午开到深夜。

最终，法院充分考虑并采纳了辩护人的诸多辩护观点，经过各方博弈和适当妥协，法院最终判决被告人张某某罪名成立，但是对其宣告缓刑。本案的关联案件中，其他公司员工被告人也均被宣告缓刑。相较于之前可能被判处 5 年以上有期徒刑的巨大风险，我们的辛苦付出得到了认可与回报，当事人也得以在春节前夕走出看守所，回家与亲人团聚，欢度春节。

2019 年遇见的最美法官

本案办理过程中的一抹亮色是案件的主审法官、刑庭庭长曾法官，她的美，不只是优雅的气质，更是专业负责的精神。她在办理本案的过程中严格遵守了法律规定和一个法律人高尚的操守，令我十分感叹和钦佩。

在办案过程中，面对有关部门一次次召开的“协调会议”，曾法官严格坚守了客观公正的法治立场；面对本案财物处置的混乱，曾法官秉持公正态度，严守法治底线；在开庭过程中，曾法官耐心倾听辩护人意见，充满理解和尊重。

开庭完毕正值元旦前夕，我专门向承办法官致明信片问候：

庭审前，您耐心倾听我们的意见；庭审中，您再次认真倾听我们的意见；您主持的庭审，没有任何冗余的环节，每一次问话，每一次细节的调查核实，对查清事实都无比重要，您始终保持了控辩平等之原则，双方畅所欲言，让人心服口服！我们能感受到，您胸怀全局，坚守法治。同时不失仁爱之心，让法律有了温度！

2019年，您是我们遇见的最美法官！祝您工作顺利！

这种问候所表达的不仅是对个人的尊重，更是对法治的敬意！

附件：法律文书

附件：张某某组织、领导传销活动案辩护词

张某某涉嫌组织、领导传销活动罪一案
辩护词

尊敬的审判长、审判员：

北京市京都律师事务所接受被告人张某某近亲属的委托并经其本人同意，指派彭吉岳律师担任张某某的辩护人。辩护人已经认真阅卷并多次会见了张某某，对全案事实有了充分的了解。辩护人于本月20日已经参加了庭前会议，今天参与了庭审，辩护人现发表如下辩护意见：

第一部分　本案的前提性矛盾：在HL公司及总部人员没有被定罪，HL公司相关销售模式没有被定性为传销犯罪的情况下，率先指控分公司员工犯罪，不符合逻辑及法理。以本案现有证据指控河北HL公司构成传销犯罪，明显没有达到证明标准

本案被告人张某某是河北HL公司河南分公司员工，张某某是否构成组织、领导传销活动罪并不是一个孤立的问题。HL公司是整个销售模式的架构者和实施者，只有先对这种销售模式的性质作出认定，才能对相关人员的行为性质作出认定。

本案中，公诉机关仅指控张某某个人犯罪，并未涉及HL公司单位犯罪或者总部人员犯罪。从证据体系来看，本案证据体系只涉及HL公司河南分公司，而并没有关于HL公司总部销售模式的相关证据，也没有HL公司总部人员的言词证据，根本不足以形成有效的指控证据体系。

本案卷宗只有八册，辩护人将每册证据内容整理如下：

表2　证据内容梳理

卷　宗	内　容
第一卷	张某某受案登记表、拘留证、逮捕证等诉讼文书
第二卷	张某某、戴某某、苏某某、姜某某、闫某某、吕某某讯问/询问笔录等

续表

卷宗	内容
第三卷	秦某、高某某、董某讯问笔录
第四卷	孔某某、王某、王某某、张某仙讯问/询问笔录等
第五卷	HL 公司、SY 酒店、GJ 服饰、LJ 食品部、河北 QR 公司、AL 公司、GH 汽车公司、HL 机械公司工商信息、河北省商务厅文件等
第六卷	于某某、徐某某、马某、彭某某讯问/询问笔录等
第七卷	对 GJ 服饰公司搜查笔录、扣押清单等材料、冻结存款通知书、账户冻结信息、协助查询财产通知书等文件
第八卷	审计报告、电子证据检查笔录、搜查笔录、扣押清单等

根据本月20日庭前会议中公诉人的发言，检察机关将上述证据主要分成四组予以出示。

表 3　举证顺序及证据类别

组别	证据内容
第一组	书证
第二组	证人证言
第三组	被告人张某某供述
第四组	审计报告、电子数据

上述证据中，只涉及河南分公司相关情况，基本没有证据直接指控 HL 公司或者总部人员构成传销犯罪，即便部分人员表述中存在只言片语，也只是道听途说，属于传闻证据，并不可信。

可见，就本案的证据，HL 公司的组织经营模式到底是什么，相关费用流转的真实情况，多少是购买商品的费用，多少是发放奖励的费用，真正的组织结构到底是什么情况等，均无证据直接证明。

此外，涉案产品到底是哪个单位生产的，HL 公司是否有和其他公司合作，各方主体之间存在怎样的关系，现有证据还远远没有达到查清案件基本事实的程度。

目前，HL 公司相关案件涉及河北、山东、河南三地司法机关，这种分离处理的操作模式存在极大风险，贵院现在只是审理张某某个人涉嫌犯罪的案件，其所涉及的只是部分事实和证据，难免有所偏颇或局限。如果贵院认定张某某个人构成犯罪，其他地方的司法机关如果不认为HL公司构成犯罪，则会形成司法观点的冲突，对张某某犯罪的认定也将失去事实依据。

因此，为了维护司法的统一性和权威性，请贵院从全局出发，审慎处理本案。

第二部分 组织、领导传销活动罪的本质特征是骗取财物，只有“诈骗型传销”构成犯罪，有真实业务存在的团队计酬式传销不构成犯罪

一、法律对传销活动的规制以及组织、领导传销活动罪的立法思路

（一）行政法规制：《禁止传销条例》规定的三种传销行为以及《直销管理条例》中的直销行为——团队计酬式传销属于行政违法

组织、领导传销活动罪由《中华人民共和国刑法修正案（七）》所增设，此前对传销活动主要由行政法进行界定，构成犯罪的一般归入非法经营罪、诈骗罪、集资诈骗罪等范畴。

2005年国务院《禁止传销条例》第7条规定了三种传销行为：

1. 拉人头式传销：组织者或者经营者通过发展人员，要求被发展人员发展其他人员加入，对发展的人员以其直接或者间接滚动发展的人员数量为依据计算和给付报酬（包括物质奖励和其他经济利益），牟取非法利益的；

2. 收取入门费式传销：组织者或者经营者通过发展人员，要求被发展人员交纳费用或者以认购商品等方式变相交纳费用，取得加入或者发展其他人员加入的资格，牟取非法利益的；

3. 团队计酬式传销：组织者或者经营者通过发展人员，要求被发展人员发展其他人员加入，形成上下线关系，并以下线的销售业绩为依据计算和给付上线报酬，牟取非法利益的。

根据是否存在实际经营内容，传销可以分为诈骗型传销和经营型传销。其中，前两种类型一般属于诈骗型传销，第三种类型属于经营型传销。

与传销相对应的概念是“直销”，根据《直销管理条例》，直销是指直销企业招募直销员，由直销员在固定营业场所之外直接向最终消费者推销产品的经营方式。从层级上讲，直销可以分为单层次直销和多层次直销，根据《直销管理条例》，合法（符合行政规范规定）的直销只有单层次直销，多层次直销实际上就是团队计酬式传销，是为行政规范所禁止的。

（二）刑法规制：组织、领导传销活动罪的立法思路——只有诈骗型传销构成犯罪

组织、领导传销活动罪由《中华人民共和国刑法修正案（七）》创设，2008年8月25日刑法修正案（七）草案第1稿第4条对于传销犯罪是这样规定的：在《刑法》第225条后增加一条，作为第225条之一："组织、领导实施传销犯罪行为的组织，情节严重的，处三年以下有期徒刑或者拘役，并处罚金；情节特别严重的，处三年以上七年以下有期徒刑，并处罚金。犯前款罪又有其他犯罪行为的，依照数罪并罚的规定处罚。传销犯罪行为依照法律、行政法规的规定确定。"据此，该罪名列于非法经营罪之后，经营型传销与诈骗型传销均构成犯罪。

但是，2008年12月25日草案第2稿第4条中，对该罪的规定作了这样的修改：在《刑法》第224条后增加一条，作为第224条之一："组织、领导以推销商品、提供服务等经营活动为名，要求参加者以交纳费用或者购买商品、服务等方式获得加入资格，并按照一定顺序组成层级，直接或者间接以发展人员的数量作为计酬或者返利依据，引诱、胁迫参加者继续发展他人参加，骗取财物，扰乱经济社会秩序的传销活动的，处五年以下有期徒刑或者拘役，并处罚金；情节严重的，处五年以上有期徒刑，并处罚金。"该条明确了该罪"骗取财物"的要件，并且将该罪名列于合同诈骗罪之后，这就将犯罪的成立范围限定在诈骗型传销，经营型传销被排除在犯罪圈之外。

（三）司法解释进一步明确：团队计酬式传销不构成犯罪

2013年《最高人民法院 最高人民检察院 公安部关于办理组织领导传销活动刑事案件适用法律若干问题的意见》（以下简称《传销案件意见》）规定，传销活动的组织者或者领导者通过发展人员，要求传销活动的被发展人员发展其他人员加入，形成上下线关系，并以下线的销售业绩为依据计算和给付上线报酬，牟取非法利益的，是"团队计酬"式传销活动。以销售商品为目的、以销售业绩为计酬依据的单纯的"团队计酬"式传销活动，不作为犯罪处理。

通过以上梳理我们可以发现：自《禁止传销条例》施行以来，《刑法》以及相关司法解释对传销活动的打击范围呈现限缩态势，原来行政法确定的多种类型的传销（包括诈骗型传销和经营型传销）均可通过非法经营罪、诈骗罪等罪名进行打击，现在限缩为只将诈骗型传销作为犯罪处理，体现出犯

罪圈的限缩，这也符合罪刑法定原则和刑法谦抑性精神。

二、骗取财物是组织、领导传销活动罪的本质特征

《刑法》第224条之一规定：“组织、领导以推销商品、提供服务等经营活动为名，要求参加者以缴纳费用或者购买商品、服务等方式获得加入资格，并按照一定顺序组成层级，直接或者间接以发展人员的数量作为计酬或者返利依据，引诱、胁迫参加者继续发展他人参加，骗取财物，扰乱经济社会秩序的传销活动的，处五年以下有期徒刑或者拘役，并处罚金；情节严重的，处五年以上有期徒刑，并处罚金。”组织、领导传销活动罪的行为模式具有以下主要特征：

（1）收取入门费；

（2）拉人头；

（3）以人头数作为计酬或返利依据；

（4）行为欺骗性。

前三个特征是形式特征，第四个是实质特征。应当注意，并非仅仅具备三个形式特征就构成本罪，根据法条规定，本罪的成立同时以“骗取财物”为要件。

“骗取财物”是组织、领导传销活动罪的本质特征。

1. “骗取财物”是《刑法》条文明确的构成要件。收取入门费、拉人头等行为均属于手段行为，骗取财物才是真正的目的行为。

2. 《传销案件意见》对何为“骗取财物”作了明文规定，传销活动的组织者、领导者采取编造、歪曲国家政策，虚构、夸大经营、投资、服务项目及盈利前景，掩饰计酬、返利真实来源或者其他欺诈手段，实施《刑法》第224条之一规定的行为，从参与传销活动人员缴纳的费用或者购买商品、服务的费用中非法获利的，应当认定为骗取财物。参与传销活动人员是否认为被骗，不影响对骗取财物的认定。

可见，“骗取财物”是本罪独立的客观构成要素，与《刑法》中的诈骗行为具有统一性质：不仅要求被告人有欺骗行为，而且包含了被害人因欺骗而产生认识错误，并基于认识错误而交付财物的行为。

三、组织、领导传销活动罪“欺骗性”的具体表现

骗取财物是组织、领导传销活动罪的本质特征，其主要表现在：

1. 经营上的欺骗性。传销犯罪往往没有真实的产品或服务，没有切实的经营项目，传销组织所宣传的“经营”活动，实际上是以“经营”为幌子，有的传销组织甚至没有任何实际经营活动，根本不可能保持传销组织的运转。

2. 获利的不可持续性。因为传销组织不具有实质经营活动，因此无法持续获得经营利润，其许诺或者支付给成员的回报，来自成员交纳的入门费。由于人员不可能无限增加，资金链必然断裂，传销组织人员不断增加的过程实际上也是风险不断积累和放大的过程。

正因为团队计酬式传销活动有真实的商品经营，能够源源不断地产生经营利润，并从经营利润中对会员计酬或返利，因此这是一个可持续的过程，不存在对会员的欺骗，不出意外的话也不存在崩盘的可能，因此不构成犯罪。

第三部分　HL公司的行为属于团队计酬，有真实产品和稳定利润来源，不具有欺骗性质，不构成犯罪

根据上一部分的归纳分析，我们可以将直销及不同类型的传销活动的特征、法律规则情况整理成下表。结合前述关于组织、领导传销活动罪的特征，辩护人认为本案属于下表第二种情形，即团队计酬式传销，不构成犯罪。

表4　直销及传销特征对比

名称	经营内容	人员层级	计酬依据	经营利润	行政法	刑法
直销	有	单层级	销售业绩	有	许可	许可
团队计酬式传销/多层次直销	有	多层级	销售业绩	有	禁止	许可
诈骗型传销	无	多层级	人头计酬	无	禁止	禁止

辩护人认为，HL公司销售DDS美容养生按摩器的行为属于团队计酬式传销，有真实的产品和经营活动，能够稳定地产生利润，不构成组织、领导传销活动罪。

一、HL公司有真实存在的经营产品：DDS美容养生按摩器，大部分会员表示该仪器有效且购买后确实在使用

组织、领导传销活动罪的行为模式是“以推销商品、提供服务等经营活动为名”，本案中，HL集团有自己的生产厂商，有真实的产品，属于“以推销产品为实”，本质上是一种营销而非犯罪行为，主要体现在以下几个方面：

1. HL集团有自己的下属公司专门生产DDS美容养生按摩器等产品，并已销售多年，市场反馈良好。根据在案证据，HL集团成立于1993年，一开始主要生产和销售锅炉，2002年HL公司成立并逐渐开始做酸碱平业务。

HL集团旗下有多家公司，涵盖DDS美容养生按摩器等产品的生产和销售。本案中，DDS美容养生按摩器由HL集团旗下广州QR个人护理品有限公司生产，并由HL公司负责销售。可见，对DDS美容养生按摩器等产品有一整套生产、销售的流程，并已经营多年。根据张某某供述，"DDS美容养生按摩器及精油、按摩膏、泥疗膏都有批文"，属于合法产品，很多用过产品的人也表示有效。也正因此，多年来HL集团及相关公司没有因产品质量问题受到政府处罚或者取缔，这说明HL公司是基于真实合法的产品在经营，而非所谓"道具商品"。

此外，HL集团所生产经营的产品也不限于DDS美容养生按摩器等，还涉足餐饮、教育、锅炉、酒店等行业，是切实做实业的公司，而非没有实际经营活动的空壳公司。

2. 很多人员之所以接触到涉案产品并成为会员，是因为使用过相关产品并且信任其效果。卷宗中加入HL公司销售模式的会员主要有董某等人，其对涉案产品的接触、了解过程，以及加入会员的原因可以用下表展示：

表5 会员证言梳理

姓名	如何接触到产品	产品效果体验	为何成为会员
徐某某（卷6，P15—16）	2016年3月初，我由于颈椎不舒服，就去××县城××美容店去做按摩……她先用普通的机器给我做，然后她又提出用酸碱平DDS美容养生按摩器给我再做一下，让我体验对比一下。	做完后我感觉酸碱平DDS美容养生按摩器所做的体验效果不错，之后几天我去这家美容店连续又做了四次体验……感觉身体状况有所好转。	在做体验的过程中，娄某某告诉我，她准备再次去河北HL公司学习技术，由于我也很想深入了解这种产品和技术，所以我就提出和她一起去公司看看。
马某（卷6，P73）	2016年七八月份，我和朋友秀某去张市镇一家美容店做美容，当时有两三个人在美容店推广DDS美容养生按摩器，他们让我体验一下DDS美容养生按摩器理疗。	做完以后我觉得挺舒服……体验以后，我就在网上查了酸碱平DDS美容养生按摩器的相关资料，我觉得这个理疗效果不错。	由于我开的××健康驿站经营单一，就想学习DDS美容养生按摩器理疗技术。

续表

姓名	如何接触到产品	产品效果体验	为何成为会员
董某	2014 年 7 月左右，有三四个学催乳的学员在一起聊天的时候，我对他们说：“我做催乳做得胳膊疼，咋办?”然后他们几个都给我推荐了 DDS 美容养生按摩器。	听说不错。	我就让我儿子熊某某在网上搜索了 DDS 美容养生按摩器，我就拨打了 HL 集团的客服电话

可见，大部分会员都来自美容、理疗等行业，通过亲身试用 DDS 美容养生按摩器等产品，觉得有效之后才成为会员，整个销售模式是建立在产品实实在在的效果之上的，而非凭空杜撰或者没有任何实际效果的道具商品。

3. 会员购买产品后将其用于生产经营并创造社会价值，并非通过购买产品获得发展下线的“入场券”。本案中，很多会员本就从事美容等行业，其购买涉案产品，并非只是单纯获得一张发展会员的入场券，而是在真正使用涉案产品。

董某供述：“我用 DDS 美容养生按摩器给别人做催乳，一个月能赚两三万元，总的赚了有四五十万元”，可见涉案产品确实为其带来了经营收益，其通过发展会员得到公司奖励约十万块钱，相比之下经营收益占大部分。

针对会员的营利方式，孔某某供述：“一是老会员可以通过发展新会员加入获得公司的奖励，二是可以通过公司的产品给客人做理疗来赚钱，三是通过销售公司的产品来赚取差价。”这也说明涉案产品可以用于生产经营，有实际价值，而非道具产品。

4. 市场上也有类似产品在销售，且在 HL 集团旗下的 LJ 超市也有零售。通过淘宝商城等平台进行网络检索，可以发现有大量类似生物电疗仪器在销售，不乏销量上千的店面，说明该类产品拥有一定市场，并非违法产品。

此外，根据王某某供述：“除了在培训学员的时候有大量产品销售外，第八总部的 LJ 超市平时卖的也有河北 HL 公司的产品，因为我在 LJ 超市的货架上见过酸碱平 DDS 美容养生按摩器的配件和苜蓿粉。”零售与推荐并重，本就是多层次直销（团队计酬式传销）与传销犯罪（只鼓励会员发展新人）的重要区别。这表明，HL公司确实以DDS美容养生按摩器等相关产品为生产经营的重要内容，而非将其用作道具商品发展会员赚取会费。

5. 诈骗类犯罪本质上没有基本等值的对价交换，而HL公司以货真价实的产品为基础，公司与会员之间存在以真实产品为纽带的对价交换。在诈骗类犯罪中，行为人单向地从被害人处获得利益，而被害人并不获得对价，因此其财产权受到侵害。

和普通的诈骗行为相比（一对一的“个体诈骗”），传销犯罪本质上是一种“群体诈骗”，在传销犯罪中，会员向传销组织交纳费用，但并不从传销组织获得实质利益，这也正是法律规定的“以推销商品、提供服务等经营活动为名”，因为会员并不获得有真实价值的商品或服务。

群体诈骗由一个一个“个体诈骗”为元素组成。分析“群体诈骗”是否成立，只需要截取其中一个独立单元，分析“个体诈骗”是否成立。传销犯罪是传销组织向一群人（会员）以销售商品、服务等名义进行诈骗，本案中，我们只需要分析HL公司在向某一个会员销售产品时是否存在欺诈即可。本案中，会员向HL公司交纳费用，购买产品；HL公司向会员交付相应产品，产品具有真实效果且会员收到产品后也确实投入使用。在这个微观层面，存在一个基本等值的对价交换，不存在欺诈，也不存在任何一方的财产损失。

二、会员交纳的费用均有等值产品，公司返利也是源于销售利润，返利的金额还是以销售额为依据，而不是以人头为依据

在购买HL公司产品时，根据不同情况，消费者可以选择12500元、25000元、50000元、100000元四种价位的购买方式，并成为会员。会员可以自由支配交纳的费用，可以自己决定购买多少产品，余款存入自己的账户，不会被HL公司控制。

以马某为例，她交了12500元成为C级会员，提取了一台DDS按摩器（4900元）、10瓶按摩膏（每瓶165元，共1650元）、10瓶渗吸油（每瓶165元，共1650元），共计8200元，剩余4300元在马某的华林会员平台ID账户里面存着，仍在其控制范围之内。

本案公诉机关移交证据中的HL公司“电子商务+直销+实体店连锁经营模式”，该证据完全可以证明，四种级别价位分别对应省、市、区、县级代理，每个级别代理可以获得相应等值产品。因此，四级会员所交纳的费用有等值产品作为对价，交纳的费用越多获得的产品也越多，享受的优惠力度也越大，会员交纳的费用并不是人头费或入门费。

传销犯罪的一大特征是收取高额入门费或购买实际价值很低的道具商品。本案中，虽然会员交纳的费用高于商品价格，但是HL公司并没有收取和控制这部分费用，而是储存在了会员自己的账户中。故HL公司实际收取的只有产品的费用，而如前所述，涉案产品是货真价实的，且很多会员将其用于经营活动并且赚取了大量利润。因此，会员加入并交纳费用的行为本质上是一次正常的买卖行为，而非拉人头、收取入门费的行为。

三、HL公司向会员销售按摩器等产品能够真实获得利润，并从中向会员提取返利，整个经营模式可盈利、可持续运营

在本案的销售模式当中，HL公司的利润来源是销售产品，只要不断有产品销售，HL公司就会不断产生利润，并向会员支付奖励。

可以这样通俗地进行理解：公司销售某款产品，某消费者购买产品后，公司为了扩大销路，设立促销规则：凡是购买过公司产品的消费者，介绍他人来购买的，可以给原消费者一定数额的奖励。本案中的销售模式，与传销犯罪的销售模式，可通过下图做简单对比：

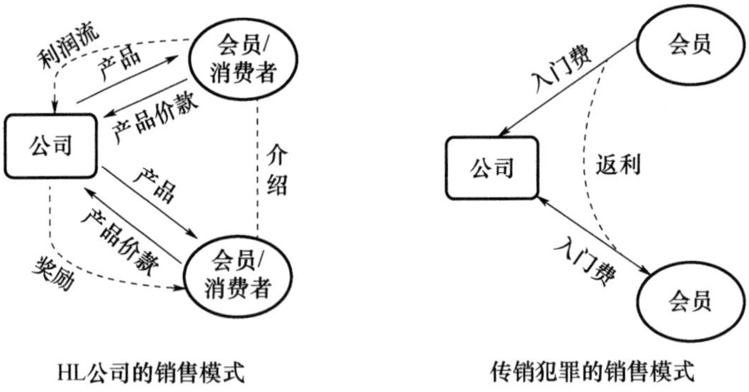

图5　HL公司销售模式与传销犯罪销售模式对比

在这个过程中有两点需要注意：

1. 传销犯罪中，公司与会员之间的流动是单向的，会员向公司交纳入门费等费用，而公司不向会员提供任何有价值的商品或服务。因此，会员在向公司交费后没有获得任何对价，这也是传销犯罪的欺骗性特征所在。因此，会员为了获利，唯一途径便是大量发展下线以提取人头费，本质上是通过骗别人的钱来填自己的坑。这也正是大量传销组织为了发展人头不惜采取诱骗甚至暴力等人身控制手段的原因。

在HL公司的销售模式中，公司与会员之间的流动是单向的，会员向公司交纳费用购买产品（剩余资金仍在会员账户留存），公司向会员提供产品。对于公司来说，公司销售了产品，获得了商业利润，并从利润中提取一部分作为奖励，以发掘潜在消费者，扩大销量；对于会员来说，一方面获得了产品，另一方面还可能获得奖励，这是一种双赢的局面。在整个过程中，消费者对产品以及整个规则的情况明确知晓，不存在欺骗的情况。

2. 因为会员获得了产品，所以即便其不再发展下线，同样没有受到财产损失，因此本系统不以会员不断发展下线为基础。在HL公司的销售模式中，会员同时具备消费者的身份。除了奖励，会员在这个系统中获得的还有货真价实的产品，还可以将产品用于经营活动营利。因此，会员并不完全指望通过拉人头来获利。假使某个会员没有再去发展下线，其也获得了相应产品，甚至还有通过产品去营利的机会，购买产品多余的钱也仍属于自己，这样其没有受到任何损失，不存在“骗取财物”的问题，也不具有传销犯罪组织无限扩张的特性。

3. HL公司返利的资金来源是销售产品的正常利润，而非入门费或人头费。本案中，HL公司存在持续的销售行为，每次会员介绍他人来购买产品，HL公司便增加一部分销售量和利润，并以此作为奖励的来源。销售产品永远发生在奖励之前，因此总是先收入后支出，这个模式是可以持续运行的。

四、HL公司吸纳会员的方式是产品效果优先，并不直接以销售模式、返利等诱惑或者强迫他人加入，与传销组织有明显区别

会员发展新会员的方式，是区分正常经营活动与传销犯罪的重要标准。如果是正常的经营活动，会更加突出产品的质量、效果等因素，由消费者自己决定是否购买或加入；而传销犯罪行为，则集中夸张和渲染营利性，编织一夜暴富的神话，通过欺骗或者强迫手段使人加入。本案中，HL公司部分会员加入的过程如下：

表 6　会员证言梳理

会员姓名	被发展人员	发展方式
孔某某	李某	她是我朋友，2015 年夏天她生完孩子，身体不太舒服我去给她调理身体，她感觉我给她调理得挺好，就跟着我一起去河北 HL 集团总部考察。
	贺某	我当时去×县东郊一个诊所给贺某调理肚子，他感觉我给他调理得特别好，我跟他说这个技术是在 HL 集团学来的，2015 年 10 月左右我就带他到河北 HL 集团考察，考察了 3 天后，他就在 HL 集团交了 5 万元……他回来后就在杞县建设路开了一家养生会所。
	张某娜	我在贺某开的养生会所认识的张某娜，2016 年我第一次带张某娜到河北 HL 集团考察。
	胡某利	胡某利是贺某店里的客户，我是在那儿跟他认识的，我向胡某利介绍了 HL 集团的情况，2016 年我就带胡某利到河北 HL 集团总部考察。
董某	无具体名字	我是通过我开的这个理疗店给客户调理身体的，有的客户想学技术了，我帮客户和公司联系一下，我打 HL 集团的客服电话帮客户联系培训，联系好之后客户自己去参加培训。客户学过之后觉得技术可以，交钱加入后，公司给我提成。

上述发展会员的方式足以反映出一个现象：发展会员以介绍产品为主，很多人亲身体验过产品效果才决定加入，整个过程都是公开透明的，没有欺骗和强迫，会员在购买到产品后也确实在使用，甚至开起了理疗店。整个销售模式还是以销售产品为主要目的，而非拉人头赚取人头费。

五、HL 集团培训的主要内容是宣讲产品原理、技术、效果等，且培训会是在自愿、自由的状态下进行的，不存在欺骗、强迫或人身控制

1. HL 集团培训时间安排表中，技术培训为主要内容。根据培训时间表，培训内容主要是技术手法演示（14：05—16：00）、生物电技术原理（16：15—17：15）、进房调病（18：10—21：30），还有酸碱平理念、技术背后商机等营销内容。这表明，HL 公司是切实在推广技术和产品的，而非简单地以购买产品为幌子。

2. 根据相关会员供述，HL 集团培训包含大量技术及理论知识的内容。以马某为例，其"在初级班学习了理论知识、按摩手法"。根据之前的论述，

HL 公司很多会员在接触到这款产品后，也是先参加培训，对产品背后的理论、技术问题进行了解，有了深入了解之后，才会决定是否加入。整个过程中学员的意志和人身都是自由的，如果参加完培训之后不加入会员也没有任何问题，成为会员之后，不再购买产品也没有任何问题，这与典型的传销犯罪行为明显不同。

六、HL 公司有固定的经营场所、真实的产品，且公司的法定代表人均为刘某及其儿子等最亲近的人，河南分公司也在购买土地等固定资产，如此行为与安排不符合传销犯罪最基本的逻辑

1. HL 公司总部位于河北，在全国还有 8 个总部及众多分公司，其均有固定的经营场所，所生产经营的 DDS 美容养生按摩器等产品也真实存在且具有良好效果。2015 年，HL 公司还获得了商务部颁发的直销企业牌照，直销产品包括护手霜等 8 种产品。虽然在具体的经营过程中，销售产品以及方式可能存在突破直销规范之处，但公司总体上还是以合法经营、长久经营为宗旨的。

2. HL 公司除了经营涉案产品，还以“HL”的名字经营锅炉、特殊车辆等，经营范围广且具有长远规划。

3. 目前涉案公司的法定代表人或股东等均是 HL 集团创始人刘某及其儿子、其他亲属等。如果其主观上以骗取钱款为目的，为了避免责任，其完全可以让别人担任相关职务。

综上，HL 公司一贯以实体经营为主，涉足多种产业，为国家经济作出了很大贡献，具有长远的经营规划，并非以短期骗取钱财为目的，不符合传销企业的特征。

七、HL 公司在经营涉案产品过程中，长期以来并未受到行政处罚，也没有相关人员因被骗等原因报案，没有扰乱经济秩序

1. HL 公司成立于 2002 年，早在成立之日起便从事酸碱平相关产品的经营活动，而 K 市公安局×分局案件侦破报告及提请批准逮捕书等文件也声称 HL 公司自 2010 年便开始了传销活动。自 2010 年至本案案发，时隔至少七八年，如果 HL 公司存在违法或犯罪行为，工商部门、公安机关却完全没有发觉？为何从来没有进行过行政处罚？不教而诛谓之虐，在多年经营相关部门从未提出异议的情况下，突然认定为刑事犯罪，有违信赖原则和刑法的谦抑性。

2. 在多年的经营过程中，也从没有 HL 公司的会员报案声称自己被骗或者加入了传销组织，本案没有被害人。

3. HL 集团没有扰乱市场经济秩序，反而促进了就业，给社会创造了价值，推动了健康产业的发展。

第四部分　张某某不构成组织、领导传销活动罪

一、本案中整个销售模式的实施主体是 HL 公司，张某某只是公司职员，张某某的行为构成犯罪以公司或总部人员成立犯罪为前提

本案中，整个销售模式是由 HL 公司或 HL 集团制定和组织实施的。

1. 涉案产品由 HL 集团旗下公司生产，由 HL 公司负责销售。本案中，涉案 DDS 按摩器等产品由 HL 集团旗下的广州清茹个人护理品有限公司生产，由 HL 公司负责销售。

2. 奖励机制由 HL 公司制定。根据孔某某供述，奖励模式是由 HL 集团内部的人制定的。制定奖励模式的是 HL 集团高层，张某某无法参与到制定过程当中。

3. 培训以 HL 公司名义开展。根据在案证据中 HL 公司会员的供述或陈述，其参加的培训，都是以 HL 公司的名义开展的，而非 HL 公司河南分公司或者张某某个人。

4. 会员购买产品的费用由 HL 公司和 HL 集团收取。本案中，HL 公司的财务制度由 HL 集团统一管理，会员购买产品所交纳的费用最终由 HL 集团占有。

综上，整个涉案销售模式的指定以及组织实施都由 HL 公司和 HL 集团进行，张某某只是 HL 公司河南分公司的一名普通员工。目前，该 HL 公司设计的这种销售模式是否属于传销犯罪仍有较大争议，只有 HL 公司被认定为犯罪，张某某才有构成犯罪的可能。

二、假使 HL 公司涉嫌犯罪，也可能构成单位犯罪，张某某不属于“直接负责的主管人员或者其他直接责任人员”，不构成犯罪

本案中，涉案销售行为以 HL 公司名义实施，且相关费用由 HL 公司收取，如果构成犯罪，符合单位犯罪的特征。

根据《刑法》第 31 条之规定，单位犯罪的，直接负责的主管人员或者其他直接责任人员承担刑事责任。2001 年《全国法院审理金融犯罪案件工作座

谈会纪要》指出，直接负责的主管人员，是在单位实施的犯罪中起决定、批准、授意、纵容、指挥等作用的人员，一般是单位的主管负责人，包括法定代表人。其他直接责任人员，是在单位犯罪中具体实施犯罪并起较大作用的人员，既可以是单位的经营管理人员，也可以是单位的职工，包括聘任、雇用的人员。应当注意的是，在单位犯罪中，对于受单位领导指派或奉命而参与实施了一定犯罪行为的人员，一般不宜作为直接责任人员追究刑事责任。

在案中，张某某并非HL公司管理层人员，只是普通员工，且不在总公司任职，只是河南分公司的工作人员。张某某没有参与涉案销售模式的制定、没有起到决定或者指挥作用。张某某只是HL公司聘任的员工，根据公司任命在河南分公司任职，从事日常行政工作，不属于“直接负责的主管人员或者其他直接责任人员”的范畴，不承担刑事责任。

三、假使涉案销售模式涉嫌传销犯罪，张某某也不是组织者或领导者，不构成犯罪

根据《传销案件意见》，下列人员可以认定为传销活动的组织者、领导者：

（1）在传销活动中起发起、策划、操纵作用的人员；

（2）在传销活动中承担管理、协调等职责的人员；

（3）在传销活动中承担宣传、培训等职责的人员；

（4）曾因组织、领导传销活动受过刑事处罚，或者一年以内因组织、领导传销活动受过行政处罚，又直接或者间接发展参与传销活动人员在15人以上且层级在3级以上的人员；

（5）其他对传销活动的实施、传销组织的建立、扩大等起关键作用的人员。

以单位名义实施组织、领导传销活动犯罪的，对于受单位指派，仅从事劳务性工作的人员，一般不予追究刑事责任。

在本案中，张某某只是HL公司河南分公司的员工之一，而且并非总负责人，其上级戴某某是河南分公司负责人。根据张某某供述，其职责主要是：“分公司外事工作，行政考勤，华林会员日常培训工作的服务，还有联系好SY酒店做好会员培训工作。”

1. 张某某并未直接参与决策、策划等决定性行为。如前所述，张某某只是 HL 公司河南分公司员工，并非公司管理层和决策层人员，对涉案销售模式的决策和发起起不到决定作用。

2. 张某某也未参与宣传或培训等行为。张某某只是负责公司日常行政事务，并不直接参与相关销售环节的宣传、培训活动，甚至对公司的奖励模式也并不十分了解。

3. 张某某的工作仅限于行政事务，和培训活动相关的也只是信息传达等，属于劳务性质。培训及产品销售的过程主要如下：

第一，培训的通知。根据张某某供述：“每次培训都是集团公司给酒店发培训通知，做好培训接待。”

第二，培训的组织。“培训人员都有自己的体系团队，人员培训组织都是每个团队负责，上报集团公司后，公司再定组织培训的时间。”

第三，产品的销售和费用的收取。会员和客户先找到报单岗位的人员，负责报单登记，这部分人员的具体工作是由 HL 集团财务安排的。人事管理是 SY 酒店有限公司管理的。会员和客户需要报单的话找到负责登记报单的人员后进行报单，报单之后再到 SY 酒店的落单岗位的人员处交纳费用，进行落单。(张某某供述)

综上可以发现，培训的组织和决策是由公司和集团决策的；培训的组织是由各个团队组织实施的；培训后产品的销售和费用的交纳是由 HL 集团财务部门直接和客户对接的；培训的场地是 SY 酒店提供的。在整个过程中，张某某的作用仅仅是相关信息的传达以及考勤等日常行政事务，对组织培训等活动的作用极小，远远称不上关键作用，依法不应认定为组织者和领导者。

四、张某某没有组织、领导传销活动的主观故意

犯罪的认定要达到主客观的统一，组织、领导传销活动罪的主观要件，是行为人明知是传销组织而参与，并实施组织、领导的行为。行为人对组织传销活动的性质的明确认识，是本罪成立的前提。

本案中，HL 公司架构的销售模式是否应当定性为传销，还是属于销售模式的创新，就这一问题仍然存在非常大的争议，加之张某某并未直接参与到培训和销售工作当中，更应审慎处理。

根据张某某供述，其对培训内容、会员交费金额、奖励模式、会员体系的人数及负责人等具体情况并不清楚，也没有权限进入会员平台，证明其确

实没有参与传销活动，只是受指派从事事务性工作。从张某某的角度看，其所从事的不过是一份普通的公司行政工作，完全没有认识到 HL 公司涉嫌传销犯罪，更没有认识到自己已经身涉其中。

故此，张某某不具有主观犯罪故意，不构成组织、领导传销活动罪。

五、张某某只是每月从公司领取固定工资，并不参与会员所交费用的分成，没有额外获利

组织、领导传销活动罪属于诈骗类犯罪，行为人是否获利是判断其作用大小，是否成立犯罪的重要标准。

本案中，张某某作为 HL 公司河南分公司员工，只是从公司领取工资，每月只有几千元，对于会员交纳的费用，由 HL 公司负责收取和管理，张某某并不从中获取分成，没有额外获利。

这说明张某某在公司中的地位并非属于较高级的决策层和管理层，所起的作用有限。在定罪量刑时，也应当考虑行为人的收益，如果行为人只是履行了一般的工作职务，没有获取任何非法利益，认定其构成犯罪是不公平且违反责任原则的。

六、假使张某某构成犯罪，也应认定为从犯

《刑法》第 27 条规定："在共同犯罪中起次要或者辅助作用的，是从犯。对于从犯，应当从轻、减轻处罚或者免除处罚。"

如前所述，张某某并没有起到组织和领导的作用，也没有对涉案销售活动的实施、组织的建立和扩大起到关键作用，其仅仅根据公司职务安排从事日常行政事务，最多属于次要或者辅助作用，假使其构成犯罪，也应当认定为从犯。

七、假使张某某构成犯罪，也不属于"情节严重"的情形

起诉书指控张某某构成组织、领导传销活动罪，且属于"情节严重"的情形。根据《传销案件意见》，具有下列情形之一的应当认定为"情节严重"：

（1）组织、领导的参与传销活动人员累计达 120 人以上的；

（2）直接或者间接收取参与传销活动人员交纳的传销资金数额累计达 250 万元以上的；

（3）曾因组织、领导传销活动受过刑事处罚，或者一年以内因组织、领导传销活动受过行政处罚，又直接或者间接发展参与传销活动人员累计达60人以上的；

（4）造成参与传销活动人员精神失常、自杀等严重后果的；

（5）造成其他严重后果或者恶劣社会影响的。

辩护人认为假使张某某构成犯罪，也不符合“情节严重”的情形。

首先，张某某并未直接参与培训和会员发展活动，涉案所有会员中，没有一个是张某某联系或发展的，不符合达到120人以上的标准。

其次，张某某也没有从客户手中收取任何一笔费用。如前所述，会员交纳的费用由HL集团直接负责收取，张某某并不经手，也不从中获利。本案中，公诉机关直接采用会员交纳的费用作为张某某的犯罪数额，是极其不准确和不公平的，如此一来，将十分不当地加重张某某的责任，以此作为定罪量刑的依据，违反罪责刑相适应原则。

最后，本案中也没有出现相关人员精神失常、自杀等严重后果或其他恶劣影响。本案中，甚至没有参与者的报案，可见没有人认为自己受骗或财产受损。

综上，本案中不能机械地根据涉案人数或者金额来认定“情节严重”，而应当根据案件情节、张某某个人的地位与作用综合进行认定，以得出公平合理的结论。

八、假使张某某构成犯罪，也具有自首情节

张某某接到公安机关电话通知后，主动配合到公安机关投案，没有逃跑、隐匿等行为，属于自动投案。张某某自第一次被讯问之日起，就如实供述了全部事实。根据《刑法》第67条的规定，犯罪以后自动投案，如实供述自己的罪行的，是自首。对于自首的犯罪分子，可以从轻或者减轻处罚。其中，犯罪较轻的，可以免除处罚。

因此，假使张某某构成犯罪，也应当认定为具有自首情节，可以从轻、减轻甚至免除处罚。

第五部分　本案证据体系不完整，既不能证明HL公司构成犯罪，更不能证明张某某构成犯罪

一、在案证据中没有HL公司总部人员的直接言词证据

本案中，张某某的行为是否构成犯罪并非问题的全部。对张某某行为的

定性，必须放在HL公司行为的背景之下看待。

对HL公司的行为进行定性，是对张某某的行为进行定性的前提，否则很有可能出现两地司法机关就同一事实的裁判观点相冲突的情形。

然而，在案证据当中没有任何HL公司总部人员的直接言词证据，而仅仅是由HL公司河南分公司戴某某、张某某、秦某某等人，以及会员孔某某、董某等人的证言。这些证言并不是来自HL公司管理层的最直接的描述，均是靠分公司人员甚至部分会员自己的理解和推测，不能代表最权威的意见。

对奖励模式等事项，很多人只是道听途说，属于传闻证据，证据的真实性存疑。

二、在案证据中缺乏涉案服务器数据库信息，缺乏组织、领导传销行为的直接客观证据

1. 本案中，涉及奖励模式及会员级别情况的证据基本只有言词证据，没有客观证据相印证。唯一相关的客观证据是K市公安局X分局电子证据检查结果，检查笔录记载“检查完毕，制作固定电子证据清单，将提取的数据库和web备份文件刻录制作光盘，将屏幕录像、现场制作视频刻录制作光盘”，但在案证据中并没有相关光盘材料，该组证据缺失。目前案卷中没有任何客观证据能够全面、直接地反映会员层级、交纳费用金额等情况，在案言词证据缺乏客观证据印证。

2. 电子证据检查主体不合法。本案中，进行电子数据检查操作的是河南大学某学院硕士生导师刘某及研究生张某良。根据《最高人民法院、最高人民检察院、公安部关于办理刑事案件收集提取和审查判断电子数据若干问题的规定》（以下简称《电子数据规定》）第7条规定，收集、提取电子数据，应当由二名以上侦查人员进行，本案中，刘某、张某良仅是K市公安局聘请的信息化工程师，其不属于侦查人员，不能作为进行电子数据检查的主体。

3. 检查笔录等材料缺乏检查人员签字，形式违法。在《电子证据检查笔录》《固定电子证据清单》《封存电子证据清单》《电子证据勘验检查照片记录表》中，只有张某良的签字，没有刘某的签字。根据《电子数据规定》第16条第3款规定，电子数据检查应当制作笔录，注明检查方法、过程和结果，由有关人员签名或者盖章。本案证据检查程序和形式均违法。

综上，本案中并无直接客观证据证明HL公司会员层级情况以及费用交纳等情况，在案证据主要是言词证据且并非直接来自HL公司总部管理人员，属于传闻证据，真实性存疑，不能仅凭此作为定案依据。

三、河南S会计师事务所有限公司《审计报告》中，审计人员资质存疑，审计方法不准确，假使张某某构成犯罪，也不能以此作为其犯罪金额的依据

公诉机关指控，张某某在职期间“HL集团第八总部”收取参与传销人员会员费共计270724591元，其依据为河南省SC会计师事务所有限公司于2019年3月16日作出的《审计报告》。辩护人认为，该《审计报告》在审计人员主体资质、审计方法等方面存在一系列问题，不能作为定案依据，理由如下：

1. 检材来源不明。《审计报告》对张某某在职期间HL公司会费收入的统计依据是“2016.12.21 K市J区孔某某组织、领导传销活动案”中2017年、2018年河南分公司内审资料——会费收入统计表电子版。该检材并不在本案卷宗当中，《审计报告》也未附有该统计表，无法核实相关数据的真实性和准确性。

2.《审计报告》检验方法不合理，所认定的会费数额与事实不符。《审计报告》计算会费的依据是银行流水的转入资金，按照这种审计方法，被认定为传销会员的人转入的资金将全部被计作会费。但是如前所述，会员所交纳的费用中，除去购买产品的费用外，其余仍留存在其个人账户内，这部分金额不应认定为会费。

3. 审计人员主体资格存疑。《审计报告》末尾注明审计主体分别是注册会计师宋某和、赵某君，但《审计报告》后面只附有宋某和的执业证书，没有赵某君的执业证书，无法核实其是否具备鉴定资质。

第六部分　本案中部分重要问题未查清

组织、领导传销活动罪属于诈骗类犯罪，涉案财产问题是必须查明的事项，本案涉及HL公司总部、河南分公司等多方主体，财务制度交错复杂，本案中还有大量事实没有查清。

1. 现有证据没有真正准确地认定违法所得，起诉书指控“HL集团第八总部”收取会员费270724591元，不能将该金额全部认定为违法所得，司法机关不能依照此数额对涉案财产进行处置。本案中审计报告只是对相关银行卡流水进行了统计，并以此认定了会员费数额。

应当注意，审计报告中的会员费数额中既包括会员实际购买产品的费用，也包括暂未购买产品留存在账户中的费用，同时，HL 公司向会员有发货，在认定违法所得时，应当扣减产品成本、未购买产品的费用等。同时，被害人的财产应当依法返还，而不应由办案机关没收。

《工商行政管理机关行政处罚案件违法所得认定办法》第 8 条规定：“在传销违法活动中，拉人头、骗取入门费式传销的违法所得按当事人的全部收入计算；团队计酬式传销的违法所得，销售自产商品的，按违法销售商品的收入扣除生产商品的原材料购进价款计算；销售非自产商品的，按违法销售商品的收入扣除所售商品的购进价款计算。”

本案中，会员交纳的费用并非全部由 HL 公司获取，不能简单以会员交费金额作为犯罪所得数额；另外，无论 HL 公司和张某某是否构成传销犯罪，其确实生产和销售了产品是无可争议的事实，假使其构成犯罪，也应当核减其生产产品的成本。

2. 没有明确区分合法财产和非法财产。本案中，HL 集团旗下多家公司或企业属于家族企业，即便 HL 公司涉嫌犯罪，也与其他公司或个人无关，而侦查机关却查封、扣押、冻结了大量与案件无关的合法财产。

《最高人民检察院　公安部关于公安机关办理经济犯罪案件的若干规定》第 46 条第 1 款规定：“查封、扣押、冻结以及处置涉案财物，应当依照法律规定的条件和程序进行。除法律法规和规范性文件另有规定以外，公安机关不得在诉讼程序终结之前处置涉案财物。严格区分违法所得、其他涉案财产与合法财产，严格区分企业法人财产与股东个人财产，严格区分犯罪嫌疑人个人财产与家庭成员财产，不得超权限、超范围、超数额、超时限查封、扣押、冻结，并注意保护利害关系人的合法权益。”办案机关大肆对与案件无关的财产进行处置，不得不令人怀疑其办案的客观性和公正性，在这种情况下，更加应该对犯罪的认定慎之又慎。

3. 张某某被指控个人犯罪，却有大量公司财产被查封、扣押和冻结，严重超越权限、违反《刑事诉讼法》。《刑事诉讼法》第 141 条第 1 款规定，在侦查活动中发现的可用以证明犯罪嫌疑人有罪或者无罪的各种财物、文件，应当查封、扣押。可见，查封、扣押的对象仅限于与犯罪嫌疑人有关的财物、文件，本案中，办案机关非法处置了大量 HL 公司甚至是其他无关公司和个人的财物，与张某某没有任何关系。

本案存在这样一个矛盾：在认定犯罪时，HL 公司和张某某是密切关联的，但办案机关没有足够重视此问题；在财产处理上，张某某涉嫌犯罪并不涉及 HL 公司及其他主体财产问题，却被办案机关刻意查封、扣押、冻结。

4. 本案指控张某某个人犯罪，违法所得应仅限于张某某在职期间所涉及的相关财物。本案中，HL 公司河南分公司成立在先，张某某到河南分公司任职在后，两个时间段并不完全重合。本案指控张某某个人犯罪，所追缴的违法所得应以张某某个人涉及的财产为限，因此对于非张某某在职期间内会员交纳的费用，均不能认定为本案违法所得。

5. 应当注意涉案财物的处置方式。根据《刑法》第 64 条规定，犯罪分子违法所得的一切财物，应当予以追缴或者责令退赔；对被害人的合法财产，应当及时返还；违禁品和供犯罪所用的本人财物，应当予以没收。没收的财物和罚金，一律上缴国库，不得挪用和自行处理。

本案中，假使犯罪成立，部分涉案财物也应当返还被害人，而不能一概被没收并上缴国库。

综上，本案中财产问题仍然非常混乱，假使张某某构成犯罪，违法所得是多少？应当如何计算？如何区分合法财产和违法所得，等等，这些问题都没有查明，在此情况下对张某某定罪量刑是极不妥当的。

第七部分　不可以借本案损害当事人及相关主体合法财产权益，办案机关应当严格依照法律处置涉案财产

本案中办案机关的某些做法，给人“醉翁之意不在酒”的强烈感觉，似乎主要目的不是定罪量刑的剖析，而是意在涉案财产的处置，以至于本案出现涉案财产与合法财产不加区分、个人犯罪却处置单位财产、财产查封倒逼刑事立案等问题。

综上，辩护人认为：在 HL 公司及总部人员没有被认定犯罪的前提下认定张某某构成犯罪有违法理，且容易造成司法观点的冲突；HL 公司销售模式属于团队计酬，不满足组织、领导传销活动罪构成要件及其“诈骗性质”的本质特征；张某某也并非公司直接责任人，不是被指控的传销活动的组织者和领导者，不构成犯罪。

以上是辩护人的辩护意见，请贵院依法把握组织、领导传销罪的本质特征，查明本案事实，实事求是地对案件性质作出认定，判决张某某无罪，同时妥善处理涉案财产问题。

此致

K 市 J 区人民法院

被告人张某某的辩护人：

北京市京都律师事务所律师　彭吉岳

2019 年 12 月 24 日

大案精辩，一罪不起诉，一罪从轻：北京市铁路局原局长张某某职务犯罪案

刑辩律师是扶危济困的天使，还是专为坏人说话的恶魔？为被冤枉的人辩护具有道义上的正当性，自然容易为人理解。但是替真正犯下罪行的人辩护，则往往被当作犯罪的帮凶，以致莎士比亚的戏剧里还出现了“杀光所有律师”的怒吼。

其实，刑辩律师既不是天使也不是恶魔，这个职业可以被理解为法治天平的一端。法治的要义在于平衡，即使一个人犯了罪，也并非人人得而诛之，其只需在自己罪行的范围内承担责任，并且是依照法律规定的程序和方式承担责任。否则，假如没有规则之治，对罪恶的追诉和惩罚本身也极易沦为罪恶本身。

法治天平要达到平衡，案件实现公正，必须实现控辩双方势均力敌。正如美国著名刑辩律师德肖维茨所说：“允许被告享有申辩权利正是正当程序的必然要求，但由于法律知识的缺位，被告往往又不可能独自行使，这就必须求助于具有专业知识的律师们，以协助他们行使他们应有的申辩权利。”从这个意义上说，无论是穷凶极恶的暴徒，还是杀人越货的强盗，均拥有获得辩护的权利，以便罚当其罪。

因此，在行为人确实实施了犯罪行为的情况下，罪轻辩护同样需要十分精细和认真的辩护——证据是否充分、事实是否准确、量刑情节有哪些，均可以细致雕琢。本篇所讲的案例，被告人被控巨额财产来源不明罪、受贿罪两个罪名，辩护人在审查起诉阶段成功“摘掉”巨额财产来源不明罪的指控，最终法院认定受贿罪成立，受贿金额8000余万元，但量刑为15年有期徒刑，达到了较为理想的辩护效果。

案情重大：中纪委移交最高检，最高检指定异地查办

党的十八大以来，中央出重拳反腐，“打老虎”“拍苍蝇”。随着工作的推进，反腐的浪潮逐渐涉及铁路部门，特别是在刘志军案之后，2015 年中央第八巡视组进驻中国铁路总公司。

据报道，2015 年 7 月，中国铁路总公司党组召开全路电视电话会议，公开通报和处理了 6 起违反中央八项规定精神的典型问题，其中，时任太原铁路局局长的张某某因办公用房面积全部超标被免去职务，同时被给予党内严重警告处分。但没有想到的是，这仅仅是一个开端……

被告人张某某原在铁道部、北京铁路局、太原铁路局等部门任要职。受到党纪处分后，他的诸多犯罪线索也逐步浮出水面。2017 年，张某某因涉嫌职务犯罪由中共中央纪律检查委员会将犯罪线索移送最高人民检察院，因案情重大，最高人民检察院将案件指定四川省某检察院异地侦办。

据指控，张某某涉嫌受贿罪和巨额财产来源不明罪两个罪名。受贿罪涉及七组犯罪事实，从 2003 年至 2015 年，张某某分别收受 7 人贿赂，涉案事实数十起，受贿金额高达 8000 余万元。张某某涉嫌巨额财产来源不明罪，个人财产超过合法收入，有 800 余万元不能说明来源。

张某某被调查时，铁道部已有多名领导干部因职务犯罪被判刑。2013 年，原铁道部部长刘志军，因犯受贿罪（受贿金额 6460. 54 万元）和滥用职权罪，被判处死刑缓期 2 年执行，剥夺政治权利终身，并处没收个人全部财产。2014 年，原铁道部运输局局长、副总工程师张曙光因受贿 4718 万元，被判处死刑缓期 2 年执行，剥夺政治权利终身，并处没收个人全部财产。

由此观之，如果张某某涉嫌的两个罪名成立，则其涉案金额将近 9000 万元，虽然 2015 年《刑法》修正后对贪污贿赂犯罪的量刑标准进行了调整，但张某某仍然极有可能被判处无期徒刑以上的刑罚。对于辩护律师而言，本案是一个艰巨的挑战。但无论什么样的人都有获得辩护的权利，案情再繁杂也要结合证据一项一项去核实，性质再恶劣被告人也有合法的权益须保障。在反腐大潮中，无论“落马”官员是否真的有罪，律师的参与不是反腐工作的阻力，而会使得反腐工作更加规范和法治化。从这个意义上讲，建设一个更

加优良的法治社会，是律师以及纪检人员、司法人员所共同追求的目标。

高度重视：五家检察院检察长及公诉科科长联合办案

由于本案影响巨大，涉案事实时间跨度大、涉及人员多、事实情节较为复杂，办案机关极为重视，抽调五家检察院的检察长、公诉科科长组成了最强阵容的联合办案组。

面对如此强大的阵势，辩护人仔细分析案件后，与办案人员一一细致沟通，多次表达了辩护意见，对繁杂的案件事实抽丝剥茧，为取得良好的辩护效果打下了基础，同时也掌握了检察机关的指控思路。与办案人员多见面沟通，这一点很重要，见面过程中必有沟通，沟通中必有信息，这些信息对确定辩护思路、寻找辩点非常有作用。

针对巨额财产来源不明罪，辩护律师指出多处证据存疑或者不能排除合理怀疑，例如，为了说清楚张某某的收入状况，辩护律师多方调查取证，通过联系张某某的原工作单位，相关部门实事求是地出具了说明材料，证明张某某任职期间，部分工资是通过工资卡发放，还有部分工资及奖金是现金发放，这也是由当时那个年代的现实环境所决定的。这使得被认为“来源不明”的收入有了可能的出处。

对此，检察机关严格秉持“存疑有利于犯罪嫌疑人”的证据规则，依法认定对巨额财产来源不明罪的指控尚不能排除合理怀疑，在审查起诉时取消了这项指控。

法庭激辩：连法警都对辩护律师的风采连连称赞

巨额财产来源不明罪的指控被拿掉之后，辩护人已经取得了初步成效，不过受贿罪部分涉及数十起事实，案卷材料多达 70 余本，虽然被告人对大部分犯罪事实供认不讳，但对个别事实仍有争议。因此要做到真正的有效辩护，辩护人必须潜心研究案卷，比对分析证据，仔细研究争议事项是否能够成立。

经过全面阅卷，辩护人将涉案事实分为三个部分：

第一部分为张某某认可的无争议事项，大概涉及贿赂款 3000 万元。关于

此部分，张某某大部分在案发前就已退还给了行贿人，根据《最高人民法院、最高人民检察院关于办理受贿刑事案件适用法律若干问题的意见》，有认定为“及时退还或上交”而不认为是受贿的解读空间，至少可以作为从轻处罚的事由（关于受贿罪中“及时退还或上交”的认定，详见本书第二部分：《以案说法 | 受贿罪中“及时退交”的审查认定》）。张某某一开始只被掌握了几十万元的受贿事实，其主动交代了全部8000余万元的受贿事实，也足见其认罪、悔罪的态度。

第二部分为梁某军以炒股为名送给张某某的1400万元，辩护律师认为根据梁某军供述，这部分款项直接支付到了其为张某某开设的炒股账号里，但账户资金流水与梁某军供述并不吻合。纷繁复杂的财务数据证据对于律师而言，很多人是不愿也不喜欢核对每一项数字及推敲每个数字之间的关系的，但是本案的突破点恰恰在此，辩护人对此项工作认真对待，直指问题所在，张某某当时在看守所见到我们时，摘下老花镜，一本正经地说：“我真的感受到了律师的价值，我原以为聘请律师和没有聘请律师结果都一样，没想到你们的工作如此认真。”

第三部分为王某为帮张某某“买官”而向商人郭某明（声称有关系运作职务升迁）支付的4000万元，辩护律师认为王某与郭某明之间存在商业往来，不能确定款项性质真的是“买官费”还是其他用途，且张某某对部分费用的支付并不知情。

辩护律师针对第一部分犯罪事实主要作罪轻辩护，同时认为第二、三部分指控事实不清，证据不足，作无罪辩护。

在庭审过程中，辩护人抓住主要矛盾，不去过多纠缠无争议事实，重点就存在争议的第二、三部分两笔较大金额的受贿行为展开深度剖析。

辩护人指出，关于梁某军送给张某某1400万元炒股的问题，有如下疑点无法得到合理解释：

1. 梁某军、张某某的供述与炒股证券账户开设时间存在矛盾且不合常理。张某某和梁某军均供述是在2008年上半年（3月），张某某调任北京铁路局局长后的一天，梁某军来看望张某某，并提出送给其400万元炒股。随后梁某军回到天津，就开设了股票账户，并陆续投入了1000多万元。但梁某军在另一次笔录中供述，自己是在2008年七八月看望张某某，并且过了几个月才开设股票账户。

然而，涉案股票账户的开户申请表显示，开户时间是2009年8月3日，与二人供述的时间相差一年之久。并且，张某某和梁某军见完面后，张某某就基本没有再过问股票事宜，而梁某军在一年之后开设一个股票账户，并且由自己实际管理，很难认定其开设的这个账户与张某某有关。

2. 梁某军供述的1400万元炒股金额与股票账户资金变动明细存在严重矛盾。虽然本案卷宗有厚厚70多本，但辩护人没有忽略隐藏在密密麻麻的财务报表中的股票账户明细。根据梁某军供述，从2012年年底至2013年年初铁路运输市场疲软，其认为应当给张某某兑现感谢，便以公司名义另外开设了一个股票账户，把他个人的一部分资金以及此前股票账户中的1400万元转到了这个新开的账户，一共3600万元左右。

从账户资金明细看，2012年全年的付出金额均为0元，2013年也只有两笔付出金额，分别为21063.53元和21013.50元，并没有转出1400万元，梁某军的供述与事实不符。事实上，截至2017年6月27日，该账户都没有转出1400万元。

据此，辩护人当庭提出质疑：梁某军口供与客观证据之间存在重大矛盾且没有得到合理解释，梁某军是否真心送给张某某1400万元进行炒股？是否实际投入了相应资金（尤其是第二笔：1000万元）？梁某军所谓的帮张某某炒股，是否有利益兑现的可能？为何长达数年间都没有支付股息？这些问题依据现有证据无法回答，本项指控事实不清，证据不够确实、充分。

关于公诉机关指控王某为张某某“跑官”支付了4000万元，将该笔费用认定为受贿款的问题，辩护人认为张某某、王某、郭某明关于款项支付的时间、支付具体金额等陈述不一致，并且，该笔款项是“跑官”费用，还是王某与郭某明之间的投资款项，只是顺便提及一下被告人职务升迁事宜，或者可能是其他用途款项，目前在案证据不能得出只是“跑官”款项的唯一结论，属于存疑证据，根据存疑事实有利于被告人的原则，不能认定其为张某某的受贿金额。

辩护人将整个“跑官”事件分为三个阶段：

第一，“跑官”事项合意阶段，即张某某、王某、郭某明在空军大院吃饭前后，三人关于“跑官”的交谈与态度；

第二，一期费用（第一笔2000万元）支付阶段，涉及王某向郭某明支付第一笔2000万元的时间、经过、用途、张某某是否知情等问题；

第三，二期费用（第二笔2000万元）支付阶段，涉及王某向郭某明支付第二笔2000万元的时间、经过、用途、张某某态度等问题。

在三个阶段中，三人关于很多基本事实的供述和陈述存在严重矛盾，笔者在书面辩护词中按照三个阶段，将张某某、王某、郭某明三人的表述整理成表格（见附件），清晰地揭示出证据之间的矛盾和冲突，综合而言，不能排除涉案4000万元有其他用途，辩护人一连提出几大问题：

1. 张某某当时并非后备干部，年龄也不符合规定，且铁道部刚提拔过几个副部长，其提副部长的概率微乎其微，怎么可能会同意以数千万之巨资买官？

2. 行贿也是要考虑“性价比”的，假使王某真的想通过帮张某某“买官”向其行贿，试问投入4000万元买官——成功与否还有巨大风险——王某能得到的预期回报是多少，按张某某的年龄和政治前景，能否为王某谋取到数千万量级的非法利益？

3. 王某向郭某明支付第一笔2000万元后，郭某明用于个人还债和投资而非运作职务升迁。张某某得知王某支付了2000万元极为震惊，告诉他不要再给郭某明钱了，王某虽然供述说自己可能被骗了，但表现非常淡定，也没有采取任何补救措施，如找郭某明要回钱款等，二人是否对这笔款项另有约定？

4. 如果王某和郭某明之间没有特殊约定，那么郭某明可能涉嫌诈骗罪，王某和张某某都是受害人，张某某又如何成为受贿主体？

5. 假使王某确实受到欺骗，在“跑官”没有实质进展、张某某一再警告的情况下，王某为何不仅没有及时止损，反而又向郭某明支付了2000万元？

6. 王某和郭某明早就相识，二人商业合作频繁，经济关系非常复杂，在此情况下如何确定涉案4000万元不是另有他用？

7. 王某给郭某明的4000万元以投资款名义支付，由王某名下的某配件厂以投资款和货款的名义转入郭某明名下的两个公司，而非支付给郭某明的个人账户，如果真的是“跑官”费用，走对公账户岂不徒增麻烦？

8. 王某第一次以预付款名义向郭某明公司转账2000万元后，郭某明说转账名义不对，将2000万元退还给王某公司，王某重新以投资款的名义支付了该笔款项，不符合常理。本案中，无论郭某明真的有能力和意愿帮助张某某“跑官”，还是纯属诈骗，郭某明都以获得王某的钱财为最终目的，绝无钱财到手后再如数奉还的道理。按照正常逻辑，郭某明收到钱后目的已经达到，其再将钱退回去，难道不担心款项收不回来？如果不是经济合作，出于规范公司账目的需要，为什么如此计较资金往来的名义？

……

辩护人的连番发问在控方的证据体系上撕开了巨大的口子，这些问题根本无法得到合理的解释。辩护人认为，此项指控事实不清、证据不足，尚未达到排除合理怀疑的程度，依法不能成立。

在开庭完毕返回看守所的路上，连法警都向张某某感叹：“你的辩护律师是哪里的，很多辩护意见太专业、太细致，问题太犀利，法庭上已经无法回应。”

有效辩护：一罪不起诉，一罪获从轻量刑

经过辩护人的精细化辩护，本案最终取得了较为理想的结果：巨额财产来源不明罪的指控不成立，受贿罪虽然成立，但法院在认真考虑辩护律师意见及各种情节后，在认定涉案金额逾 8000 万元的情况下，判处有期徒刑。

附件：法律文书

附件：张某某涉嫌受贿罪一案辩护词

关于被告人张某某涉嫌受贿罪一案
辩护词

尊敬的审判长、审判员：

北京市京都律师事务所接受被告人张某某家属的委托并经其本人同意，指派杨大民律师、彭吉岳律师作为被告人张某某犯受贿罪一案的辩护人。

辩护人经过庭前会见和阅卷，充分了解了案情。根据庭审情况及在案证据材料和法律规定，辩护人对张某某涉案事实定性为受贿罪不持异议，但是对公诉机关指控的涉及1400万元股票、4000万元“跑官”费用等部分事实持有异议，该部分事实不清，证据不够确实、充分，没有排除合理怀疑，不能得出唯一结论，认定案件事实的证据没有达到刑事诉讼的证明标准，该部分事实不能认定为受贿犯罪，另请考虑张某某部分量刑情节。

一、起诉书认定梁某军共计给张某某行贿1780万元，美元10万元，其中包括1400万元股票投资，此处涉案1400万元的股票投资事实不清，证据不够确实、充分，不足以认定张某某确实受贿1400万元。另外，2013年的某天梁某军放置在自家房屋300万元，最终张某某只是拿去了60万元，余款240万元也不应该认定为受贿款项

1. 梁某军、张某某的供述与刘某惠东兴证券账户开设时间存在矛盾且不符合常理。关于梁某军给张某某400万元炒股的经过，张某某这样供述，“2008年3月我调任北京铁路局任局长之后，在2008年上半年的一天，梁某军到我家里来看我……然后他告诉我，他准备从这笔钱里拿出400万元人民币送给我。……我考虑到当时股票行情不错……就对梁某军说：‘现在股票不错，要不干脆你把这400万元放到股市里去吧？’梁某军当时就说‘行’”。梁某军的供述是，“2008年3月张某某调任北京铁路局局长后的一天，我从天津到张某某北京家里……我说：‘我给你拿400万元’……张某某说：‘现在股票行情较好，400 万元就放在股市上吧。’我回到天津后，就以我母亲刘某惠的名义在天津东兴证券开设了一个股票账户”。梁某军此次去看望张某某，是为了祝贺其调回北京，因此梁某军表示送给张某某这 400 万元的时间应该是在 2008 年三四月。梁某军表示其看望张某某后，回天津就开了股票账户，说明开户时间和看望张某某时间相隔不久。

后来梁某军又供述道，“记得时间到了 2008 年七八月份，我到北京去看望张某某……回去之后，过了几个月我就以我母亲刘某惠的名义到东兴证券……开了一个账户，先后投入了 1000 多万元到这个账户中，其中包括给张某某的 400 万元”。在这次供述中，看望张某某的时间变为了七八月，且开户的时间变成了看望张某某后几个月。

东兴证券开户申请表显示，刘某惠的账户开设于 2009 年 8 月 3 日。这个日期距梁某军供述的时间一年有余，而非几个月，梁某军的供述和客观证据存在重大矛盾。另外，梁某军许诺给张某某 400 万元炒股的时间和实际开户的时间相差一年之久，也不符合常理。张某某和梁某军见完面后，张某某就基本没有再过问股票事宜，而梁某军在一年之后开设一个股票账户，并且由自己实际管理，很难认定其开设的这个账户与张某某是否有关，至少说明梁某军给予张某某这 400 万元的意愿非常消极，不排除其糊弄张某某的可能。

2. 梁某军的供述与刘某惠东兴证券账户资金变动明细存在严重矛盾，相关证券账户根本没有梁某军所陈述的资金往来，梁某军实际没有为被告人购买涉案股票。梁某军表示送给张某某 1000 万元进行炒股时，以 T 公司的名义另开了一个账户，关于该过程，梁某军供述，“在 2012 年年底至 2013 年年初铁路运输市场就疲软了……应该给张某某兑现感谢……后我用 T 公司的名义办了一个股票账户，陆续将张某成打给我的钱和前次放入股市以我母亲名义开户的 1400 万元一并转到这个账户里，金额大概 3600 余万元，全部投入股票上，这里面就含有送给张某某的两次合计 1400 万元”。

根据梁某军的供述，其以 T 公司的名义开设账户并将刘某惠账户资金转入的时间应该在 2012 年年底或者 2013 年年初，但东兴证券客户资金变动明细显示，刘某惠的账户 2012 年全年的付出金额均为 0 元，2013 年也只有两笔付出金额，分别为 21063.53 元和 21013.50 元，并没有转出 1400 万元，梁某军的供述与事实不符。事实上，截至 2017 年 6 月 27 日，该账户都没有转出

1400 万元，该账户至庭审仍仅有总资产 9380738.95 元。

另外，根据中信建投证券股份有限公司资金账户对账单，T 公司账户中只有 11291143.22 元总资产，其中股票市值 11242030 元，并非如梁某军所言一共有 3600 余万元，甚至连其所声称的给张某某的 1400 万元都不能覆盖。针对这种情况，梁某军自己也没有弄清楚，表示“我需要查一查到底是怎么回事”。

可见，梁某军口供与客观证据之间存在重大矛盾且没有得到合理解释，梁某军是否真心送给张某某 1400 万元进行炒股？是否实际投入了相应资金（尤其是第二笔：1000 万元）？梁某军所谓的帮张某某炒股，是否有利益兑现的可能？为何长达数年间都没有支付股息？这些问题依据现有证据无法回答，本项指控事实不清，证据不够确实、充分。

2013 年某天梁某军放置在自家房屋 300 万元，最终张某某只拿去了 60 万元，余款 240 万元也不应该认定为受贿款项。300 万元系梁某军为张某某准备好，放在自己家中供张某某随时取用的。张某某供述，“他就说对我的帮助表示感谢，给我准备了 300 万元和 800 多克黄金，就放在柜子里，让我随时取用”。梁某军供述：“我跟他说……我这儿准备了 300 万元现金在铁皮柜里，方便你使用。”梁某军并没有明确表示将 300 万元一次性送给张某某，而只是让其使用。应当认为，张某某实际使用的部分才应当认定为受贿数额，未使用的部分仍属于梁某军的财产。因此，该起事实当中，张某某的受贿数额应当是 60 万元而非 300 万元。

二、公诉机关指控王某为张某某“跑官”支付了 4000 万元，该笔费用认定为张某某的受贿款，辩护人认为张某某、王某、郭某明关于款项支付的时间、支付具体金额等陈述不一致，并且，该笔款项是“跑官”费用，还是王某与郭某明之间的投资款项，只是顺便提及一下被告人职务升迁事宜，或者可能是其他用途款项，目前在案证据不能得出只是“跑官”款项唯一结论，属于存疑证据，根据存疑事实有利于被告人的原则，不能认定其为张某某的受贿金额

此项事实可以划分为三个阶段：第一，“跑官”事项合意阶段，即张某某、王某、郭某明在空军大院吃饭前后，三人关于“跑官”的交谈与态度；第二，一期费用（第一笔 2000 万元）支付阶段，涉及王某向郭某明支付第一笔2000万元的时间、经过、用途、张某某是否知情等问题；第三，二期费用（第二笔2000万元）支付阶段，涉及王某向郭某明支付第二笔2000万元的时间、经过、用途、张某某态度等问题。在三个阶段中，三人关于很多基本事实的供述和陈述存在严重矛盾，具体整理如下：

1. “跑官”事项合意阶段

表7 合意阶段言词证据对比

张某某供述	王某供述	郭某明陈述
（2017.9.13张某某的讯问笔录，卷67，P23） 大概2013年下半年我去北京开会或是办事，王某找我说有事……他说有点事见个面吃饭说……去之后房间里还有一个人叫郭某明（王某介绍的）……他跟我说，他跟铁道部部长很熟悉，铁道部要提3个副部长，他的意思是可以帮我活动活动，走点关系，我一听，心里想这件事不可能，我既不是后备干部，况且年龄也不符合规定了，而且铁道部已经新提拔了3位副部长，但是我又怕这个人真的有背景，所以当时我未置可否，心想这个人可能是个骗子，但表面上还是装作很乐意的样子。 饭后我问王某这个郭某明是什么人，他说这个人很有背景，能量很大，多交往有好处。	（2017.9.8王某的讯问笔录，卷68，P30） 张某某回北京后，我就安排了张某某和郭某明一起吃饭或者喝茶，我记不清楚了，他们两人谈事情的时候，我就离他们很远坐着，他们谈的什么我不知道，谈完后张某某很高兴，张某某说这个人还是可以的。	（2017.11.12郭某明的询问笔录，卷69，P87—90） 大概是在2013年年底2014年年初的一天，在我北京家里，王某给我讲，他有个朋友叫张某某是某铁路局局长，想调回北京，如果在调动过程中能再提拔一下就更好了……我就给王某回复说，这个事情我也做不了主，但我可以去请示一下，看看别人愿不愿意帮你们这个忙。不过我现在帮了你们这个忙之后，我经济上需要你们支持一下……王某就答复说，咱们之间就别虚情假意了，让我直接开个价，作为经办此事的费用。……我也不好说，我就告诉王某让他自己看着办。王某想了想，告诉我如果事情办成了，他就拿4000万元给我。我表示了同意。 过了没几天，我约王某、张某某在北京空军大院背后的一个小餐馆见了面……这也是我第一次见张某某……这次吃饭过程中基本就是闲聊，他（张某某）自己想提拔的事一句话都没有给我说。

续表

张某某供述	王某供述	郭某明陈述
（2017.10.25 张某某的讯问笔录，卷 67，P63） 2013 年下半年一次我回北京，王某约我一起吃饭见个人。席间介绍了一个叫郭某明的人跟我认识。……这次见面郭某明还跟我透露，他跟铁道部部长很熟悉，铁道部马上要提副部长，他可以帮我活动活动。当时我想一来我不是后备干部，二来年龄也不符合提拔规定了，三来铁道部当时刚提拔了 3 位副部长，这事就不太可能。当时心想郭某明可能就是个骗子。饭后我问王某郭某明到底是什么来头，王某只是跟我说这个人有背景，能量很大，能够帮我再往上升一升。	（2017.9.24 王某的讯问笔录，卷 68，P63） 后来我就在北京介绍张某某和郭某明认识，一起吃饭、喝茶，张某某和郭某明商量怎样运作这件事，下来后张某某给我说郭某明这人不错，并说他们两人要经常见面。	（卷宗缺失，未知时间，郭某明的询问笔录，卷 69，P123—125） 有一天聊天时，王某问我有没有关系，我告诉他有些朋友，王某就告诉我他有个朋友叫张某某，是某铁路局的局长，想进步，希望我们在仕途上帮助一下……我当时说我要回老家给父亲过生日，这个事情后面再说。 后来王某又给我提到张某某的事……我就对王某说我可以在这件事情上帮助张某某，但是我现在资金紧张你可不可帮助一下我，王某当时就说可以，那没问题，说这个事情等我和张某某见了面之后再详细谈。 随后不久，王某就安排我和张某某我们 3 人一起在北京空军大院后面的一个小餐馆吃了一顿饭。吃饭过程中王某介绍我和张某某认识，之后我们都在天南海北地闲聊；饭后我跟张某某单独在一旁聊，王某就有意避开了。我就聊到了我和铁道部的一些老领导比较熟悉……张某某并给我介绍了他的个人基本情况……当时我听张某某这样说了也觉得他的能力不错，就让王某把张某某的简历给我，我好去给领导介绍介绍，过了一段时间王某就把张某某的简历给了我。

续表

张某某供述	王某供述	郭某明陈述
（2018.2.11 张某某的讯问笔录，卷67，P102） 2013年下半年一次我回北京，王某约我一起吃饭，见个人。这次吃饭时王某介绍了一个叫郭某明的人跟我认识……郭某明这个人口气挺大，说他跟当时的铁道部部长很熟悉，将来他找领导提拔提拔我，当个副部长。因为我知道铁道部当时刚提拔了3个副部长，觉得郭某明就是个骗子。饭后我问王某这个郭某明到底是什么来头，王某只是跟我说这个人有背景，能量很大，能够帮我再往上升一升。我感觉王某还是很信任他的，当时我就给王某说和郭某明打交道要慎重小心，防止上当受骗。	（2018.1.29 王某的讯问笔录，卷68，P100） 我跟郭某明因做生意认识，经常也在一起谈论生意上的事情，有一次郭某明说他可以帮助张某某仕途进步，然后我把这个情况给张某某说了之后，张某某也很感兴趣，后来在我的联系下，我、郭某明、张某某三方在北京见了面，见面之后，张某某和郭某明也单独谈过这件事情。后来，我又和郭某明对这件事情单独商量了一下。	
（2018.2.25 张某某的讯问笔录，卷67，P121—122） 问：王某让你结交郭某明的目的是什么？ 答：吃饭时，郭某明主动提起他跟当时的铁道部部长很熟，机会合适他会找领导提拔提拔我。郭某明说了这番话后，我才知道王某为什么要介绍郭某明给我认识。当时我没有接郭某明的话，所以饭后王某开车送我回家时，我主动问了王某郭某明是什么背景，怎么这么能吹。王某告诉我郭某明很有背景，认识后能够帮我再往上升一升。当时在车上我就提醒了王某，郭某明有可能是个骗子，不要上当。	（2018.3.14 王某的讯问笔录，卷68，P124） 2013年下半年的时候，在我跟郭某明的交往过程中，郭某明了解到我与张某某有一定交往。在攀谈的过程中，郭某明说他有一些关系，张某某如果想调回北京、在职务上有所升迁他有办法。 大约在2013年年底的时候，张某某回到北京后，我就电话联系了张某某和郭某明，约在北京的一个餐馆吃饭。……大家在一起闲聊，郭某明提到他在铁路系统认识一些领导。饭后，郭某明和张某某单独谈一些事情，我就在一边……这次见面后，张某某对我说郭某明有一定的能力，可以为他仕途上提供帮助。	

续表

张某某供述	王某供述	郭某明陈述
(2018.3.20 张某某的讯问笔录，卷 67，P134) 问：在你知道王某的目的后，你是怎么给王某说的？ 答：我给王某说“和这个人(郭某明)打交道你一定要小心谨慎，我觉得他不靠谱”。 问：王某又怎么说的？ 答：王某说“我知道了，我会把握的”。 问：在车上，你是否明确告诉王某你不需要郭某明帮忙提拔？ 答：没有。我只说了“最好别整”，但没有明确告诉王某不需要郭某明帮忙。		

通过以上内容可以分析得出：

第一，“跑官”建议是由王某和郭某明首先提出来的，张某某事先不知情。2013 年年底在空军大院附近吃饭时，张某某与郭某明通过王某介绍认识，这是二人第一次见面，此前张某某不认识郭某明，更没有提出请郭某明为其“跑官”。根据王某和郭某明笔录，其二人早有生意往来，在聊天中形成郭某明通过关系为张某某买官的意向。根据郭某明陈述，其与王某甚至在和张某某见面之前就约定了“跑官”的运作费用为 4000 万元。对此情形，张某某概不知情，其没有积极、主动地通过违法活动谋求职务升迁。

第二，张某某并不相信郭某明真的可以为其谋求职务升迁，对郭某明持怀疑态度，对“跑官”持消极态度。关于张某某和郭某明吃饭时所谈的内容以及张某某对郭某明的态度，三人供述和陈述差异较大。总体而言，张某某和郭某明的笔录较为一致，在三人吃饭时，郭某明提出了可以帮助张某某运作升迁的想法，但张某某未置可否，至于原因，张某某认为客观上没有可能性，因为其并非后备干部、年龄不符合规定，且铁道部已经提拔了 3 个副部长。也正因如此，张某某对郭某明持怀疑态度，对“跑官”持消极态度，至于张某某为何没有明确拒绝郭某明，乃是其考虑到郭某明万一真有背景，不能得罪，出于面子上的考虑，张某某没有直接拒绝。王某所供述张某某认为郭某明这人不错、有能力系孤证，且不符合当时谈话的内容和逻辑。结合当时客观情况，郭某明为张某某谋求职务升迁的理由根本不能成立，且郭某明和张某某的笔录均表明，张某某对郭某明为其谋求职务升迁的主意并未作过多表示，张某某本人也对此存有很大怀疑。在此情形下，张某某得出郭某明人好、有能力的结论显然不符合逻辑。

第三，张某某在此阶段并不知道"跑官"需要花多少钱。三人谈话过程中，郭某明虽然表达了为张某某"跑官"的意向，但张某某未置可否，就此并未深入谈论，三人的笔录能够一致证明当时张某某并不知道如果郭某明真的为其"跑官"需要多少钱。

2. 一期费用支付阶段

表 8　一期费用支付阶段言词证据对比

张某某供述	王某供述	郭某明陈述
（2017.9.13 张某某的讯问笔录，卷 67，P24） 大概在 2014 年年初了，王某给我说，他给郭某明转了 2000 万元人民币去给我活动关系，我听后很震惊，我没有想到王某真的去这样做，而且这样相信郭某明，我给王某说这个人可能是个骗子，要提防被骗，王某说郭某明还在找他要钱，我叫他不要给了，后来我与王某一起约郭某明还见了一面，郭某明还说事情快办成了，还需要些钱，但王某不给钱，我就给王某打圆场，我说钱都是我借的，我已经没有钱了，当天有点不欢而散的感觉，后来听王某说郭某明还在找他要钱，我叫他莫再给他拿钱了，这个人就是一个骗子。	（2017.9.8 王某的讯问笔录，卷 68，P30—31） 2013 年下半年，郭某明多次和我联系说张某某的事情启动了，需要前期费用，我没有回答，就敷衍过去了。我就觉得有点不正常了，我就给张某某打电话，问郭某明这个人怎么样，张某某说他这人还是靠谱，那事还是可以活动一下。我就明白了张某某的意思，就是可以给郭某明转钱用于活动张某某提拔的事情……我把已经转了 2000 万元给郭某明这个情况给张某某说了后，张某某说约他见面。……郭某明和张某某说王某现在不听我话了，我叫他拿钱办事，他不给了，张某某骗郭某明说郭总，我现在已经没有钱了，王某转给你的钱都是我在朋友处借的，通过王某转给你的。……后来张某某说不能给钱了。郭某明后面还多次找到我，我就不接他电话了。	（2017.11.12 郭某明的询问笔录，卷 69，P90、94） 这次见面（指三人在空军大院附近吃饭）后没几天，王某就给我打电话，告诉我 2000 万元已经从他公司账上，转到我 GH 公司账上了。 进了 GH 公司账后，大部分拿来还账了，剩下的作为投资了。

续表

张某某供述	王某供述	郭某明陈述
（2017.10.25张某某的讯问笔录，卷67，P65—66） 大概是在2014年，我在太原，有一天王某给我打电话说，郭某明要帮我运作提副部长的事了，但郭某明向他要运作费用。王某觉得可以试试，想听听我的意见。我听后也没多说什么，就同意了。 我还记得王某在给郭某明转钱前，还再一次给我打电话征求了我的意见，我也没说什么就同意了……王某给郭某明转了几次钱，每次有多少，他都没有告诉我，我只知道他们两个人在帮我运作这件事情，当时我也不怎么关心，觉得就是百八十万的事吧，办成最好，办不成也无所谓。过了一段时间后，王某给我打电话说，因为我的事已经给郭某明转了2000万元了，但郭某明又打电话向他要钱，王某这时候觉得有点问题。我听后非常震惊，没想到王某拿了这么多钱给郭某明，电话里我让王某不要再给郭某明钱了，等我和郭某明见一面再说。后来我到北京和王某一起与郭某明见了一面……我听后就感觉很不靠谱，告诉郭某明以后不要再找王某要钱了，之前的2000万元不是王某的而是我找人借的，通过王某转给他的。	（2017.9.24王某的讯问笔录，卷68，P64） 郭某明向我要钱时，我当时觉得不对头（感觉是个骗局），就找到张某某说郭某明让我给他2000万元用于疏通关系，张某某说郭某明是有能力的，这个事情就按郭某明说的去办，张某某的意思就是让我给郭某明2000万元。我按照张某某的安排把2000万元转给郭某明后，郭某明又打电话给我说张某某的事情快办成了，还需要点钱。……张某某就对我说等他回北京后我们三个人见面再说。后来，我们在北京见面时……张某某就骗郭某明说王某的公司不大，没那么多钱，先前那2000万元都是他在朋友处借的。	（卷宗缺失，未知时间，郭某明的询问笔录，卷69，P127） 我和王某谈好后过了两天，王某就打电话告诉我他马上给GH公司转2000万元过来让我注意查收。

续表

张某某供述	王某供述	郭某明陈述
（2018.2.11 张某某的讯问笔录，卷67，P104） 大概是在2014年，有一天王某给我打电话说，郭某明要开始帮我运作提副部长的事儿了，但需要运作费用。王某想听听我的意见，因为是在电话里，我听后就没多说什么，只表示了同意，告诉王某“行，你去办吧”。 我还记得王某在给郭某明转钱前，还再一次给我打电话征求了我的意见，我也没说什么就同意了。但当时王某没有告诉我要转多少钱给郭某明。	（2018.1.29 王某的讯问笔录，卷68，P100） 后来，我又和郭某明对这件事情单独商量了一下。郭某明的意思是跑关系肯定是要花钱，他说给2000万元，然后我又将此情况给张某某作了汇报，张某某说郭某明还是比较靠谱，并让我去办了就是。	
（2018.2.25 张某某的讯问笔录，卷67，P123—124） 问：王某在电话里是否告诉你，他准备拿多少钱给郭某明？ 答：没有说过。几天后，王某在给郭某明转钱前，又再一次打电话征求了我的意见，但当时王某还是没有告诉我转多少钱给郭某明。这次我也表示了同意。 问：当你知道王某已经拿了2000万元给郭某明时，你是什么反应？ 答：当时我非常震惊，没想到王某拿了这么多钱给郭某明……我觉得郭某明就是个骗子，当时我明确告诉王某不要再转钱给郭某明了……我说“怎么给这么多，值吗？能退回来吗？王某，这个人呢有可能是骗子，你千万不要再给他钱了”……王某听后说“我知道了”，就嘿嘿一笑。	（2018.3.14 王某的讯问笔录，卷68，P124） 大约在2014年1月的时候，我将郭某明让我打2000万元运作的事给张某某报告了，当时张某某（说）这个人还是比较靠谱，你去办嘛。	

续表

张某某供述	王某供述	郭某明陈述
（2018.3.20 张某某的讯问笔录，卷67，P134） 问：王某告诉你已经支付给郭某明2000万元后，你是怎么回复王某的？ 答：我说“你怎么给这么多呢？我一直觉得郭某明不靠谱，千万不要再给他钱了”……2000万元确实不是一个小数，王某告诉我时，我第一反应是很震惊，也很害怕。已经花了2000万元了，放弃确实可惜。但如果再给钱，我又担心王某被骗。另外，从内心讲，我不想欠王某这么大的人情。……王某听后说“我知道了”，就嘿嘿一笑。		

通过以上内容可以分析得出：

第一，没有确实充分的证据证明张某某在王某给郭某明转账前对数额存在明知。关于张某某是否知道“跑官”需要2000万元，郭某明的陈述没有涉及，张某某和王某的供述完全相反。王某的口供显示其向张某某报告过需要向郭某明支付2000万元，辩护人认为该证据系孤证，且不符合逻辑。张某某和王某的供述可相互印证的是，当张某某知道王某已经给郭某明转账2000万元之后，张某某让王某不要再给郭某明转钱，且三人又见了一面，见面时张某某给郭某明说钱是自己借的，告诉他不要再找王某要钱了。这一情节属于无争议事实，不难发现，这一事实与张某某叙述的故事版本更为融贯——正是因为其事先不知道“跑官”需要花费如此巨资，才在得知后极力劝阻王某不要再继续转账，并让郭某明不要再跟王某要钱。相反，按照王某的故事版本，如果张某某事先知道需要花费2000万元，为何在转账之后没有特别情况发生时，突然劝阻王某继续转账运作呢？综合而言，张某某对该笔费用的金额不存在明知，且大幅度超出其心理预期。

第二，王某给郭某明转账2000万元疑似被骗之后的表现不符合常情。王某给郭某明转账2000万元后，在为张某某运作升迁的事情上并无实质性进展，事实上郭某明也并没有拿钱去运作，而是用作还债和投资了。根据王某供述，其也感觉自己可能被骗了，但其反应却有违常情。首先，根据张某某供述，在张某某告诉王某郭某明可能是个骗子后，王某表现得非常淡定，只是微微一笑，说我知道了，明显没有被骗后的气愤与焦虑。其次，也没有证据表明王某采取了任何补救措施，如找郭某明索要钱款等行为。相反，王某后来却再次向郭某明转账2000万元，更是反常现象。这一系列反常现象不能不令人怀疑，王某和郭某明之间是否存在其他合意或交易？王某向郭某明支付的2000万元到底是不是“跑官”费用？这些合理怀疑不排除，就不能将本项事实认定为受贿。

第三，郭某明收到王某2000万元之后，并没有将其用于运作职务升迁，而是用于还债和投资。根据不同情况，这种行为可以具有不同性质。一种情况是，该笔费用本来就是以投资款的名义支付，王某和郭某明之间可能真的存在投资合作等事宜，这2000万元根本就不是“跑官”费用，也正因此，王某在支付2000万元没有明显收效时并不担心，反而愿意再转2000万元。另一种情况是，王某和郭某明确实约定这2000万元只能用于运作职务升迁，但郭某明瞒着王某将该笔款项另作他用，这种情况下，郭某明涉嫌诈骗罪。如果郭某明构成诈骗罪，与王某2000万元损失相对应的是郭某明2000万元违法所得，张某某虽然曾经为王某谋取过利益，但这2000万元并非其所获得的对价，亦即在此过程中张某某没有也不可能获取到实质利益，因此没有形成权钱交易，该起事实也就不应被认定为受贿。

3. 二期费用支付阶段

表 9　二期费用支付阶段言词证据对比

张某某供述	王某供述	郭某明陈述
(2018.2.25 张某某的讯问笔录，卷 67，P120、125、128) 前天检察机关提审我时，告诉我经查证为我的事儿王某一共拿了4000万元人民币给郭某明，而不是2000万元，我十分震惊，思想一片混乱，内心非常恐惧，甚至不相信。我真没想到为这事儿王某会拿这么多钱给郭某明。 大概是在2014年年中时，有一次我回北京开会，王某约我吃了个晚饭。吃饭时我问王某，给郭某明的2000万元要回来了吗？王某笑着说，没有要，他后来又给了郭某明2000万元，我听王某这么说，以为他在开玩笑，还跟他说别再给钱了。 问：拿4000万元给郭某明，你与王某之间是否商量过？ 答：从来没有。我只是同意王某去经办此事，也同意王某拿钱给郭某明，但是究竟花多少钱我们之间从来就没有商量过，都是王某办了以后告诉我的。	(2018.1.29 王某的讯问笔录，卷 68，P101—102) 问：你给 ZJ 公司转的2000万元是怎么回事？ 答：转款之前我不知道 ZJ 公司，是郭某明安排我给 ZJ 公司转的钱，这笔钱是我的投资款。 问：你和郭某明有没有商量这2000万元是投资什么项目的？ 答：郭某明当时没有说具体的项目，只是叫我资金跟进。 问：你给 ZJ 公司转款的这2000万元你是否和张某某说过？ 答：没有。	(2017.11.12 郭某明的询问笔录，卷 69，P92) 这次过后没几天，我想是因为张某某对我也信任，王某主动给我来个电话，问我后面那2000万元怎么给我。因为我也想投资，就让王某和我一个叫肖某的朋友联系，让他把这2000万元转到一个煤矿作为我的投资。
(2018.3.20 张某某的讯问笔录，卷 67，P138—139、140) 大概是在2014年年中时，有一次我回北京开会，王某约我吃了个晚饭……我对王某说“我那事这么久了都没动静，咱不办了，干脆把那2000万元要回来吧”。王某听后笑着对我说，“我又给了他2000万元”……当时我看王某那表情，我以为王某是在开玩笑，我笑着对王某说“还给钱，你傻啊？八字还没一撇呢，千万别再给他了，赶紧把钱要回来吧。这事咱们不办了”。 问：王某再拿2000万元给郭某明，你和王某之间商量过吗？ 答：没有。		(卷宗缺失，未知时间，郭某明的询问笔录，卷 69，P128) 过了几天，王某就提出把后面的2000万元转过来，我当时就告诉了他 ZJ 投资有限公司的账号，并让王某把这2000万元转给了我指定的 ZJ 公司。

通过以上内容可以分析得出：

第一，王某在向郭某明支付第二笔2000万元之前，没有告知张某某。张某某和王某的供述相互印证，王某在支付第二笔2000万元之前并没有告知张某某，当告知张某某时，张某某甚至以为王某在开玩笑。辩护人认为，张某某在王某支付2000万元时对该笔钱款和王某的行为都没有认识，以为是玩笑。这2000万元不应当认定为张某某的受贿数额，因为其缺乏认识和犯罪故意。无认识即无行为，无行为即无犯罪。

第二，王某的先后两次支付2000万元的行为不合常理。如果王某给郭某明的4000万元都是“跑官”费用，王某前后两次支付2000万元的行为将完全不符合常理和逻辑。

王某向郭某明转第一笔2000万元后，“跑官”事项并没有实质性进展，且张某某明确提醒王某郭某明可能是个骗子，不要再给他转钱了。在这种情况下，王某不但没有悬崖勒马及时止损，反而对2000万元巨款的损失无动于衷，并且进一步又转给郭某明2000万元，通过现有卷宗材料，这种行为是得不到合理解释的。

如果王某一次性行贿4000万元，那么从投入产出比考虑，他利用张某某职权捞取多少利益才能赚回价值？张某某按年龄算马上就要退休，按其年龄和政治前景，能否为王某谋取到数千万量级的非法利益？行贿受贿的本质是权钱交易，任何行贿款都不是白白付出，而是有更高数额的非法利益期待。换言之，行贿实际上也是一桩买卖，即用钱购买权力，再用权力赚取利益回本。如果按照预期，权力谋取不到相应数额的利益，任何人也不会用过高的价格去行贿。因此，虽然目前贪腐形势严峻，但是单笔行贿或受贿数额达数千万元之多的还是极少数。因此，如果将涉案4000万元认定为受贿款，从常识来讲就难以成立。

第三，郭某明收到王某第二笔2000万元后，并没有将其用于运作职务升迁，而是用于个人投资。正如前述第三点，郭某明以“跑官”经费名义索要的4000万元均没有用于运作职务升迁，其要么和王某之间存在某种利益关系，要么构成诈骗罪。郭某明的行为以及王某的反常表现，足以令人形成合理怀疑，4000万元很有可能不是“跑官”费用，而是涉及王某和郭某明之间的其他关系。刑事案件的证明标准必须达到排除合理怀疑的程度，现有证据并不能排除对4000万元有其他用途的合理怀疑，不能认定为系张某某受贿数额。

综合以上三个阶段，整体而言，实体上，不能认定张某某对4000万元具有认识或受贿的故意，王某转给郭某明4000万元很可能属于被骗或者其他投资款，而并非权力对价，该起事实不符合受贿罪的构成要件，不构成受贿罪；程序上，三人供述或陈述矛盾重重，4000万元的性质存在合理怀疑，没有达到刑事诉讼证明标准。

一是在这个过程中张某某扮演一个消极、被动的角色。张某某并非“跑官”建议的提出者，只是在王某和郭某明提出建议后虽然存有怀疑但未明确拒绝。在费用支付阶段，张某某事先也对王某所转金额并不知情，且事后持反对态度。其从始至终对“跑官”并未寄予太多希望，只是碍于面子，顺水推舟的无心之举。

二是张某某事先对4000万元的数额不知情且严重超越其心理预期，其没有受贿故意。正因为张某某对“跑官”持消极态度，认为也就是百八十万的事，所以才默许王某去操作，其从未想到最终会花费4000万元巨资，且王某在转账前也并未告知张某某具体金额，第二笔转账的事实王某甚至没有告诉张某某，直到被讯问时张某某才真正意识到王某给了郭某明4000万元而非2000万元。综合张某某对待郭某明及“跑官”事宜的消极态度、张某某得知转账金额后的震惊的反应等情节可以得出，如果张某某事先知道会花费这么多钱，根本不会同意王某支付给郭某明。因此，张某某对4000万元根本没有受贿故意，甚至在行为时（王某转账时）对金额根本不存在认识，不满足受贿罪的主观要件。否则，对被告人是十分不公平的，试想，如果这种情形被认定为受贿罪，那么只要国家机关工作人员利用职权为他人谋取过利益，无论其是否知情和接受，只要对方为其花钱、投资或消费，无论金额多少都将构成受贿罪。这等于剥夺了被告人拒绝犯罪的机会和辩护的机会，极其不公平，也不符合刑法的基本原理。

三是4000万元并非权力对价，本起事实中并没有形成权钱交易，不符合受贿罪的客观要件。本案中，郭某明拿到4000万元之后，并未如约将其用于运作职务升迁，而是用于还债和投资，且现有证据显示郭某明也并没有采取任何手段帮张某某运作职务升迁，且根据铁道部及张某某自身情况，帮张某某提副部基本也是不可能的事情。郭某明的行为涉嫌诈骗罪，通俗地说，王某这4000万元完全是打了水漂，没有也不可能给张某某谋取到任何利益。因此不能将这4000万元视为权力对价，本起事实中并没有形成权钱交易，不符合受贿罪的客观要件。

四是如果郭某明退还该笔款项，应该退还给王某，受益人不是张某某。综上而言，无论该笔款项去向如何，用途在哪，张某某都不会享受到任何利益，在这种情况下让其承担受贿罪的责任是不公平的。

五是如果将涉案4000万元认定为受贿款，那么谁是受贿的主体？张某某没有占有钱款，也没有利用职务便利为他人谋取利益，不能作为受贿的主体。如果郭某明真的有能力帮张某某运作职务升迁，那么幕后握有更大公权力的对象是否应当为受贿主体？王某和郭某明涉嫌向该主体共同行贿。

六是不排除4000万元有其他用途。从4000万元的支付名义和实际用途、王某转账后的异常表现、王某与郭某明之间的关系来看，不排除这笔款项另有他用，可能为王某与郭某明之间生意合作的资金。

其一，王某和郭某明早已认识，且存在商业合作和经济往来。根据王某和郭某明的供述，二人在2013年下半年就认识，郭某明曾经帮助王某参加新疆某火车皮买卖投标项目，后来二人的联系和商业合作渐渐频繁。在这种背景下，王某和郭某明之间经济关系较为复杂，而涉案4000万元款项的性质充满疑点，该笔款项很可能是双方之间的经济资金往来，与张某某无关。

其二，涉案4000万元款项以投资款名义支付，且郭某明确实将其用于投资。王某给郭某明的4000万元以投资款名义支付，由王某名下的北京Z车辆配件厂以投资款和货款的名义转入郭某明名下的GH公司以及ZJ投资公司，没有支付给郭某明的个人账户。郭某明也确实将部分资金用于投资，王某和郭某明认识已久且存在经济合作。如果双方真的约定4000万元要用于“跑官”，那么王某显然已经被骗，但王某在意识到可能被骗之后，却心态淡定，完全不是被骗之后的表现。这意味着4000万元很可能不是“跑官”费用，而是王某和郭某明另有约定。因此相关证据属于存疑证据，若不能排除合理怀疑，则此项指控不能成立。

其三，王某第一次以预付款名义向GH实业发展有限公司转账2000万元后，郭某明说转账名义不对，将2000万元退还给王某公司，王某重新以投资款的名义向GH实业发展有限公司支付了该笔款项。这样的转账过程显然不符合常理。本案中，无论郭某明是真的有能力和意愿帮助张某某“跑官”，还是纯属诈骗，郭某明都以获得王某的钱财为最终目的，绝无钱财到手后再如数奉还的道理。按照正常逻辑，郭某明收到钱后目的已经达到，其再将钱退回去，难道不担心款项收不回来？如果不是经济合作，出于规范公司账目的需要，为什么如此计较资金往来的名义？这些疑点得不到合理说明，就不能将这笔款项认定为受贿款。

其四，如果认定该笔钱款为行贿款项，行贿的主体是被告人，是否包括王某，受贿主体又是谁。如果王某案中没有将该笔款项认定为王某涉案款项，而要将该笔款项认定为被告人涉案款项，基于同一事实，是否存在矛盾。

综上，本辩护人认为涉案4000万元不能认定为受贿款项，被告人是完全在半推半就的状态下参与了涉案事宜，并没有真正受益，且该款项的真实用途至今不明，本辩护人申请郭某明出庭也因郭某明不便，无法查清真实原因，请求法庭对该存疑事实予以排除，4000万元不应被认定为被告人受贿款项。

三、关于王某赠送的涉案房屋，张某某几乎未使用，也没有急于或积极变更产权等事宜，案发前明确退还给了王某，是否定为受贿财物，恳请法院多方面考虑

王某购买涉案房产的时间是2003年，乃将近张某某案发前13年前，在长达10余年的时间里，张某某都没有变更房屋产权及未实际居住过该房屋，并且最后明确退还给了王某。该套房屋是否应认定为受贿财物，请法院慎重考虑。

四、张某某在担任公职时也曾多次拒绝行贿财物，接受的部分财物确实存在没有请托事项，被告人事后也未承诺、未为当事人谋取利益，有些财物也算是人情往来款项，属于中国人礼尚往来情节，该部分金额能否界定为受贿金额，还请法庭酌情考虑。现将没有明确请托事项的事实整理如下：

表 10　无明确请托事项的事实梳理

序号	事实	张某某供述	财物给予人供述
1	张某某担任原铁道部某部副主任期间，2003 年年初的一天，秦某等人为了保持与张某某的感情联系，在办公室拜访了张某某，并给予其 2 万元。	（2017. 7. 3 张某某的讯问笔录，卷 12，P5） 前两次送钱，他主要是为了拉近和我的关系，增加相互之间的感情，以便我在今后的工作中不为难他们、给予他们支持和关照。	（2017. 6. 4 秦某的讯问笔录，卷 12，P85—86） 我们事业部生产的设备要在铁路上销售必须经过某部的审批，而张某某是该部副主任，对我们事业部生产的产品在铁路上销售的审批有绝对的掌控权，所以我们为了顺利销售产品，取得更好的市场地位，所以我上任后就给他送了这 2 万元。
2	张某某在担任原铁道部某部副主任期间，2003 年春节前一天，张某某在家中收受秦某以拜年为名义的现金 10 万元。	（2017. 7. 3 张某某的讯问笔录，卷 12，P5） 前两次送钱，他主要是为了拉近和我的关系，增加相互之间的感情，以便我在今后的工作中不为难他们、给予他们支持和关照。	（2017. 6. 4 秦某的讯问笔录，卷 12，P86） 问：你为什么要给张某某送这 10 万元？ 答：就是为了加强与张某某的联系，因为我们公司的业务发展还需要张某某的支持，所以我就以拜年的名义给他送了 10 万元。
3	张某某在担任某铁路局局长期间，2006 年的一天，在局长办公室收受秦某现金 2 万元。	（2017. 7. 4 张某某的讯问笔录，卷 12，P11） 问：这次秦某和王某明到西安来是否有具体的请托事项？ 答：没有，这次王某明和秦某到西安来没有谈任何工作上的事情，也没有叫我帮他们什么忙。	（2017. 6. 5 秦某的讯问笔录，卷 12，P103） 问：你这次为什么给张某某送 2 万元？ 答：就是为了联络感情，因为张某某一直在铁路上工作，难免以后会找他帮忙。
4	张某某在担任原铁道部某副局长兼某部主任期间，2009 年春节前的一天，在家中收受秦某现金 20 万元。	（2018. 1. 3 张某某的讯问笔录，卷 12，P66） 问：秦某为什么这次要送给你 20 万元现金？ 答：这次秦某没找我办什么事，一方面是为了感情联络，另一方面就是感谢之前我对他的帮助和支持。	（2017. 6. 5 秦某的讯问笔录，卷 12，P107） 主要是感谢他作为我们公司业务的主管领导即铁道部某部主任对我们公司工作的支持，并希望他在来年对我们公司继续支持。

续表

序号	事实	张某某供述	财物给予人供述
5	张某某在担任某铁路局局长期间，2010年上半年的一天，在局长办公室收受秦某现金10万元。	（2018.1.3秦某的讯问笔录，卷12，P67） 问：秦某为什么要送给你10万元现金？ 答：希望和我保持联系，让我在铁路局给予他的公司更多的帮助和支持。	（2017.6.5秦某的讯问笔录，卷12，P104） 问：这次你为什么给张某某送这10万元？ 答：就是联络感情、加强联系，增加我们产品在铁路局推广的机会。
6	2003年春节前一天，张某某在家收受王某新感情联络费10万元。	（2017.12.21张某某的讯问笔录，卷1，P14） 问：王某新这次找到你是否明确请托你办什么事？ 答：没有。没有任何请托，就是简单地拜个年，请我多多关照他的公司。	（2017.10.31王某新的讯问笔录，卷1，P62） 问：你为什么要送给张某某10万元人民币？ 答：一方面是感谢张某某同意我们公司试制制动梁，另一方面是为了拉近我们之间的关系，以便在其他产品上能继续得到他的关照。
7	2008年年底或2009年年初的一天，张某某和王某新一起看演出时，收受王某新现金1万欧元。	（2017.11.29张某某的讯问笔录，卷1，P9） 问：王某新为什么要送给你这1万欧元？ 答：我想王某新是为了拉近我同他之间的关系，方便以后我在运输局能关照他们公司。	（2017.10.31王某新的讯问笔录，卷1，P68） 既然张某某说了他需要外币，我就趁机感谢一下他以前对公司产品的支持，也借此想联络一下感情。

续表

序号	事实	张某某供述	财物给予人供述
8	2008年的一天，张某某在家收受梁某军以祝贺其调回北京为名给予的现金20万元。	(2018.1.5 张某某的讯问笔录，卷31，P8) 问：梁某军为什么要送给你上述这20万元现金？ 答：主要是因为我到北京局任职了，梁某军为了拉近跟我的关系，跟我联络一下感情。 问：梁某军送你上述这20万元现金是否有请你帮忙办的事？ 答：没有。	(2017.8.15 梁某军的讯问笔录，卷31，P106) 送给张某某20万元现金是对他调入北京担任局长的祝贺，希望T公司在北京局得到他的关照。
9	张某某2014年在北京301医院住院期间，在病房内收受梁某军前来看望给予的现金5万元。	没有供述。	(2017.8.15 梁某军的讯问笔录，卷31，P126) 随后我将准备好的5万元人民币交给了同在病房的张某某的夫人，并对她说，给张局长买点东西。
10	张某某于2007年春节期间收受王某以拜年为名义给予的现金5万元。	(2017.10.25 张某某的讯问笔录，卷67，P50) 2007年春节前和2008年春节后，我回北京开会期间，他以拜年的名义分别送给我5万元人民币，两次一共是10万元人民币。……我想一来他还是为了感谢我没有遗忘对他的关照帮助，二来也是为了维持我和他的关系，保持感情联络吧。	(2017.9.24 王某的讯问笔录，卷68，P49) 2007年春节，我送给张某某5万元现金……我送给他这些钱都是为了维持关系，作为感情投资，今后好求他办事。

续表

序号	事实	张某某供述	财物给予人供述
11	张某某于2008年春节期间收受王某以拜年为名义给予的现金5万元。	（2017.10.25 张某某的讯问笔录，卷67，P50） 2007年春节前和2008年春节后，我回北京开会期间，他以拜年的名义分别送给我5万元人民币，两次一共是10万元人民币。……我想一来他还是为了感谢我没有遗忘对他的关照帮助，二来也是为了维持我和他的关系，保持感情联络吧。	（2017.9.24 王某的讯问笔录，卷68，P49） 2008年春节前我没去拜访张某某，春节后张某某回北京开会时我在他家附近见了他一面，送给他现金5万元，我送给他这些钱都是为了维持关系，作为感情投资，今后好求他办事。
合计	人民币89万元，欧元1万元。		

五、本案中，张某某虽然存在收受行贿财物之行为，但是在案发前已经退还了大部分的财物，未消费相关钱款及利用受贿物品，说明其虽然存在违法违纪行为，但是相关财物未真正腐蚀其意志，主观认错态度良好，请求法庭在量刑时酌情考虑。张某某立案前退还受贿款项情况整理如下：

表11 立案前退赃情况梳理

序号	收受财物时间	退还时间	退还事项
1	2002—2010年	2013年上半年	退还给王某现金375万元、×园商品房一套（价值193.6万元）。
2	2008年、2013年	2015年5月、9月	张某某表示将梁某军股票账户内的1400万元退还给梁某军。
3	2009—2012年	2012年、2013年	张某某将张某萍先前给他的3张银行卡退还（卡内共计存有人民币1200万元，张某某陆续取出15.55万元用于个人开支）。
4	2004—2012年	2012年下半年	张某某退还给邹某森现金550万元。
5	2003—2010年	2011年年底	张某某退还给王某新60万元。
合计	人民币3569.45万元、×园商品房一套（价值193.6万元）。		

《最高人民法院、最高人民检察院关于办理受贿刑事案件适用法律若干问题

的意见》(以下简称《意见》)第9条规定:“国家工作人员收受请托人财物后及时退还或者上交的,不是受贿。国家工作人员受贿后,因自身或者与其受贿有关联的人、事被查处,为掩饰犯罪而退还或者上交的,不影响认定受贿罪。”

这一条明确了国家工作人员在案发前退还或上交贿赂款的两种情形及其处理方式。第一种为“及时退还或者上交的”,可称为“及时退还”;另一种为“为掩饰犯罪而退还或者上交的”,可称为“被动退还”。辩护人认为,除《意见》列举的两种退还情形外,在实践中还有一种情形,即行为人虽未及时退还或者上交,但在收受财物后至案发前的期间内主动退还或者上交的(并非基于因自身或者与其有关联的人、事被查处而掩饰犯罪的目的),可以称为“主动退还”。

本案中,张某某退还受贿款属于“主动退还”的情形,虽然其收受请托人财物时具有受贿故意且未及时退还,但其后来退还受贿款系基于刘志军等案件警示和自身悔过。应当注意的是,刘志军案对张某某退还受贿款可能有一定促进作用,但刘志军等人并非与张某某受贿有关联的人,因此本案并不属于“被动退还”的情形。

张某某主动退还受贿款,虽不影响受贿罪的成立,但可作为量刑情节。根据《刑法》第383条之规定,犯贪污罪,在提起公诉前如实供述自己的罪行、真诚悔罪、积极退赃,避免、减少损害结果的发生,在受贿数额特别巨大的情况下,可以从轻处罚。辩护人认为,张某某所退还的财物中,很大一部分和收受财物的时间间隔较短,如张某某2009年至2012年收受张某萍3张银行卡,于2012年和2013年便陆续退还,时间间隔较短。另外,张某某退还受贿款的数额和比例较大,如上表所统计,张某某共退还人民币3569.45万元及价值193.6万元的商品房一套,占其被指控的受贿总额8707.9万元的41%,若除去王某支付的“跑官”费用(王某很可能被骗,张某某未获得相应利益)4000万元,则比例更是高达76%!退还受贿款时间较短、数额较大,体现了张某某主观恶性较小,有悔罪表现,对职务廉洁性的损害也比较小,以上情节,恳请法庭在量刑时慎重考虑。

六、案发后,张某某本人积极主动供述自己的罪行,尤其在部分行贿人未主动、真实交代的情况下,被告人的积极主动交代,对于本案的侦办无疑起到了积极作用。根据《刑法》第67条第3款,属于坦白,可以从轻处罚,请求法庭在量刑时予以考虑

1. 张某某在初查时仅被掌握了收受现金80余万元和部分其他财物的事

实，张某某主动交代了其他多起办案机关尚未掌握的金额上千万元的受贿事实。根据本案审讯组2018年6月28日作出的《关于张某某涉嫌职务犯罪案侦情况的说明》，2017年4月27日，四川省人民检察院成都铁路运输分院根据初查发现张某某涉嫌收受ZY钢铁公司董事长袁某珠价值16万元的邮册，收受HK所原所长杨某春所送现金2万元，收受KJ机电有限公司朱某良所送现金66万元……审讯中，张某某除了供述了检察机关已经掌握的上述犯罪事实外，先后主动书写交代了其与北京KT公司总经理秦某、北京TL公司张某萍（女）、浙江温州HQ公司王某新、北京MSR公司梁某军、北京SRF公司邹某森、济南ZC公司王某之间的违纪、违法、犯罪事实。

在被掌握部分犯罪线索的情况下，张某某主动供述自己全部的犯罪事实，表明其认罪、悔罪态度良好，同时大大减少了办案机关的工作难度和工作量，恳请法庭在量刑时从轻处罚。

2. 目前张某某主动书写自己罪行的陈述书共计17份，悔罪书3份，认罪悔罪态度良好。

表12　张某某自书悔罪书情况梳理

序号	请托人	陈述书/悔罪书份数	时间	卷宗页
1	朱某良	补充交代说明2份	2017.6.20	卷4，P55、58
		悔罪书1份	2017.10.3	卷4，P59
2	张某萍	自述材料2份	2017.6.23、6.25	卷7，P75、79
3	邹某森	自书材料8份	2017.5.20、7.6、7.8、7.11、7.12、7.13、7.14、7.15	卷21，P56—77
4	秦某	自书材料3份	2017.6.29、6.30、7.2	卷12，P70—78
		悔罪书1份	2017.10.8	卷12，P79
5	梁某军	悔罪书1份	2017.10.14	卷31，P34
6	王某	自书材料2份	2017.8.25	卷67，P144、152

张某某在被讯问前即积极主动地亲自书写了大量陈述书及悔罪书，表明其认罪、悔罪态度良好，其在陈述书、悔罪书以及被讯问的过程当中，完整地、如实地供述了其受贿事实，应当认定为坦白，恳请法庭在量刑时予以考虑。

七、张某某自愿如实供述自己的罪行，承认指控的犯罪事实，愿意接受处罚，根据《刑事诉讼法》第15条可以依法从宽处理

2018年10月26日新修正的《刑事诉讼法》第15条规定："犯罪嫌疑人、

被告人自愿如实供述自己的罪行，承认指控的犯罪事实，愿意接受处罚的，可以依法从宽处理。”本案中，张某某承认被指控的大部分犯罪事实，且在被掌握很少犯罪线索时，主动如实供述了自己多起其他犯罪事实并甘愿接受处罚，认罪态度良好，应当对其依法从宽处理。

八、被告人曾为全国人大代表、政协委员，在工作期间也作出过不少贡献，被告人张某某曾经在担任人大代表期间等提出过不少惠及全国老百姓的议案，如高速公路节假日免费通行的方案等。在工作期间，曾经带领的铁路局在全铁路系统中，盈利都是名列前茅的。在某国家重大活动期间，临时调任××市铁路局局长，其间从未出现过差错，保障了活动的顺利召开

综上，虽然整体而言张某某所犯受贿罪成立，但是辩护人认为部分指控的事实不清，证据不够确实、充分，没有排除合理怀疑，不能得出唯一结论，认定案件事实的证据没有达到刑事诉讼的证明标准，恳请法庭依法综合考虑依据存疑有利于被告人的原则予以判决。此外，张某某认罪、认罚、悔罪态度良好，案发前积极退还受贿款，没有造成不良后果，案发后主动、如实供述自己的罪行，具有多项减轻、从轻处罚的量刑情节，恳请法庭在量刑时予以全面、慎重的考量。

此致

四川省N市中级人民法院

被告人张某某的辩护人：

北京市京都律师事务所律师　杨大民

彭吉岳

2018年11月8日

协商型辩护下量刑减半：原山东省某市某局局长孔某某贪污、受贿案

辩护的形态，并非都是法庭上的唇枪舌剑、针锋相对。根据《中华人民共和国律师法》的规定，律师的义务是在法律允许的范围内，最大限度地维护委托人的利益。为了实现这一目标，刑辩律师需要审慎地选择辩护策略，并不是所有时候都适合进行激烈的对抗。有些时候积极地与办案机关沟通，进行“协商型辩护”也不失为明智之选。

辩护人所办理的孔某某贪污、受贿案，在犯罪事实成立的前提下，辩护人采取协商型辩护的策略，在被告人最初被建议量刑 13 年左右的情况下，最终被判处 7 年有期徒刑，实现了有效的量刑辩护。

反腐大潮下涉嫌两罪，数罪并罚将面临 13 年左右的刑期

被告人孔某某原任山东省 T 市机关局长、党组书记，因相关经济问题被指控犯贪污罪和受贿罪，2018 年 10 月 11 日经 T 市市委主要领导批准，T 市监察委对孔某某涉嫌职务犯罪问题立案调查，同日对孔某某在枣庄市廉政教育中心采取留置措施。据指控：

1. 2007 年 7 月—2016 年 12 月，孔某某利用职务之便，在 T 市饭店、T 市机关接待处等 15 家企业结算因公产生的开支时，采取虚列支出、虚开发票等手段，套取公款 270 余万元，该款项被孔某某据为己有。

2. 孔某某利用职务便利，非法收受赵某、郭某二人贿赂款共计 31 万元。其中，2012—2014 年非法收受赵某贿赂款共计 24 万元，并在工程承揽和工程款结算方面为其谋取利益；2007 年中秋节至 2017 年春节期间，非法收受郭某贿赂 3.4 万元，并在合同签订、物业费拨付方面为其谋取利益；于 2017 年 5 月向郭某索要现金 3.6 万元。

据了解，根据办案机关的建议及法律规定，两罪并罚应判处13年左右的有期徒刑。该案是当地监察委成立以来办理的被告人职务最高的反腐案件，态度之坚、力度之大可见一斑。

在国家强势反腐的背景下，司法机关对贪污贿赂犯罪的处理往往具有从严、从重的倾向。当事人接到监察委电话通知后，赶到指定地点接受调查时即被采取留置措施，与其失去联系的家属十分焦急，我们了解案情后，迅速制定了罪轻辩护的策略：对确实存在的犯罪事实应当认罪悔罪，对存在争议的事实及量刑问题应当抽丝剥茧，争取最有利的结果。

接受委托时刚刚过完2019年农历新年，整个社会还沉浸在节日的喜庆气氛中，我们已踏上去往山东的高铁，开启了新一年的征程。

到达山东以后，我们首先向家属了解了本案的基本情况，随后我们赶往看守所会见了孔某某，由于涉案事实较多，时间跨度较大，我们需要倾听其自身的意见，再来核对每起事实是否确有其事。

细致阅卷确定辩护策略

在会见孔某某的过程中，其对贪污和受贿事实基本认可，但是对于部分犯罪金额提出异议。因此，辩护律师的首要工作之一便是结合指控的犯罪事实，核实是否有充分的证据证明，如果能够大幅削减犯罪金额，也可以实现较好的量刑辩护效果。

本案被指控的具体犯罪事实非常多，如受贿罪部分，共涉及主体15个，贪污事实59起。因孔某某是采取到饭店、茶馆等地虚列开支、虚开发票的手段侵吞公款的，所以本案证据主要分为三大类：第一，孔某某的供述；第二，孔某某秘书以及饭店老板等人证言；第三，发票、记账单等客观证据。对于指控的每起犯罪事实，以上三类证据一一对应才能够证明犯罪事实的发生。

为了做到对犯罪金额以及每一起犯罪事实心中有数，辩护律师必须对在案证据进行逐一核对。为此，我们投入很多的时间和精力到阅卷工作当中。辩护人以表格的形式，将每起与犯罪事实对应的证据一一列举，如此一来，证据是否确实、充分便一目了然。以T市YXM大酒店部分涉案事实为例，我们在阅卷笔录中整理如下：

表 13 部分案件事实阅卷笔录

贪污罪部分				
相对人	事实	孔某某供述	相对人证言	相关证据
T市YXM大酒店（涉案金额：15.3万元）	1. 2009年1月，担任T市机关接待处主任期间，套取公款25000元。	2009年1月机关接待处在YXM大酒店的接待消费大约3万元，一直没有结账，刘某拿来了YXM大酒店的消费单来找我汇报，我看过之后安排刘某和酒店联系，在招待消费的基础上虚开25000元……过了一段时间以后，刘某把25000元现金送到了我办公室。	刘某：（看后）这张面额为59516元的发票是我安排YXM大酒店开具的发票，通过发票和这些消费单据可以看出，发票金额为59516元，实际消费金额为31335元，虚开金额为28181元，扣除税金后季某某把25000元钱交给了我。	T市机关事务管理局付款凭证及附件（日期：2009年1月31日；摘要财政直接支付YXM大酒店招待费；59516元；发票号码：00468928，发票金额59516元）。
	2. 2009年12月，担任T市机关接待处主任期间，套取公款2万元。	到2009年年底，刘某拿着这段时间接待处在YXM大酒店的消费清单，到我办公室找我汇报情况，他问我这次开多少钱的发票，我找个理由说还有一笔在T市国酒茅台专卖店2万元的欠款没结账，我便安排刘某这次让YXM大酒店酒店虚开2万元……财政按照发票金额把钱支付给酒店之后，刘某来到我办公室给了我2万元现金。	刘某：（看后）这张面额为98582的发票是我安排YXM大酒店开具的发票，通过发票和这些消费单据可以看出，发票金额为98582元，实际消费金额为78582元，虚开数额为20000元，季某某把这虚开的20000元交给了我。	T市机关接待处付款凭证及附件（日期：2009年12月31日；摘要财政直接支付YXM大酒店餐费；金额98582元，发票号码：00549150，发票金额98582元）。
	3. ……			

由于本案事实数量多、时间跨度大，涉及多方主体，较为复杂，上述表格形式的阅卷笔录整整作了数万字，近30页。经整理发现，办案机关指控犯罪的证据相对全面，以贪污罪为例，基本上每起事实都有被告人供述、证人证言以及客观票据的印证。在这种情况下，通过证据辩护大规模削减犯罪金额是不现实的，经再次会见与孔某某沟通，我们一致确定了认罪认罚、争取从轻量刑的辩护策略。此时，孔某某还对部分事实出现的瑕疵表示不能认同指控事实，对于这样的问题，辩护律师需要从法律的角度耐心给当事人解释，不要把精力浪费在没有希望的事情上，所以，在刑事辩护中，辩护律师有自己独立的判断，并能够说服当事人，为当事人找到正确的辩护策略，也是辩护的价值之一。

证据之辩撬动从轻量刑的杠杆

在被告人认罪的情况下，辩护人没有放弃对证据体系中问题的揭露，可以此作为量刑博弈的支点。辩护律师经过仔细分析，发现了控方证据体系的破绽：首先，从言词证据看，虽然每起事实都有被告人供述和相对人证言相互印证，但是这种“印证”从笔录的表现上看几乎达到了重合的地步，这反而是不正常的；从客观证据看，部分票据中不能直接体现虚列开支的数额。成功的机会往往隐藏在细节之中，控方证据体系的破绽给辩护人提供了有利空间。

刑事案件，辩护律师越早介入越容易赢得先机。我们一接受委托便迅速展开了辩护工作，将辩护重点放在庭前。辩护人先后多次会见当事人，与监察委、检察院、法院等部门沟通。我们首先释放善意，着重表达以下意见：

1. 孔某某对被指控的主要犯罪事实认罪认罚，案发以来，孔某某每天都在对自己的错误进行深刻反省，回顾自己在贪欲和侥幸心理的一步步诱导下走上犯罪歧途，自己悔不当初，愿意接受法律的严惩；

2. 孔某某接到电话约谈通知后，便从心理上彻底醒悟了，毫不犹豫地赶赴指定地点接受调查，并如实供述了主要犯罪事实，同时在留置期间还主动供述了办案机关未掌握的犯罪事实，全额退赃，具有多项从轻、减轻处罚的量刑情节，请求司法机关宽大处理。

同时，辩护人“先礼后兵”，在后续的沟通过程中也直言证据体系的缺陷：

言词证据方面，孔某某供述与证人证言高度吻合，不符合常理。第一，本案犯罪行为发生的时间跨度很长，从2007年持续到2015年，无论是孔某某还是相关证人，记忆不可能完全清楚，更不可能清楚到一模一样的程度。第二，孔某某的供述和证人证言在文字表达上高度相似甚至是重合，这不是一两处个例，而是全案卷宗都存在的一种非常普遍且不合常理的现象。辩护人可以随手向办案人员举出例证，这种反常现象足以让人对本案的言词证据的真实性和客观性打上一个大大的问号。

客观证据方面，根据指控，孔某某采取在发票中虚列开支的手段贪污公款，由于本案中所开的发票都有一定事实基础，只不过是在真实费用的基础上多开了一定数额，因此单纯从票面上并不能直接看出一张发票中有多少金额是真实的，有多少数额是虚开的。

证据体系的瑕疵成为办案人员不得不考虑的因素，这成为辩护人得以与司法机关进行“协商辩护”的重要支点。在双方都无法取得压倒性优势的情况下，协商型辩护便有了发挥作用的空间，各方得以在妥协和平衡中实现自身利益的最大化。

本案还有一个值得注意的细节是：孔某某在接到监察委电话通知后，便立即主动前往通知的地点接受谈话，随即孔某某便被留置。对此，我们认为有认定为自首的空间，于是着重就此问题向办案机关书面表达了意见。

在职务犯罪中，自首的认定存在一个问题：根据《最高人民法院、最高人民检察院关于办理职务犯罪案件认定自首、立功等量刑情节若干问题的意见》的规定，犯罪事实或者犯罪分子未被办案机关掌握，或者虽被掌握，但犯罪分子尚未受到调查谈话、讯问，或者未被宣布采取调查措施或者强制措施时，向办案机关投案的，是自动投案。在此期间如实交代自己的主要犯罪事实的，应当认定为自首。

从上述规定可以看出，行为人成立自首有一段时间上的空间，即从“犯罪事实被掌握”到“被调查谈话、讯问，或者采取调查措施或者强制措施”。在司法实践中，往往存在这样的情况：行为人犯罪线索被掌握后，受到单位纪委或其他相关部门通知到指定地点谈话等，到达指定地点后马上被留置。这种“无缝衔接”的办案方式压缩了自首成立的空间。办案人员的一般性谈话或了解不具有讯问或强制措施的性质，此时行为人如果自愿如实供述，是可以成立自首的，但在“无缝衔接”办案模式下，行为人可能来不及如实供述，便被采取强制措施，这就失去了自首的机会，本案就属于这种情况，辩护人认为孔某某可以认定为自首，主要理由如下：

1. 孔某某符合法律及司法解释关于自首的要件。依据《最高人民法院、最高人民检察院关于办理职务犯罪案件认定自首、立功等量刑情节若干问题的意见》可见，是否被认定自首，关键的时间节点在于行为人是否在被调查谈话、讯问或者被采取调查措施、强制措施前自动投案和如实供述。

应当注意，上述规定将“调查谈话”与“讯问”并列；将“调查措施”与“强制措施”并列，说明这两对措施必须具备同等程度的刑事严厉性，而非普通的调查谈话，仅仅是初查性质的谈话不应被认定为上述司法解释中所说的“调查谈话”。

本案中，孔某某于2018年10月11日接到相关部门电话后，毫不延迟地到达指定地点，并如实交代了犯罪事实。孔某某在接到电话时，并未受到外力强制，人身仍处于自由状态，可以选择接受调查，也没有人能阻止其拒绝前往，在这种情况下，其选择立即到达指定地点接受询问，满足“自动投案”的要求。孔某某在到达指定地点后如实交代了自己的犯罪事实，符合“如实供述”的要求，应当认定为自首。

2. 在司法实践中大量类似案例被认定自首情节成立，详见附件。

在辩护人的多次沟通和争取下，监察机关对孔某某的到案经过出具了说明材料，并认为孔某某如实供述了犯罪事实，到案后认罪态度较好，自我反省较为深刻。这成为日后法院量刑时考虑的重要因素。

此外，关于本案种种问题，辩护人多次与检察官及法官沟通，通过真诚的态度以及实事求是的专业精神打动对方，双方形成了良好的沟通机制，办案人员愿意积极听取辩护律师的意见，辩护律师以及被告人也同意积极配合相关部门的廉政教育等工作，案件进程在灵活协商中稳步推进。

最终量刑 7 年，辩护效果显著

庭审前，辩护人与被告人协商确定了庭审辩护策略，被告人认罪悔罪，辩护人依法独立指出本案中存在的证据瑕疵和定性问题。

关于受贿罪，辩护人认为赵某给予孔某某的 8 万元不应认定为受贿款，该笔款项事出有因，是赵某基于同学关系给予孔某某用于购买回迁房所用，不排除为借款的可能；孔某某自 2007 年至 2017 年节假日收取的郭某现金共计 3.4 万元，属于正常的礼尚往来，属于违纪，但并不构成犯罪。在被指控的 31 万元受贿数额中，至少有超过 11 万元不能成立，实际受贿数额低于 20 万元，根据《刑法》及相关司法解释规定，应该在 3 年以下有期徒刑或者拘役的范围内判处刑罚。

关于贪污罪，辩护人再次强调言词证据客观性存疑，部分客观证据无法直接体现犯罪金额的问题，认为本案证据体系不够严密，没有达到排除合理怀疑的程度。

此外，孔某某还具有全额退赃、自首、认罪认罚等多种量刑情节。辩护人以表格形式对各种量刑情节以及可从轻、减轻处罚的幅度进行统计，最终得出结论数罪并罚刑期应当在 6—7 年。

庭审取得了较好的效果，辩护人的部分意见被法庭采纳。2019 年 7 月 17 日，本案宣判。被告人因贪污罪被判处有期徒刑 6 年，因受贿罪被判处有期徒刑 2 年，数罪并罚决定执行有期徒刑 7 年。从最初的量刑建议 13 年，到最终实际判决 7 年，刑期降低了近一半，被告人对这一结果非常满意。

本案也加深了我们对于“协商型辩护”的思考，要知道现实中绝大部分被追诉的被告人都并非无辜，在这些案件中，律师很多时候只能作罪轻辩护或量刑辩护。在认罪认罚从宽的司法改革大潮下，如何有效、合理地利用这一制度，争取当事人利益的最大化，是一个值得思考的问题。

以专业和敬业赢得认可，宣判后法官致函“点赞”

我们庭前积极沟通、庭上依法辩护的工作方式不仅获得了当事人及其家属的肯定，更赢得了本案承办法官的尊重和认可。案件宣判后，本案法官高度赞扬了辩护律师的专业水准及敬业精神，特意书面致函评价道，“彭吉岳律师工作认真负责，与我院沟通顺畅……既依法为孔某某作了积极的辩护，同时也以客观事实为基础，利用国家的刑事司法政策，最大限度地维护了被告人的利益，体现了大所、专业所、首都律所的律师的担当”。

附件：法律文书

附件：孔某某涉嫌贪污罪、受贿罪一案辩护词

孔某某涉嫌贪污罪、受贿罪一案
辩护词

尊敬的审判长、审判员：

北京市京都律师事务所接受被告人孔某某家属的委托并经其本人同意，指派彭吉岳律师作为孔某某的辩护人。辩护人已经认真阅卷并多次会见了孔某某，并参加了庭审，对全案事实有了充分的了解。在此基础上，辩护人发表如下辩护意见：

一、受贿罪部分：对被指控的罪名不持异议，但部分事实属于违纪或人情往来，不具备权钱交易的性质，也没有为涉案人员牟取非法利益，不应认定为受贿罪，受贿数额在20万元以下，应当在3年以下有期徒刑的幅度内量刑

（一）2012年9月，赵某因孔某某购买回迁房而给其8万元现金“先用着”不应认定为孔某某的受贿行为

1. 双方没有形成行贿受贿的合意。贿赂犯罪的本质是权钱交易，权钱交易的前提是双方必须形成交换财物与权力的合意，无论事前受贿还是事后受贿，都必须以该合意的存在为基础。

2007年最高人民法院、最高人民检察院发布的《关于办理受贿刑事案件适用法律若干问题的意见》第10条第1款规定，国家工作人员利用职务上的便利为请托人谋取利益之前或者之后，约定在其离职后收受请托人财物，并在离职后收受的，以受贿论处。该规定明确离职后收受财物仍然构成受贿罪，但前提是双方必须有事前约定。

本案中，孔某某与赵某没有形成行贿受贿的合意。赵某经营的山东YM公司在2008年就在T市政府采购中心进行了备案，此后一直承接政务中心大楼零星的维修、公共设施改造等工程，其间孔某某一直没有收受赵某任何非法利益。在政务中心大楼一楼和负一楼餐厅厨房改造工程由山东YM公司承揽和施工的过程中，孔某某也没有向赵某提出过任何不正当的利益诉求，赵

某也没有任何给予孔某某财物的表示，二人没有形成行贿受贿的合意。

2. 赵某在孔某某购买回迁房时提供8万元帮助，确系事出有因，并无充分证据证明与餐厅厨房改造工程有关。

《最高人民法院、最高人民检察院关于办理贪污贿赂刑事案件适用法律若干问题的解释》第13条第1款规定：“具有下列情形之一的，应当认定为‘为他人谋取利益’，构成犯罪的，应当依照刑法关于受贿犯罪的规定定罪处罚：（一）实际或者承诺为他人谋取利益的；（二）明知他人有具体请托事项的；（三）履职时未被请托，但事后基于该履职事由收受他人财物的。”

本案不属于事后基于履职事由收受他人财物的情形。首先，赵某给予孔某某8万元钱，是因为当时恰逢孔某某购买回迁房资金不足，赵某给其提供经济上的帮助，而并非单纯地给予其感谢费或者好处费，性质不同。其次，赵某也只是说这8万元钱让孔某某“先用着”，按一般理解是借用而非赠与的意思。最后，双方只是在闲聊中偶然提到了买房的问题，而且孔某某只是说差七八万元，并没有要求或者暗示赵某提供，且孔某某只提到过一次便再未主动提及，难以认定孔某某有受贿的故意。

3. 山东YM公司承接涉案工程，基本上是严格按照工作程序和流程进行，孔某某没有利用职务便利为其“谋取”到额外的利益。首先，山东YM公司是T市政府采购中心备案的公司，且自2008年以来一直和政府有业务关系，其本身有资格承接涉案工程，因为领导要求比较急，所以才没有走招标程序，这也在情理之中。鉴于长期承揽T市政府工程等原因，即便没有孔某某，其他领导也很可能将工程交给山东YM公司做。其次，根据赵某证言：“在施工的过程中机关事务管理局综合科长郭某全程跟踪、审核、统计配件及施工工程量，清单一式两份……每隔一段时间，郭某就会与我核对一下施工的工程量和配件的数量，拉出报销汇总清单，根据汇总清单上的金额开具发票，然后将发票连同盖章的清单一块交给郭某，由他办理结算报销手续……之后T市财政局把钱打到我们公司的账户上。”由此可见，整个施工过程都是严格按照程序进行的，且孔某某没有参与，没有给山东YM公司谋取到额外利益。

4. 如果将该笔款项认定为受贿，其数额非常不合常理。该工程款结算后只有37万元，8万元占其中21.6%，恐怕整个工程的利润都没有8万元，用如此高昂的成本，谋取如此微不足道的利益不合逻辑。在另一个工程项目中，工程造价160余万元，赵某才给予孔某某10万元，37万元的工程给予8万元完全不成比例。

5. 不能忽视被告人与赵某是同学关系，互帮互助也在情理之中。况且，之前赵某为T市政府提供相关装修已经多年，双方也不存在经济往来，并且被告人孔某某也是主动拒绝赵某的金钱等财物的，此次涉及8万元完全是事出有因，与涉案承包工程没有关系。

综上，山东YM公司获得涉案工程是否需要孔某某职权之便利，如果没有孔某某，山东YM公司是否仍会获得涉案工程，孔某某与赵某之间是否存在行贿受贿的合意，8万元是受贿款还是用于购房的借款，如果是受贿款项，为何与整个工程款比例如此失衡，该起事实依法不应认定为受贿罪。

（二）孔某某自2007年至2017年节假日收取的郭某给予的现金共计3.4万元的行为不构成受贿罪

1. 郭某都是在春节、中秋节等传统节假日赠与孔某某礼金，且金额为1000元—3000元不等，完全在人情礼节的范围内，这些款项具有节日慰问的性质，不宜认定为受贿款。

2. 孔某某接受郭某的礼金，同时在婚丧嫁娶等事项上也给予过郭某礼金，这些行为都属于正常的礼尚往来。双方是个人情感的交流，而非权力与金钱的交易。

3. 郭某虽然逢年过节给予孔某某礼金，但并没有提出明确的请托事项，孔某某也并没有基于这些礼金为郭某或者JF公司谋取利益，不具有权钱交易的性质，不属于受贿，最多算是违纪。

4. 没有客观证据证明数额是3.4万元。首先，关于该起事实，只有孔某某的供述和郭某的证言，没有任何客观证据或者第三方证言相佐证。其次，同样存在前述笔录高度相似的问题，关于本起事实，孔某某的供述和郭某的证言在言词表达上高度一致。应当注意：本起事实跨度从2007年至2017年，最远距今已经10余年，正常人根本不可能对每年几次、几千元不等的经济往来有确切的记忆，本起事实存疑，按照存疑有利于被告人的原则，不应认定3.4万元为受贿金额。

（三）2017年5月，孔某某接受郭某3.6万元现金的行为不构成受贿罪

首先，这笔款项不是JF公司支付，而是郭某个人支付，被告人没有为其

个人谋取利益，至于郭某个人如此处置，只能说明其个人处置不当，不代表就是双方之间行贿受贿。

其次，该笔款项不是被告人个人完全用于个人开支。被告人供述也是因为单位在北京有活动有开支，实际上也确实有活动存在部分开支。至少，到底多少钱款应认定为个人占有的款项，多少认定为单位占有的款项，在案证据无法证明，故对该笔指控具体金额至少存疑，也不应该认为是涉案款项。

综上，以上三起事实的认定对受贿数额及刑期影响如下：

表 14　受贿数额认定对量刑的影响

认定事实	受贿数额	刑期
赵某 8 万元、郭某 3.4 万元、3.6 万元均不认定	16 万元	3 年以下有期徒刑或者拘役
赵某 8 万元不认定；郭某 3.4 万元、3.6 万元认定其中一笔	19.4 万元或者 19.6 万元	3 年以下有期徒刑或者拘役

可见，在被指控的 31 万元受贿数额中，至少有超过 11 万元不能成立，实际受贿数额低于 20 万元，根据《刑法》及相关司法解释规定，应该在 3 年以下有期徒刑或者拘役的范围内判处刑罚。

二、贪污罪部分：没有客观证据能够直接证明贪污数额，仅有的言词证据存在被告人供述与证人证言高度重合的问题，真实性和客观性存疑

辩护人认为直接证据只有被告人供述、证人证言，没有客观证据能够证明被告人贪污具体金额，不能直接证明贪污数额。本案中，定罪证据可以分为言词证据和客观证据两大类，从卷宗看，证据体系是“被告人供述+相关证人证言+相关票据”的模式。

首先，从客观票据来看，由于本案中所开的发票都有一定事实基础，只不过是在真实费用的基础上多开了一定数额，因此单纯从票面上并不能直接看出一张发票中有多少金额是真实的，有多少数额是虚开的。

其次，从主观言词证据来看，虽然孔某某的供述和相关证人证言在事实和数额上相互吻合，但这反而是不正常的。第一，本案犯罪行为发生的时间跨度很长，从 2007 年持续到 2017 年，无论是孔某某还是相关证人，记忆不可能完全清楚，更不可能清楚到一模一样的程度。第二，全案卷宗都存在一种非常普遍且不合常理的地方——孔某某的供述和证人证言在文字表达上高度相似甚至是重合。如2011年1月，通过T市党校宾馆套取4万元一节，孔某某的供述是，“2011年1月的一天，具体时间记不清了，刘某拿着机关接待处于2010年下半年在党校宾馆的接待费用单据，到我办公室给我汇报工作，问我开多少钱的发票，我考虑之后想从这次财政报销中套些钱用，就对刘某说让党校宾馆多开4万元发票，并安排他钱出来后把这4万元给我送过来，具体工作由刘某与党校宾馆对接”。刘某的证言是：“2011年1月的一天，具体时间记不清了，我拿着接待处于2010年5月至2010年12月期间在党校宾馆的接待费用单据，到孔某某办公室向他汇报……问他需要党校宾馆开多少钱的发票，孔某某考虑之后安排我让党校宾馆在此基础上多开出4万元发票，并安排我在钱出来之后把这4万元交给他，具体怎么办让我和党校宾馆联系。”两个人的语言高度重合。关于刘某给孔某某送4万元的过程，孔某某的供述是：“几天之后的一天上午，具体时间记不清了，刘某拿着一个黑色塑料袋来到我办公室，当时办公室没有其他人，他说：‘党校宾馆的王某梅已经把报销多出来的这4万元送过来了。’接着刘某就把这个黑色塑料袋放到我的办公桌上了。我说：‘行，知道了，你先放这里吧’。”刘某的证言是：“过了几天的一天上午……我提着装有4万元现金的黑色塑料袋去了孔某某办公室，当时他办公室没有其他人。我对孔某某说党校宾馆的王某梅已经把报销多出来的4万元送过来了，接着我就把这个装有4万元现金的黑色塑料袋放到他办公桌上了。孔某某说知道了，让我把这4万元现金先放他那里就行。”以上内容，同样大部分高度重合，不合常理。这种现象在卷宗中大量存在，不排除办案机关制作言词证据的客观性存在重大疑问的可能。

还有，对于多年前涉及什么单位、什么票据、多少金额，能够在多年之后让被告人完全无误地予以陈述，也违背了一个人常规的记忆规律，故言词证据多处存疑。

综上，虽然被告人孔某某认罪认罚，只能代表孔某某的态度，值得肯定。但是本案中客观证据无法直接证实贪污数额，而言词证据高度相似，非常蹊跷。本案证据体系不够严密，没有达到排除合理怀疑的程度。

三、量刑情节：孔某某具有自首或坦白、退赃、认罪认罚等情节，应当对其从轻处罚，数罪并罚后刑期应在6年左右有期徒刑

1. 被告人对被指控的罪名不持异议，并且在监察委调查阶段就如实交代了犯罪事实，应认定为具有自首情节。最高人民法院、最高人民检察院印发的《关于办理职务犯罪案件认定自首、立功等量刑情节若干问题的意见》规定，犯罪事实或者犯罪分子未被办案机关掌握，或者虽被掌握，但犯罪分子尚未受到调查谈话、讯问，或者未被宣布采取调查措施或者强制措施时，向办案机关投案的，是自动投案。在此期间如实交代自己的主要犯罪事实的，应当认定为自首。可见，是否被认定自首，关键的时间节点在于行为人是否在被调查谈话、讯问或者被采取调查措施、强制措施前自动投案和如实供述。

《最高人民法院关于处理自首和立功具体应用法律若干问题的解释》第1条中规定，自动投案，是指犯罪事实或者犯罪嫌疑人未被司法机关发觉，或者虽被发觉，但犯罪嫌疑人尚未受到讯问、未被采取强制措施时，主动、直接向公安机关、人民检察院或者人民法院投案。可见，在非职务犯罪案件中，讯问和被采取强制措施是判断是否构成自动投案的关键时间节点，在此之前如实供述的，构成自首。《刑事审判参考》指导案例第354号“王春明盗窃案”明确的裁判规则是：“被公安机关口头或者电话传唤到案，应定为‘自动投案’，如实供述自己的罪行的，应认定为自首。”

应当注意，上述规定将“调查谈话”与“讯问”并列；将“调查措施”与“强制措施”并列，说明这两对措施必须具备同等程度的刑事严厉性，而非普通的调查谈话，仅仅是初查性质的谈话不应被认定为上述司法解释中所说的“调查谈话”。

本案中，孔某某接到监察委谈话的电话，即等同于公安机关电话传唤的性质。孔某某于2018年10月11日接到相关部门电话后，毫不延迟地到达指定地点，并如实交代了犯罪事实。孔某某在接到电话时，并未受到外力强制，人身仍处于自由状态，可以选择接受调查，也没有人能阻止其拒绝前往，在这种情况下，其选择立即到达指定地点接受询问，满足“自动投案”的要求。孔某某在到达指定地点后如实交代了自己的犯罪事实，符合“如实供述”的要求，应当认定为自首。

在司法实践中，大量职务犯罪中存在与本案类似的情节，司法机关一般将在接受初步调查时自动到案并如实供述的情节认定为自首，具体见下表：

表 15　初步调查阶段自动到案并如实供述被认定为自首的典型案例

序号	判决文号	案情	裁判要旨
1	广东省高级人民法院（2016）粤刑终847号	公安部纪委监察局就陈某在职期间有关问题对其本人了解核实时，主动承认了有关受贿事实。	以自首论
2	广东省深圳市中级人民法院（2015）深中法刑二终字第20号	有违纪违法嫌疑，但并未明确掌握具体的行贿、受贿事实。根据工作需要，我委通知崔某到我委工作点接受调查，崔某到案后，主动交代了我委未掌握的接受杨某明贿赂款物的犯罪事实。	以自首论
3	广东省深圳市中级人民法院（2013）深中法刑二终字第129号	被告人杨某贪污2.52万元的犯罪事实虽然被发觉，但其在未受到讯问或被采取强制措施前，因办案人员电话通知即前往人民检察院接受调查，可认定为自动投案。被告人杨某自动投案后，如实供述了办案机关已掌握的上述贪污罪行及未掌握的其他贪污10万元的罪行。	系自首
4	深圳市福田区人民法院（2015）深福法刑初字第26号	在接到某集团公司让其赶回深圳及赶赴某集团公司办公室的电话通知后未予逃避，而是按要求回到深圳和赶到办公室后被相关部门带走调查。	认定为自首

根据《人民法院量刑指导意见（试行）》的规定，对于自首情节，应当综合考虑投案的动机、时间、方式、罪行轻重、如实供述罪行的程度以及悔罪表现等情况确定从宽的幅度。（1）犯罪事实或者犯罪嫌疑人未被司法机关发觉，主动、直接投案构成自首的，可以减少基准刑的20%—50%；（2）犯罪事实或者犯罪嫌疑人已被司法机关发觉，但犯罪嫌疑人尚未受到讯问、未被采取强制措施时，主动、直接投案构成自首的，可以减少基准刑的10%—40%。

2. 如果合议庭不认同自首情节的成立，也应认定存在坦白情节，并且属于认罪认罚，也应当从宽处理。2018年10月11日，T市监察委决定对孔某某立案调查，并电话通知孔某某到T市廉政教育中心进行走读式谈话。孔某某接到电话通知后，第一时间赶到教育中心，积极配合接受调查。T市监察委《办案说明》认为："被审（调）查人孔某某到案后，认罪态度较好，自我反省较为深刻，能够配合审（调）查。”在庭审中，T市监察委也向法庭提及被告人如实陈述了监察委未掌握的部分贪污事实，对其如实供述的态度、认罪悔罪的态度完全予以肯定。《刑事诉讼法》第15条规定，犯罪嫌疑人、被告人自愿如实供述自己的罪行，承认指控的犯罪事实，愿意接受处罚的，可以依法从宽处理。因此，被告人孔某某至少存在坦白情节，按照法律规定及认罪认罚从宽的刑事政策，应当从宽处理。

《人民法院量刑指导意见（试行）》规定，对于坦白，应当根据坦白的阶段、如实供述罪行的程度以及悔罪程度等情况确定从宽的幅度。坦白司法机关尚未掌握的同种罪行的，可以减少基准刑的10%—30%。本案中，孔某某在监察委调查阶段就坦白了罪行，包括大量调查机关尚未掌握的罪行，属于最为积极配合的坦白，应当按照30%的最大限度从轻处罚。

3. 积极且全额退赃，实际上没有给国家造成损失。T市监察委《办案说明》认定：审（调）查期间孔某某退缴涉案款项302.3282万元。根据《人民法院量刑指导意见（试行）》的规定，对于退赃、退赔的，应当综合考虑犯罪性质，退赃、退赔行为对损害结果所能弥补的程度及退赃、退赔数额等情况确定从宽的幅度。全部退赃、退赔的，可以减少基准刑的20%—30%。本案中，孔某某退赃数额与其被指控犯罪的数额一致且超出（部分为违纪款），退赃比例为100%，且其在案件办理的最初阶段（监察委调查阶段、被移送司法机关之前）便主动全额退赃，其行为属于最主动、最高额度的退赃类型，应当按照最高比例30%减少基准刑。

4. 被告人孔某某深刻反省、悔罪，并愿意接受电视台采访进行廉政教育，充分说明其接受教育改造的虔诚以及洗心革面的决心。刑罚是最严厉的制裁手段，但并不是为了惩罚而惩罚，刑罚的一大目的是矫正犯罪人，犯罪人悔罪态度越好、教育效果越好、再犯可能性越低，对其施加刑罚的必要性就越低。鉴于孔某某认真悔罪、弥补损失、接受改造，应对其最大限度地从宽处理。

综上，孔某某犯受贿罪法定刑为3年以下有期徒刑或者拘役；犯贪污罪法定刑为3年以上10年以下有期徒刑。两罪量刑幅度如下表：

表 16 贪污罪量刑幅度

涉案金额	法定刑	量刑情节及从轻幅度	宣告刑
271.3282 万元	3 年以上 10 年以下有期徒刑	自首/坦白 10%—50%	宣告刑可以减少基准刑的 10%—80%
		退赃 20%—30%	

可见，贪污罪的量刑，至少可以减去基准刑的 10%，假使基准刑按最高法定刑期 10 年有期徒刑计算，宣告刑不能高于 9 年有期徒刑。最高从轻幅度达 80%，取中间值 40%—50%计算，贪污罪宣告刑可为 5—6 年有期徒刑。

表 17 受贿罪量刑幅度

涉案金额	法定刑	量刑情节及从轻幅度	宣告刑
20 万元以下	3 年以下有期徒刑或者拘役	自首/坦白 10%—50%	宣告刑可以减少基准刑的 10%—80%
		退赃 20%—30%	

可见，受贿罪的量刑，至少可以减去基准刑的 10%，假使基准刑按照最高法定刑期 3 年有期徒刑计算，宣告刑不能高于 2 年 8 个月。最高从轻幅度可达 80%，取中间值 40%—50%计算，受贿罪宣告刑可为 1 年有期徒刑左右。

依据《刑法》第 69 条数罪并罚的原则计算刑期，两罪合并计算，最终刑期应该在 6—7 年。

应当注意，这是按照最高法定刑（即贪污罪 10 年有期徒刑、受贿罪 3 年有期徒刑）计算的结果，孔某某贪污和受贿的数额并没有达到量刑幅度内的最大值，故基准刑应该低于最高法定刑，经过从轻幅度的计算后，宣告刑应不超过 6 年有期徒刑。

四、无论是被告人的辩护意见还是辩护人的辩护意见，只是涉及认为部分事实不应当被认定为犯罪，属于对行为性质的辩解，根据相关司法解释及指导案例，对行为性质的辩解不影响自首的成立

1.《最高人民法院关于被告人对行为性质的辩解是否影响自首成立问题的批复》（2004 年 4 月 1 日起施行）指出："……犯罪以后自动投案，如实供述自己的罪行的，是自首。被告人对行为性质的辩解不影响自首的成立。"

自首中"如实供述"的要求仅限于事实层面，即交代案件事实即可，至于犯罪嫌疑人、被告人对该事实的性质是何态度，不在认定自首的考虑范围之内。如果犯罪嫌疑人、被告人在如实交代事实的基础上认为自己构成犯罪，属于认罪悔罪或认罪认罚，是独立的量刑情节。

此外，《刑事诉讼法》规定了犯罪嫌疑人、被告人享有委托辩护人或者自行辩护的权利，这是法律赋予犯罪嫌疑人、被告人的基本权利，也是我国人权保障的题中之义。如果自首的成立要求犯罪嫌疑人、被告人必须认罪，等于剥夺了其辩护权。

2.《刑事审判参考》第221号案例裁判要旨：被告人对事实性质的辩解不影响如实供述的成立。该案中，被告人在庭审时辩解自己构成正当防卫，一审法院认为，“姜方平虽然在航埠莫家村伤害案件中能投案，并如实供述自己的罪行，但在庭审时翻供，不能认定为自首”。二审法院认为，“在一审庭审时，虽对2001年7月15日故意伤害他人的原因有不同供述，但其对实施伤害的时间、地点、手段、后果等犯罪构成要件的事实仍予供认，可认定其系自首”。

3. 本案中，孔某某如实交代了自己收下赵某、郭某等人钱款的事实，只是对相关款项的性质提出辩解，认为属于借款、礼尚往来等，这是其自我辩护的权利，并没有对事实进行隐瞒，不影响自首的认定。况且，除了以上事实，孔某某还供述了大量其他犯罪事实，均满足自动投案和如实供述的要件，自首情节能够成立。

4. 无论是被告人本人的辩护意见还是辩护人的辩护意见，均只是对行为性质的辩解，都不能作为否定孔某某自首情节成立的理由。辩护权是《刑事诉讼法》赋予犯罪嫌疑人、被告人的权利，其可以通过自行辩护和委托律师两种方式行使该权利，并不能因为被告人行使法定的辩护权就否定其自首情节的成立。

被告人孔某某主动到案，主动供述自己的罪行，特别是主动供述了办案机关尚未掌握的罪行，且全额退赃、认罪认罚，应当从宽处理；孔某某被指控的部分受贿事实不能成立，应当依法核减受贿数额。综合而言，鉴于孔某某具有认罪认罚、坦白、退赃、悔罪等情节，恳请贵院依法从轻处理。

此致

T市人民法院

被告人孔某某的辩护人：

北京市京都律师事务所律师　彭吉岳

2019年6月20日

北大高才生身陷“商业贿赂门”：中国知名互联网安全公司知识产权部总监黄某非国家工作人员受贿案

2014年，一部名为《专利凶猛》的商战小说风靡知识产权界和商界，这本书生动描绘了一幅企业专利战略全景，勾画出企业建立专利管理体系的蓝本，还涉及专利侵权诉讼的应对、企业海外参展的知识产权风险防范等诸多与企业专利工作密切相关的内容。因此，这本书已经远远超越了一个精彩故事的范畴，而蕴含着作者关于专利制度、知识产权保护、企业运营等多方面的全面研究和深刻思考。

该书的作者之一黄某——也是本案的主人公——确实是我国知识产权领域一位不可多得的人才。由于成绩优异，黄某高中毕业便被保送至北京大学，主修知识产权法和阿拉伯语。在大学时代，黄某便立志于改变中国知识产权保护的现状。

大学毕业投身工作后的黄某取得了一项项丰硕成果，在知识产权领域作出了十分突出的贡献。

2018年，黄某收到美国大使馆邀请，诚邀其前往美国进行讲学。然而就在黄某精心准备赴美讲学时，却突然被公安机关带走，涉嫌罪名是非国家工作人员受贿罪。

中国知名的互联网安全公司——B公司的知识产权部总监涉嫌犯罪，社会上顿时传言四起，“B公司知识产权部总监黄某涉嫌受贿被捕”的消息迅速见诸各大媒体报端。据称本案案发之后，美团某高管亦因涉嫌犯罪被刑事拘留，阿里、百度、京东等都曾进行过大规模的内部“反腐”工作，甚至B公司陆续又有数名高管被带走调查，互联网企业忽然掀起整顿风潮。

借钱也是犯罪?

与大家脑海中想象的犯罪金额动辄成百上千万、案情错综复杂、重大利益攸关的白领犯罪并不一样，在媒体集中报道的氛围烘托下，实际上本案似乎简单得令人“失望”。

我至今记得黄某妻子李某第一次向我讲述案情时不可置信的神态。“我老公的事情其实特别简单，”她苦笑着说道，“几年前我和黄某刚结婚的时候，我们买房买车，经济压力比较大，黄某向几个朋友借过一些钱，就是这点事，怎么成了犯罪呢?”

根据李某暂时了解到的信息，可能被指控为犯罪的事实主要有以下几起：

1. 2014 年，黄某向其北大的师兄、A 律师事务所律师顾某借款 30 万元用于买车；

2. 2015 年，黄某向其朋友、北京 YZ 公司的唐某借款 15 万元用于炒股；

3. 2015 年，黄某向其同事曹某借款 15 万元用于炒股。

因为顾某、唐某的工作单位与 B 公司存在业务合作，黄某和曹某具有职务上的上下级关系，因此，黄某便被指控利用职务便利收受他人贿赂。但是以上款项黄某基本都还清了，怎么这么多年之后“借款”忽然成了“赃款”呢？李某十分不解和焦急。

惜才而辩，全力以赴

根据李某介绍，黄某性格耿直，精通专业知识，但是对人情世故却一窍不通，在工作过程中可能无意间“得罪”了一些人。现在正值集团人事调整的关键时期，百思不得其解的她甚至认为事业蒸蒸日上的黄某是受到了他人的排挤。

黄某是否是人事斗争的牺牲品我不得而知，但我一贯坚信：黑的就是黑的，白的就是白的，罪与非罪取决于事实和证据。

会见黄某时，看守所里的他已经完全没有了昔日的意气风发，与网络上的照片判若两人，这更加坚定了我为其辩护的决心。我向黄某询问了侦查机关对其讯问的主要内容，明确了被指控的犯罪事实，与此前家属所述大致相同。在会见过程中，黄某也坚称所谓“受贿款”都是自己向朋友借来炒股等用途的钱，自己也没有在业务上给过任何人好处。因此，我们一致确定了无罪辩护的基本策略。

为了尽快向侦查机关说明案件真实情况，并争取对黄某取保候审，我向侦查机关递交了《变更强制措施申请书》，同时向检察院递交了《羁押必要性审查申请书》。除了变更强制措施的程序性事项，我还在这两份文件中对涉案几笔款项的性质进行了解释：

1. 顾某与黄某30万元经济往来的问题。黄某担任B公司知识产权部总监，曾在2014年与顾某有过30万元的经济往来，该笔钱款，黄某陈述为与顾某之间的借款，并且已经偿还。假设该笔款项为顾某律师支付给黄某，也不构成非国家工作人员受贿罪。根据《刑法》第163条规定，非国家工作人员受贿罪的成立要求行为人利用职务上的便利，为他人谋取利益并收受他人财物。

首先，黄某介绍顾某代理公司进行诉讼，仅仅只是起到一个介绍作用，公司还有其他部门进行审核，尤其是签署委托合同，进行财务结算等，均不是由黄某决定或左右的。黄某担任知识产权部总监，主要负责知识产权方面的工作，公司出现法律纠纷，作为负责人介绍自己熟悉或不熟悉的第三方专业律师事务所属于正常工作。假使黄某与顾某存在私人关系，黄某利用私人关系为顾某介绍律师业务，也不能认定为利用职务便利。

其次，黄某没有为顾某谋取利益。顾某所在的律师事务所为B公司提供法律服务，完全是合理合法的市场交易行为，且B公司也有完备的挑选第三方服务机构的制度规定，其挑选及决定程序不再受嫌疑人黄某控制，顾某律师提供了有价值的法律服务，B公司根据合同的约定与公司获益的情况向其律所支付了律师费，双方完全是正当交易，顾某律师获得的报酬是基于自己提供的法律服务，而非黄某的职权。

最后，顾某所在的律师事务所与B公司签署的是风险代理协议，其收益完全是与结果相挂钩，该代理模式本身就不存在利益输送，更不存在员工违背勤勉忠实的义务损害公司的利益。2014年的一起风险代理案件，距今已经

5年多了，现在以此刑事立案本身就让人疑惑。况且，该笔款项的支付是建立在风险代理协议基础上的，律师事务所是以实际劳动成果，经过B公司多个部门层层上报及审核得以支付的费用，合理合法获得报酬。

2. 黄某被指控的另外两起事实，即与公司同事曹某15万元和北京YZ公司（因根据嫌疑人口述记录的名称不一定完全准确）唐某律师15万元，根据黄某陈述属于其个人借款，并且已经偿还，尤其是还有给曹某还款的客观证据，不应认定为受贿款。唐某也因此事件被刑事拘留，但是未到37天时间已经被释放，不清楚是什么原因予以释放，也请贵院予以查询。据称唐某所在的律师事务所在黄某担任总监之前已经为B公司在提供法律服务，为其公司常年合作单位，本质上与黄某没有关系，黄某只是和唐某认识多年为朋友间的借款关系。

3. 目前侦查机关讯问嫌疑人的三笔款项均是发生在2014年、2015年，时间久远，根据侦查机关调取的所有财务凭证，后续也没有其他可疑的经济往来，本身也说明嫌疑人的行为举止和思想品德也是值得信赖的。

不同于国外司法系统中较高的“保释”适用率，审前高羁押率是我国刑事诉讼程序的突出特点，办案机关往往出于“稳妥”或“保险”的考虑，对犯罪嫌疑人以羁押为原则，以取保候审为例外。但这在很大程度上加大了对司法资源的消耗，也容易造成对部分犯罪嫌疑人的不当羁押。因此，刑辩律师在办案过程中提出的取保候审等申请往往石沉大海，得不到回应。

2019年5月21日，黄某被刑事拘留，6月25日被批准逮捕，时间转眼到了8月，本案却仍然迟迟没有动静。在这期间，我和助理也陆续会见了黄某几次，根据黄某的反映，侦查机关没有再提出和讯问到其他犯罪事实，并且很久没有提讯过他了。我认为，本案事实很简单，如果侦查机关长时间既不讯问，又不宣布侦查终结，就会对当事人形成一种长期的未决羁押状态，侵犯其合法权利。为此，我致函检察院请求法律监督，依法要求侦查机关应当在2个月内侦查终结，不能再次延长侦查期限，向检察院致函的部分意见如下：

《刑事诉讼法》第156条规定：“对犯罪嫌疑人逮捕后的侦查羁押期限不得超过二个月。案情复杂、期限届满不能终结的案件，可以经上一级人民检察院批准延长一个月。”

根据上述规定，普通案件应当在逮捕后2个月内侦查终结，只有案情复杂且期限届满不能终结的情况下，才可以报请上一级检察院批准延长一个月……

目前为止，侦查机关在已经查询了嫌疑人黄某及亲属相关账户信息的情况下，再也没有查询到或提及其他人与黄某有什么不正常的经济往来，如此明显、简单的事情，侦查机关显然已经完全掌握，贵院如果查询侦查机关的提审次数就可知，侦查机关虽然延长了一个月羁押期限，实际上已经没有任何作为，就是反复劝说黄某认罪。

我们的这次努力得到了回报，很快公安机关侦查终结，案件移送人民检察院审查起诉。然而，公安机关起诉意见书中认定的犯罪金额却大大超出了我们之前掌握的数额，侦查机关指控：2013年9月至2019年6月间，犯罪嫌疑人黄某任职期间，利用职务之便，收取合作公司A律师事务所高管顾某等多人贿赂90余万元人民币。

起诉意见书中采用“等多人”“余万元”之类的模糊表述，那么，本案到底涉及哪些人？每个人涉及的金额是多少？涉案金额一共是多少？之前关于这些问题只是听当事人口述，可能并不足够准确。根据《刑事诉讼法》相关规定，案件移送审查起诉之日起，辩护人可以到人民检察院复制卷宗，为了准确查明上述问题，我迅速赶往检察院复制了本案卷宗。

审查起诉阶段“辩掉”一半涉嫌犯罪数额

拿到卷宗后，我一本本进行翻阅，对卷宗中涉及的“行贿人”及“行贿数额”进行了全面的梳理，生怕漏掉任何一项。经整理，侦查机关所谓“90余万元”贿赂款由顾某、唐某、曹某、王某峰的相关款项构成（详见附件1表18）。

然而上述款项当中，部分款项在案发前已经归还，部分款项行贿人自己都出具书面说明进行了否认，这些部分不能计入犯罪数额。在我向检察院递交的法律意见中，对犯罪数额问题进行了重点说明，指出：公安机关指控的

90余万元涉案款项，至少有45万元根本不存在。

1. 顾某所谓给予黄某的30万元现金，黄某已经通过书面说明否认该起事实的存在，顾某自书的《情况说明》：“之前笔录提到的现金交付的情况，因为时间间隔较长，无法确认。属于记忆错误，恳请谅解。”因此，该笔30万元应予排除，顾某涉案金额只有30万元。

2. 曹某借给黄某的15万元已经归还。根据曹某陈述：“问：黄某还你钱了吗？答：还了。”这表明该笔款项确实是借款，且已经偿还，不应纳入指控范围。

因此，公安机关指控的90余万元的涉案事项，至少有45万元是根本不存在的，其余47万元也属于借款而非贿赂款。

最终，检察院本着实事求是的态度采纳了辩护人的意见，对于顾某所称的现金30万元、曹某15万元、王某峰2万元等三项事实没有进行认定。在公安机关认定犯罪数额90余万元的情况下，检察院移送审查起诉时依法将犯罪数额认定为45万元，足足削减了一半。指控的事实只剩下两起：顾某行贿30万元、唐某行贿15万元。

细节是魔鬼——细致阅卷发现关键证据

减少犯罪数额并不是我们的最终目的，我们的辩护目标是全案无罪。在刑事诉讼中，只有证据体系达到“证据确实、充分”才能给被告人定罪。根据《刑事诉讼法》相关规定，“证据确实、充分”有三个层面的含义：（1）定罪量刑的事实都有证据证明；（2）据以定案的证据均经法定程序查证属实；（3）综合全案证据，对所认定事实已排除合理怀疑。

本案中，黄某与相关人员发生过经济往来的事实没有疑问，争议核心在于经济往来的性质——是借款还是贿赂款？对此，在案证据中所谓“行贿人”的证言和被告人供述完全相反，似乎谁也没有充分理由说服另一方。

机遇往往隐藏在细节当中，我在逐笔翻阅厚厚的银行流水及相关票据的过程中发现，被指控的两笔款项在银行流水中均备注为“借款”。结合黄某供述，其向唐某借款15万元是用于炒股，向顾某借款30万元是用于买车。与此相对，在黄某银行流水当中，在其收到唐某15万元之后几天，便将其转入自己的炒股账号，在收到顾某30万元之后的几天，黄某的爱人也确实购买了一辆汽车，有购车合同及相关票据为证。

有了客观证据的印证，正义的天平得以倾向被告人一方。为了使法官以最直观的方式了解辩护观点及相关证据，我在开庭前以“重点关注事项”的形式向法院递交了法律意见，采取“重点关注事项+证据索引+证明事项”的方式，简洁地陈述了辩护观点，使法官能够用最少的时间掌握辩护观点的主干。以涉案款项性质为例（详见附件2）。

我针对涉案款项性质、黄某是否具有职务便利、是否为顾某等人谋取了利益等问题，陆续向法院提交了多份书面法律意见，并多次与法官进行了沟通，在正式开庭之前使得法官对案件真正的来龙去脉有了充分的了解，避免其仅仅通过公诉机关提供的卷宗了解案件事实，而形成不利于被告人的倾向性意见。

庭审氛围的变化

元旦过后，本案正式开庭审理。审判长一开始向被告人提出一连串问题：顾某的律所要与B公司合作，是不是不需要经过你的审核？没有你的批准，B公司能否向合作单位支付法律服务费用？既然你辩解说涉案款项已经归还，那你有还款证据吗？一时间，被告人面临着巨大的心理压力。

我抓住向被告人提问的发言机会郑重指出：辩护人十分尊重法庭查明事实的职责，但根据法律规定，法庭居中审判，立场不同于公诉方。指控和举证的责任由公诉方承担，自证清白是被告人的权利而非义务，请法庭调整发问的方式。

在随后法庭辩论的环节，我开门见山地指出：本案事实没有争议，关键在于涉案款项性质的认定，这本质上属于一个证据规则适用的问题。以顾某部分事实为例，证据情况可以直观地展示如下，应该如何采信一目了然。

指控为贿赂款的证据：	vs	应认定为借款的证据（至少不排除为借款）：
顾某证言 （自相矛盾）		1.直接客观证据：交易明细 2.间接客观证据：买车事实 3.黄某供述：借款买车 4.黄某妻子李某证言：买车

图 6　证据情况对比

同时，关于黄某是否有职权为顾某、唐某等谋利的问题，辩护人将整个合同签订过程及款项支付过程中，B 公司各个部门的审批流程按照时间顺序整理成表格，发现黄某只是其中一个环节而已，其根本不具有为他人谋利的职权，又何谈“受贿”呢？

随着论证的深入，审判席上法官和陪审员的神态逐渐变得凝重，整个法庭似乎也更加庄严——本案的诸多疑点被当庭揭示，或许辩论意见确实说到了审判人员的心里，引起了他们的思考。

最后我真诚地说出了自己的真心话：辩护人正是不忍心看到国家的优秀人才蒙受不白之冤才接受被告人的委托。或者说，即便黄某真的有错误，也要罚当其责。刑事追责稍有不妥，就可能毁掉一个人，毁掉一个家庭对美好生活的向往。因此，对刑事司法权的行使要慎之又慎，相信人民法院能够严格依法判案。

给院长写信不为求情只请求依法审判

开庭完毕，辩护人除了向法院提交书面辩护词，还向审判长及法院相关领导寄去了一封信，我在信中这样写道：

辩护人之所以接受委托，完全是出于痛惜人才的考虑。本人自担任辩护律师以来，第一次如此向院长、庭长、审判长写信，本人确实担心，也确实渴望，渴望本案真的能够严格按照法律的规定予以审判。

黄某虽然年轻，但却已在我国知识产权领域作出了非凡的贡献。

辩护人并不是意图通过他以往的成就来为现在的其被指控的“罪行”开脱，而是请求，假使黄某被“勉强”定罪，这不是黄某一个人的损失，而是整个知识产权界的损失！

辩护人写下此封信并非为了求情，只希望贵院能够恪守立场，严格在法治框架内审判本案，严格适用《刑事诉讼法》证据规则和证明标准，避免冤假错案的发生。相信法治的春风，一定能够拂过黄某的脸庞！

附件：法律文书

附件1：审查起诉阶段法律意见

关于黄某被指控受贿的款项实为借款，
且并未利用职务便利为他人谋取利益，
不构成非国家工作人员受贿罪
法律意见

北京市京都律师事务所接受犯罪嫌疑人黄某家属的委托并经其本人同意，指派彭吉岳律师担任黄某的辩护人，辩护人已经认真阅读了本案卷宗，多次会见了黄某，对本案有了充分的认识。

辩护人认为：黄某被指控涉嫌非国家工作人员受贿罪的“受贿款”实为借款，黄某也没有利用职务便利为他人谋取利益，其不构成非国家工作人员受贿罪，理由如下：

一、公安机关指控的90余万元涉案事项，至少有45万元根本不存在

根据侦查机关起诉意见书［京公×诉（2019）字第××号］，侦查机关只是概括指控黄某“收取合作公司A律师事务所高管顾某等多人贿赂90余万元人民币”，但并未明确具体涉及哪些人，每人涉及多少金额。

根据案卷中的信息，辩护人对涉案人员及涉及金额整理如下：

表18　涉案金额统计

姓名	金额	时间	是否已归还
顾某	60万元（其中30万元顾某认为记忆错误，无法确认）	2014年7月	顾某陈述暂未归还
唐某	15万元	2015年9月	唐某陈述暂未归还
曹某	15万元	2015年9月	黄某及曹某均确认已归还
王某峰	2万元	2014年1月	无王某峰陈述

上述款项共计92万元，但是至少以下部分没有证据认定为受贿款：

1. 顾某所谓给予黄某的30万元现金，黄某已经通过书面说明否认该起事实的存在，顾某自书的《情况说明》：“之前笔录提到的现金交付的情况，因为时间间隔较长，无法确认。属于记忆错误，恳请谅解。”因此，该笔30万元应予排除，顾某涉案金额只有30万元。

2. 曹某借给黄某的15万元已经归还。根据曹某陈述（卷七，P85）：“问：黄某还你钱了吗？答：还了。”这表明该笔款项确实是借款，且已经偿还，不应纳入指控范围。

因此，公安机关指控的90余万元的涉案事项，至少有45万元是根本不存在的，其余47万元也属于借款而非贿赂款。

二、没有客观证据证明黄某收到的款项为受贿款，相反有客观证据证明涉案款项实际上是借款，且其中部分已经偿还

1. 顾某通过赵某环账户向黄某妻子李某转账的30万元备注为借款。根据李某的银行流水，2014年7月1日赵某环账户的30万元转账备注为借款。

2. 唐某向黄某转账的15万元备注为借款，且唐某陈述该笔款项借给黄某炒股。根据黄某银行流水，唐某于2015年9月6日向黄某分三笔转账15万元，备注均为借款。

唐某也多次供述给黄某的15万元是借款，用于黄某炒股。如：“问：你为何要将钱借给黄某？答：因为我们是朋友，他遇到股灾，他的股市要爆仓，所以我就借给他了。”

这与黄某的供述也相互印证，关于向唐某借款的原因，黄某供述：“问：你为何找唐某借钱？答：因为当时股市不景气，我借钱炒股。”此外，黄某找曹某借钱也是出于相同的目的，且时间一致。这说明黄某当时确实炒股赔了钱，找他人借钱炒股。

因此，存在直接客观证据证明顾某、唐某给予黄某的款项是借款，虽然没有借条且尚未归还，但这并不代表相关款项并非借款。根据黄某供述，除涉案人员外，黄某还向很多人借过款，很多时候也没有出具借条。况且，黄某与顾某、唐某都是多年的好朋友或同学，关系亲近，不出具借条也在情理之中。

同时，顾某、唐某关于涉案款项为贿赂款的证言只是单方面言词证据，特别是唐某，其口供一直稳定一致，认为涉案15万元是借款，其作出涉案款项为贿赂款的供述是在侦查机关多次讯问之后，不排除其受到压力作出虚假供述的可能。

综上，没有客观证据证明涉案款项是贿赂款，相反有银行转账记录直接证明相关款项是借款，且与唐某、黄某等人供述相互印证，应当认为涉案款项为借款而非贿赂款。

三、必须坚持主客观一致原则，不能排除涉案款项为借款的合理怀疑，不能得出涉案款项为受贿款的唯一结论

犯罪的认定要坚持主客观一致原则，言词证据应当要有客观证据的印证，特别是在言词证据存在矛盾的情况下。

本案中，只有顾某等人的言词证据表明涉案款项是贿赂款，此外没有任何客观证据证明。相反，有客观的转账记录证明涉案款项为借款。

一般情况下，客观证据的证明力要高于言词证据，言词证据具有主观性和模糊性。本案中，唐某前期稳定供述涉案款项为借款，在遭受多次讯问之后流露出索贿的意思，背后的原因令人怀疑；顾某多次陈述送给了黄某60万元，其中转账30万元，现金30万元，后来却又作出说明，称30万元现金存在记忆错误，这说明顾某的证言本身可信度就很低，其之前的陈述不排除受到不正当因素干扰的可能。

综上，本案中认定相关款项为贿赂款的证据基本只有言词证据，但种种情况表明顾某、唐某等人证言具有一定的不稳定性和模糊性，不排除本案有案外干预的可能性，使证人受到了压力。因此，对证言的采信应当慎之又慎，更加注重客观证据，依法认定涉案款项为借款。

四、黄某没有利用职务便利为他人谋取利益

根据《刑法》第163条规定，非国家工作人员受贿罪的成立要求行为人利用职权为他人谋取利益。本案中，没有证据证明黄某为顾某、唐某等人谋取了利益。

顾某是A律师事务所律师，唐某是北京YZ公司总经理，该两家机构均与B公司相关公司签订过专利代理合同或法律服务合同。

根据黄某供述，A律所和北京YZ公司本来就是B公司的合作机构，而并非因黄某个人原因才成为合作方。同时，根据北京QFT公司提供的《情况说明》也能够证明B公司与上述两家机构存在合作关系。

此外，黄某并非法务部“一把手”，其无权单独决定合作机构的选择以及款项结算等事项。关于和A律所的合作，黄某供述："我就是在得知他们事务所能够解决公司商标疑难问题后，我推荐给公司，最终经过公司上级批准与我公司形成合作关系的。"可见，是否能够合作，最终还需要上级批准，并非黄某说了算。

在款项结算方面，黄某也不能提供便利。根据案卷中法务部支出合同审批表，给A律所等合作方的费用需要在公司层层审批后才能支付，这也不是黄某所能单方面决定的。B公司委托律所、专利公司等机构为其提供服务，并向其支付费用，这是完全正当的法律服务交易，费用完全符合市场一般情况，黄某也没有权力决定服务费的高低，律所及专利公司只是按照约定获取报酬，没有获取其他任何额外利益。

综上，本案中黄某没有为顾某、唐某等人谋取利益，也不具有为其谋取利益的职权条件，没有形成权钱交易，不符合非国家工作人员受贿罪的构成要件。

五、黄某毕业于北京大学，在知识产权领域是难得的人才，本案是否得到公正审理关乎其对待社会的态度

黄某高中毕业即被保送至北京大学，主修知识产权法和阿拉伯语，毕业后投身知识产权领域并很快作出了令人瞩目的成绩，黄某等所著的《专利凶猛》一书被喻为"国内第一部关于中国企业专利战略的商战小说"，足见其是知识产权领域的高端、稀缺人才。

当下我国大力提倡技术创新，知识产权在国际竞争中的重要性也越发突出，在这样的大背景下，一个高端知识产权人才能够得到司法的公正处理，不仅关乎其个人命运，甚至也关乎国家重视知识产权的战略是否能够得到有效落实。本案如果得不到公正处理，恐怕会令包括黄某在内的广大人才心寒，造成国家人才资源的损失。

六、本案无罪理由非常充分，建议贵院变更强制措施，不要对嫌疑人造成长时间羁押的伤害

根据以上论述，黄某不构成犯罪的理由极其充分，且本案所涉嫌的罪名为经济犯罪，黄某人身危险性很小，相关证人也已经调查完毕，证言已经固定，不再有串供风险，因此综合各方面因素，已无必要对黄某继续羁押，请贵院对其变更强制措施，本案同样能够顺利办理。

综上，辩护人认为黄某无罪，以上意见请贵院予以参考，请贵院深入了解案件背景，审慎审查证据，依法得出无罪结论。

此致

北京市C区人民检察院

犯罪嫌疑人黄某的辩护人：

北京市京都律师事务所律师　彭吉岳

2019年9月29日

附件2：审判阶段请求法院重点关注若干问题法律意见

请求法院重点关注黄某涉嫌非国家工作人员受贿罪一案中将涉案款项认定为受贿款明显证据不足、黄某未利用职权为他人谋取利益法律意见

致：北京市C区人民法院

北京市京都律师事务所接受犯罪嫌疑人黄某家属的委托并经其本人同意，指派彭吉岳律师担任黄某的辩护人，辩护人已经认真阅读了本案卷宗，多次会见了黄某，对本案有了充分的认识。

请求重点关注事项：

黄某涉嫌非国家工作人员受贿罪一案，请求合议庭在阅卷时重点关注以下事项：

1. 顾某、唐某向黄某及李某转账，备注均为借款，这是关于款项性质的唯一的、直接的、客观证据，此外均是言词证据，在被告人和行贿人言词证据不一致，客观证据还显示为借款的情形下，涉案款项定性为受贿款项明显证据不足，远未达到确实、充分的证明标准；

2. 通过B公司合同审批流程、款项支付审批流程可知，黄某没有单独决定合作对象和款项结算的职务便利，无法利用职权为顾某、唐某谋取利益；

3. 根据唐某供述，其所在的北京YZ公司原本就是B公司的合作伙伴，并非黄某安排。

证据及证明事实：

一、转账凭证作为唯一客观证据，证明涉案款项为借款

证据索引：

1. 李某银行账户交易明细；

2. 北京XA汽车有限公司销售合同、记账凭证等；

3. 黄某银行账户交易明细。

该证据可以证明如下事实：

1. 2014年7月1日，顾某通过赵某环账户向李某账户转账的30万元为借

款。首先，银行转账备注为借款。其次，黄某供述：“问：2014 年 7 月 9 日，李某……进账 30 万元人民币是什么钱？答：是因为当时我们家要买车，找人借的 30 万元借款。”

2014 年 7 月 16 日，黄某的妻子李某在北京 XA 汽车有限公司消费 435903 元，购买奥迪车一辆。

综上，银行流水、黄某供述、李某购车手续等证据相互印证，足以证明该笔 30 万元款项为借款。

顾某主张该笔款项为向黄某的贿赂款，只有顾某自己的证言，除此之外，没有任何证据相互印证；此外，顾某一开始声称向黄某行贿的数额为 60 万元，后来又通过书面说明自称有 30 万元系记忆错误，表明其证言的可信度非常低。

2. 唐某 2015 年通过银行转账支付给黄某的 15 万元是借款。黄某银行账户明细显示该笔款项备注为借款。唐某也多次供述说黄某向其借钱是因为遇到股灾，补仓所用。同一时期，黄某还曾向曹某借款 15 万元，同样用于炒股，并且已经偿还。

综上，唐某供述与银行流水等证据相互印证，足以证明该笔 15 万元的款项为借款。

二、黄某没有单独决定合作对象和款项结算的职务便利，无法利用职权为顾某、唐某谋取利益

证据索引：

1. B 公司与 A 律师事务所合同审批表；

2. B 公司律师费支付审批流程。

该证据可以证明如下事实：

无论是合同审批过程，还是款项支付过程，B 公司都有一套严密的审批流程，黄某只是这个流程中的一环，其并不具有单独决定权，无法利用自身职务便利为顾某或唐某谋取利益。

B 公司合同审批流程整理如下：

表 19　B 公司合同审批流程

审批主体	审批时间	审批意见
吴某	2013. 12. 27	

续表

审批主体	审批时间	审批意见
赵某	2013. 12. 27	
黄某	2013. 12. 30	同意。
傅某	2013. 12. 31	同意。
丁某	2014. 1. 8	合同中关于付款的条款与审批单中的表述不符。另外，合同第 3 条第 5 款规定的费用是否会给我们造成额外的开支?
丁某	2014. 1. 9	赵某，请看附件中的修改意见并与对方确认。
赵某	2014. 1. 21	上传新版本。
丁某	2014. 1. 21	赵某，由于对方把按小时收费的条款又加回来了，会影响到违约条款部分的我方违约责任，我作了部分修改，请确认一下。
赵某	2014. 1. 26	对方又稍改了条款。
丁某	2014. 2. 11	赵某，请将最终的合同上传发起人附言处。
林某	2014. 2. 11	暂存待办。
丁某	2014. 2. 13	赵某，合同条款调整了一下顺序。请确认无误后上传发起人附言。实质条款未改动。
林某	2014. 2. 17	回退。
丁某	2014. 2. 18	第 7 条第 4 款按小时收费的条款进行了修改，赵某，请上传附件。
赵某	2014. 2. 18	提交了，请加快处理，谢谢。
林某	2014. 2. 18	同意。
姚某	2014. 2. 18	已阅。
吴某	2014. 2. 18	模板，授权金额以上。
田某	2014. 2. 19	因合同约定签订后 7 日内我司应支付基础服务费 20 万元，请经办人修改签约日期，按实际签约日填写，以避免我司违约。
宋某	2014. 2. 19	商标申请法律服务合同，内容以发起人附言 2014 年 2 月 18 日 16：00 附件为准。申请人按照初审律师意见修改签约日期。否则我司将面临付款违约。
宋某	2014. 2. 19	申请人已修改，内容以发起人附言 2014 年 2 月 19 日 11：26 附件为准，并已提醒业务注意……金额以上，请张某律师审批，并提交齐总。
张某	2014. 2. 19	同意。
qxd	2014. 2. 19	同意。

B 公司款项支付流程审批如下（以 2015 年 3 月 19 日 120 万元律师费支付审批过程为例）：

表 20 B公司款项支付审批流程

审批主体	审批时间	审批意见
黄某洋	2015.2.28	合同已签署完毕。
赵某	2015.2.28	
黄某	2015.3.9	商标证已经拿到，同意。
傅某	2015.3.12	
孙某珠	2015.3.16	同意。
林某	2015.3.16	同意。
分发助理	2015.3.16	已阅。
姚某	2015.3.17	同意。
qxd	2015.3.17	同意。
梁某静	2015.3.17	先款后票，收到发票后请及时提交至财务。
刘某	2015.3.19	
秦某	2015.3.19	
宋某杰	2015.3.20	

B公司与唐某所在的北京YZ公司的合同审批及款项支付流程与上述流程基本一致，不再赘述。

三、北京YZ公司在黄某入职之前就是B公司的合作伙伴，黄某没有为其谋取利益

证据索引：

唐某供述

该证据可以证明如下事实：

唐某供述："问：你们公司什么时间跟B公司开始合作的？答：是2012年……问：你什么时间跟黄某在B公司有业务往来的？答：是从2013年开始。"

唐某供述："问：你们公司是如何与B公司开始合作的？答：我们公司是2012年通过原来爱国者公司的业务伙伴曹某，认识了B公司的法务总监傅某，曹某向傅某介绍了我们公司的业务情况，傅某听了我们的介绍后，就让我们公司跟B公司合作了。2013年黄某进入B公司法务部负责知识产权业务后，我们就跟黄某打交道了。问：你们公司与B公司进行合作，经过什么审批流程了吗？答：我不记得有什么招标类的审批流程，就是傅某认可后我们就开始合作了。”

由此可见，北京YZ公司与B公司合作，并非黄某介绍安排，其本就是B公司合作伙伴，承接B公司知识产权代理业务本来就是正常业务工作，而非黄某为其谋取的利益。

以上问题请贵院重点关注，有确实、充分的证据证明涉案款项是借款，且黄某不具有职务便利，也没有为他人谋取利益，不符合非国家工作人员受贿罪的构成要件。

此致

北京市C区人民法院

被告人黄某的辩护人：

北京市京都律师事务所律师　彭吉岳

2019年12月13日

附件3：审判阶段辩护词

关于黄某涉嫌非国家工作人员受贿罪一案
辩护词

尊敬的审判长、人民陪审员：

北京市京都律师事务所接受被告人黄某家属的委托并经其本人同意，指派本人担任黄某的辩护人，本人已经认真阅读了本案卷宗，多次会见了被告人黄某，并于2020年1月10日上午参加了庭审，对本案有了充分的认识。

辩护人认为：没有充分证据证明黄某与顾某、唐某的两笔经济往来为受贿款；相反，客观证据证明为借款，黄某也认为是借款，至少不排除为借款的可能。本案中，也没有证据证明黄某利用职务便利为顾某或唐某谋取了利益，指控黄某涉嫌非国家工作人员受贿罪，明显证据不足，黄某不构成非国家工作人员受贿罪。理由如下：

本案中，起诉书指控就两起事实，一是指控被告人黄某收受了A律师事务所顾某30万元好处费；二是指控黄某收取了北京YZ公司唐某好处费15万元。

一、顾某事实部分：仅有顾某证言指证涉案30万元为贿赂款，但顾某证言前后矛盾，且与黄某一直供述就是借款相矛盾，唯一的客观证据银行汇款明细中明确备注信息也为“借款”

黄某确实收到了顾某30万元的款项，黄某借款的理由是买车，买车的事实控辩双方也没有异议，但是该款项不是贿赂款，而是借款，理由如下：

1. 银行交易明细明确备注涉案30万元为“借款”。根据李某招商银行账户交易明细，2014年7月1日赵某环账户向其转账的30万元备注为“借款”。

这份银行交易明细是本起事实中，唯一能够直接证明款项性质的客观证据。顾某关于该笔款项为行贿款的证言与这一客观证据相互矛盾，也没有任何客观证据与之相印证。

2. 李某买车的客观证据与黄某关于借钱买车的供述相互印证。根据黄某供述，涉案30万元款项为借款，用于买车。从客观证据来看，2014年7月1日，顾某通过赵某环账户向黄某妻子李某转账30万元，7月16日，李某即在北京XA汽车有限公司购买了奥迪车一辆，价款435903元。

因此，黄某关于涉案款项为借款的供述并非孤立的辩解，而有着客观证据的佐证，说明其供述更有说服力，而非凭空编造的。

3. 顾某的证言自相矛盾，无法得到合理解释。根据顾某第一次证言："问：是黄某跟你要的，还是你给的？答：黄某并没有很直白地要过钱，但是在谈的时候流露过需要一些感谢的费用（完全是主观推断）"；顾某第二次证言："你给黄某转账的30万元备注是'借款'是怎么回事？答：是黄某和我商量的……"

一方面，顾某说黄某没有直接向其要钱；另一方面，顾某又说黄某与其"商量"，这是两种完全不同的方式，顾某证言自相矛盾。另外，根据辩护人会见黄某时他的表述及法庭上黄某的陈述，黄某根本就不知道顾某在转账时备注了"借款"，不然肯定在侦查机关讯问时就提示办案人员查阅交易备注信息了。既然黄某在讯问笔录中从未以此辩解，说明其根本就没有与顾某进行商量所谓好处费的数额或者备注方式，可见顾某的证言证明的事实不能成立。

4. 顾某证言充满变动性和随意性，客观性极低，不足采信。顾某一开始声称其给过黄某60万元好处费，其中30万元为转账，30万元为现金。关于现金部分，顾某曾亲自出具说明材料，承认"属于记忆错误"。既然顾某记忆如此不准确，那么如何能保证其关于转账的30万元为贿赂款的证言就是准确的呢？

5. 如果顾某真的向黄某行贿30万元，则涉嫌非国家工作人员行贿罪，但其至今未受到任何责任追究，也没有被采取强制措施，不排除顾某作出了不实陈述或许另有隐情。本案中，顾某只在2019年5月21日作为证人接受过两次询问，其在笔录中自称向黄某行贿60万元，而侦查机关却没有对其犯罪事实展开进一步调查或者对其采取刑事强制措施，而是全力追究黄某的责任；相反，另外涉及15万元款项的唐某，却被公安机关刑事拘留关押在朝阳看守所多日，办案中如此区别对待情况，让人匪夷所思。

另外，在侦查阶段顾某便出具情况说明否认曾给黄某30万元现金，而起诉意见书仍然认定该笔数额为受贿金额予以指控黄某，本案从立案到侦办的客观性、公正性已无须多言。敬请法庭注意，保持法庭审理案件的独立性，毕竟案件责任最后的承担者是审判者。

6. 黄某辩解已归还顾某30万元，时间已久难以提供客观证据，属于存疑事实，应当按照存疑有利于被告人原则，作出对黄某有利的认定。

综上，关于顾某部分30万元款项性质是借款还是贿赂款，支持不同定性的证据体系十分简单明了，天平偏向哪端一目了然：

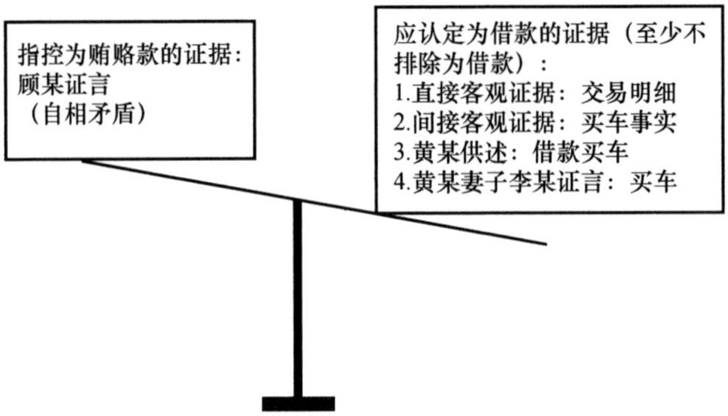

图7　证据情况对比

在这样的证据对比之下，再按照刑事诉讼中确定的证据规则，如孤证不能定罪，言词证据和客观证据相互矛盾时的取舍，存疑的事实应该按照有利于被告人的原则进行解读，等等，请求法庭按照《刑事诉讼法》证据规则予以判定。

二、唐某事实部分：唐某稳定供述涉案15万元为借款并用于炒股，与银行交易明细、黄某供述相印证，且唐某中间进行了讨要，只是在被羁押多日后在最后一次笔录中陈述个人推定为索贿

有充分证据证明黄某与唐某的15万元的经济往来为借款，不属于受贿款，理由如下：

1. 银行交易明细明确备注涉案15万元款项为借款。根据黄某招商银行交易明细，唐某于2015年9月6日分三笔共向黄某转账15万元，备注信息均为借款。这份银行交易明细是本起事实中，唯一能够直接证明款项性质的客观证据，且与黄某、唐某等人的言词证据相互印证。

2. 唐某15万元与曹某、郭某等人共计36万元借款确实转入黄某股票账户，与唐某借款炒股的供述相互印证。根据黄某招商银行交易明细，除2015年9月6日唐某向黄某转账15万元之外，郭某9月6日向黄某转账10万元，曹某9月7日向黄某转账11万元，以上几笔款项共计36万元，均备注为借款。9月10日，黄某即将36万元从招行账户转入其平安证券的炒股账户。

黄某被讯问和开庭时均表示：2015年自己遇到股灾，自己曾向很多人借钱补仓，唐某只是其中之一。根据上述客观证据显示，黄某确实将相关款项用到了炒股上，并且有证据证明其中曹某的钱已经归还，这表明唐某转账给黄某的15万元确实为用于炒股的借款。

3. 黄某、唐某均供述该笔款项为借款，用途是炒股，二人供述与客观证据相互印证。黄某供述："问：2015年9月6日，唐某向你招商银行银行卡上打款15万元是什么钱？答：是我向唐某的借款。问：你为何找唐某借钱？答：因为当时股市不景气，我借钱炒股。"

唐某供述："在2015年9月我借给黄某15万元……他就向我阐述他遇到了股灾，股市赔了很多钱，想找我借点钱……因为我们是朋友……我就借给他了。"

黄某、唐某供述、银行交易明细共同证明，唐某转账给黄某的15万元是借款。

4. 唐某最后一次供述称黄某"变相索贿"，属于猜测性证言，不能作为证据使用，而且唐某也没有否认借款性质。2019年6月25日，唐某在被刑事拘留后的第十天，供述称："我认为黄某当时找我借钱是不妥，因为我们之间是有合作关系的。而且后期他一直拖着不还给我钱，就是变相的索贿。"

首先，唐某在这次供述中并没有改变涉案款项为借款的性质，只是认为借钱的方式不妥，但仍然是借款。其次，唐某关于"变相索贿"的说法属于猜测性证言，不具有证据资格。根据《最高人民法院关于适用〈中华人民共和国刑事诉讼法〉的解释》（以下简称《刑诉法解释》）第75条第2款规定："证人的猜测性、评论性、推断性的证言，不得作为证据使用，但根据一般生活经验判断符合事实的除外。"因此，唐某关于"变相索贿"的证言不能作为定案依据。

5. 根据在案证据，唐某转账给黄某15万元之前，B公司仅向北京YZ公司支付了94000元，唐某不可能拿出15万元向黄某行贿。卷宗中只有两份北京YZ公司和B公司相关公司的合同，合同编号分别是QH-E-201505-00ABC和QZ-201505-00EFD，这两份合同项下，B公司于2015年7月15日向北京

YZ 公司付款两笔，共计 94000 元。且根据唐某供述：“问：你们公司代理 B 公司申请专利业务的利润是多少？答：利润是在 5% 左右。”如此微薄的服务费和利润率下，唐某不可能承担亏损而向黄某行贿。

6. 唐某在第一次、第二次陈述中（2019 年 6 月 14 日、17 日），均认同是借款，且有讨要借款、承诺还款的过程，在最后一次笔录中也仍然坚持是借款，只是认为方式“不妥”，并认为是“变相索贿”。随着被羁押时间的增加，唐某的供述才出现上述变化，不排除其受到威胁和压力，才作了如上供述。

综上，唐某、黄某的供述、银行交易明细等证据共同印证，涉案 15 万元款项就是用于炒股的借款，这一点连所谓“行贿人”都不否认。从严格意义上讲，根本没有任何证据证明该笔款项是行贿款，唯一存在的只是唐某在被羁押多天之后、迫于巨大压力之下的主观推测，这只是意见性陈述，并无任何证据的印证，该项指控不能成立。

三、本案两起事实的证据体系均没有达到确实、充分的证明标准，无法排除涉案款项为借款的合理怀疑，不能认定犯罪成立

本案的核心争议焦点是证明标准问题，具体而言是：公诉机关指控顾某、唐某两笔涉案款项为贿赂款的证据是否达到了确实、充分的证明标准的问题。纵观全案证据，指证顾某 30 万元为贿赂款的证据只有顾某证言；指证唐某 15 万元为贿赂款的内容只有唐某证言，如前所述，根据刑事诉讼证据规则，该证言属于猜测性证言，不得作为证据使用，因此，从严格意义上讲，没有任何证据证明唐某 15 万元款项为受贿款。

1. 根据对证人证言的审查规则，顾某、唐某关于涉案款项为贿赂款的证言真实性很低，唐某部分证言不具有证据资格。《刑诉法解释》第 74 条规定：“对证人证言应当着重审查以下内容：……（二）证人作证时的年龄，认知、记忆和表达能力，生理和精神状态是否影响作证；（三）证人与案件当事人、案件处理结果有无利害关系；……（七）证人证言有无以暴力、威胁等非法方法收集的情形；（八）证言之间以及与其他证据之间能否相互印证，有无矛盾。”

首先，顾某、唐某与本案存在利害关系，假使黄某构成犯罪，其二人则可能被追究对非国家工作人员行贿罪的责任，为求自保，其可能作出不真实的陈述。

其次，定罪证据只有顾某、唐某证言，且证言与银行交易明细等客观证据相互矛盾，也没有任何其他证据相互印证，可信性极低。

最后，顾某关于30万元现金部分自认存在记忆错误，这表明其记忆状况已经影响其如实作证；唐某关于“变相索贿”的陈述属于猜测性表述，根据《刑诉法解释》第75条，不得作为证据使用。

综上，本案核心指控证据只有顾某、唐某证言，但根据对证人证言的审查认定规则，可以发现该二人证言受到多方面影响，真实性、客观性极低，依法不应采纳。

2. 仅以证人证言定罪，远远没有达到确实、充分的证明标准。即便采纳顾某、唐某的全部证言，本案也不能达到确实、充分的证明标准。《刑事诉讼法》第55条第2款规定：“证据确实、充分，应当符合以下条件：（一）定罪量刑的事实都有证据证明；（二）据以定案的证据均经法定程序查证属实；（三）综合全案证据，对所认定事实已排除合理怀疑。”

本案中，现有证据最多只能证明，顾某和唐某认为涉案款项为贿赂款。但是对于行贿的原因、行贿受贿的合意、商谈的过程、黄某是否具有职务便利、如何谋取利益、牟利金额以及行贿数额的比例等问题，均无证据予以证明。

根据《刑诉法解释》第64条规定：“应当运用证据证明的案件事实包括：（一）被告人、被害人的身份；（二）被指控的犯罪是否存在；（三）被指控的犯罪是否为被告人所实施；（四）被告人有无刑事责任能力，有无罪过，实施犯罪的动机、目的；（五）实施犯罪的时间、地点、手段、后果以及案件起因等；（六）被告人在共同犯罪中的地位、作用；（七）被告人有无从重、从轻、减轻、免除处罚情节；（八）有关附带民事诉讼、涉案财物处理的事实；（九）有关管辖、回避、延期审理等的程序事实；（十）与定罪量刑有关的其他事实。认定被告人有罪和对被告人从重处罚，应当适用证据确实、充分的证明标准。”

本案中，依法应当查明的诸多事实情节均没有查明，对于犯罪构成要件没有证据予以证实，依法不能认定犯罪成立。

四、不能因为没有借款协议、没有证据证明借款已经归还就是受贿，要严格按照非国家工作人员受贿罪的构成要件认定犯罪

1. 人情社会，朋友间借款不写借款协议并不少见，借款协议不是认定借贷关系的充分必要条件。虽然黄某与顾某、唐某并没有签订借款协议，但这种做法也并不违反一般社会现实，况且顾某、唐某均已在银行交易明细中备注是借款。同时，黄某向曹某借款15万元，也没有签订借款协议，且借款后至最后偿还也长达3年多之久，但该笔借款已经偿还，不影响该笔款项作为借款的定性。

2. 不能因为没有证据证明已经还款就是受贿。指控的逻辑之一在于：既然黄某辩解涉案款项为借款，但为何一直没有归还？首先，根据黄某供述，两笔涉案款项其均已归还，只不过是以其演讲、著书的现金报酬所还，且时间久远，难以提供客观证据证明。其次，还款时间并非判断款项是否为借款的依据，黄某2015年9月向曹某借款，2018年才偿还，历时3年，该笔款项同样还是借款性质。

3. 如果认为借款不还就是犯罪，那么将严重混淆刑法与民法的界限，所有的民间借贷纠纷都有可能被认定为诈骗罪、贿赂犯罪等，这不符合法学理论，也违反证据规则。

五、黄某不具有在业务获取和款项支付方面为A律师事务所和北京YZ公司谋取利益的职务便利

根据《刑法》第163条规定，非国家工作人员受贿是指公司、企业或者其他单位的工作人员利用职务上的便利，索取他人财物或者非法收受他人财物，为他人谋取利益，数额较大的行为。"利用职务上的便利"与"为他人谋取利益"是本罪重要的客观构成要件要素。

1. 在合同审批方面，黄某只是审批流程的一环，不具有决定由哪个机构承接B公司知识产权业务的职权。A律师事务所与B公司签订的《法律服务合同》审批流程如附件2表19。

可见，B公司在合同审批方面具有严格的流程，并非黄某一个人就能决定与哪个公司签订合同以及合同内容，合同审批过程中会进行反复修改，最终由黄某的上级审批通过。

2. 在合同款支付方面，黄某也只是审批流程的一环，不具有决定付费金额、方式等的职权，且案卷中北京YZ公司4笔费用的支付均没有黄某参与审批。以2015年3月19日向A律师事务所支付120万元律师费为例，审批流程如附件2表20。

黄某也只是整个审批流程的一个中间环节，并且在向北京YZ公司支付4笔费用的过程中，黄某均没有参与审批，详见付款申请单。

六、黄某没有为A律师事务所或者北京YZ公司谋取利益

1. 黄某没有通过个人职权将A律师事务所或者北京YZ公司纳入B公司的合作对象框架。黄某在庭审中已经充分说明，自己2013年9月9日加入B公司，A律师事务所2011年左右就曾和B公司进行合作，北京YZ公司2012年就开始和B公司合作。

关于B公司选择合作对象以及续约的问题，黄某当庭供述会组织其所在的知识产权部10余个到20余个员工进行打分评价，并提交法务总监、高级副总裁审核决定。A律师事务所与北京YZ公司能够成为B公司合作对象，与黄某没有任何关系。

唐某供述："问：你们公司进入B公司进行合作，经过什么审批流程了吗？答：我不记得有什么招标类的审批流程，就是傅某认可后我们就开始合作了。"傅某是黄某的上级，这也足以证明黄某在其中没有起到作用。

2. 黄某没有通过个人职权为A律师事务所或者北京YZ公司提供法律业务。黄某在庭审中表示：在具体业务办理过程中，由其下级知识产权部的专员选择合作主体，签订业务合同，其本人不会过问由哪个公司承接业务。

在黄某入职B公司后，A律师事务所只承接过一起商标代理案件；北京YZ公司承接过部分专利代理案件，两家机构的业务量均没有明显变化，关于合同约定的法律服务费也都是格式条款，与其他主体完全一样，黄某没有为其谋取额外利益。

综上，本案定罪证据只有顾某、唐某证言，远未达到确实充分的证明标准，也没有证据证明黄某利用职务便利为A律师事务所和北京YZ公司谋取了利益，不符合非国家工作人员受贿罪的构成要件，黄某依法不构成犯罪。请贵院严格依法办案，严守《刑事诉讼法》证据规则和证明标准，作出公正判决！

此致

北京市C区人民法院

被告人黄某的辩护人：
北京市京都律师事务所律师　彭吉岳
2020年1月14日

中国房地产十强之一某地产公司高管的“陷落”：钱某身涉两罪律师力辩后原判撤销

企业高管是刑事法律风险的高发群体。2019 年，华为公司员工李洪元因与公司离职补偿纠纷被控敲诈勒索罪，被羁押 251 天后最终不予起诉，该案因华为公司颇具争议的处理措施而引发激烈的舆论探讨。

“前高管律师”守护企业高管的职业人生

被告人钱某，原系北方交通大学高才生，中国地产十强之一的 C 公司 T 市分公司高管。就在钱某工作顺风顺水，职务即将获得升迁之际，突然因为相关经济往来被指控非国家工作人员受贿罪和职务侵占罪，朝夕之间，命运逆转。

根据指控，钱某涉嫌职务侵占罪的事实有两起：

1. C 公司某小区手机信号差，联通公司和电信公司需要在小区楼顶、康体活动中心楼顶及矿机办公楼楼顶建设通信基站并表示会支付场地占用费。钱某在对接协调此事过程中，以个人名义与联通公司和电信公司签订场地占用合同，并收取场地占用费 40 余万元。

2. C 公司因与 H 公司存在燃气安装工程业务，需要向 H 公司支付工程费 40 余万元，但具体操作过程中因其他原因需要从 P 公司走账，为了完善相关手续，C 公司与 P 公司签订了合同，并将款项支付到 P 公司。P 公司扣除税金及管理费后，将 40 余万元款项转入钱某银行账户。截至案发，钱某未将该笔款项支付给 H 公司，因此被控职务侵占罪。

非国家工作人员受贿罪涉及两起事实：

1. 钱某利用职务便利，为李某某挂靠的 HT 公司承揽 C 公司的工程提供便利，收受其贿赂 40 万元，分别为现金 25 万元，银行转账 15 万元。

2. X公司承揽了 C 公司手机信号覆盖业务，钱某以协调费为由，向该公司负责人张某某索取贿赂 7 万元。

对于以上指控，钱某全面否认，一审律师也作无罪辩护。由于本案证据体系及法律定性存在较大争议，一审判决认为指控成立的犯罪事实有：

1. 职务侵占罪：法院支持了关于钱某侵占康体活动中心、矿机办公楼楼顶部分场地占用费的指控，认定被告人钱某侵占 C 公司通信基站场地占用费 125000 元；

2. 非国家工作人员受贿罪：被告人钱某收受李某某贿赂 25 万元，收受张某某贿赂 7 万元。

关于小区居民楼楼顶通信基站场地占用费问题，法院认为住宅楼已交付业主使用，住宅楼楼顶不属于 C 公司及小区物业，故公诉机关的指控不能成立；关于侵占 H 公司 40 余万元工程款的指控，法院认为该笔款项已由 C 公司拨出，属于应当付给 H 公司的款项，钱某辩解是与 H 公司之间有纠纷，不能认定该笔款项是 C 公司财产，该项指控不能成立；关于收受李某某贿赂款 15 万元（银行转账）部分，法院认为李某某曾向钱某借款 10 万元，该 15 万元不能排除是李某某归还欠款的本息，该项指控不能成立。可以说，一审法院还是在很大程度上坚守了证据裁判、疑罪从无的原则。

上述两罪并罚，钱某被判处有期徒刑 2 年。虽然一审已经对部分事实没有认定，但是被告人坚信自己应全案无罪，因此经过多方咨询后，委托我们进行二审辩护。

本人在从事律师工作之前，曾经在世界 500 强企业担任高管近 10 年，曾经外派德国、西班牙、马来西亚等国工作和学习，深谙企业经营管理实践。多年企业高管的经历，也是我从事律师职业的一笔财富。诚然，我也认为钱某某些行为不妥，但是否就是职务侵占刑事犯罪仍有待商榷。根据一审判决及现有材料，我认为本案确实事实不清，证据不足，我们迅速拟定并提交了上诉状，启动了二审程序。

正义不能讨价还价

即便一审中很多指控没有得到法院认可，但我们和当事人研究案情后均认为，其余犯罪事实亦不能成立，本案应全案无罪、彻底无罪，正义不能打折，不能讨价还价。

在上诉状中，我们针对一审判决的问题发表了辩护意见，并且在一审辩护人已经表达过的意见之外进行了完善。

针对通信基站场地占用费问题，核心在于：通信基站所占用的场地是否属于C公司所有，场地占用费是否属于C公司财产。一审法院认定的通信基站有两处：（1）位于C公司使用的矿机办公楼的基站；（2）位于C公司康体活动中心楼顶的基站。这两处基站占用的土地都不属于C公司，其中位于矿机办公楼楼顶的基站已于2016年10月拆除。涉案基站占用的土地不属于C公司所有，C公司也就无权收取场地占用费，钱某的行为也就不可能侵犯到C公司的利益。一审中这一意见也已经得到表达，此外，在上诉状中辩护人还补充论述了以下几点。

一、中国电信公司T市分公司等与钱某签订合同不能等同于与C公司签订合同，支付给钱某的钱款更不能直接认同为C公司的财物

1. 场地占用费没有支付给C公司，就不属于本单位财物。场地占用费由建设基站的单位（电信公司、联通公司）支付给钱某，这笔费用是基站建设单位的，不是C公司的。职务侵占罪的犯罪对象是“本单位财物”，场地占用费不属于“本单位财物”。如果C公司或业主们不同意电信公司使用相应场所，也是钱某与电信公司等的纠纷，根据钱某与电信公司等的约定，也是钱某向电信公司等返还财物及进行赔偿等。

场地占用费，既不是C公司的财物，同时也并非C公司确定无疑的期待利益。如电信公司和联通公司不和钱某签合同，其是否会和C公司签合同，是否会支付场地占用费，支付的费用是否和现在相同，都是未知数，在这种情况下，不能认定这笔场地占用费就确定无疑地属于C公司一定能够获得的财物。

2. 电信公司与联通公司签订了书面合同，其明知钱某是签约主体，明确认同将场地补偿款支付给钱某。《通信基站场地占用合同》第8.4条约定：“如果有人就乙方对场地或者楼顶的使用提出法律或者行政程序（合称‘侵权指控’），声称乙方侵犯其合法权益，甲方（钱某）应负责解决全部纠纷、承担全部责任，且应向乙方承担违约责任……”双方还约定出现争议后可以提交T市仲裁委员会解决或者向所属人民法院起诉。可见，双方已经明确约定了民事解决手段，本案应定性为民事纠纷。正如一房二卖等情形，一般只应界定为无权处分等民事纠纷，不应认定为刑事犯罪，应保持《刑法》的谦抑性，能用其他法律规范调整就不能动用刑事手段干预。

3. 电信公司等之所以同钱某签订协议，本身也说明其不愿意、不同意、不可能与C公司签订合同。在这种情况下，便不能认定如果其不与钱某签订合同，就一定会与C公司签订合同，不能认为支付给钱某的场地占用费原本是应该由C公司得到的。

故，既然不能将电信公司等支付的费用认定为C公司的财物或可期待利益的情况下，认定钱某构成职务侵占罪，缺乏证据支持。

二、本案中，没有证据证明钱某是利用了“职务”上的便利

1. 成为签订合同的主体，不是职务决定的行为。根据C公司提供的开发部经理岗位职责，钱某的职权主要是制定部门计划、负责工程质量监督等，是针对本公司相关工程和工作的。电信公司和联通公司建设基站，并非C公司自己的建设工程，且对外签署合同也并不在钱某的职权范围内。钱某成为签订合同的主体，只不过是意外发现和利用了这一信息，但与其工作职权无关。

2. 电信公司等安装相关设施，是一项公众、公益服务，与C公司没有关系，与钱某的工作职责更没有关系。电信公司与联通公司安装基站，是因为业主反映信号不好。这一工程并非C公司发起或承揽的，也不需要C公司参与，更与钱某的职权没有关系。

综上，钱某成为签订合同的主体，并非基于职务上的便利，不符合职务侵占罪的构成要件。

关于钱某收受李某某25万元贿赂款一项，辩护人认为此项指控只有李某某证言这一孤立的言词证据，且与钱某供述完全相反，远未达到确实、充分的证明标准。辩护人在上诉状中提出以下几点理由：

1. 25万元到底是合作投资分红还是贿赂款，甚至数额是否为25万元都不能确定。根据钱某供述：“我和李某某合作过生意，我前后投资给李某某个人做工程几十万元，做了工程后李某某会给我五五分红……2014年或2015年前后给我分红二十几万元，大多是转账，本金还没有收回。”李某某说二人没有合作过生意。李某某的证言与钱某的供述截然相反，李某某的供述没有其他客观证据的支持。

根据李某某陈述：“从2013年下半年至今，我在C公司施工结算大约300万元，还有500万元未支付。”可见，李某某与本案所谓受害人C公司存在重大利益关联，其证言客观性存在重大疑问，在此情形下，应当按照存疑有利于被告人的原则，对本起事实不予认定。

2. 李某某表示按照工程利润的30%给钱某，但是一审并没有查明李某某承揽工程的总价款、利润比例、利润数额，不能认定李某某的工程利润与其给钱某的25万元是否符合30%的比例，一审判决证据不足。

3. 本起事实只有李某某自己孤立的证言称以现金方式交付给钱某，但作为如此巨额的现金交付，没有说明款项来源、交付方式、收款凭证或者其他人证言等证据，且钱某称其从未收到，本起事实还存在重大疑问。

4. 没有证据证明钱某利用职务便利为李某某谋取了利益。根据钱某供述：“李某某在工程竣工后，我将材料交给核算、成控等一系列部门公司核实后将认定价格给我……我的部门发起请款流程，公司领导审批后，财务开出支票并通知我市政部门去领支票……”整个过程都是严格按照流程操作，钱某并没有利用职务便利为李某某牟利。

关于收受张某某7万元贿赂款一事，辩护律师认为不能排除钱某交付给相关协调人员的合理怀疑，且钱某没有给张某某牟利，罪名不能成立，理由如下：

1. 张某某自己也认可给协调费是给管线、园林等员工的，目的是加快施工进度。一审判决认定本起事实的证据只有张某某证言和7万元转账凭证，转账凭证只能证明款项支付的事实发生，无法证明款项性质。因此，用于证明款项性质的证据实际上只有张某某证言，但张某某证言根本无法证明该笔款项是受贿款。

所谓协调费是支付给员工的，目的是使其配合加快工程进度。“在施工过程中，需要管线、园林、电的相关人员配合……给些协调费员工们都配合。”只有这些费用支付给了具体负责施工的工人，工人受益才会加快进度。钱某不是施工人员，给钱某协调费，如果钱某不转给员工，是不可能达到加快进度的目的的。因此认定钱某个人占有了这笔费用逻辑不通。

2. 给协调费的行为在业内非常普遍，不具有刑事违法性。张某某证言："按照一个天线20元给协调费，总共安装了3000多个天线，共计7万元的协调费。”可见给协调费的做法非常普遍，甚至还有“一个天线20元”的标准。给予员工协调费，员工加快施工进度，不具有权钱交易的性质，不具有刑事违法性。

3. 一审判决没有证据证明钱某给张某某谋取了利益。非国家工作人员受贿罪，实行行为有两个，一是收受他人财物或者索取他人财物，二是为他人谋取利益。本案中，没有证据证明钱某实施了为张某某谋取利益的行为。本案中，张某某承揽的工程不是钱某利用职务便利提供的，施工过程也是按照正常程序，钱某没有利用职务便利提供任何帮助，不符合非国家工作人员受贿罪的构成要件。

本案还存在一个重要问题，即法院认定的两起受贿事实中，办案机关完全没有追究所谓行贿人李某某、张某某的刑事责任。非国家工作人员受贿罪与对非国家工作人员行贿罪属于对合犯，一者成立另一者同样成立。本案中，只追究钱某“受贿”的责任而不追究李某某、张某某等人“行贿”的责任，明显属于选择性执法。考虑到李某某等与C公司本身就存在利益关联，且在本案中作为证人，不能排除其在相关部门的“引导”或“安排”下，配合指控钱某犯罪而免除自身责任的可能。就此而言，李某某和张某某证言的客观性和真实性都存在重大问题。

根据以往办案经验，我发现这种现象并不少见。在一些商业贿赂案件中，确实存在受贿人被定罪，而行贿人没有被追究刑事责任的情形，其只作为证人出现。但是，关于对非国家工作人员行贿罪，在符合犯罪构成要件的情况下，法律和相关司法解释并没有规定出罪事由。只有在行贿罪中，“因被勒索给予国家工作人员以财物，没有获得不正当利益的……”（《刑法》第389条第3款）以及“行贿人在被追诉前主动交代行贿行为的，……其中，犯罪较轻的，对侦破重大案件起关键作用的，或者有重大立功表现的，可以减轻或者免除处罚。”（《刑法》第390条第2款）前者是出罪事由，而后者只是量刑情节，虽然可以免除处罚，但不影响罪名成立。

然而在某些商业贿赂案件中，当涉嫌非国家工作人员受贿罪的人被立案追诉时，所谓的“行贿人”却未被刑事立案。他们的身份仿佛更加类似西方法律制度中“污点证人”的角色——虽然自身也是犯罪活动的参加者，但是通过作为控方证人指证他人，从而获得减轻处罚或者免受刑事追诉的待遇。这种行为在我国的法律制度和司法环境下，极易演变为选择性执法，免予刑事追诉的“行贿人”隐藏在案件背后，仅仅根据办案人员的询问提供一份书面证言，而很少会出庭接受辩护律师的质询并与被告人当庭对质。因此，真正的案件事实就很难被查清，这一现象非常值得引起重视。

鉴于钱某被宣判的刑期为2年，而审前羁押时间已经一年有余，通过羁押期限与刑期的折抵，钱某服刑期限即将届满。虽然本案终审判决尚未作出，但是我们认为二审期间刑期届满的，应当将被告人取保候审，我们向法院递交了《变更强制措施申请书》，虽然后来检察院提起抗诉，本案理论上可能加重刑罚，但是法院还是同意了我们的申请，在钱某服刑期限届满的那一天为其办理了取保候审，钱某回家，我们也可以更加放心地为他辩护，在他重获自由之身的同时，努力还他一个清白之身。

检察院抗诉，案件再蒙阴影

由于本案一审对部分指控的事实没有认定，检察院认为一审判决错误，提起抗诉。这意味着二审将对全案进行重新审理，被告人可能被加重刑罚，辩护人需要作出全面应对，压力陡增。

关于职务侵占罪中场地占用费问题，争议的核心在于通信基站所占用的小区楼顶等场地，是否属于C公司财产。我们认为，根据《中华人民共和国物权法》（以下简称《物权法》）相关规定，相关场地属于业主共有，因此场地占用费不属于C公司所有或应有的财产，一审判决也持这种观点。不过检察院仍然坚持认为涉案场地占用费属于C公司财物，并在抗诉书中如此论述：

"上述场地均处于C公司及物业公司的管理范围之内，根据《刑法》第91条第2款，在企业管理、使用或者运输中的私人财物，以公共财产论，故我院认为该场地占用费属于C公司财物。"

然而，《刑法》第91条第2款的原文是：

在国家机关、国有公司、企业、集体企业和人民团体管理、使用或者运输中的私人财产，以公共财产论。

法律的真正内涵是：只有在国有或者集体企业管理、使用或者运输中的私人财产，才以公共财产论。就连并不十分熟悉法律的被告人家属也感觉不对劲儿，自行查阅法条后发现抗诉书中引用的法律条款并不完整。

为此，我们认为检察院已经丧失了公正立场，并向上级检察院申请原检察院撤回抗诉并对其进行检查监督。辩护律师在《请求撤回抗诉及检查监督申请书》中这样写道：

《人民检察院刑事诉讼规则（试行）》（2012年修订）第589条第1款中规定：上一级人民检察院对下级人民检察院按照第二审程序提出抗诉的案件，认为抗诉正确的，应当支持抗诉；认为抗诉不当的，应当向同级人民法院撤回抗诉，并且通知下级人民检察院。

……

在证据存在重大缺陷的情况下提起抗诉是不适当的。根据《中华人民共和国人民检察院组织法》，人民检察院的重要职责之一是"维护法律正确实施"，检察机关追诉犯罪，只能在"正确实施法律"的前提和框架内进行，不能单纯地将给当事人定罪作为唯一目标，而忽略了证据规则和法律监督职责。

辩护律师的多次申请最终还是没有得到回应，不过检察院坚持抗诉也有有利的一面，根据《刑事诉讼法》相关规定，检察院抗诉的刑事案件，二审应当开庭审理。相比于书面审理，开庭审理有一个集中面对面表达法律意见的场所，更容易把问题说清楚。

审前逐步渗透辩护观点，这是很好的辩护经验

二审基本是为被告人争取无罪的最后一次机会，应当倍加珍惜。因此，二审程序启动后，我们没有被动地等待，而是主动作为，积极与办案人员沟通，逐步渗透辩护观点，为庭审打下了坚实基础。

首先，针对抗诉书对“公共财产”的曲解，以及收受张某某贿赂的指控，我们专门形成了一份法律意见（《关于抗诉书中所称“公共财产”并不包括私有企业管理使用的财产及收取张某某 7 万元但并未帮其谋取利益不应定性为非国家工作人员受贿法律意见》），分别亲自提交给二审检察院和法院，并与承办人进行面对面的交流，我认为：抗诉书中所称“公共财产”并不包括私有企业管理使用的财产，公共财产也不等同于 C 公司财产，不能将属于业主的财产权益混淆认同为企业的财产权益，本案中钱某构成职务侵占罪的前提条件就不存在，理由有：

1. L 区人民检察院抗诉书援引法条属于曲解法律的规定。L 检刑诉刑抗〔2019〕8 号抗诉书第 2 页：“根据《刑法》第 91 条第 2 款：在企业管理、使用或者运输中的私人财物（产），以公共财产论。”

《刑法》第 91 条第 2 款的原文是：“在国家机关、国有公司、企业、集体企业和人民团体管理、使用或者运输中的私人财产，以公共财产论。”联系上下文，该条款中的“企业”属于国有企业，法条列举的其他几个部门，也都是具有国有或公共性质的。L 区人民检察院刻意“剪裁”法条，将“国家机关、国有公司、企业”剪裁为“企业”，完全曲解了法律的本意。按照检察机关的理解，所有私有企业的财产都将属于公共财产，私有企业将完全丧失财产权，这是完全错误的，与《刑法》第 92 条也是明显矛盾的。

2. 按照抗诉意见，假使通信基站占用的相关场地归 C 公司管理，属于公共财产，此处的公共财产也应该理解为业主们的共同财产，不等于是 C 公司的财产，钱某没有侵占 C 公司的财产，就连构成职务侵占罪的基础都没有。公共财产的所有权是国家或集体，而 C 公司是私有企业，国家和集体的财产不是 C 公司的财产，按照检察机关的逻辑，C 公司的财产并没有受损，钱某

不构成职务侵占罪。

在进行法理论述的基础上，为了充分呈现本案证据不足的问题，辩护人反复阅卷，围绕一审认定的侵占场地占用费问题和收受李某某25万元贿赂问题，针对性重点发掘和梳理关于康体活动中心、矿机办公楼两处场地权属的证据，关于李某某给付钱某25万元现金的证据。将待证事项、现有证据、是否达到证明标准等问题形成书面法律意见（《申请二审法官重点关注、核实康体活动中心、矿机办公楼权属证明，李某某向钱某支付25万元的客观证据申请书》），呈现在办案人员面前。

通过梳理可以发现，对于康体活动中心、矿机办公楼两处场地，一审判决书没有明确指出C公司对该两处场地拥有相关权属的证据依据，卷宗中也没有证据证明C公司对其拥有所有权或收益权。

首先，最初的侦查卷中没有关于场地权属的相关证据，并且检察院在退回补充侦查时的《补充侦查提纲》中也提出应当完善关于通信基站产地权属关系的证据。

其次，补侦卷中侦查机关补充的相关证据并不能明确和直接地说明C公司对康体活动中心、矿机办公楼具有所有权或收益权。补充的材料中只有几份土地使用权证明、建设规划许可证等，根据这些权证，并不能确认康体活动中心和矿机办公楼属于以上哪块土地的范围。

关于李某某向钱某行贿这一事项，辩护人认为一审也犯了逻辑上的错误。对于行贿事实的证明应当分两个层面：第一，证明李某某向钱某给付相关款项的事实发生；第二，证明相关款项的性质。只有完成了第一个层面的证明任务，才能进行到第二个层面的证明。

一审检察院指控李某某向钱某行贿两笔，分别是现金25万元和银行转账15万元。15万元转账有银行交易记录予以证明，但在款项性质方面，法院认为不排除有偿还借款的可能，因此没有认定。关于25万元现金，一审法院只是认定其性质属于受贿款，但却忽略了有无证据证明该项事实确实发生的问题。相关证据只有李某某证言，而钱某则供述称从未收到这笔钱款。在李某某证言与钱某供述截然相反的情况下，其证言没有取款凭证、给付凭证、见证人等其他证据支持，不能以孤证定罪。

我们将上述证据情况提交给二审法官，请求其进行重点关注。我们的工作做到位，超越当事人的期望，超越法官的期望，结果就会超越我们的期望。故辩护工作，不要仅仅停留在法庭上的辩护，为了法庭辩护而事先进行的准备工作，也能展现辩护的力量，律师将相关材料整理得更加具体，站在法官的角度更加方便查阅，给法官提供便捷，就会有利于实现更好的论证效果，这也是法律共同体的微观表现之一。经过与办案人员反复沟通，办案人员已经非常清楚了我们的辩护观点，二审法官连连称赞我们的敬业和专业。

二审情理并重，成功说服合议庭撤销一审判决

二审开庭前，我们已经形成了全面的辩护意见。鉴于本案定罪证据薄弱，多起犯罪事实只有言词证据，且与被告人供述完全相反，矛盾重重，没有客观证据的印证，没有达到确实充分、排除合理怀疑的证明标准，在庭审过程中，辩护律师慷慨激昂地发表了辩护意见，紧紧扣住证据，依据法律的规定，针锋相对地反驳公诉人的诸多指控观点。

例如，钱某被控收受李某某贿赂 25 万元一事，针对孤立言词证据定罪的问题，辩护人在庭上发出质问，让所有人设身处地地感受被告人的处境：如果仅凭一个人的单方面说法就能够证实一个人收受了贿赂，那么假如有一天面对指控的是公诉人，或者是我们其中每一个人，别人说给了我们钱我们就构成犯罪，我们自己是否能够接受？如果我们不能接受，凭什么让被告人承受这样的指控？面对辩护人的诘问，公诉人情绪激动却又不能直接、有效地予以回应。

经过认真细致的二审辩护，我们的努力得到了回报，二审没有直接维持原判，也没有支持检察院的抗诉请求而加重判罚，而是认为本案事实不清，撤销原判，发回重审，当事人离他所期望的正义又近了一步。

刑辩律师是一个综合性非常强的职业，不仅需要扎实的法律知识，还需要丰富的社会经验，甚至是其他行业或领域的专业知识。我办理此类案件之所以得心应手，正是得益于在外企担任高管近十年所积累的管理经验，这使得我对企业管理模式及企业管理者的工作具有深入的了解。从外企高管到刑辩律师，是我独特的职业道路，以法律知识和管理经验守护企业高级管理人员的职业人生，是我重要的职业目标。

附件：法律文书

附件1：请求撤回抗诉及检查监督申请书

请求撤回抗诉及检察监督
申请书

申请人：彭吉岳，北京市京都律师事务所律师，钱某的辩护人

联系地址：北京市朝阳区景华南街5号，远洋光华国际大厦22—23层

联系电话：010-57096000　13910634028

申请事项：

申请贵院向T市中级人民法院撤回抗诉，并对T市L区人民检察院的抗诉等行为进行法律监督。

事实与理由：

钱某涉嫌职务侵占罪、非国家工作人员受贿罪一案，T市L区人民法院作出一审判决后，L区人民检察院提起抗诉，同时钱某也提起上诉。

一、检察院指控的事实，相当一部分都没有被法院认定，定罪证据体系存在重大缺陷，没有达到确实充分的证明标准

《人民检察院刑事诉讼规则（试行）》（2012年修订）第589条第1款中规定：上一级人民检察院对下级人民检察院按照第二审程序提出抗诉的案件，认为抗诉正确的，应当支持抗诉；认为抗诉不当的，应当向同级人民法院撤回抗诉，并且通知下级人民检察院。

根据上述规定，上级检察院对下级检察院提出的抗诉有权审查是否适当。一审检察院指控的事实有四起：其中涉及H公司的职务侵占事实，因为涉及建设项目纠纷且相关签证费并非C公司财产而未被认定；涉及通信基站场地占用费44.5024万元的事实只认定其中12.5万元，因为没有证据证明C公司对相关场地具有所有权或收益权；对收受李某某40万元的贿赂的事实，有15万元没有被认定，因为不排除是借款本息的可能。一审法院对以上事实不予认定为犯罪，是因为相关事实证据不足、事实不清，没有达到认定犯罪的证明标准，法律适用正确，L区人民检察院提起抗诉缺乏证据支持。

二、对于一审法院已经认定的事实，同样有理由认为犯罪不能成立

首先，没有证据证明C公司对康体活动中心、矿机办公楼两处场地具有所有权或收益权；其次，没有任何客观证据证明李某某向钱某给付过25万元现金；最后，没有证据证明钱某为张某某谋取了利益。

综上，在证据存在重大缺陷的情况下提起抗诉是不适当的。根据《中华人民共和国人民检察院组织法》，人民检察院的重要职责之一是“维护法律正确实施”，检察机关追诉犯罪，只能在“正确实施法律”的前提和框架内进行，不能单纯地将给当事人定罪作为唯一目标，而忽略了证据规则和法律监督职责。

三、鉴于L区人民检察院不顾证据缺陷一意提起抗诉，有违背公正立场之嫌，请贵院对其活动进行法律监督

检察院是我国宪法规定的法律监督机关，上级人民检察院有权对下级人民检察院进行监督。本案中，L区人民检察院不顾证据体系的缺陷而提起抗诉，加之本案一审中存在超期羁押、部分人员涉嫌犯罪却未被处理等诸多违法情形，有理由相信L区人民检察院偏离了公正立场，违背了维护法律正确实施的职责，请贵院对其进行法律监督，确保本案在法治轨道内进行。

综上，辩护人认为一审法院对检察院指控的大部分犯罪事实不予认定，说明证据体系确实存在严重问题，且一审认定的事实也缺乏证据证明。L区人民检察院提起抗诉不当，申请贵院撤回抗诉，并对L区人民检察院的行为进行法律监督。

此致

T市人民检察院

被告人钱某的辩护人：

北京市京都律师事务所律师　彭吉岳

2016年6月19日

附件2：关于“公共财产”含义及收受张某某贿赂部分的法律意见

关于抗诉书中所称“公共财产”并不包括私有企业管理使用的财产及收取张某某7万元但并未帮其谋取利益不应定性为非国家工作人员受贿法律意见

致：T市人民检察院

北京市京都律师事务所接受钱某家属委托并经其本人同意，指派彭吉岳律师担任钱某的辩护人。辩护人经过多次会见及阅卷，已经充分了解了案件事实。在此基础上，辩护人就L区人民检察院提起的抗诉及本案其他问题发表如下意见，请贵院予以参考。

一、抗诉书中所称“公共财产”并不包括私有企业管理使用的财产，公共财产也不等同于C公司财产，不能将属于业主的财产权益混淆认同为企业的财产权益，本案中钱某构成职务侵占罪的前提条件根本就不存在

1. L区人民检察院抗诉书援引法条属于曲解法律的规定。L检刑诉刑抗〔2019〕8号抗诉书第2页：“根据《刑法》第91条第2款：在企业管理、使用或者运输中的私人财物（产），以公共财产论。”

《刑法》第91条第2款的原文是：“在国家机关、国有公司、企业、集体企业和人民团体管理、使用或者运输中的私人财产，以公共财产论。”联系上下文，该条款中的“企业”属于国有企业，法条列举的其他几个部门，也都是具有国有或公共性质的。L区人民检察院刻意“剪裁”法条，将“国家机关、国有公司、企业”剪裁为“企业”，完全曲解了法律的本意。按照检察机关的理解，所有私有企业的财产都将属于公共财产，私有企业将完全丧失财产权，这是完全错误的，与《刑法》第92条也是明显矛盾的。

2. 按照抗诉意见，假使通信基站占用的相关场地归C公司管理，属于公共财产，此处的公共财产也应该理解为业主们的共同财产，不等于是C公司的财产，钱某没有侵占C公司的财产，就连构成职务侵占罪的基础都没有。公共财产的所有权是国家或集体，而C公司是私有企业，国家和集体的财产不是C公司的财产，按照检察机关的逻辑，C公司的财产并没有受损，钱某不构成职务侵占罪。

3. 根据《物权法》等规定，涉案场地属于小区业主共有，而非C公司所有。《物权法》第73条规定：“建筑区划内的道路，属于业主共有，但属于城镇公共道路的除外。建筑区划内的绿地，属于业主共有，但属于城镇公共绿地或者明示属于个人的除外。建筑区划内的其他公共场所、公用设施和物业服务用房，属于业主共有。”本案中，通信基站占用的部分场地为居民楼楼顶，一审法院已经认定其权属不属于C公司，完全正确。康体活动中心和矿机办公楼同样属于建筑区划内公共场所、公用设施或物业服务用房，应认定为业主共有。应当注意，证明涉案场地权属属于C公司的举证责任在检察机关一方，而其在原审中没有提交证据证明这一点，其指控依法不应得到支持。

综上，根据相关法律，基站占用场地归小区业主共有，并非C公司财产，抗诉意见认为相关场地属于公共财产，按此逻辑亦非C公司财产，因此钱某不可能构成职务侵占罪。

二、张某某给予钱某7万元，钱某并没有为其谋取利益，且不具有权钱交易的性质，不符合非国家工作人员受贿罪的构成要件

1. 钱某没有为张某某谋取利益。根据《刑法》第163条规定，非国家工作人员受贿罪的构成，无论是利用职务便利主动索取贿赂，还是被动收受贿赂，客观上都要求行为人为他人谋取利益。本案中，张某某支付“协调费”只是为了保障工程进度，使施工人员配合工作，这本就是施工人员的分内之事。事实上，工程也确实按照正常进度完工，没有证据证明钱某利用职权给了相关人员指使，以保障工程进度，钱某没有为张某某谋取额外利益，不符合非国家工作人员受贿罪的客观要件。

2. “协调费”的给付目标是施工人员，而非钱某个人，不具有权钱交易的性质。贿赂犯罪的本质是权钱交易，本案中张某某支付“协调费”的目的是提高工人积极性，不拖延施工进度。张某某证言：“在施工过程中需要C公司的电工及负责管线、路由器的人配合。为了工程更快施工，在施工过程中，我们需要管线、园林、电的相关人员配合，如果不配合我们在施工过程中也没处接、管线也找不到，给些协调费员工们都配合。”由此可见，协调费是要支付给施工人员的，协调费的对价是工人们正常的施工服务，而非钱某的职权，整个过程中，钱某的作用更接近于一个额外酬劳的中间人，发挥的是转交的作用。在张某某看来，其支付的“协调费”的对象也是施工人员，其

“请托”的对象是施工人员而非钱某，只不过“协调费”由钱某代为分发。整个过程不具有权钱交易的性质，没有行贿受贿的故意，钱某不存在受贿犯罪的主观故意。

至于钱某是否真正将“协调费”转交了施工人员及如何使用这笔费用对施工人员进行慰劳，并不是判断其是否构成犯罪的关键因素，既然张某某给予钱某“协调费”并非为了收买其职权，不具有权钱交易的性质，就不能认定为受贿款。

另外，关于涉案其他受贿款项，本意见中不再赘述，一审中以及本辩护人之前发表的意见已经陈述得非常明确了。

综上，在职务侵占罪中，通信基站占用场地属于业主共有，并非C公司财产，也非“公共财产”，L区人民检察院的抗诉理由不能成立；在非国家工作人员受贿罪中，张某某给予的“协调费”意在给予施工人员以提高其积极性，不具有权钱交易的性质，且钱某也没有为其谋取利益，不符合犯罪构成要件，建议公诉机关撤回抗诉书，也请贵院对本案相关事实审慎对待，防止冤假错案的出现。

以上意见，请贵院予以参考。

此致

T市人民检察院

被告人钱某的辩护人：

北京市京都律师事务所律师　彭吉岳

2019年7月14日

附件3：关于请求核实通信基站场地权属、收受李某某25万元贿赂证据问题的申请书

申请二审法官重点关注、核实康体活动中心、矿机办公楼权属证明，李某某向钱某支付25万元的客观证据申请书

申请人：彭吉岳，北京市京都律师事务所律师，钱某的辩护人

联系地址：北京市朝阳区景华南街5号，远洋光华国际大厦22—23层

联系电话：010-57096000　13910634028

申请事项：

钱某涉嫌职务侵占罪、非国家工作人员受贿罪一案，申请二审法官重点关注以下两个情节：

1. 电信公司通信基站所占用的康体活动中心、矿机办公楼两处用地，卷宗中没有证据证明C公司对该两处场地拥有所有权或收益权。

2. 对李某某向钱某支付25万元现金的指控，在李某某证言与钱某供述完全相反的情况下，卷宗中没有取款凭证、支付凭证、见证人等证据证明该事实发生。

事实与理由：

一、没有证据证明C公司对康体活动中心、矿机办公楼两处场地存在所有权或者收益权

根据一审中检察机关的指控，钱某共以自己的名义与电信公司和联通公司签订7份通信基站场地占用合同，占用场地分别为：康体活动中心，矿机办公楼，七星锅炉房，北中环与东中环交叉口楼顶，北中环街北侧两栋高层住宅楼楼顶，敦化坊片区两栋高层住宅楼顶内部分场地，北中环与东中环交叉口东南角B3、北中环北侧师院附中东侧D5楼顶。

一审法院只认定前两起合同相关事实构成犯罪，其余合同所占用场地均在C公司所开发的住宅楼楼顶，且上述住宅楼已交付业主居住使用，该场地所有权不属于C公司及小区物业公司。

对于康体活动中心、矿机办公楼两处场地，卷宗中没有证据证明C公司对其拥有所有权或收益权，一审判决书也没有明确指出C公司对该两处场地拥有相关权属的证据依据。

1. 最初的侦查卷中没有关于场地权属的相关证据。本案第一次侦查卷宗

共计五卷，包括文书卷、证据卷一至卷四，这些卷宗中并没有关于通信基站所占场地权属证明。

2018年2月1日，T市L区人民检察院将本案第一次退回补充侦查，并在《补充侦查提纲》中指出："2. 请调取本案涉及联通公司的《通信基站场地占用合同》中通信基站场地与C公司的权属关系证明。同时，请完善卷宗中C公司提供的与电信公司的《通信基站场地占用合同》中通信基站场地的权属关系，具体说明该场地是否属于C公司管理使用，C公司有无支配处置及收益权。"

2. 补侦卷中侦查机关补充的相关证据并不能明确和直接地说明C公司对康体活动中心、矿机办公楼具有所有权或收益权。在补侦卷中，侦查机关关于场地权属的补充证据有：

（1）建设用地规划许可证（胜利东街7号）；

（2）土地使用权证明（晋安东街7号，显示都是分摊面积，没有独用面积）；

（3）建设用地规划许可证（解放北路9号，解放北路以西，胜利街以北）；

（4）土地使用权证明（L区解放北路9号）。

根据以上权证，并不能确认康体活动中心和矿机办公楼属于以上哪块土地的范围，以上权证也并非土地所有权证，不能证明C公司对相关土地具有所有和收益的权利。

此外，根据C公司提供的照片及说明，涉案两个通信基站分别位于C公司开发的康体活动中心楼顶、矿机办公楼楼顶（该基站已于2016年10月拆除）。康体活动中心及矿机办公楼产权是否属于C公司，卷宗中没有相关证据证明。

综上，一审法院所认定的两处场地，产权是否归属于C公司缺乏证据支持，一审判决也没有明确证据依据，这一情形请二审承办法官重点关注、核实。

二、在李某某证言与钱某供述完全相反的情况下，没有客观证据证明李某某曾向钱某给付现金25万元

根据一审中检察机关的指控，李某某共向钱某行贿40万元，其中15万元通过银行转账方式给付；25万元通过现金方式给付。一审法院认定15万元不排除是李某某归还钱某欠款的本息，认定该笔款项为贿赂款证据不足，但是一审法院认定25万元为贿赂款。

辩护人认为，对于该起事实的证明应当分两个层面：第一，证明李某某向钱某给付相关款项的事实发生；第二，证明相关款项的性质。只有完成了第一个层面的证明任务，才能进行到第二个层面的证明。具体如下表：

表 21　非国家工作人员受贿事实证明顺序

事项	给付事实是否发生及证据	款项性质
李某某给付钱某 15 万元	发生（银行转账凭证等）	可能为归还的欠款本息，不能认定为贿赂款
李某某给付钱某 25 万元	存疑（仅有李某某证言，无客观证据）	存疑

对于确定已经支付的 15 万元，法院没有认定为贿赂款，对于没有充足证据证明确实已经给付的 25 万元反而认定为贿赂款，本身就是自相矛盾的。

对于一审法院认定李某某给付钱某 25 万元的事实，李某某陈述是给付的现金，但钱某称根本没有收到这笔钱。除了二人截然对立的言词证据，没有取款凭证、给付凭证、见证人等其他证据支持。

李某某证言：“有一次是在 2014 年七八月我记得当时我开车带着我妻子和孩子到富丽华庭附近。钱某当时开车在等我，我拿着 10 万元现金到钱某车上给了钱某。剩余的 15 万元我记不清是一次给的还是分成两次一次 10 万元、一次 5 万元给的。”对此钱某供述显示：“问：李某某做完工程后，是否对你表示感谢？答：没有。”

综上，职务侵占罪中，没有相关权属证明等证据证实 C 公司对康体活动中心、矿机办公楼涉案场地拥有所有权和收益权；非国家工作人员受贿罪中，所谓行贿人与受贿人言词证据矛盾，且没有其他客观证据证明款项支付事实发生。这两个情节，请二审承办法官予以重点关注与核实。

此致

T 市中级人民法院

被告人钱某的辩护人：

北京市京都律师事务所律师　彭吉岳

2019 年 6 月 19 日

附件4：二审辩护词

钱某涉嫌职务侵占罪、非国家工作人员受贿罪案件
二审辩护词

尊敬的审判长、审判员：

北京市京都律师事务所接受被告人钱某家属的委托并经其本人同意，指派彭吉岳律师作为钱某的辩护人。辩护人已经认真阅卷、多次会见了钱某并参加了二审庭审，对全案事实有了充分的了解。在此基础上，辩护人发表如下书面辩护意见：

第一部分：钱某与电信公司及联通公司签订通信基站场地占用合同，并收取租金的行为不构成职务侵占罪

一、本案中，没有证据证明钱某是利用了“职务”上的便利

职务侵占罪的构成要件之一是“利用职务上的便利”，本案中，钱某能够与电信公司和联通公司签订通信基站场地占用合同，并非基于职务便利，理由如下：

1. 对外签署合同并不在钱某职权范围内。根据C公司提供的开发部经理岗位职责，钱某的职权主要是制定部门计划、负责工程质量监督等，是针对本公司相关工程和工作的。电信公司和联通公司建设基站，并非C公司自己的建设工程，且对外签署合同也并不在钱某的职权范围内。钱某成为签订合同的主体，只不过是意外发现和利用了这一信息，但与其工作职权无关。

2. 钱某签订相关合同时，也没有得到C公司的授权。案卷中加盖“C公司市政部”印章的所谓《委托书》，内容是“兹委托钱某与贵公司洽谈有关北中环与东中环周边电信基站的相关事宜”。

首先，C公司出具《证明材料》证明该授权委托书及印章系伪造，C公司没有授权钱某洽谈电信基站相关事宜。这表明，钱某签订通信基站场地占用合同的行为并非职务行为。

其次，没有证据证明该《委托书》来自钱某，钱某也表示没有见过该《委托书》，不知道其来源。

最后，如果钱某只是代表C公司签订相关合同，为什么合同甲方名称、

甲方银行账户等信息都是钱某个人信息而与C公司无关，也未加盖C公司印章呢？这表明签订合同的行为只是钱某个人行为而非职务行为。

3. 通信基站场地占用合同明确约定要求甲方提供主体资格证明文件，而根据钱某的职权其并不能接触和获得相关文件。以电信公司《通信基站场地占用合同》为例，合同第3.1条约定“本合同签订时，甲方应向乙方出具主体资格证明文件，以及对场地及楼顶拥有合法权利的证明文件，并提供复印件交乙方留存”。事实上，钱某并无职权获得上述证明文件，签订合同时，他也根本没有向电信公司提供过相关文件，而电信公司也没有严格审查。

以上三点充分说明，无论是签订合同的主体资质，还是签订合同所需要的相关证明文件，都不属于钱某职权，也不在钱某依据职权可以获取的范围内。以上整个过程中，都没有“利用职务便利的因素”的存在。

4. 要区分“工作便利”与“职务便利”。职务侵占罪中，“职务上的便利”是指行为人在公司享有某种职权，或者因为执行职务而产生的主管、经手、管理单位财物的便利条件。本案中，钱某的职权最多是就小区物业服务事项与电信公司对接，而并不包括经手和管理公司财产的内容。

《人民法院案例选》2005年第3辑裁判要旨指出：“被告人只因工作关系而熟悉作案环境、条件，或者较易接近作案目标或对象等便利条件。对本案被告人来说其并没有看管、保管工厂财物的职责，而仅仅是利用了在工作中较易接触到作案目标的方便条件，故其在犯罪过程中所利用的不是职务之便，而是因工作关系产生的便利条件。”

本案中，钱某最多是在工作过程中偶然接触到了“可以支付场地占用费”这一信息，但这一信息的获取只是基于工作中的方便条件，而非经手、管理财物的“职务之便”。

综上，钱某只是基于工作上的方便条件及人情关系等因素获取到相关信息，至于后续具体签订合同、提供相关证明文件等内容，均不在钱某职权范围内，与职务行为无关，不构成职务侵占罪。

二、涉案通信基站占用场地不属于C公司所有，场地占用费也并非C公司所有或应有的财物

钱某与电信公司和联通公司签订的通信基站场地占用合同一共有7份，

分别涉及7个场地，其中一审认定了康体活动中心、矿机办公楼南两处场地的相关事实，其余未予认定。

（一）一审未认定的五起事实，事实清楚，适用法律正确

涉案5个场地均位于居民区内，属于小区业主共有而非C公司所有。涉案基站分别位于四期7号楼楼顶（七星锅炉房基站）、三期3号楼楼顶（北中环与东中环交叉口基站）、四期C3号楼、四期C7号楼楼顶（北中环北街两栋高层住宅楼楼顶基站）、桃园2号楼楼顶、桃园9号楼楼顶（敦化坊片区基站）、二期3号楼楼顶和三期5号楼楼顶（联通公司基站）。对此，C公司出具的《情况说明》亦予认同。

根据《物权法》第73条规定："建筑区划内的道路，属于业主共有，但属于城镇公共道路的除外。建筑区划内的绿地，属于业主共有，但属于城镇公共绿地或者明示属于个人的除外。建筑区划内的其他公共场所、公用设施和物业服务用房，属于业主共有。"本案中，上述五个基站均位于小区楼顶，属于业主共有范围，不属于C公司财产。

（二）一审法院认定康体活动中心、矿机办公楼相关事实构成职务侵占罪，证据不足且适用法律错误，应当依法改判不成立犯罪

1. 原审中没有证据证明C公司对康体活动中心及矿机办公楼南两处场地拥有所有权或收益权。

（1）最初的侦查卷中没有关于场地权属的相关证据。本案第一次侦查卷宗共计五卷，包括文书卷、证据卷一至卷四，这些卷宗中并没有关于通信基站所占场地权属证明。

2018年2月1日，T市L区人民检察院将本案第一次退回补充侦查，并在《补充侦查提纲》中指出："2. 请调取本案涉及联通公司的《通信基站场地占用合同》中通信基站场地与C公司的权属关系证明。同时，请完善卷宗中C公司提供的与电信公司的《通信基站场地占用合同》中通信基站场地的权属关系，具体说明该场地是否属于C公司管理使用，C公司有无支配处置及收益权。"

（2）补侦卷中侦查机关补充的相关证据并不能明确和直接地说明C公司对康体活动中心、矿机办公楼具有所有权或收益权。在补侦卷中，侦查机关关于场地权属的补充证据有：

①建设用地规划许可证（胜利东街 7 号）；

②土地使用权证明（晋安东街 7 号，显示都是分摊面积，没有独用面积）；

③建设用地规划许可证（解放北路 9 号，解放北路以西，胜利街以北）；

④土地使用权证明（L 区解放北路 9 号）。

根据以上权证，并不能确认康体活动中心和矿机办公楼属于以上哪块土地的范围，以上权证也并非土地所有权证，不能证明 C 公司对相关土地具有所有和收益的权利。

此外，根据 C 公司提供的照片及说明，涉案两个通信基站分别位于 C 公司开发的康体活动中心楼顶、矿机办公楼楼顶（该基站已于 2016 年 10 月拆除）。康体活动中心及矿机办公楼产权是否属于 C 公司，卷宗中没有相关证据证明。

2. 根据法律规定及康体活动中心性质，其应属于小区业主共有。《物权法》第 73 条规定，建筑区划内的其他公共场所、公用设施和物业服务用房，属于业主共有。康体活动中心属于供小区内业主休闲活动的公共场所，应当属于业主共有。《人民司法（案例）》裁判观点也指出：“业主委员会的办公场所、业主康体、业主娱乐之所等，与业主日常生活、重要活动极为密切，将之归为业主共有。”因此，康体活动中心也并非 C 公司所有。

3. 假使矿机办公楼部分产权属于 C 公司，该部分涉案金额只有 5 万元，也未达到职务侵占罪立案追诉标准。根据《最高人民法院、最高人民检察院关于办理贪污贿赂刑事案件适用法律若干问题的解释》第 11 条，《刑法》第 163 条规定的非国家工作人员受贿罪、第 271 条规定的职务侵占罪中的“数额较大”“数额巨大”的数额起点，按照本解释关于受贿罪、贪污罪相对应的数额标准规定的二倍（6 万元）、五倍（100 万元）执行。本案中其他 6 个场地均不属于 C 公司财产，退一步讲，假使矿机办公楼属于 C 公司所有，该部分涉案金额为 5 万元，也低于司法解释规定的 6 万元，不构成职务侵占罪。另外，矿机办公楼部分到底是哪儿，在案证据无法确定，案发时，该栋楼已经拆除，已经无法证明。

（三）抗诉理由中关于“公共财产”的论述断章取义，片面解释法律，不能成立

L检刑诉刑抗〔2019〕8号抗诉书第2页："根据《刑法》第91条第2款，在企业管理、使用或者运输中的私人财物（产），以公共财产论。"基于此，抗诉机关认为涉案场地属于C公司财产，辩护人认为该逻辑不能成立。

1.《刑法》第91条第2款的原文是："在国家机关、国有公司、企业、集体企业和人民团体管理、使用或者运输中的私人财产，以公共财产论。"联系上下文，该条款中的"企业"属于国有企业，法条列举的其他几个部门，也都是具有国有或公共性质的。L区人民检察院刻意"剪裁"法条，将"国家机关、国有公司、企业"剪裁为"企业"，完全曲解了法律的本意。按照检察机关的理解，所有私有企业的财产都将属于公共财产，私有企业将完全丧失财产权，这是完全错误的，与《刑法》第92条也是明显矛盾的。

2. 按照抗诉意见，假使通信基站占用的相关场地归C公司管理，属于公共财产，此处的公共财产也应该理解为业主们的共同财产，不等于是C公司的财产，钱某没有侵占C公司的财产，就连构成职务侵占罪的基础都没有。公共财产的所有权是国家或集体，而C公司是私有企业，国家和集体的财产不是C公司的财产，按照检察机关的逻辑，C公司的财产并没有受损，钱某不构成职务侵占罪。

三、电信公司、联通公司都和钱某签订了书面合同，其明知钱某是签约主体，明确认同将场地补偿款支付给钱某，且约定了出现纠纷后的解决手段，即便存在争议，也属于民事纠纷

《通信基站场地占用合同》第8.4条约定，"如果有人就乙方对场地或者楼顶的使用提出法律或者行政程序（合称'侵权指控'），声称乙方侵犯其合法权益，甲方（钱某）应负责解决全部纠纷、承担全部责任，且应向乙方承担违约责任……"双方还约定出现争议后可以提交T市仲裁委员会解决或者向所属人民法院起诉。可见，双方已经明确约定了民事解决手段，本案应定性为民事纠纷。正如一房二卖等情形，一般只应界定为无权处分等民事纠纷，不应认定为刑事犯罪，应保持《刑法》的谦抑性，能用其他法律规范调整就不能动用刑事手段干预。

四、一审判决前，被告人家属已经向相关单位退还了涉案场地占用费，一审判决判令发还和追缴犯罪所得，缺乏事实依据

2018年12月12日，被告人钱某的父亲向中国铁塔股份有限公司T市分公司转账365024元。中国铁塔股份有限公司T市分公司继受电信公司与联通公司对通信基站的管理权。钱某被控收受场地占用费445024元，但钱某表示其确实没有收到周某虎通过杨某飞给他的现金8万元，因此，无论检察机关指控的罪名是否成立，钱某最多收到了365024元场地占用费，而该笔费用在一审判决前已经全部向相关权利主体进行了返还，一审判决判令发还和继续追缴犯罪所得与事实不符。

第二部分：钱某与H公司408040.26元签证费的问题，属于民事纠纷，不构成职务侵占罪，一审法院关于该部分事实判决正确

1. 涉案签证费属于应支付给H公司的款项，且已经经过C公司的审批和拨付手续，不属于C公司财产。钱某如实汇报了签证款的数额，并履行了公司审批手续，没有欺骗行为和非法占有目的。根据《D区燃气安装工程协议》第4条，明确约定签证费为437928.54元，该合同有C公司杨某军、耿某签字，公司盖章。根据《关于D区及四号路燃气签证款的请示》，明确写明该工程签证费为437928.54元，该份文件由钱某签字、工程部负责人签字、C公司总经理耿某等人签字，表明签证费的数额已经经过各级领导层层审批。该笔签证费也已经由C公司支付给了P公司账户，这笔费用不再属于C公司财产。

2. 钱某与P公司签订《D区燃气安装工程协议》，是因为客观情况导致不能与H公司签订合同。根据钱某供述：“原本签证费的合同应由C公司与H公司签订，但当时H公司因各种原因尤其是其老板雷某在美国不能签合同。我和雷某电话沟通后，雷某让我全权办理签证费的相关合同及手续。”雷某证言：“在2015年1月左右，我在美国，我问钱某签证费是否下来，钱某说我做的《工程量签证单》《工程量签证结算书》不行，他联系别的公司给走账，最后把钱给我就行。”二人表述相互印证，可以证明钱某通过P公司签订相关协议，并非有意欺骗，而是客观原因导致的变通之举。

3. 钱某之所以暂时没有向H公司支付签证费，是因为其工程质量差，还有部分任务没有完成，且已向上级汇报，钱某没有非法占有签证费的目的。

钱某供述：“问：为什么没有给雷某？答：因为雷某在做D区燃气工程的时候，工程质量进度都差，特别是验收送气的时候不配合。所以当时签证费下来时，我就想将钱压一压，等雷某将后期维修、打压、送气做好后再支付。问：你C公司是否知道你没有将该笔钱支付给雷某？答：我口头给我主管耿某说过。”雷某证言：“在2015年1月我向钱某追要签证费的时候，钱某说我的工程做得不好，还说不值那么多钱。我也很生气……我就想这笔签证费，钱某愿意按照约定支付就算了，要是不支付也不求他，当我下次有C公司天然气工程的时候我再和钱某算。”

可见，钱某并没有决定不向H公司支付签证费，只是因为工程质量原因时间暂时延后，且公司对此情况知情。雷某也不认为钱某不会向其支付签证费，只是暂时没有索要，等下次有工程一起结算。因此，钱某并没有想将该笔款项据为己有，没有非法占有的目的。

4. 只要H公司没有和被告人进行最终结算，就代表争议还没有解决，就无法确定H公司与被告人垫付款项结算的最终结论。但是有一点可以确定，就是C公司已经接收了工程成果，也是按照实际工程量，由多个部门审核得出的结论支付了相应的款项，C公司支付该笔款项应当、合法、属实，既然如此，就不存在任何侵占C公司的钱款的问题，至于其他主体之间的纠纷，与C公司就没有关系了，这也是C公司自身的管理制度导致的。

第三部分：没有任何其他证据佐证李某某单方面陈述的向钱某行贿40万元的事实，该事实被告人又完全不予认同，况且钱某也没有利用职务便利为李某某谋取任何利益，不构成非国家工作人员受贿罪

一、一审判决认定钱某收受李某某25万元贿赂款，只有李某某证言这一孤立的言词证据，且与钱某供述存在重大矛盾，远未达到确实充分的证明标准

1. 25万元到底是合作投资分红还是贿赂款，甚至数额是否为25万元都不能确定。根据钱某供述：“我和李某某合作过生意，我前后投资给李某某个人做工程几十万元，做了工程后李某某会给我五五分红……2014年或2015年前后给我分红二十几万元，大多是转账，本金还没有收回。”李某某说二人没有合作过生意。李某某的证言与钱某的供述截然相反，李某某的供述没有其他客观证据的支持。

根据李某某陈述：“从2013年下半年至今，我在C公司施工结算大约300万元，还有500万元未支付。”可见，李某某与本案所谓受害人C公司存在重大利益关联，其证言客观性存在重大疑问，在此情形下，应当按照存疑有利于被告人的原则，对本起事实不予认定。

2. 李某某表示按照工程利润的30%给钱某，但是一审并没有查明李某某承揽工程的总价款、利润比例、利润数额，不能认定李某某的工程利润与其给钱某的25万元是否符合30%的比例，一审判决证据不足。

3. 本起事实只有李某某自己孤立的证言称以现金方式交付给钱某，但作为如此巨额的现金交付，没有说明款项来源、交付方式、收款凭证或者其他人证言等证据，且钱某称其从未收到，本起事实还存在重大疑问。

4. 没有证据证明钱某利用职务便利为李某某谋取了利益。根据钱某供述：“李某某在工程竣工后，我将材料交给核算、成控等一系列部门公司核实后将认定价格给我……我的部门发起请款流程，公司领导审批后，财务开出支票并通知我市政部门去领支票……”根据钱某当庭供述，其只有发起请款申请的权力，这只是整个审批流程的一小部分，单纯依据钱某的这一职权，无法为李某某谋取到任何利益。整个过程都是严格按照流程操作，钱某并没有利用职务便利给李某某牟利。

5. 除了发起请款流程的职责，公诉机关也没有指出钱某的任何其他职权。为了指控钱某利用了职务上的便利，公诉机关没有提出任何切实的证据和事实依据，而只是单纯地渲染，钱某发起请款流程就是利用职务便利为李某某谋取利益。

辩护人认为，承包人在工程竣工后获得结算的权利，本是再正常不过的事情，在工程验收合格的情况下，钱某发起请款流程，与其说是一种权力，更多的是其职责所在，是一种义务。本罪中的“利用职务便利”，是指“不法地”利用职务便利，否则正常的履职行为与犯罪行为就无法区分。本案中，公诉机关未能举出证据证明，钱某如何“不法地”行使了发起请款流程的权力，是违反公司规定优先为李某某结算，还是在不符合结算条件的情况下为其请款？都没有证据证明。

仅仅依法依规履行了应尽的义务，就被认定为利用职权为他人谋利，按此逻辑，世界上所有从事带有服务性质行业的人，都是在利用职权为他人

“谋利”了。

6. 关键证人无正当理由拒不出庭，也不说明原因，依法不应该采纳其证言。根据《刑诉法解释》第78条的规定，经人民法院通知，证人没有正当理由拒绝出庭或者出庭后拒绝作证，法庭对其证言的真实性无法确认的，该证人证言不得作为定案的根据。本案开庭前，被告人家属通知过李某某出庭，遭拒绝，被告人的辩护人向法庭提交过书面申请，申请李某某出庭，李某某还是拒绝出庭，如此关键的证人，始终拒绝出庭，法庭不应该采纳其单方面的证言作为定案根据。并且，李某某本人因有工程款项C公司还未进行结算，此次也没有受到任何刑事责任追究，不排除李某某出于趋利避害的考虑，或受到不当的误导，有作伪证的嫌疑。

7. 再来看看关于涉案款项李某某的证言与钱某的陈述，其矛盾明显，且没有任何客观证据印证谁的陈述属实，根据存疑的证据应该按照有利于被告人的原则，李某某的证言应该予以排除。

根据《刑诉法解释》第74条规定，对证人证言应当着重审查以下内容：“……（三）证人与案件当事人、案件处理结果有无利害关系；……（八）证言之间以及与其他证据之间能否相互印证，有无矛盾。”

首先，李某某目前在C公司仍有数百万元工程款尚未结算，而C公司属于本案所谓的“被害人”，李某某与其存在利害关系，证言客观性较低。

其次，李某某的证言没有任何客观证据或者其他人的证言相互印证，属于孤证，且和钱某的供述完全矛盾。在此情况下，无法认定李某某的证言属实，依法不应作为定案依据。

8. 一审法院判决认定部分，也是靠推测得出的结论，不客观、不合法。一审判决根据李某某的陈述认定有行贿受贿事实，具体金额则根据钱某某次笔录回忆与李某某可能有二十几万元的经济往来（庭审中钱某再次声明及确认只有15万元的经济往来），李某某陈述有25万元，就认定受贿金额为25万元，如何让人信服。

二、如果仅凭李某某的证言就认定该项犯罪事实发生，则违反了“孤证不能定案”“言词证据应当与其他证据相印证”以及“疑罪从无”等《刑事诉讼法》最基本的原则，这破坏了刑事诉讼程序中的底线

根据《刑事诉讼法》规定，认定犯罪要达到“事实清楚，证据确实、充分”的证明标准，根据理论界的通说，“事实清楚，证据确实、充分”的内涵至少包括：每个定案证据均已经法定程序查证属实；证据之间以及证据与案件事实之间不存在矛盾，或者矛盾得到合理排除；根据证据所得出的事实结论为唯一结论。

本案中，李某某的证言与钱某的供述存在重大矛盾，且无法排除，更无法得出唯一结论，李某某拒绝出庭作证，其证言的真实性无法核实。如果仅凭李某某的证言就可以定案，则是对刑事诉讼基本原则的违反。

三、李某某转账给钱某的15万元，不排除是归还借款或者支付投资回报的可能，认定为受贿款证据不足，一审法院判决正确

该笔15万元款项性质不能确定。

1. 钱某除了2016年11月借给过李某某10万元，2013—2014年也曾借款给李某某。根据李某某证言：“从2013年到2014年我共向钱某借过三四次，每次大约2万元到3万元，共计借款10万元左右。约定利息月两分，没有约定还款期限。”

2. 不排除钱某与李某某合作做生意的可能。根据钱某供述，他曾和李某某合作做生意，先后给过李某某40多万元，做了工程后李某某给其分红。

综上，钱某与李某某有着较为密切和复杂的经济往来，一审判决最多只能够证明李某某向钱某转账15万元，但对于该笔款项的性质，只有李某某的证言说是给钱某的好处费，没有其他任何客观证据相印证。对于款项性质的证明责任，在于公诉机关而非钱某，钱某没有义务证明该笔款项的具体来源等。检察机关指控该笔款项是好处费，但金额与李某某所说的工程款金额、利润金额、比例以及时间等，都没有证据证明可以相互印证，因此认定该笔款项是贿赂款证据不足。根据疑罪从无的原则，不能够认定钱某构成非国家工作人员受贿罪。

第四部分：张某某给予钱某7万元，钱某并没有为其谋取利益，且不具有权钱交易的性质，不符合非国家工作人员受贿罪的构成要件

1. 钱某没有为张某某谋取利益。根据《刑法》第163条规定，非国家工作人员受贿罪的构成，无论是利用职务便利主动索取贿赂，还是被动收受贿赂，客观上都要求行为人为他人谋取利益。本案中，张某某支付“协调费”

只是为了保障工程进度，使施工人员配合工作，这本就是施工人员的分内之事。事实上，工程也确实按照正常进度完工，没有证据证明钱某利用职权对相关人员进行了指使，以保障工程进度，钱某没有为张某某谋取额外利益，不符合非国家工作人员受贿罪的客观要件。

2. “协调费”的给付目标是施工人员，而非钱某个人，不具有权钱交易的性质。贿赂犯罪的本质是权钱交易，本案中张某某支付“协调费”的目的是提高工人积极性，不拖延施工进度。张某某证言：“在施工过程中需要C公司的电工及负责管线、路由器的人配合。为了工程更快施工，在施工过程中，我们需要管线、园林、电的相关人员配合，如果不配合我们在施工过程中也没处接、管线也找不到，给些协调费员工们都配合。”由此可见，协调费是要支付给施工人员的，协调费的对价是工人们正常的施工服务，而非钱某的职权，整个过程中，钱某的作用更接近于一个额外酬劳的中间人，发挥的是转交的作用。在张某某看来，其支付的“协调费”的对象也是施工人员，其“请托”的对象是施工人员而非钱某，只不过“协调费”由钱某代为分发。整个过程不具有权钱交易的性质，没有行贿受贿的故意，钱某不存在受贿犯罪的主观故意。

至于钱某是否真正将“协调费”转交了施工人员及如何使用这笔费用对施工人员进行慰劳，并不是判断其是否构成犯罪的关键因素，既然张某某给予钱某“协调费”并非为了收买其职权，不具有权钱交易的性质，就不能认定为受贿款。

第五部分：原审程序违法，审限严重超期

本案于2018年6月14日提起公诉，T市L区人民法院适用普通程序，于2018年8月3日开庭审理，审判长为银某，审判员（人民陪审员）是刘某、姚某。但是开庭后并未作出判决。

2019年1月18日，本案再次开庭审理，但却更换了合议庭成员，由王某担任审判长，刘某、马某担任审判员（人民陪审员）。直至2019年5月13日，本案才作出一审判决。

《刑事诉讼法》第208条第1款规定：“人民法院审理公诉案件，应当在受理后二个月以内宣判，至迟不得超过三个月。对于可能判处死刑的案件或

者附带民事诉讼的案件，以及有本法第一百五十八条规定情形之一的，经上一级人民法院批准，可以延长三个月；因特殊情况还需要延长的，报请最高人民法院批准。”本案没有需要延长审限的情形，一审法院也没有出示延长审限的法律文书，本案应当在2个月内，也就是2018年8月14日之前作出判决，至迟不得超过2018年9月14日，而L区人民法院在2019年5月13日才作出判决，超出审限8个月之久，程序严重违法。

第六部分：一审虽然没有通知被害人，但被害人的主要诉讼权利已经通过公诉机关得到行使，且本案不涉及附带民事诉讼等事宜，不会影响案件公正审理

一、一审法院未通知被害人不影响案件公正审理，不能作为发回重审的理由

1. 被害人主要诉讼权利已通过公诉机关得到了行使。《刑事诉讼法》第238条规定：“第二审人民法院发现第一审人民法院的审理有下列违反法律规定的诉讼程序的情形之一的，应当裁定撤销原判，发回原审人民法院重新审判：（一）违反本法有关公开审判的规定的；（二）违反回避制度的；（三）剥夺或者限制了当事人的法定诉讼权利，可能影响公正审判的；（四）审判组织的组成不合法的；（五）其他违反法律规定的诉讼程序，可能影响公正审判的。”

根据上述规定，剥夺或限制当事人的权利，或者其他违反程序的情形，只有达到可能影响公正审判的程度，才可以作为发回重审的理由。

《刑事诉讼法》第173条第1款规定：“人民检察院审查案件，应当讯问犯罪嫌疑人，听取辩护人或者值班律师、被害人及其诉讼代理人的意见，并记录在案。辩护人或者值班律师、被害人及其诉讼代理人提出书面意见的，应当附卷。”本案中，依照法定程序，C公司的意见已经反馈给检察机关，由检察机关代为行使。.

本案中，假使C公司没有收到开庭通知，其主要诉讼权利也已经通过检察机关的公诉活动得到了行使，实现了对钱某进行刑事追诉的目的，提起公诉进行刑事追责，是国家赋予检察机关的权利，被害人是否参与不影响本案的开庭审理。且一审法院在认定犯罪成立的情况下已经判决钱某将12.5万元

“违法所得”发还C公司。

2. 本案不涉及刑事附带民事赔偿。《刑诉法解释》第139条规定：“被告人非法占有、处置被害人财产的，应当依法予以追缴或者责令退赔。被害人提起附带民事诉讼的，人民法院不予受理。追缴、退赔的情况，可以作为量刑情节考虑。”本案涉嫌的罪名是职务侵占罪，属于被告人“非法占有被害人财产”的犯罪，不在有权提起附带民事诉讼的范围之内。因此，虽然C公司可能没有收到开庭通知，但在财产权利方面，其没有受到任何损失，在追诉犯罪方面，检察机关已经履行了相关职能。

二、根据法律规定，检察院有义务在起诉书中列明被害人信息，而L区人民检察院没有列明，是其失职行为

《人民检察院刑事诉讼规则（试行）》（2012年修订）第394条第1款规定，人民检察院提起公诉的案件，应当向人民法院移送起诉书、案卷材料和证据。

起诉书应当一式八份，每增加一名被告人增加起诉书五份。

关于被害人姓名、住址、联系方式、被告人被采取了强制措施的种类、是否在案及羁押处所等问题，人民检察院应当在起诉书中列明，不再单独移送材料；对于涉及被害人隐私或者为保护证人、鉴定人、被害人人身安全，而不宜公开证人、鉴定人、被害人姓名、住址、工作单位和联系方式等个人信息，可以在起诉书中使用化名代替证人、鉴定人、被害人的个人信息，但是应当另行书面说明使用化名等情况，并标明密级。

本案中，L区人民检察院并没有列明被害人信息，本身就是其失职行为，不能在其失职后将责任归咎给法院而指责庭审程序违法。

三、假使一审法院主持庭审没有通知报案人，检察院也可以提出检察监督，但是直至一审法院作出判决，检察院也没有提起监督，C公司也没有提出要求参与庭审

根据《刑事诉讼法》第8条规定，人民检察院依法对刑事诉讼实行法律监督。但是本案中，一审开庭前、开庭中和开庭后，检察院均没有提出通知C公司，提起法律监督，C公司在判决作出前也一直没有提出任何异议，截至目前在卷宗中也没有看到C公司提出过异议，为何检察院如此“积极”替C公司发声，令人怀疑。这本来是一起案情非常清晰的案件，但从刑事拘留到移送法院直至最终作出判决，期限之长，匪夷所思，请二审合议庭明辨。

第七部分：公诉机关当庭提交的《前期物业服务协议》和《场地租赁合同》，非但不能证明涉案场地属于C公司所有，反而证明了C公司与本案涉案场地已经没有任何关系了，恰恰证明钱某不构成职务侵占罪

1. 公诉机关提交的《前期物业服务协议》《场地租赁合同》（六份）均是复印件，当庭没有核实原件，其真实性无法核实。

2. 公诉机关在二审期间提交被害人提供的证据没有法律依据，且从合同内容可以看出，其形成的时间在2015年至2017年不等，一审时便可以调取或提供而未提供，不属于新证据。根据不得重复追诉原则，该两组证据不能够被采纳。

3.《前期物业服务协议》不能证明物业公司对涉案场地具有所有权。公诉机关认为该份证据的证明目的是：被害人对小区物面（即屋顶）享有管理和运营的权利。

首先，协议的主体分别是业主和天力T市分公司。天力T市分公司与C公司是独立、平等的法人主体，没有任何证据证明其在财务上有任何关联，不能证明C公司对屋顶具有管理和运营的权利。

其次，管理和运营的权利也不等于所有权。根据《物权法》的相关规定，小区屋顶属于业主共有，不再赘述。公诉机关的指控逻辑是其曲解的《刑法》第91条第2款，认为“公司管理下的财产属于公共财产”，关于该观点的错误，辩护人已经在第一部分进行了详细阐述，不再赘述。

最后，协议只有一份，物业服务地点是桃园，没有涵盖本案全部7个场地。

4. 6份《场地租赁合同》中约定的租赁场地，除“桃园2号楼楼顶和9号楼楼顶”外，合同中关于场地的表述与案卷中对于涉案基站占用场地的描述均不相同，无法证明相关场地具有一致性。

5.《场地租赁合同》签订于钱某被逮捕后，退一步讲，假使相关主体对场地租赁费具有收益权，也是在案发后而非案发当时。案发当时合同并未签订，钱某没有侵害相关主体利益。

6. 场地的出租方是天力T市分公司，而非C公司，如前所述，两家公司是独立的法人主体，天力T市分公司的财产权益不能等同于C公司的财产权益。

7. 钱某并非天力T市分公司员工，在该公司不担任任何职务，不可能构成职务侵占罪。

综上，公诉机关当庭提交的证据并不能证明C公司对涉案基站占用场地拥有所有权，反而能够证明涉案场地权属与其无关，因此钱某不构成职务侵占罪。

以上辩护意见，请合议庭考虑并采纳。钱某不符合职务侵占罪和非国家工作人员受贿罪的构成要件，证据也没有达到确实、充分的证明标准，部分存疑证据应该予以排除，请贵院依法改判被告人钱某无罪。

此致

T市中级人民法院

被告人钱某的辩护人：

北京市京都律师事务所律师　彭吉岳

2019年9月4日

融资陷阱旁的奋力营救：孙某某合同诈骗案发回重审

融资贷款是民营企业及其高管刑事法律风险的高发环节，根据《企业家刑事风险分析报告（2014—2018）》，基于生效裁判文书统计，在2018年有688名企业家在融资环节犯罪，在所有经营环节中占比24.81%。在2014年至2018年这一时间段，融资环节企业家犯罪人数是1536人，占比18.26%，融资环节的刑事法律风险相对较高。

融资环节的高发罪名主要有：非法吸收公众存款罪、集资诈骗罪、合同诈骗罪等。据统计，在2014年至2018年期间，民营企业家被判有罪总计7578次，其中合同诈骗罪520次，占比6.86%，位列全部36个罪名中的第4名。[①]

由于经济纠纷与刑事犯罪在很多情况下边界模糊，在司法实践中，假如公司在生产经营过程中签订合同不够严谨，合同相关内容的真实性存在某些瑕疵，再给合同相对方造成财产损失，则很容易涉嫌合同诈骗罪。

公司高管不慎落入贷款陷阱

孙某某原任河北省Z市Y公司总经理，Y公司从事建筑行业，在多年经营过程中陆陆续续向当地的一家银行借了几十笔贷款。由于早年贷款审批程序尚不十分严格和完善，这些贷款有的是以Y公司名义借贷的，有些是以公司员工或者其他个人主体借贷的。

2013年，银行为了规范业务，防范风险，向Y公司提出将此前的多笔贷款整合到公司一个主体名下的想法，具体做法是：银行重新向Y公司发放一笔贷款，其中大部分直接用于归还原有贷款，剩余一部分由公司留用。

① 北京师范大学中国企业家犯罪预防研究中心：《企业家刑事风险分析报告（2014—2018）》，载《河南警察学院学报》2019年第4期。

为了征得 Y 公司同意，银行还主动联系了河北省 S 市 H 公司为其提供担保，同时为了平衡 H 公司的风险，再由 Y 公司为 H 公司提供反担保。

孙某某基于与银行负责人的人情关系和信任，同意按照上述计划办理。据被告人陈述，原本 22 套房产中部分是抵债获得，根本没有合同和产权证，但是银行交代自己“想办法”，最后被告人确实存在以加盖伪造的房产公司印章的购房合同以及部分车辆提供反担保的行为，同时孙某某个人对 H 公司承担连带责任保证。

令人不解的是：H 公司与 Y 公司签订担保协议和反担保协议等相关文件后，对于 Y 公司主要的抵押物——22 套房产——并没有实地考察，也没有要求办理不动产抵押登记，甚至都没有查看不动产权证书。根据《物权法》相关规定，不动产抵押以登记为生效要件，H 公司如此草率的做法，使其面临的风险几乎与没有担保无异。

在办理完毕贷款手续后，2013 年 6 月银行如期向 Y 公司发放了 1500 万元贷款，H 公司从中直接收取 45 万元担保费以及 300 万元保证金。剩余款项中，750 余万元在银行控制下直接偿还了前期贷款，真正留给 Y 公司使用的只有 397 万元左右。

2014 年 6 月贷款期限届满，Y 公司联系了过桥资金，同时银行以借新还旧的方式再次贷款给 Y 公司 1500 万元，贷款 1 年。H 公司和 Y 公司仍然互相提供担保和反担保。

2015 年 6 月贷款到期，Y 公司无力还款，担保人履行了担保义务，代为偿还本息共计 1600 余万元。H 公司提起民事诉讼要求 Y 公司承担反担保责任，发现大部分抵押财产系虚假。H 公司遂以 Y 公司反担保材料存在虚假为由向公安机关报案，指控孙某某等构成合同诈骗罪。

孙某某没有想到，他自认为当初好心配合银行走手续的购房合同等材料，如今反过来恰恰成为指控其犯罪的“利刃”。检察机关指控：

孙某某提供的 22 套抵押房产中，有 21 套房产不属于孙某某。经鉴定，孙某某提供的 22 套抵押房产的购房合同中，19 份购房合同及收据上的印章系伪造……被告人孙某某以违法占有为目的，用伪造的购房合同作担保，致使 H 公司损失 16047600 元，数额特别巨大，其行为触犯了《刑法》第 224 条，犯罪事实清楚，证据确实、充分，应当以合同诈骗罪追究其刑事责任。

管辖权之争：急发十封实名反映信

面对指控，孙某某直言无辜。在他看来，自己只是看在与银行负责人的情分上同意配合作手续办理相关贷款，以22套房产作为反担保只是在银行安排下，配合在形式意义上作手续、走流程，其实部分房产已经不在Y公司名下了，不过H公司及银行对此均知情，所以自己才私自随意制作了几份购房合同。事后查明，这些合同与相关房地产公司真实的合同连封面都不相同。孙某某认为，也正是因为H公司知情，所以他们也才没有核实房产真实性，也没有要求做抵押登记。既然大家都心知肚明，自己怎么能是诈骗呢？

令孙某某想不明白的，还有另一件事：自己从来没有来过S市，发放贷款的银行，以及担保合同等文件的签署地都在Z市，为什么突然被S市的警察抓走了呢？

我接手本案时，家属已经委托过几个律师，因为案件中的一些问题频频遇阻，都不得不中途作罢。看完案卷材料，我初步判断案件事实还存在诸多疑问，报案人H公司对房产权属情况是否知情？H公司草率对待Y公司担保物的反常行为如何解释？孙某某是否非法占有了银行贷款？银行与H公司之间是如何沟通的？如果孙某某存心诈骗，第一次贷款之后为何还主动还款？……刑事案件的证明标准要达到排除合理怀疑的程度，这些问题不解决，就无法认定孙某某构成合同诈骗罪犯罪。

从程序上看，我认为孙某某的疑惑是有道理的，S市办案机关对本案不具有管辖权。本案中，Y公司以及银行都位于Z市，只有H公司位于S市。签订贷款合同是在银行，也就是在Z市，担保人承担担保责任时，也是其Z市银行的账户被划扣资金。根据被告人供述，Y公司与担保人签订担保合同及反担保协议并进行公证，也是在Z市，其根本没有去过S市，更不知道H公司地址在哪儿。

根据《刑事诉讼法》及其他相关规定，刑事案件由犯罪行为发生地或者犯罪结果发生地人民法院管辖。如此说来，假使本案构成犯罪，也应由Z市司法机关管辖，而辩护人接受委托时，本案已经由S市某公安局侦查完毕，经检察院审查起诉后，由 S 市中级人民法院受理。

S 市中级人民法院受理案件的依据只有一个：报案人（H 公司）司机、会计等人的证言，该二人作证说孙某某来 S 市与 H 公司签订的反担保协议，自己参与了接待。因此，S 市属于“犯罪行为发生地”。

对此，我向法院递交了书面管辖权异议申请书，指出报案人员工自说自话的证明漏洞百出：司机自称给孙某某倒过水，试问倒水就能认得孙某某并知晓其姓名？会计自称草拟了合同，试问会计能拟订合同吗？因此，我们认为报案人的言词证据这一孤证根本不足以证明案件事实发生在 S 市。

辩护律师会见孙某某时，他重申有人指控他在 S 市签署协议纯粹栽赃陷害，就是人为制造证据，就是为了让本案在 S 市办理。被告人在看守所里还自书《关于 H 公司指控我来 S 市签合同情况》的说明进行抗议和申诉。

还没有等到法院对于管辖权问题的回应，法院便通知辩护人参加庭前会议。我决定在庭前会议中再次重点提出管辖权异议。开庭前夕，我准备了更加详细的法律意见：《关于孙某某涉嫌合同诈骗案不宜由 S 市中级人民法院管辖的法律意见》。辩护人认为：本案中，孙某某供述称相关协议在 Z 市所签，而 H 公司等人称相关协议在 S 市 H 公司所签，两者存在矛盾。在这种情况下，应当结合其他客观证据，综合认定哪种言词证据更加符合事实。H 公司相关人员的陈述与在案客观证据存在严重矛盾：

由于第一次贷款到期后，Y 公司偿还了贷款，这次贷款不涉及犯罪，对本案管辖权具有重要影响的是第二次贷款时的合同签订地。Y 公司与 H 公司第二次签订的反担保合同的落款时间是 2014 年 6 月 27 日，同日，孙某某与 H 公司签订了《个人连带责任保证书》，并在 Z 市公证处对《个人连带责任保证书》进行了公证，公证书的落款时间为 2014 年 6 月 27 日。H 公司负责人耿某某也表示，本来也计划对反担保合同进行公证，但 Y 公司法定代表人迟迟没有来公证处签字，到最后也没有来，所以反担保合同没有公证，只公证了孙某某和王某某个人承担连带责任的一个保证。这表明 2014 年 6 月 27 日耿某某、孙某某、王某某到过 Z 市公证处是客观事实，以此对照，孙某某供述称双方当天在 Z 市签订反担保协议更具可信性，因为根据 H 公司相关人员陈述，如果当天在 S 市签订合同，又在工作时间（下午五六点之前）赶到 Z 市公证处是不可能的。

我们将法律意见按照工作习惯胶装打印成册，并准备了多份，携带来参加庭前会议。

庭前会议由一名合议庭成员主持。庭前会议中，辩护人提交了书面意见，辩护人同时还根据庭前会议情况当庭陈述了多项S市中级人民法院不具有管辖权的新事由，对此，法官决定休庭与合议庭其他成员进行合议。

然而，针对辩护人有关管辖权的意见，法官没有将辩护人提交的书面申请带出法庭给其他合议庭成员阅读，并且几分钟时间也不可能与其他合议庭成员真正进行合议，就宣布驳回管辖权异议申请，也并未说明理由。

对此，辩护人面对审判法官如此的做法和态度，强烈不满，认为程序不公正，实体也很难获得公正，当庭对法官申请回避，根据《刑事诉讼法》规定，审判人员回避由院长决定，然而法官仅仅口头告知驳回辩护人的回避申请及复议申请。辩护人认为法官的做法有失公正，假使如此继续审理下去，被告人的权利恐怕很难得到保障，于是在庭前会议后紧急向河北省高级人民法院、S市人民检察院、S市中级人民法院院长、纪检组等寄出10封实名控告信，要求对审判人员在庭前会议的不当做法进行监督，并且纠正对管辖权异议的驳回决定。辩护律师在信中写道：

贵院孙某某合同诈骗案合议庭仅仅依据报案人及相关利益人单方面陈述即认定拥有管辖权，驳回了我们提出的管辖权异议，且没有说明详细理由，令人不服，令人担心实体的审理也可能就是走形式而已。在案卷宗中不仅没有一项客观证据证明本案中被告人的相关行为或者行为结果发生在S市，且报案人陈述与在案客观证据严重矛盾，也不符合生活常理，仅以此作为涉案行为发生在S市的证据，没有达到确实、充分的证明标准。

……

没有程序正义就没有实体正义，而管辖权的确定是审判程序的开端，为了避免本案一开始就陷入程序错误，进而影响实体判决的客观性与公正性，同时为了避免司法资源的巨大浪费……请求纠正孙某某涉嫌合同诈骗罪一案中，贵院驳回被告人及辩护人申请管辖权异议的决定。

辩护律师的坚决态度使得本案管辖权问题得到了充分的重视。在正式开庭时，合议庭重新就管辖权问题进行审理，请辩护人充分说明了管辖权异议的理由，我们也调取到了新的书证证明被告人当天确实在 Z 市，最终法庭没有继续对本案进行实体审理，而是上报河北省高级人民法院对本案管辖权问题作出决定。

多方取证，扎实辩护

合同诈骗罪与民事纠纷的重要区别在于行为人是否具有非法占有的目的，而非法占有目的属于主观因素，需要通过客观证据予以推断和佐证。

本案中，被告人孙某某没有非法占有任何款项，银行 1500 万元贷款一经发放，750 余万元就直接偿还了原有贷款，345 万元用于向担保公司支付保证金和担保费，剩余 300 余万元也全部用到了公司的生产经营当中，孙某个人没有占有和使用一分钱，很难说他具有非法占有目的。

为了证明这一点，我们积极与孙某某家属沟通，了解贷款去向并搜集相关证据，我们搜集的部分证据如下：

表 22　孙某某涉嫌合同诈骗案证据目录

<table>
<tr><th>序号</th><th>证据名称</th><th>证明目的</th><th>页码</th></tr>
<tr><td>第一组</td><td>抵账协议</td><td>2012 年 8 月 17 日，山西 J 工程（集团）总公司天津分公司将 Z 市文化艺术会展中心 A 座、B 座共 15 套房产向 Y 公司抵账。2013 年 6 月 Y 公司和 H 公司签订反担保协议时，确实有 6 套房产仍属于 Y 公司，这 6 套房产为真实抵押物，说明抵押物并非全部伪造，孙某某没有诈骗的故意。</td><td>1—4</td></tr>
<tr><td rowspan="4">第二组</td><td>1.《贷款本金利息回收凭证》34 份</td><td rowspan="4">2013 年 6 月 27 日银行向 Y 公司发放的 1500 万元贷款，Y 公司将其中 750 余万元偿还了之前贷款的部分本金和利息，300 万元支付给 H 公司作保证金，45 万元支付给 H 公司作担保费，Y 公司实际使用 397 万元。Y 公司本无贷款必要，这样做是为了配合银行整合债务，主观上并非想要骗取保证金或者贷款，没有非法占有的目的。</td><td rowspan="4">5—26</td></tr>
<tr><td>2.《电汇凭证》2 份</td></tr>
<tr><td>3.《进账单》1 份</td></tr>
<tr><td>4.《客户对账单》1 份</td></tr>
</table>

续表

序号	证据名称	证明目的	页码
第三组	1. 证人范某某、郭某某、梁某财、梁某梅、郝某某、刑某某等人证言 2. 转账申请表、电汇凭证、领款单等共计9份 3. 孙某某银行账户流水，卡号：62102××××××××××1695	通过孙某某个人账户支出的397万元，用于支付了Y公司的材料款等，没有被孙某某据为己有或者用于个人支出，这证明孙某某没有非法占有的目的。	27—43
第四组	孙某某目前被查封的个人财产清单及相关房产证、购房合同	孙某某为H公司以个人财产提供无限责任保证，案发后也没有转移财产，现其大量财产被查封、价值8759810元，表明孙某某具有偿还意愿、有一定偿还能力，而不具备非法占有的目的。	44—87
第五组	Y公司应收账款明细	Y公司目前有超过700万元的应收账款，具备一定的偿债能力。Y公司暂时不能偿还贷款，不代表其完全没有偿还的可能，更不代表借款时具有非法占有的目的。	88—89
第六组	村委会证明	2014—2018年1月，孙某某被采取强制措施以前，孙某某一直居住于位于Z市某村的家中，没有隐匿、逃跑和逃避债务的行为，表明其没有恶意诈骗钱财的故意，不具备非法占有的目的。	90

这些证据能够从客观上说明银行贷款发放以后的去向和用途，可以清晰地反映出没有一分钱被孙某某私自占有，孙某某不是最终的受益者。同时，孙某某也没有隐匿以逃避债务，从客观表现来看，孙某某没有非法占有的目的。

根据刑法理论，客观上的欺骗行为加上主观上的非法占有目的，才能够组合成诈骗类犯罪的全部要件。如果只有欺骗行为，而不具有非法占有目的，则最多只能构成较轻的罪名，如贷款诈骗罪与骗取贷款罪的关系。在不具有非法占有目的的情况下，行为人的社会危害性和主观恶性更低，因此刑事责任也就更轻，这种差异化的评价体现了刑法的细腻性和科学性。

本案中，我认为尚不足以证明孙某某具有非法占有目的，因此如果定性为合同诈骗罪，则属于过度评价；但他确实伪造了房产公司印章并制作了虚假的购房合同，这一行为可能涉嫌伪造公司印章罪，这一罪名的法定刑远远低于合同诈骗罪。因此，辩护人确立了轻罪辩护的策略——一方面不认同合同诈骗罪，另一方面根据孙某某的意见同意按照伪造公司印章罪承担刑事责任。这种辩护策略相对折中，且实事求是，也更容易为司法机关所接受，实践中就有类似案件是按照这种思路处理的，这样的思路也是和被告人、被告人家属多次沟通后大家一致认同的方案。

2019 年 3 月，本案再次开庭，河北省高级人民法院决定案件仍由 S 市中级人民法院审理。开庭过程中，辩护人首先利用向被告人发问的机会，通过几个问题勾勒出了本案的来龙去脉，凸显出本案的疑点以及被忽略在起诉书之外的重要细节。辩护人向被告人发问：

1. 请问 Y 公司为什么要向银行贷款？

2. 贷款是谁提出的？

3. 担保公司是谁找到的？

4. 你是否认识担保公司相关人员？

5. H 公司为 Y 公司担保，Y 公司反过来为 H 公司提供反担保，那么为什么不由 Y 公司直接向银行提供担保？

6. 对于 Y 公司提供的房产等抵押物，H 公司是否核实了其真实性？

7. 抵押物的情况，你是否向银行和担保公司如实陈述过？是什么时候说的？怎么说的？

8. 你个人为什么要向 H 公司提供连带责任保证？你是否明白这样做的法律后果？

9. 2014 年贷款到期后，Y 公司为何偿还了贷款？

10. 案发后你在哪儿，H 公司是否知晓，有没有找过你？

11. H 公司是否提起过民事诉讼？判决结果是什么？是否查封了公司或你的个人财产？价值是多少？现在拍卖了没有？

12. 之前的多笔贷款，贷款主体是谁？使用者是谁？自己有没有经手？

13. 2013 年第一次贷款发放后，有多少用于偿还了之前的贷款？还款是谁来操作的？

14. 1500 万元贷款中，有多少留给 Y 公司使用？这部分款项的具体使用情况如何？

15. 1500 万元贷款中，有多少是支付给 H 公司的，分别是以什么名义？

……

一个案件在控方眼里和辩方眼里往往有不同的版本，这是立场使然。起诉书所描述的事实是检察机关为了指控犯罪而精心提炼和抽象过的，作为辩护律师，必须善于发掘和讲好“辩方故事”，竭尽全力使全部有利于被告人的事实呈现在法庭之中，当然，一切都需要证据予以呈现。笔者认为，庭审发问是在法庭上呈现事实的最佳途径之一，这种一问一答的方式更加具有互动性和现场性，被告人或证人在陈述时，其声音、语气、神态全部呈现在法庭上，更加容易影响法官的内心判断，这也是中国古代“五色听讼法”的合理性，以及西方司法制度中格外重视“交叉询问”的原因。

通过开庭伊始的发问环节，辩护人已经初步将“辩方版本”的案情公之于众，使法官听到了不同的声音。从理论上讲，“辩方故事”与“控方故事”不同，不以严密周到为必然要求，能够拆解掉“控方故事”证据链条或者提出其他合理怀疑即可，因为证明责任的承担者在于公诉机关，在刑事诉讼无罪推定的基本原则下，被告人并没有自证清白的义务。

本案中，为保万无一失，辩护人一方面大量搜集证据，构筑坚实的“辩方故事”证据体系，另一方面对“控方故事”的逻辑漏洞提出种种质疑，削减其可信性。辩护人结合所提交的证据，着重强调以下几项事实（详见附件 4 一审辩护词）：

第一，1500 万元贷款发放的同时，银行便直接操作将其中 700 余万元偿还了之前的贷款。对于银行而言，其达到了整合贷款、收回 Y 公司之前拖欠的贷款的目的，同时又将 H 公司设计为保证人，因 H 公司在银行有大量现金存款，如此一来，银行则免除了后续不能向 Y 公司追回欠款的风险。

第二，H 公司得到担保费 45 万元及保证金 300 万元。留给 Y 公司使用的款项也不过 397 万元，而 H 公司可以直接拿走 345 万元，比例高低明显。

第三，剩余约 397 万元留给 Y 公司使用，已经全部用于生产经营，孙某某个人没有占有和使用任何款项。关于这 300 余万元的使用明细，辩护人搜集到了每笔支出的用途、支付对象、时间等，用表格形式在书面辩护词中一一列举，并有多位证人愿意出庭作证，可惜法庭没有准许。

纵观贷款过程中的各方主体，银行目的实现，H 公司亦有获利，Y 公司的部分旧贷款也得以偿还（虽然又背负了新的贷款），只有被指控为犯罪的孙某某没有获得任何利益。

此外，针对控方指控事实中的逻辑漏洞，辩护人提出多项质疑：

合同诈骗罪是侵犯财产类犯罪，如果不能非法获利，行为人顶风作案的动机是什么？更何况，孙某某还以个人财产提供无限保证，可谓是搭上了“身家性命”。

Y 公司实质上也没有获利，因为贷款前后其应当偿还的贷款数额并没有实质变化，对于 Y 公司而言，根本没有贷款的必要性，更没有必要去伪造印章制作虚假合同，被告人之所以如此不顾风险，很可能是银行或 H 公司存在某种误导、默许等意思表示所致。

从孙某某提供的虚假的购房合同来看，没有一个以非法占有为目的的人会将伪造的合同与真实的合同连名字都不一样。真正的购房合同名字是“华润·紫金城”，而被告人伪造的合同名字是“华润·艺岸青城”，两者名字如此大的区别，是被告人不够细心吗，还是银行及担保公司完全知情，没必要把材料做得太细致？

案发后孙某某并没有隐匿、逃跑，也没有转移财产，并且 H 公司仍然能够联系到孙某某沟通还款事宜，如果一个人真的实施了犯罪，绝对不会是这种表现。

如此种种，不一而足，这些问题使得本案疑窦重重。被告人的妻子、孩子和几位朋友旁听了案件庭审，经过举证质证、激烈的法庭辩论，几个小时后庭审完毕，他们早已激动得热泪盈眶。趁着被告人还没有被带下法庭，我抓住机会向审判长申请：被告人已经被关押了很长时间，能否允许家属和他说几句话。审判长表示同意，被告人还在上中学的孩子面对戴着手铐的父亲泣不成声。面对这一幕，我心中不由得感慨：一个案件不仅仅关乎被告人自己，还深刻地影响着他的家人、朋友，甚至更多的人。一个案件就是一面旗帜，一个案件是否得到了公正审理，影响着周围全部人对司法体制和社会环境的看法。我想，这也许正是习近平总书记号召“让人民群众在每一个司法案件中感受到公平正义”的初衷所在吧。律师以自己的专业知识，在诉讼程序中监督和制衡公权力，促使司法更加公正、透明，提振公民对法治的信心，这就是辩护的力量，也是我们工作最崇高的价值。

庭后跟进，补强辩护

庭审结束后，尚未宣判的日子里，我们的辩护工作也并未中断。虽然还要投身其他案件，但是本案依然惦记在心。庭审中，我们察觉到：被告人是否非法占有了涉案贷款，如果被告人构成犯罪，那么其犯罪所得是多少？这是法庭无论出于什么样的考虑都回避不了的问题，虽然庭审中有过调查，但还是不够细致。对犯罪数额的认定，不应仅仅看所谓被害人的损失，也要考察被告人的获利，它不仅关乎定罪量刑，也关乎被告人的犯罪动机以及是否存在其他合理怀疑。在《辩护词补充意见》中，辩护人围绕非法占有涉案贷款的问题，论述了以下几个观点：

一、本案中没有能够证明被告人孙某某实际占有了钱款的证据，起诉书中也没有说明被告人实际占有多少钱款，H公司因承担担保责任而支付的钱款不能也没有理由认定为被告人非法占有的钱款。

二、孙某某所谓“骗取”的标的也并非H公司的担保服务或者是Y公司贷款债务的免除。

三、被告人孙某某也没有通过Y公司、银行或者其他第三方主体对涉案款项进行非法占有。

四、被告人孙某某签订反担保协议，无论提供的房屋合同是否属实，其承担连带责任都是确定的，故签订反担保协议只可能是为被告人增加责任，而贷款主体不是被告人，对完全只承担责任而不获取任何经济利益的主体，认定为合同诈骗的主体也不合常理。

五、H公司签订反担保协议后长达2年多的时间里既不核实购房合同的真实性，也不核实房屋是否存在，更没有办理以房屋的数量或评估价格决定担保金额的手续，说明H公司根本不在乎房屋是否真实存在或明知涉案房屋的问题，其没有陷入错误认识而导致损失。

六、被告人从来没有回避或逃避民事上的连带责任，并且已经承担了上述责任，现在被告人多项财产已经被查封等待拍卖，其纠纷已经通过法律途径予以解决，至于存在伪造印章的问题，如认定为其他犯罪，因被告人具有认罪认罚的情节请求从宽处罚。

同时，检察院指控的核心逻辑在于被告人孙某某以虚假产权证明提供担保，属于合同诈骗罪手段行为之一。我认为，不一定合同内容或相关材料存在不真实之处就构成诈骗罪，如果合同相对人没有因此陷入认识错误并交付财物，则不构成诈骗罪。围绕这一辩点，我们进行了案例检索，并向法院提交了《法律检索报告》。通过梳理多起类似典型案例的裁判观点，可以总结得出结论：行为人以不动产提供担保，办理不动产抵押登记时生效。没有办理不动产抵押登记且相对人也并未要求办理抵押登记的，不能认定为房屋产权对相对人造成了欺骗效果，不能认定相对人陷入了认识错误。至于本案中，如果涉嫌伪造其他证件或者印章，可以以伪造公司印章罪、伪造国家机关证件罪等罪名定罪处罚，关于这一点，被告人其实是可以接受的，本人作为辩护人对于该涉嫌犯罪部分也不持异议。有人总认为我们辩护律师就是一味地为坏人说话，其实不然，我们只为什么是法律上不应该认定为"坏"而辩护。正如律师行业里的一句话：刑事案总能让人看到最坏的人最好的一面，离婚案总能让人看到最好的人最坏的一面。刑事辩护，我们为"涉嫌犯罪的人"作为一个"人"应该享有的权利而辩护，因为，撕毁法网，比放纵犯罪更可怕。

经过以上工作，我们认为法律上的论述已经相对充分，但鉴于本案个别承办法官之前的行为有不公之嫌，并且本案诸多事实存在重大争议和疑问，有必要采取进一步措施。根据《刑事诉讼法》规定，对于疑难、复杂、重大的案件，合议庭认为难以作出决定的，由合议庭提请院长决定提交审判委员会讨论决定。因此，为了确保本案在法治框架内得到公正、合理的解决，辩护律师又向法院递交了书面申请，申请本案由审委会讨论裁决。公开是最好的权力防腐剂，知晓案情的人越多，发生司法不公的可能性就越小，这也是近年来对庭审直播的呼声越发高涨的重要原因。

实体上和程序上的意见都已反复多次并充分地进行了表达，静待宣判。正如种子已经种下，土壤已经培养好，灌溉也已完成，辛勤的园丁开始耐心等待，不知将会收获硕果累累，还是竹篮空空。

一个月以后，终于等来了一审判决——法院还是认定被告人合同诈骗罪成立，判处有期徒刑13年。本案涉案金额高达千万元，老实本分的被告人虽然自感无辜，但认为判处有期徒刑已经超过了其期望值。

然而，辩护人认为一审没有真正查明和回应本案的疑点，涉案的金额应该怎么认定、担保人被欺骗的证据不足、非法占有的事实无法确认、部分证据不真实、被害人的某些行为违背常识等。经与被告人会见沟通，双方一致决定提起上诉。

“特制阅卷笔录”帮助省高院、省检察院办案人员锁定本案重点和疑点

鉴于本案事实情况较为复杂，辩护人的意见也比较“长篇大论”。为了使二审办案人员能够快速、简单、直接地认识到本案中存在的种种问题，辩护律师除了多次向办案人员当面陈述案情的疑点，更是把案件的事实经过、证据情况、法律规定特别制作成了多份“阅卷笔录”，有图表式的、有对比式的等，采取“重点关注事项+证据索引+证明事项”的模式，清晰还原部分重要法律事实，回应和解答了办案人员的疑问，提交意见后再电话跟进解释，加上面对面表达观点，形成了良好的沟通效果。例如，关于孙某某没有将贷款据为己有这一问题，辩护人在“阅卷笔录”中展示如下：

孙某某没有将任何贷款款项据为己有，其账户收到贷款397万元，并已全部用于Y公司经营

证据索引：

1. 银行负责人丁某某证言（材料卷P112—113）；

2. 孙某某供述（材料卷P8第12行；P12第6行、倒数第6行）；

3. 附件一：2013年6月27日发放的1500万元贷款去向及付款凭证（辩护人一审提交的第四组证据）；

4. 附件二：孙某某支配的397万元款项用途及凭证等（辩护人一审提交的第五组证据）。

该证据可以证明如下事实：

1. Y公司最终可以实际支配的贷款数额最多只有397万元。2013年6月

27日，银行向Y公司发放1500万元贷款，在发放贷款的当天，在银行的安排下就直接将其中7578116.06元偿还了Y公司及其相关人员之前在银行的贷款，300万元支付给H公司做保证金，以上共计10578116.06元。Y公司分别转入Z市WX贸易有限公司账户和HY商贸有限公司账户110万元和332万元，共计442万元，其中45万元支付给H公司做担保费，Y公司能够支配的款项最多只有397万元，根据孙某某供述，算下来Y公司最终能实际使用的款项只有170万元左右。关于2013年6月27日贷款的去向及付款凭证，详见辩护人一审提交的第四组证据。

2. Y公司最多可支配贷款397万元，孙某某将可支配的贷款全部用于Y公司的生产经营。款项转入孙某某账户后，孙某某没有将该笔款项据为己有或者用于个人支出，而是用于Y公司的生产经营。2013年6月27日以后，孙某某用收到贷款的账户向多人支付了Y公司的材料款、货款等款项，具体用途及凭证详见辩护人一审提交的第五组证据。收到款项的相关证人在2019年3月31日也到达S市中院准备出庭作证，但合议庭未同意证人出庭。

……

经过反复多次沟通，二审法官和检察官已经充分认识到了本案存在的问题，法官通知二审不再开庭审理，我们迅速整理并提交了书面辩护词。虽然一审我们已经撰写了长达一万余字的辩护词，但二审辩护意见并没有进行简单的重复，而是对结构和内容进行了调整，使得重点内容更加突出。律师，是一个不断反思和精进的职业，即便是同一个案件，前后不同的时期，亦当有所改进。在二审辩护词中，辩护人分为五大部分进行论述：

第一部分：孙某某没有实施欺骗行为：一审判决认定孙某某以22套房产提供虚假反担保，事实认定错误。

第二部分：孙某某没有实际占有涉案款项，也不具备非法占有的目的：一审判决认定孙某某没有将涉案款项用于公司生产经营，事实认定错误。

第三部分：要区分单位与个人两种不同主体：贷款主体、担保财产所有者、贷款使用者均是Y公司而非孙某某个人。

第四部分：要区分民事纠纷与刑事犯罪：本案已经民事程序处理。

第五部分：本案有影响定罪量刑的重要事实没有查明，一审判决事实不清，证据不足。

辩护人在最后写道：我们作为辩护人坚决拥护及支持司法机关依法对犯罪行为进行打击，但是打击的前提是“不能冤枉人”，不能“让老实人吃亏”，不能一判了事。

阶段性成果：二审发回重审

经过我们坚持不懈的辩护，加之二审承办人的责任和担当，本案因一审事实不清，发回重审。

其间，省高级人民法院和省检察院办案人员还多次主动电话联系辩护人，就相关细节双方进行核对和交流，并多次赞赏辩护人工作认真负责，文案工作专业细致。

辩护人认真负责的精神之所以让二审办案人员赞叹，辩护人之所以面对个别审判人员出现违法行为或可能侵害被告人利益的情况下，敢于坚决、果断地实名对其进行控告，就是因为我们坚信刑事辩护需要情怀，坚信法治可以让我们的社会更加美好。

附件：法律文书

附件1：管辖权异议申请书

请求S市中级人民法院移送孙某某涉嫌
合同诈骗犯罪案件管辖权
申请书

致：S市中级人民法院

北京市京都律师事务所接受犯罪嫌疑人孙某某妻子张某某的委托，并经孙某某本人同意，指派彭吉岳律师担任孙某某的辩护人，辩护人通过会见和阅卷，已深入了解了案情。辩护人认为，S市并非犯罪行为地或犯罪结果发生地，本案不应由贵院管辖，具体意见如下：

Z市Y公司经理孙某某涉嫌合同诈骗犯罪一案，2016年11月11日耿某某报案，2016年12月21日S市公安局Q区分局正式立案，2017年2月13日对Y公司经理孙某某刑事拘留并移送S市第一看守所，2017年3月23日S市Q区人民检察院不予批准逮捕，3月24日孙某某被取保候审，2018年1月15日S市Q区人民检察院批准逮捕，当天，孙某某就被逮捕送往S市第一看守所，羁押至今。

根据《刑事诉讼法》第25条规定，刑事案件由犯罪地的人民法院管辖。如果由被告人居住地的人民法院审判更为适宜的，可以由被告人居住地的人民法院管辖。再根据《刑诉法解释》《最高人民法院、最高人民检察院、公安部、国家安全部、司法部、全国人大常委会法制工作委员会关于实施刑事诉讼法若干问题的规定》等相关规定，犯罪地包括犯罪行为发生地和结果发生地。

本案中，假使孙某某构成犯罪，没有合法、确凿证据（体系）能够证明犯罪行为地或结果地与S市或S市Q区有关系，其相关行为及结果均发生在河北Z市。

一、关于合同签订地，嫌疑人孙某某的口供与报案人的陈述及两位证人证言完全不一致，现有证据无法证明该案与S市Q区有关系，本案应移送其他有管辖权的司法机关办理

公安机关刑事侦查卷宗2第11页，嫌疑人孙某某陈述反担保协议第一次是在Z市W区签署，第二次是在Z市签署，2018年11月18日律师会见嫌疑人孙某某时，他重申有人指控他在S市签署协议纯粹栽赃陷害，就是人为制造证据，就是为了让本案在S市办理，他陈述从来没有去过H公司，也不知道他们公司的办公地点在哪儿，到S市签署合同纯属子虚乌有。

本辩护人注意到案卷中，嫌疑人确实自始至终陈述相关担保事宜均在Z市办理，与报案人耿某某及耿某某公司司机、会计的陈述确实完全不一样，报案人提供的租房合同如果真实，只能证明曾经租赁过相关办公地址，不能证明嫌疑人到过报案单位办公地址。

二、报案人单位司机和会计的证言确实可疑，且没有其他证据予以佐证，按照存疑证据有利于被告人的原则解释，报案人单位有关人员单方面的证言不宜也不能认定在S市签订合同的事实

目前证明涉案部分合同在报案人单位签署的只有报案人的陈述，报案人单位司机和会计的证言，司机张某某证言，答：当时老总让我给他们倒的水，因为我听说这是公司在Z市的第一笔业务，所以印象比较深。问：一共签过几次？答：两次，两次都是在我们公司签的，一次是在2013年，一次是在2014年。问：Y公司谁来的？答：孙某某和王某某。试问，司机张某某第一次给孙某某和王某某倒水，怎么就知道是孙某某和王某某，两年每次过来签合同，都是张某某倒水，张某某是司机还是行政接待。会计刘某某证言，问：H公司与Z市Y公司签订反担保协议的事情你知道吗？答：知道，当时我是会计，签了两次，2013年一次，2014年一次，我都在现场，合同是我拟的，我亲自打出来的，然后他们在H公司签的字。试问，会计能拟订合同吗？两年两次都是会计在公司接待的，为什么出现孙某某说连H公司在哪儿都不知道，其中必定有人在说假话，如果贵院不核实清楚，本案必定在程序上存在严重的违法问题，辩护人特此专门致函发表意见，以便引起贵院重视。

三、程序正义和实体正义同等重要，公正的判决，程序合法是前提，否则有可能多一个冤假错案或上访案件

培根说过："一次不公的判决，其危害比做很多坏事还要大。干坏事不过是弄脏了水流，而不公的判决则污染了水源。"程序正义，在司法界被公认为"看得见的正义"，也是让被告人、被告人家属是否服判的根本前提，如果失去了程序上的正义，后续无论怎么判决，大家都会觉得冤枉，都会产生仇恨心理，这不是法治追求的效果。

本案中，不能让被告人证明没有来过S市签署合同的事实，需要由侦查机关来充分证明被告人在S市签署合同的事实，如果只是几份证言便能予以证明，也可以用同样的方法证明其在北京或在上海也签署过合同，如此这样，司法机关管辖原则形同虚设，在举证责任上又违反了程序法的规定。

综上，在被告人与报案人、报案人单位人员证人证言出现完全相反的情况下，贵院必须先要查清核实管辖问题，目前本案证据显示贵院没有管辖权，请求贵院将本案移送Z市中级人民法院或请求高级人民法院指定，以避免给贵院的工作造成不必要的麻烦。

此致

S市中级人民法院

被告人孙某某的辩护人：

北京市京都律师事务所律师　彭吉岳

2018年11月30日

附件 2：第二次管辖权异议法律意见

关于孙某某涉嫌合同诈骗案不宜由 S 市中级人民法院管辖法律意见

Y 公司共两次向涉案银行申请贷款，并由 H 公司进行担保，时间分别是 2013 年 6 月和 2014 年 6 月。2013 年 6 月贷款后，Y 公司在 2014 年 6 月偿还了贷款本金，在本次贷款过程中，Y 公司确实在履行贷款合同，贷款到期后履行了主要还款义务，与 H 公司签订反担保协议，也是出于真实履行合同的意思表示，没有非法占有目的，也并没有为了占有 H 公司财产而实施欺骗行为。因此，2013 年 6 月的贷款不涉及犯罪，该贷款过程中的各项行为也与本案管辖权无关。

一、相关事实及发生地

本案中，只有 2014 年 6 月贷款过程中的某些行为才可能勉强与犯罪沾得上边。根据《刑事诉讼法》及相关司法解释，刑事案件由犯罪地人民法院管辖，犯罪地包括犯罪行为的发生地和犯罪结果的发生地。辩护人认为，即便孙某某的行为涉嫌犯罪，犯罪行为和犯罪结果的发生地都不在 S 市。现将 2014 年 6 月 Y 公司贷款各个环节的行为或结果整理如下表：

表 23　Y 公司贷款过程及事实发生地

序号	行为或结果	发生地	案卷根据
1	2014 年 6 月，Y 公司为了资金周转，向银行借款 1500 万元	Z 市 W 区	
2	2014 年 6 月 27 日，Y 公司与 H 公司签订《反担保抵押（质押）合同》	孙某某：Z 市 耿某某、王某、刘某某、张某某：S 市 H 公司	材料卷，P11，P101—104
3	2014 年 6 月 27 日，孙某某、王某某与 H 公司就签订的反担保协议在 Z 市公证处进行了公证	Z 市	逮捕补充卷，P36
4	2014 年 6 月 30 日，Y 公司与 H 公司签订《贷款担保合同》	Z 市	
5	2015 年 9 月，Y 公司的 1500 万元贷款到期，H 公司在银行账户上的 16533600 元被划扣	Z 市 W 区	逮捕补充卷，P2

通过上表可以看出，贷款整个过程都发生在Z市：贷款在Z市发放，相关协议在Z市签订和公证，贷款到期后相关款项也从H公司在Z市的账户被划扣，无论从行为还是结果来看，都发生在Z市，唯一可能与S市有关联的是报案单位4人的陈述：耿某某（H公司法定代表人）、王某（H公司业务经理）、刘某某（H公司会计）、张某某（H公司司机）表示，反担保协议签订于S市H公司，但这些陈述与事实存在严重矛盾。

二、H公司相关人员关于在S市签订反担保协议的陈述与客观证据相矛盾

本案中，如果孙某某的行为涉嫌合同诈骗罪，那么所谓“合同”就是《反担保抵押（质押）合同》及《个人连带责任保证书》，孙某某签订上述协议的行为就是所谓的“犯罪行为”。本案的管辖，就取决于这两份文件在何处所签。本案中，孙某某供述称相关协议在Z市所签，而H公司等人称相关协议在S市H公司所签，两者存在矛盾。在这种情况下，应当结合其他客观证据，综合认定哪种言词证据更加符合事实。辩护人认为，H公司相关人员的陈述与在案客观证据存在严重矛盾，不宜采信，具体如下：

1.《反担保抵押（质押）合同》及《个人连带责任保证书》为2014年6月27日所签，Z市公证处对《个人连带责任保证书》进行公证的时间也是2014年6月27日，同一天内在S市签订合同后到Z市进行公证不符合常理。

Y公司与H公司签订的《反担保抵押（质押）合同》落款时间为2014年6月27日。河北省Z市公证处（2014）Z证民字第803号《公证书》显示进行公证的时间也是2014年6月27日。S市与Z市相距400余公里，一天内在S市签订合同后奔赴Z市进行公证是不可能完成的，也是不必要的。

2. 耿某某陈述以及《公证书》显示，2016年6月27日，耿某某、孙某某、王某某都到过Z市公证处。

耿某某陈述：“在2014年6月的时候，Y公司的法定代表人变更为孙某英了，就是孙某某的大哥，反担保合同的公证必须有公司法定代表人的亲笔签字，结果我们手续走完了，孙某英迟迟没有来签字，到最后也没有来，所以反担保合同没有公证，只公证了孙某某和王某某个人承担连带责任的一个公证。”按此陈述，耿某某在6月27日当天到过Z市公证处，并且在公证处停留时间不会太短，因为他们等了孙某英很久。

河北省Z市公证处（2014）Z证民字第803号《公证书》记载：“兹证明孙某某、王某某于2014年6月27日来到我处，在本公证员的面前，在前面的《个人连带责任保证书》上签名、按手印，并表示知悉保证的法律意义和法律后果。”可见，孙某某和王某某在2014年6月27日也到过Z市公证处，且很可能是和耿某某一起去的。

在上述情况下，2014年6月27日耿某某、孙某某、王某某到过Z市公证处是客观事实，以此对照，孙某某供述称双方当天在Z市签订反担保协议更具可信性，因为根据H公司相关人员陈述，如果当天在S市签订合同，又在工作时间（下午五六点之前）赶到Z市公证处是不可能的。S市距离Z市最近的路线也要424公里，车程超过5个小时，当事人在同一天内，在S市签完合同，又赶到400余公里之外的Z市，赶在公证处下班之前作公证，完全不现实，并且也是没有必要的，既然明明计划在Z市作公证，为什么不直接在Z市签合同呢？从这一点来看，耿某某、刘某某、张某某的陈述不可靠。

3. 关于签订合同及公证的时间，耿某某的陈述存在矛盾。

“问：反担保协议的抵押房产合同在什么地方给的你？答：当时在S市签订协议的时候给的我们复印件，后来我到了Z市作公证的时候才给的我们原件。”按照耿某某的陈述及一般语意，“后来”一般是指过了一段时间之后，比如几天之后，间隔时间不会太短，一般同一天内先后发生的事情不会用“后来”形容。按照耿某某的陈述，应当是在S市签订合同几天之后，才在Z市和公证。然而，客观证据显示，反担保协议签订的时间和公证的时间都是2014年6月27日，是同一天，何来“后来”之说？

4. 耿某某、王某、刘某某、张某某都是H公司员工，与H公司具有利益关系，其陈述的客观性较低。

本案中，只有上述4人的陈述指出反担保协议在S市签订，除此之外别无任何证据，不仅没有其他证据证明合同签订地点为S市，甚至如前所述，大量客观证据还可以证明在S市签订合同的观点完全不合常理。本案中，上述4人作为H公司员工，与H公司存在利益关系，在自身利益诱导下，很可能做了不实陈述。

三、对言词证据的审查认定，要结合当事人间的利害关系、其他证据等因素综合认定

根据《刑诉法解释》第74条规定，对证人证言应当着重审查以下内容：证人与案件当事人、案件处理结果有无利害关系等。对被害人陈述的审查与认定，同样适用该规定。

根据《刑诉法解释》第80条第1款规定："对被告人供述和辩解应当着重审查以下内容：……（六）被告人的辩解内容是否符合案情和常理，有无矛盾；（七）被告人的供述和辩解与同案被告人的供述和辩解以及其他证据能否相互印证，有无矛盾。"

言词证据的不确定性一般较大，应当结合客观证据予以审查认定。本案中，客观证据能够确认两点事实：第一，《反担保抵押（质押）合同》及《个人连带责任保证书》于2014年6月27日所签；第二，《个人连带责任保证书》于2014年6月27日在Z市进行公证。以此为前提，考察孙某某和H公司相关人员陈述的故事版本，哪一个更加符合事实和常理值得考虑。

根据孙某某供述，双方在Z市签订相关协议，并于当日在Z市公证处进行公证，完全合情合理；根据H公司相关人员陈述，双方先在S市签订合同，然后同一天内赶到400余公里外的Z市进行公证，在时间上是不可能完成的，在行为逻辑上是不合常理的，在立场上是不客观的。

因此，H公司相关人员的陈述与常理相悖，与其他客观证据矛盾，不应采信。本案中没有充分证据证明相关协议在S市签订，S市并非犯罪行为发生地，亦非犯罪结果发生地，本案不应当由S市中级人民法院管辖。

此致

S市中级人民法院

被告人孙某某的辩护人：

北京市京都律师事务所律师　彭吉岳

2018年12月10日

附件 3：请求纠正庭前会议错误做法申请书

请求纠正孙某某涉嫌合同诈骗案合议庭在庭前会议中
仅凭报案人单方面言词证据驳回管辖权异议
明显不公之错误做法
申请书

致：S 市中级人民法院××院长

北京市京都律师事务所彭吉岳律师接受孙某某妻子张某某的委托，并经孙某某同意，担任涉嫌合同诈骗罪一案被告人孙某某的辩护人。

孙某某涉嫌合同诈骗罪一案已由贵院受理，根据被告人供述，其从来没有到过 S 市，涉案行为和结果都发生在 Z 市。原本生活在 Z 市的被告人，被无端逮捕并羁押在 S 市后，不停地鸣冤喊屈，并自书《关于 H 公司指控我来 S 市签合同情况》的说明进行抗议和申诉。

鉴于此，辩护人依据被告人的要求及辩护人自己的判断向贵院提出管辖权异议，并提交了两份书面文件：《请求移送管辖申请书》《关于孙某某涉嫌合同诈骗犯罪不宜由 S 市中级人民法院进行审判补充法律意见》。

2018 年 12 月 11 日，本案承办人鲁某某法官组织召开庭前会议，辩护人又着重、详细地论述了管辖权异议的理由。

在整个庭前会议过程中，只有鲁法官一人出现，合议庭其他成员没有参加。辩护人在庭前会议上提交了关于管辖权异议的补充意见（《关于孙某某涉嫌合同诈骗犯罪不宜由 S 市中级人民法院进行审判补充法律意见》），并当庭口头陈述了大量新的意见。然而在休庭评议时，我们也没有见到鲁法官将详细的书面补充意见拿给合议庭其他成员查看，且休庭时间只有十分钟，短短十分钟内是否能将辩护人当庭陈述的大量新的详细的意见转述给其他合议庭成员十分值得怀疑。因此辩护人认为，在此情况下是不可能形成合法有效的合议意见的，这样的庭前会议完全是在走形式。

贵院孙某某合同诈骗案合议庭仅仅依据报案人及相关利益人单方面陈述即认定拥有管辖权，驳回了我们提出的管辖权异议，且没有说明详细理由，令人不服，令人担心实体的审理也可能就是走形式而已。在案卷宗中不仅没有一项客观证据证明本案中被告人的相关行为或者行为结果发生在S市，且报案人陈述与在案客观证据严重矛盾，也不符合生活常理，仅以此作为涉案行为发生在S市的证据，没有达到确实、充分的证明标准。

此外，鉴于本案不应由贵院管辖，辩护人还申请了审判人员回避，根据《刑事诉讼法》规定，审判人员的回避由院长决定，但鲁法官仅口头告知驳回回避申请及回避复议申请，辩护人并没有看到院长的书面决定。如果没有院长的决定，则违反《刑事诉讼法》的规定。

没有程序正义就没有实体正义，而管辖权的确定是审判程序的开端，为了避免本案一开始就陷入程序错误，进而影响实体判决的客观性与公正性，同时为了避免司法资源的巨大浪费，特向您提出以下申请：

申请事项：

请求纠正孙某某涉嫌合同诈骗罪一案中，贵院驳回被告人及辩护人申请管辖权异议的决定

事实与理由：

一、本案是一起由银行贷款引发的担保纠纷，整个案件发生在Z市，无论是相关行为或结果都与S市没有任何关系，S市相关司法机关没有管辖权

2013年6月，Y公司向银行申请贷款1500万元，贷款期限一年，由H公司为该笔贷款提供担保。同时，Y公司及其法定代表人王某某、孙某某与H公司签订反担保协议，孙某某和王某某以其名下22套房产作为抵押。2013年6月26日，Y公司、王某某、孙某某与H公司就签订的反担保协议在Z市W区公证处进行了公证。2014年6月贷款到期后，Y公司偿还了1500万元本金，H公司偿还利息1630800元。

2014年6月，Y公司再次向银行申请贷款1500万元，同样由H公司提供担保。2014年6月27日，Y公司、王某某、孙某某与H公司签订与之前内容相同的反担保协议，并于当日就签订的反担保协议在Z市公证处进行了公证。2015年6月贷款到期后，Y公司无力偿还，H公司代为偿还了本金及利息16533600元。H公司要求孙某某承担反担保责任时，发现孙某某、王某某提供抵押的22套房产多数不在二人名下。

根据《刑事诉讼法》及相关司法解释，刑事案件由犯罪地人民法院管辖，

犯罪地包括犯罪行为发生地和犯罪结果发生地。本案中，所谓“犯罪结果”——H公司欠款被银行划扣——发生在Z市W区，因为被划扣的账户是H公司在银行的账户；所谓的“犯罪行为”，即是孙某某与H公司签订相关反担保协议的行为。因此，反担保协议的签订地点对本案的管辖具有决定性影响。

二、庭前会议仅依据报案人单方面言词证据就认定贵院具有管辖权，而不顾被告人供述与报案人单方面的言词证据完全相反的情况，明显不公，偏袒意向让人恐惧

H公司称反担保协议的签订地是S市H公司，而孙某某供述称反担保协议第一次在Z市W区签订，第二次在Z市签订，其从来没有到过S市，更加不知道H公司在哪里。

在双方陈述完全相反的情况下，庭前会议仅仅依据H公司相关人员单方面言词证据即认定贵院具有管辖权，而完全忽略被告人的供述，这种偏听偏信的做法对被告人极不公平。

三、仅有报案人单方面言词证据认为反担保协议在S市签订，但该证据与客观证据相互矛盾，且违背常理，不足采信，至今合议庭都没有给出驳回管辖权异议的理由，其驳回决定简单而生硬

1. 报案人单位司机和会计的证言确实可疑，且没有其他证据予以佐证，按照存疑证据有利于被告人的原则解释，报案人单位有关人员单方面的证言不宜也不能认定在S市签订合同的事实。目前证明涉案部分合同在报案人单位签署的只有报案人的陈述，报案人单位司机和会计的证言，司机张某某证言，答：当时老总让我给他们倒的水，因为我听说这是公司在Z市的第一笔业务，所以印象比较深。问：一共签过几次？答：两次，两次都是在我们公司签的，一次是在2013年，一次是在2014年。问：Y公司谁来的？答：孙某某（应为记录错误）和王某某。试问，司机张某某第一次给孙某某和王某某倒水，怎么就知道是孙某某和王某某，两年过来签合同，都是张某某倒水，张某某是司机还是行政接待。会计刘某某证言，问：H公司与Z市Y公司签订反担保协议的事情你知道吗？答：知道，当时我是会计，签了两次，一次是2013年6月，一次是2014年6月，我都在现场，合同是我拟的，我亲自打出来的，然后他们在H公司签的字。试问，会计能拟订合同吗？两年两次都是会计在公司接待的，为什么会出现孙某某说就连H公司在哪儿都不知道，其中必定有人在说假话，如果贵院就该情况不核实清楚，本案必定在程序上存在严重的违法问题。

2. 耿某某、王某、刘某某、张某某都是H公司员工，与H公司具有利益关系，其陈述的客观性较低。本案中，只有上述4人的陈述指出反担保协议在S市签订，除此之外别无任何证据，不仅没有其他证据证明合同签订地点为S市，甚至如前所述，大量客观证据还可以证明在S市签订合同的观点完全不合常理。本案中，上述4人作为H公司员工，与H公司存在利益关系，在自身利益诱导下，很可能做了不实陈述。

3. 关于签订合同及公证的时间，耿某某的陈述存在矛盾。“问：反担保协议的抵押房产合同在什么地方给的你？答：当时在S市签订协议的时候给的我们复印件，后来我到了Z市作公证的时候才给的我们原件。”按照耿某某的陈述及一般语意，“后来”一般是指过了一段时间之后，比如几天之后，间隔时间不会太短，一般同一天内先后发生的事情不会用“后来”形容。按照耿某某的陈述，应当是在S市签订合同几天之后，才在Z市作公证。然而，客观证据显示，反担保协议签订的时间和公证的时间都是2014年6月27日，是同一天，何来“后来”之说？

四、关于反担保协议的签订地点，被告人和报案单位人员的陈述截然相反，在没有充分证据证明行为发生地的情况下，合议庭没有遵循“存疑有利于被告人”的原则，已经违反了法律的规定，其驳回管辖权异议申请的决定违反了法律的规定，应将本案移送有管辖权的法院审理

刑事案件的证明标准是事实清楚、证据确实充分，所谓“事实清楚”，必须要达到排除合理怀疑的程度，即全案证据材料必须指向唯一结论，当证据体系达不到上述证明标准时，应当作出有利于被告人的处理。

本案中，证明反担保协议签订于S市的证据只有H公司几个员工单方面的言词证据，其证言的客观性本来就比较低，且其言词证据不仅没有任何客观证据的佐证，还与其他证据和生活常理相矛盾。因此，签订反担保协议的地点是否是S市，存在重大疑问，根据现有证据不能得出唯一结论。

在这种情况下，合议庭没有遵循“存疑有利于被告人”的原则，将案件移送有管辖权的法院审理，这违背了《刑事诉讼法》的精神。

综上，本案行为和结果均与S市没有任何关系，合议庭置被告人供述和其他客观证据于不顾，仅仅依据报案人和H公司员工等单方面言词证据即驳回管辖权异议，违背了“存疑有利于被告人”原则；另外，庭前会议没有真正听取辩护人的意见，完全沦为形式，也违背了《刑事诉讼法》的规定。鉴于以上诸多违法行为的存在，为了保护被告人合法利益，捍卫《刑事诉讼法》尊严，恳请对此予以纠正。

此致

S市中级人民法院

被告人孙某某的辩护人：

北京市京都律师事务所律师　彭吉岳

2018年12月14日

附件4：一审辩护词

关于被告人孙某某涉嫌合同诈骗犯罪一案
辩护词

审判长、合议庭：

北京市京都律师事务所接受被告人孙某某家属的委托并经其本人同意，指派彭吉岳律师作为被告人孙某某涉嫌合同诈骗罪一案的辩护人。

辩护人经过庭前会见和阅卷，充分了解了案情。根据庭审情况及在案证据材料和法律规定，本案基本事实是S市H公司给Z市Y公司提供贷款担保，最终因为Y公司没有向银行及时偿还相关贷款，H公司因承担了担保责任而受损。根据相关合同，报案主体应该是H公司，而不是耿某某。

本辩护人认为H公司并不是基于孙某某提供了虚假的担保合同从而陷入了错误的认识才为Y公司提供担保的，虽然孙某某提供的房屋买卖合同的印章确系伪造为事实，但是本案不能据此得出被告人孙某某有诈骗的主观故意，更不能以此作为合同诈骗罪定案的依据。根据《刑法》第224条及相关法律、司法解释的规定，根据罪刑法定原则，本案不符合合同诈骗罪构成要件。

一、被告人主观上不具有非法占有的目的

根据法律的规定，合同诈骗罪，是在签署、履行合同过程中，以非法占有为目的骗取他人财产的一种犯罪，非法占有目的是一种主观心态，在案件中，只能结合行为进行推定，推定的原则应该坚持主客观相一致的原则，结合签署合同的背景、履约能力、签约主体双方各自追求的目的、对待财物的处置情况、事后态度、没有履行合同的原因等，综合判断。

第一，从签署合同的背景来看，Y公司是被动贷款，H公司担保事宜是银行一手设计操办的。Y公司在2013年1月31日前拖欠银行贷款本金600万元，此时Y公司没有贷款1500万元的必要和需求，但是因为银行之前向孙某梅等多位个人及公司发放了共计3986万元贷款（见下表）。

表 24　Y 公司及相关主体贷款情况

序号	借款方	时间	金额	2013 年 6 月 27 日偿还
1	HY 商贸有限公司	2011 年 12 月 22 日	190 万元	322050.08 元
2	HY 商贸有限公司	2013 年 5 月 27 日	190 万元	19927.83 元
3	HY 商贸有限公司	2012 年 12 月 28 日	300 万元	183715 元
4	HY 商贸有限公司	2011 年 12 月 29 日	300 万元	19507.52 元
5	河北省 YL 公路工程有限公司	2012 年 12 月 29 日	300 万元	182700 元
6	杨某武	2012 年 9 月 26 日	30 万元	27811 元
7	冯某某	2012 年 9 月 26 日	30 万元	27811 元
8	王某虎	2012 年 9 月 26 日	30 万元	27811 元
9	王某林	2013 年 4 月 26 日	30 万元	6293 元
10	杨某梅	2012 年 11 月 6 日	30 万元	20099.5 元
11	YP 商贸有限公司	2012 年 12 月 27 日	200 万元	123153.33 元
12	YP 商贸有限公司	2012 年 12 月 27 日	300 万元	184730 元
13	Z 市 Y 公司	2013 年 1 月 31 日	600 万元	本金 1000000 元 利息 1288927.2 元
14	河北省 YL 公路工程有限公司	2013 年 1 月 6 日	290 万元	172834.2 元
15	贾某林	2013 年 5 月 7 日	198 万元	20766.9 元
16	贾某林	2011 年 11 月 16 日	198 万元	379371.5 元
17	郑某	2012 年 9 月 26 日	30 万元	27811 元
18	郝某刚	2012 年 11 月 30 日	20 万元	14142.33 元
19	朱某元	2014 年 11 月 30 日	20 万元	14142.33 元
20	霍某海	2012 年 11 月 30 日	30 万元	21213.5 元
21	曹某国	2012 年 11 月 6 日	30 万元	20099.5 元
22	孙某梅	2011 年 11 月 6 日	20 万元	13406.33 元
23	温某连	2012 年 9 月 29 日	20 万元	13407.67 元
24	史某军	2013 年 4 月 25 日	60 万元	6293 元
25	王某海	2013 年 1 月 25 日	30 万元	15529.5 元
26	张某森	2012 年 10 月 8 日	60 万元	18086 元
27	张某彬	2013 年 6 月 21 日	30 万元	609 元
28	贾某琴	2012 年 9 月 10 日	30 万元	本金 300000 元，利息 29435 元

续表

序号	借款方	时间	金额	2013 年 6 月 27 日偿还
29	曹某霞	2012 年 7 月 23 日	20 万元	本金 200000 元，利息 13974.17 元
30	郭某枝	2012 年 9 月 10 日	30 万元	本金 300000 元，利息 29435 元
31	张某某	2012 年 9 月 10 日	30 万元	本金 300000 元，利息 29435 元
32	王某	2012 年 9 月 10 日	30 万元	本金 300000 元，利息 20135 元
33	TL 机械制造有限公司	2013 年 1 月 29 日	280 万元	本金 2800000 元，利息 83452.67 元

据辩护人会见被告人时了解，这些贷款实际上都是孙某英（被告人孙某某的哥哥）以上述人员名义所借，银行认为贷款主体过多，且贷款时存在不规范现象，可能涉嫌违法发放贷款及其他责任，故银行设计了本案的贷款事宜，遂银行丁某飙主任应该是先联系了 H 公司，然后将 H 公司推荐给了 Y 公司，并承诺给 Y 公司贷款 1500 万元，正好将 Y 公司的前期贷款和孙某梅等人的贷款偿还完毕，将上述 33 项贷款全部整合到 Y 公司名下，然后给 Y 公司少许可以留存的资金，以便让 Y 公司能够积极配合。这样，银行所有违法发放的贷款、Y 公司拖欠的贷款均能得到圆满解决，同时又将 H 公司设计为保证人，因 H 公司在银行有大量现金存款，银行如此用心就是为了免除后续不能向 Y 公司追回欠款的风险。

在本案中真正有欺骗故意或推断有欺骗故意的，是银行。试想，如果 Y 公司能够提供 22 套房产及数量众多的车辆抵押，银行为什么不直接抵押，而要选择 H 公司作为保证人，或者同时要求抵押，也要求 H 公司作为保证人。这也印证了被告人陈述的在贷款时他们其实没有多少可以抵押的财产，部分顶账的房屋也没有手续，其实银行是明知 Y 公司抵押物的情况的，H 公司是通过银行知晓 Y 公司有贷款的需求，显然 H 公司对于 Y 公司的资产及负债情况是明知的，要不 H 公司自第一次签订保证合同，第二次签订保证合同，从来没有去核实过房屋的情况，与常理不符，与一家担保公司的操作规程也不符。

第二，从贷款结果来看，1500 万元的贷款中，Y 公司只留存了 397 万元作为生产经营用，却有 345 万元支付给了 H 公司。2013 年 6 月 27 日，Y 公司获得贷款 1500 万元，贷款到达 Y 公司的账户后，根本就没有交由 Y 公司掌控，实质上是在银行的安排下将 750 余万元偿还了之前贷款，300 万元支付给 H 公司作保证金，45 万元支付给 H 公司作担保费，Y 公司实际使用的只有 397 万元。

表 25　2013 年 6 月 27 日贷款 1500 万元的去向

偿还对象		本金（元）	利息（元）	备注
还银龙混凝土		1000000 元	288927. 2 元	
YL 公路工程	某机械	2800000 元	83452. 67 元	
	孙某梅		13406. 33 元	
	王某	300000 元	20135 元	
	曹某霞	200000 元	13974. 17 元	
	YL 公路工程		182700 元	
	王某海		15529. 5 元	
	史某军		6293 元	
	王某林		6293 元	
	张某森		18086 元	
	杨某梅		20099. 5 元	
	YL 公路工程		172834. 2 元	
	曹某国		20099. 5 元	
	贾某林		20766. 9 元	
	贾某林		379371. 5 元	
	HY 商贸		322050. 08 元	
	HY 商贸		19507. 52 元	
	HY 商贸		19927. 83 元	
	HY 商贸		183715 元	
	YP 商贸		123153. 33 元	
	YP 商贸		184730 元	
YL 房开	张某某	300000 元	29435 元	
	张某彬		609 元	
	郝某刚		14142. 33 元	
	霍某海		21213. 5 元	
	杨某武		27811 元	
	郑某		27811 元	
	朱某元		14142. 33 元	
	王某虎		27811 元	
	贾某琴	300000 元	29435 元	
	冯某某		27811 元	
	郭某枝	300000 元	29435 元	
	温某连		13407. 67 元	

续表

偿还对象		本金（元）	利息（元）	备注
WX 贸易		3000000 元		还 WX 贸易之前垫付的保证金 300 万元。
合计		8200000 元	2378116.06 元	
本金利息总合计	10578116.06 元			
Y 公司实际使用款项合计	3970000 元			分别通过 HY 商贸和 WX 贸易向孙某某账户转入 332 万元和 110 万元，其中 45 万元支付给 H 公司作担保费。

从这个过程中可以看出，此次贷款对各方的影响：银行达到了整合贷款的目的，并且获得了 H 公司担保；H 公司获得 300 万元保证金和 45 万元担保费；Y 公司背负 1500 万元贷款但实际只获得 397 万元可用资金。很明显，银行是最大赢家，H 公司虽然被银行转嫁了风险，但是也获得了实际利益，Y 公司除了获得少量资金，并没有获得任何实质性利益，仍有大量贷款需要偿还。

试问，Y 公司承担 1500 万元的贷款，最终只能落下 397 万元的贷款供自己生产用，并且只能获得不到 27%余款。在贷款前就已经知道的情况下，愿意贷款，还愿意和担保公司签订反担保协议，这符合正常的生意经营吗？显然，没有人愿意，除非受到欺骗或者蒙蔽。一个受到欺骗或蒙蔽的人不可能会对别人产生非法占有的目的。

相反，H 公司在此次贷款过程中倒是收获颇丰，H 公司通过提供担保获得了 300 万元保证金以及 45 万元担保费，数额与 Y 公司实际能够使用的贷款数额相近，如果孙某某有非法占有贷款的目的，其不可能会给 H 公司如此之高的费用。相反，正因为 H 公司看到了巨大利益，才会在认识到风险的情况下仍然火中取栗。

第三，从被告人在 Y 公司所占股份利益来看，被告人没有以非法占有为目的提供虚假抵押物骗取 H 公司担保款项的驱动力。被告人在 Y 公司的占股比例为 10%，何况其还不是实际出资股东，只是代持，被告人不管为了谁的利益，有必要以占有 H 公司的担保款项而故意提供虚假购房合同吗？实际上，被告人个人也没有占有任何款项，对于一个明知自己不可能占有款项并实际上也没有占有款项的人，我们不能认定其有非法占有的主观目的。

第四，从Y公司通过被告人将所剩的贷款余款支付用途来看，积极偿还生产经营欠款就是为了更好地生产经营，这样的行为恰恰证明不是以非法占有为目的。经过银行主导、掌控、实际操作剩余贷款共计397万元，已全部用于Y公司生产经营，如支付材料款、购买配件等。

表26　Y公司实际使用的397万元贷款支出明细

日期	付款人姓名	付款账号	收款人姓名	收款账号	金额（元）	用途
2013年6月27日	孙某某	6210×××1695	范某某	621××××××00786359	170000	还买原材料借款
2013年6月27日	孙某某	6210×××1695	郭某某		20000	还买配件借款
2013年6月27日	孙某某	6210×××1695	王某胜	434××××××0088815	73000	材料款
2013年6月28日	孙某某	6210×××1695	梁某财	621××××××00600818	150000	还买水泥借款
2013年6月28日	孙某某	6210×××1695	梁某梅	621××××××00650555	125000	还买柴油借款
2013年6月28日	孙某某	6210×××1695	赵某军		100000	代付李某银车载泵租赁费
2013年6月28日	孙某某	6210×××1695			7000	办公费用，加柴油
2013年7月1日	孙某某	6210×××1695	刘某龙		1300000	材料款
2013年7月1日	孙某某	6210×××1695	孙某	62102100014015××××2	300000	矿粉款
2013年7月1日	孙某某	6210×××1695	周某峰	62102100002009××××0	500000	水泥款
2013年7月1日	孙某某	6210×××1695	郝某某	5309××××1471397	240000	原材料款
2013年7月1日	孙某某	6210×××1695	邢某州	62266626×××××448	500000	中联泵车

续表

日期	付款人姓名	付款账号	收款人姓名	收款账号	金额（元）	用途
2013 年 7 月 3 日	孙某某	6210×××1695			20000	
2013 年 7 月 3 日	孙某某	6210×××1695	杜某刚	62102100006010××××7	50000	砂石款
2013 年 7 月 3 日	孙某某	6210×××1695	王某	62102××××××00699411	1000000	货款
合计					4555000	

从账面上看，Y 公司实际可支配的 397 万元贷款已经全部投入生产经营中去，没有一分钱落入被告人孙某某个人腰包。除了全部 397 万元贷款，加上 Y 公司原有自身资产，截至 2013 年 7 月 3 日，已实际支出 455.5 万元。如此行为，足以证明被告人，从来没有想过非法占有，不论是银行的款项，或是担保公司的款项，只不过是在艰难地维持公司的运营，期待有一天能够摆脱困境。

第五，从被告人提供的虚假购房合同来看，没有一个以非法占有为目的的人会将伪造的合同与真实的合同连名字都不一样。真正的购房合同名字是“华润·紫金城”，而被告人伪造的合同名字是“华润·艺岸青城”，两者名字如此大的区别，是被告人不够严谨吗？不是，而是再次印证了被告人所陈述的已经告知了银行，告知了 H 公司，提供材料就是为了配合办理手续，完全是一种被动的配合，一个如此“粗心”的人，一个如此被动而毫不掩饰自己行为的人，凭什么推断有非法占有的主观目的。

第六，从不能偿还银行贷款导致 H 公司承担担保责任的原因来看，是 Y 公司本身债务量大，经营大环境不好，而不是隐匿、转移财产等消极因素所致。在案证据没有一项可以证明被告人挥霍、转移或者隐匿了财物，不能归还到期债务，完全是企业本身已经债台高筑，加之经营大环境也不好，回款也差，导致现金流中断。这只能表明企业目前不能偿还贷款，不代表完全没有偿还贷款的可能。本案用如此生猛的刑事手段予以干预，其实也涉嫌以刑事手段插手经济纠纷，违背了刑法的谦抑性精神。目前 Y 公司在外应收账款如下：

表 27　应收账款明细

时间：截至 2017 年 12 月 30 日

序号	户名	金额（元）
1	胡某斌	24054
2	TF 商贸	1006693
3	TX 房开	651850
4	郝某某	3792915
5	Z 市会展中心	26730
6	某平	847180
7	刘某某麓苑	43041
8	刘某汽贸	163950
9	刘某开副区	8295
10	JH 农资工资	25280
11	XL 食品有限公司	24410
12	曹某绿	9180
13	郝某福	2380
14	朱某海	19350
15	王某	1440
16	××富康苑	26174
17	李某宝	8800
18	美丽家园	19640
19	××霍家房	7425
20	王某会	3640
21	××园	87600
22	××园个人	870
23	××电信塔	10500
24	××丽景	1620
25	大海	22300
26	××旅	2800
27	××苑	6080
28	××电器	14520
29	××热力	29597.5
30	××苑张某	21725
31	××汽配城	173410
32	换热站	21530
	合计	7104979.5

目前Y公司至少有700万元应收账款，说明Y公司还具有一定偿债能力，因为之前Y公司主要经营工作由孙某某负责，因此只有孙某某重获自由，才能顺利收回账款，进而偿还H公司。

第七，从本案贷款担保方式来看，不能说明被告人有非法占有的主观目的。Y公司2013年第一笔1500万元贷款、第二笔1500万元贷款前后贷款手续情况比较：

表28 Y公司贷款担保方式梳理

序号	贷款时间	贷款金额	担保方式
1	2012年1月16日	160万元	Y公司以自身财产向银行提供抵押
2	2014年1月28日	440万元	Y公司以自身财产向银行提供抵押
3	2014年1月28日	60万元	Y公司以自身财产向银行提供抵押（《动产抵押清单》包括搅拌站、采暖炉、泵车等）
4	2013年6月27日	1500万元	H公司为Y公司提供担保，Y公司、孙某某、王某某为H公司提供反担保
5	2014年6月30日	1500万元	H公司为Y公司提供担保，Y公司、孙某某、王某某为H公司提供反担保

在涉案两笔贷款之前，Y公司向银行贷款都是以自身财产提供抵押，而在涉案两笔贷款中，都是由H公司提供担保后再由Y公司提供反担保。之所以不再由Y公司直接提供抵押，从银行角度来讲，是因为其担心Y公司还款有风险；从H公司来讲，其可以赚取担保费和保证金。事实上，Y公司根本没有贷款需求，只不过银行为了整合债务而撮合Y公司贷款。并且银行一改往常的贷款担保模式，实际上就是银行完全为了自身的利益，让渡了H公司的利益，H公司是被欺骗，还是真的自愿承担保证责任，还是想赚取较高的担保费用等，我们不得而知，Y公司在向H公司提供反担保时，相对于之前贷款的担保是增加担保物，提高了担保的安全系数，可以恰恰证明被告人没有以非法占有为主观目的的想法。

第八，从贷款金额本身来看，实际上Y公司完全没有必要贷款，不贷款，就不可能和H公司发生关系。贷款前，不论拖欠银行主体是谁，但是被拖欠的主体是银行，贷款后，被拖欠的主体还是银行，只是欠款主体由多变少，主要变成了Y公司，贷款前后，拖欠金额没有实质上的变化，假使Y公司贷款偿还其他人的贷款与Y公司有关系，也只是左口袋的东西放进了右口袋，贷款的必要性何在，被告人为何还需要费尽“心思”制作虚假合同，伪造印章制作虚假合同属于违法事宜，被告人之所以如此不顾，完全是银行或H公司存在某种误导、默许等意思表示所致。

第九，从合谋证据来看，目前本案并没有王某某、孙某英、孙某某之间故意商量来欺骗银行或H公司的证据。虽然，没有王某某、孙某英的陈述，但是也没有其他证据证明大家是在合谋欺骗H公司，连被害人也没有相关陈述或提供证据予以支持。如果以非法占有为目的，可能预测今后需要承担刑事责任，被告人和王某某何必均伪造虚假合同，他们是舅舅和外甥的关系，一个人伪造至少可以不牵连或少牵连其他人，为何两个人均提供了虚假的合同，只能说明当时是“善意”“诚意”，但是被人利用了。

第十，从担保物本身来看，不是完全没有担保价值。2012年8月17日，SX建筑工程（集团）总公司天津分公司将Z市文化艺术会展中心A座、B座共15套房产向Y公司抵账。2013年作为抵押的22套房产中，有6套当时确实属于Y公司，具有一定担保价值，具体统计如下表：

表29　6套真实抵押房产价值统计

序号	房产	价值
1	××路×号文化艺术会展中心D座20层×号，建筑面积，54.52m^2	购房款合计：212628元
2	××路×号文化艺术会展中心D座22层×号，建筑面积，115.86m^2	购房款合计：436676元
3	××路×号文化艺术会展中心B座×层×号，建筑面积，87.1m^2	购房款合计：330980元
4	××路×号文化艺术会展中心B座×层×号，建筑面积，101.54m^2	购房款合计：396006元
5	××路×号文化艺术会展中心B座×层×号，建筑面积，87.1m^2	购房款合计：324012元
6	××路×号文化艺术会展中心B座×层×号，建筑面积，87.1m^2	购房款合计：330980元
以上房产价值合计		2031282元

可见，按照当时的市场价值，实际抵押物价值共计约 2031282 元，也是可以实现部分抵押权限的，至于后期被查封，也是大家均可以预想的状态。况且，被告人、王某某承担的是个人连带担保责任，不代表 H 公司的损失就不可以得到偿还。目前，王某某、孙某某被查封的个人财产统计如下表：

表 30　保全房屋明细

序号	所有人	小区名称	地址	楼号	楼层	建筑面积（平方米）	单价（元）	总金额（元）
1	孙某某	×时代	Z 市桥东区	3-7-302		136.59	15000	2048850
2	孙某某	×小区	Z 市桥西区	32	底商	190	15000	2850000
3	王某某	×嘉苑小区	Z 市桥西区	7-2-2001		111.91	12000	1342920
4	孙某某	×家园	×建设路东	2-3-101	一层	63.42	6000	380520
					地下室	56.36	6000	338160
5	孙某某	×家园	×建设路东	2-2-103	一层	63.42	6000	380520
					地下室	56.36	6000	338160
6	孙某某	×家园	×建设路东	2-2-102	一层	48.39	6000	290340
					地下室	48.39	6000	290340
合计								8259810

表 31　保全车辆明细

序号	车牌号	所有人	厂家	金额（元）	备注
1	冀 G7×××	王某某	重汽	250000	
2	冀 G7×××	王某某	重汽	250000	
合计				500000	

根据上表，目前孙某某、王某某为 H 公司提供个人连带责任保证，目前被法院查封的财产价值约 8759810 元，相当于债务的一半。孙某某名下有一定财产，且愿意为 H 公司提供个人连带责任保证，足以说明其没有非法占有的目的。

现在王某某 29 岁，被告人 49 岁，如果真的以合同诈骗罪判处刑罚，他们这辈子可能真的没有能力、没有机会偿还被害人的债务了，故刑事追责虽短时间让人受到处罚，但可能对于被告人、被害人、社会来说，是“多败俱伤”，恳请法庭再次考虑刑法的谦抑性，考虑刑罚除了有教育人的目的外，还有毁坏人、毁坏家庭等效应。

第十一，案发后孙某某并没有隐匿、逃跑，也没有转移财产，并且H公司仍然能够联系到孙某某沟通还款事宜，如果一个人真的实施了犯罪，绝对不会是这种表现。根据孙某某所居住的Z市W区上某村村委会的证明，从2014年到2018年1月被采取强制措施，孙某某一直居住在位于上某村的家中，并没有任何逃避债务的行为，这本身也说明孙某某的心中是坦荡的，从没有产生过诈骗他人财产的想法，没有非法占有的目的。

综上，本案中Y公司完全是被动地贷款及被动地按照银行的安排签署了相关担保协议，连Y公司在实际获取贷款时应该支付给谁都是银行全程安排，贷款获得的款项没有一分钱为被告人个人利用，被告人所在的Y公司也存在大量的应收款而未收取，且被告人个人也承担了连带担保责任，其个人也拥有合法的住宅可以抵偿部分欠款等，均可证明被告人不具备也不可能存在非法占有的主观故意。

二、H公司并不是基于被告人提供了虚假的房屋合同致其陷入了错误认识而提供担保，被告人也不是为了个人利益而提供虚假合同，起诉书指控被告人孙某某以非法占有为目的，用伪造的购房合同作担保，以合同诈骗罪追究刑事责任，证据不足，不充分，认定被告人构成合同诈骗罪错误

根据卷宗材料得知，H公司共计为Y公司提供了两次担保，一次是2013年6月，一次是2014年6月，2013年的贷款Y公司于2014年6月29日通过账户王某、牛某强、范某军、郭某梅、杨某军、徐某斋、郑某军、H公司8个账户一次性偿还了本金1500万元。

（一）被告人提供房屋合同办理担保手续等均是为了公司利益，而不是为了自己的个人利益，事实上，个人也没有占有任何贷款

1. 贷款的主体是单位，单位是受益主体而非被告人个人。本案中，与银行签订借款合同、与H公司签订担保合同的主体都是Y公司，贷款人是Y公司而非孙某某个人，孙某某也并非Y公司法定代表人，其只是Y公司的一个员工，Y公司的行为不是出于孙某某的决策，也并非以孙某某的名义实施。Y

公司与孙某某是两个独立的法律主体，本案中，Y公司作为贷款主体，贷款的受益对象也是单位而非孙某某个人，故起诉书指控被告人孙某某构成合同诈骗罪，显然是没有弄清楚本案事实真正的主体到底是谁。

2. 受偿债务也是单位的债务，而非被告人的债务。如前所述，银行之所以在2013年6月撮合Y公司贷款1500万元，是因为此前贷款程序不规范，Y公司当时的法定代表人曾以他人身份信息在银行贷了多笔款项，为了规避风险，银行通过向Y公司发放贷款，同时用贷款偿还之前的多笔债务，达到将原来多笔贷款整合到Y公司名下的目的。此前的多笔贷款均为孙某英所借，与孙某某没有关系，因此对之前贷款的偿还，与孙某某也没有利益关系。

3. 担保物虽是个人持有，但均认同是替单位代持。本案中，孙某某、王某某名下的22套房屋，虽然以二人名义提供抵押，但是这些房屋实际上并非二人财产，而是属于公司财产，是在公司经营过程中，相关债务人抵账给Y公司的，只不过借孙某某和王某某的名义进行抵押。

4. 被告人个人没有享受到任何经济利益，没有私自占有钱款。从以上几点可以看出，在整个贷款流程中，无论是贷款的真实背景、贷款抵押物的权属、贷款的用途等都与孙某某没有任何利益关系。虽然部分款项打到了孙某某个人账户，但是这些钱款都用于Y公司的生产经营，支付了材料款等债务，孙某某并没有将款项据为己有或挪作私用。合同诈骗罪所侵犯的一个重要法益是公私财产，追求财产是行为人触犯本罪的一大动机。本案中，孙某某没有获得任何财产上的利益，于情、于理、于法都不应该构成合同诈骗罪。故指控被告人是以非法占有为目的，错误明显。

（二）没有证据证明是Y公司在故意实施诈骗行为

1. 没有证据证明让H公司提供担保是公司法定代表人、股东等合谋实施的行为，更没有故意商量要以虚假的购房合同欺骗H公司。前面已经论证，孙某某个人在本次贷款过程中没有任何获利，发放贷款、偿还旧债等事项与孙某某也没有利益关系，孙某某个人没有进行合同诈骗的动机。

同样，也没有任何证据证明Y公司作为一个单位实施了合同诈骗罪。单位犯罪的前提是单位意志，本案中，没有任何证据表明让H公司提供担保是Y公司领导层集体决策的结果，也没有任何证据表明Y公司对具体细节进行了谋划，本案也不符合单位犯罪的构成要件。

2. 2013年和2014年都是同样的担保物，担保手续，没有精心设计故意欺骗的行为。本案中的两笔贷款，Y公司、王某某、孙某某提供的抵押物都是一样的，如果Y公司存心想骗取H公司的担保款，那么按照正常逻辑，其应该精心设计骗局才对，而非如此“漫不经心”、到处露出马脚。根据正常逻辑和一般生活经验，Y公司连续两次提供相同抵押物、H公司连续两次不实际考察抵押物的真实性就提供贷款担保，更像是双方在默契地进行某种形式上的配合，双方对于真实情况是心知肚明的，因而才不过分注重形式是否合理，从这一点讲，Y公司没有故意进行欺骗，H公司也根本没有受到欺骗。

3. 按照H公司操作规程反担保协议需要担保公司法定代表人现场办理强制执行公证，2014年Y公司新的法定代表人孙某英一直未到场，也没有办理公证，再次说明公司对H公司没有故意欺骗的行为，没有诈骗H公司的故意。合同诈骗罪中，出于求财的目的，行为人的骗局一定是精心设计的，而对于被害人“上钩”的表现，行为人也一定是积极主动的。本案中，在2014年6月进行贷款前，对反担保协议进行公证是赢得H公司信任的大好时机，而Y公司法定代表人孙某英竟然没有出现，如果Y公司真的蓄意实施诈骗行为的话，孙某英的这一行为是违背常理的。因此，从孙某英的行为可以反向推断，Y公司没有诈骗的故意。

（三）H公司的介入完全是银行为了自身的利益一手操作，不是被告人或Y公司主动启动。根据《刑法》中诈骗罪的一般理论和诈骗罪的一般规律，行为人虚构事实、隐瞒真相是诈骗流程的起点，通过反担保合同在贷款过程中进行诈骗，起点应该是主动启动一个贷款程序，并虚构自身经济实力雄厚的假象。然而在本案中，无论是Y公司还是孙某某个人，在整个贷款过程中都是被动角色，他们没有主动申请贷款，更没有主动申请H公司提供担保。2013年贷款是银行主动提出，目的是其整合之前贷款，转嫁风险，最终获益者也是银行，如果按照利益动机分析，银行更加符合诈骗的主体条件。一言以蔽之，本案根本就不是一起正常的商业贷款，如果Y公司有贷款需求又有足够的财产作抵押，那为什么其不直接向银行提供抵押呢，为何要请别人担保自己再提供反担保？这样反而要多支出一笔担保费用，在逻辑上是说不通的。

（四）2013年H公司提供担保因没有受到损失，H公司没有任何理由指控被告人在2013年实施了合同诈骗的行为，反倒证明Y公司或被告人没有非法占有的主观目的。如果Y公司或者孙某某真的想实施合同诈骗，那么在2013年在H公司的担保下，银行向Y公司放出贷款后，钱款便已到手，诈骗已经既遂，此时的Y公司或者孙某某完全可以金蝉脱壳、携款潜逃，没有必要再进行第二次贷款，第二次贷款也并没有增加贷款额度。但事实上他们并没有这样，而是在2014年6月贷款到期后如数偿还了1500万元的贷款本金，并且是自筹资金偿还了贷款，该笔资金也不是来源H公司，此时，H公司完全可以不再提供担保，也就不会受到任何损失。相信没有哪个真正的犯罪分子会傻到犯罪目的实现后又将利益拱手相让，这足以证明Y公司或者孙某某没有诈骗H公司，第二次贷款难以偿还，仅仅是因为资金链断裂，客观还款不能。

三、本案贷款担保涉及的2014年的公证资料系H公司单方面找人帮忙后“编造”出来的，涉嫌伪造刑事案件证据，且报案人多处进行虚假陈述，主要目的就是要达到曲解及误导本案基本事实的目的

《中华人民共和国公证法》第30条规定：公证机构经审查，认为申请提供的证明材料真实、合法、充分，申请公证的事项真实、合法的，应当自受理公证申请之日起十五个工作日内向当事人出具公证书。本案中，申请公证的时间与公证处出具公证书的时间间隔远远超出法律规定的期限，公证程序违法。

2014年所签的反担保协议及个人连带责任保证书等文件的公证，H公司2015年1月8日才缴纳公证费，2016年7月11日才收到《公证书》。一方面，根据耿某某陈述，2014年在Z市公证处进行公证时，由于孙某英缺席没有对反担保协议完成公证，只对王某某、孙某某个《人连带责任保证书》进行了公证，公证书编号为（2014）Z证民字第803号，《公证书》记载2014年6月27日孙某某和王某某前来办理公证，《公证书》落款时间为2014年7月11日。该份《公证书》存在重大疑点：第一，为何当事人办理公证的时间和《公证书》落款时间相差十几天？第二，公证处送达回执记载的《公证书》文号是（2016）Z证民字第803号，领取时间是2016年7月11日，且公证处人员明确表示送达回执上写的《公证书》与（2014）Z证民字第803号《公证书》为同一份文件，那么《公证书》文号为何会出现“2014”和“2016”的差别？如果是2014年公证，为什么缴费时间是2015年1月8日？

为什么《公证书》送达时间是2016年7月11日？如果是2016年才公证，为什么《公证书》落款时间是2014年7月11日？显然，这是公证处配合报案人在人为地罗列刑事罪名做准备，公证处也存在造假等违法违规行为，故本案中多处事实存疑，就是因为“一个谎言”需要“十个谎言”来弥补而造成的。2014年实际情况是先发放了贷款，H公司后续自己补充的反担保手续。

1. 2014年6月12日H公司就已经向银行出具了愿意提供担保的函，但此时按照耿某某的陈述，被告人还没有找过她。耿某某询问笔录显示：“2014年6月28日，Y公司未如期将1500万元贷款还上，王某某、孙某某又找到我，跟我说现在公司困难，资金紧张，让我公司重新再签一份反担保协议。”但是，2014年6月12日，H公司便向银行出具担保函，表示同意为Y公司向银行贷款1500万元提供连带保证责任。既然被告人都没有找过H公司，H公司凭什么出具担保函，可见，本案开始出现人为编造“故事”的情节了，本案由一起“经济纠纷”变成“刑事案件”已经开始了。

2. 2014年6月12日银行内部已经完成了贷款前期调查，均表示同意贷款。2014年6月12日，Y公司便向银行提交了《河北省农村银行流动资金贷款申请书》，申请1500万元贷款，同日，H公司向银行出具担保函。2014年6月16日，银行作出《关于Z市Y公司贷款的调查报告》，“同意再次对其发放短期流动资金贷款1500万元”。然而此时按照被害人的陈述，被告人还没有找她，Y公司也没有向银行提供抵押物，也没有找H公司提供担保，但银行已经完成贷款前期审批同意手续，贷款手续和过程诡异，本案是银行在欺骗H公司和Y公司，还是银行和H公司联合起来欺骗Y公司，本辩护人至今迷惑，至少是存有疑问的，按照疑罪从无的原则，存疑有利于被告人的原则，我们不能贸然地对被告人定以“合同诈骗罪”。

3. 既然王某某在2014年既不是股东，也不是法定代表人，为什么还是要王某某在反担保协议上签字，并且承担个人连带责任，不合常理，只能说明H公司在糊弄手续，这不是诈骗与被诈骗的特征。按照公司法的一般原理，公司以公司财产承担有限责任，故称之为“有限公司”，即便是有限公司的法定代表人，也不需要对公司债务承担无限责任。本案中，Y公司是贷款主体，即便Y公司偿还不了贷款，也只是进行破产清算而已。而本案中王某某、孙某某作为公司员工，竟然为公司债务提供个人无限保证，这是极其不合常理的，之所以出现这种情况，表明H公司只是在糊弄手续，并没有被欺骗。

四、虽然被告人伪造了印章，出具了虚假的购房合同，但仅凭购房合同而不做任何实地调查核实就认为有债权保障，不合常理，不符合法律规定，况且购房合同本身也不具有担保效力，H公司完全没有被欺骗，而是一种对虚假购房合同的默认，被害人默认的行为是违法阻却的事由

担保公司以为他人提供担保为业，这是一种风险很大的职业，因此风险防范是担保公司工作的重中之重，正常情况下，担保公司应当对被担保人的财产状况作出详细的审查。本案中，H公司作为一个担保公司，对Y公司提供的抵押物没有进行起码的审查，甚至连涉案房屋都没有到现场看过，这也是本案众多反常的地方之一。这种反常要么说明H公司是在糊弄手续，要么说明H公司对抵押物的虚假情况有明确认知，在有明确认知的情况下，说明其对相应后果是明知和接受的，这也印证了被告人陈述中所称的银行让其自己想办法，能提供资料就好的说法，在财产犯罪中，被害人同意属于法定免责事由。

五、依据《中华人民共和国担保法》相关规定，本案中抵押合同根本没有生效，以不受法律保护的未生效的合同作为主要证据进行指控，不合法

根据《中华人民共和国担保法》（以下简称《担保法》）第41条、第42条之规定，以城市房地产进行抵押的，应当办理抵押物登记，抵押合同自登记之日起生效，其他抵押物自愿登记，登记部门为公证部门。H公司作为担保公司，既然已经想到、办理公证手续，说明他们对担保物如何办理相关手续才受法律保护是明知的，办理公证其实就是在绕道规避办理抵押登记等手续，如果办理抵押登记手续就阻碍了反担保事宜的办妥，也再次昭示H公司没有陷入错误认识。

另外，在Z市公证处对《反担保抵押（质押）合同》进行公证时，由于Y公司法定代表人孙某英缺席而无法进行公证，此后H公司也没有再要求进行公证，也反映出其放任风险的态度。种种迹象表明，H公司并不在乎抵押物，对抵押权真实情况明知，只是为了赚取担保费用或基于其他的目的而流于形式办理相关手续，并没有陷入认识错误。

可见，起诉书指控的主要证据是一份没有法律效力的合同，在刑事控告中，尤其要本着刑法的谦抑性，如此草率地以一份没有生效的合同作为重要证据指控被告人涉嫌合同诈骗罪，未免不妥。

六、不能以被害人短时间内尚有欠款没有受偿就认定其受到损失，无论担保合同是否生效，没有证据证明 H 公司的担保债权就一定不能实现

1. 被告人没有失联。本案中，H 公司承担担保责任后，Y 公司仍在营业，孙某某和王某某也并没有失联。耿某某仍然能够联系上孙某某和王某某，与二人沟通还款事宜。这一方面表明，孙某某没有诈骗的故意，另一方面表明孙某某也愿意积极配合还款。

2. Y 公司在经营。Y 公司也并非空壳企业，在其固定资产被查封以前，仍然可以正常经营，特别是在 Z 市即将举办 2022 年冬奥会的背景下，Z 市基础设施建设如火如荼，对混凝土等建筑材料有巨大需求，如果释放孙某某、解冻 Y 公司财产，其很快就能恢复运营，在巨大内需的刺激下，Y 公司盈利并偿还 H 公司款项的可能性极大。

3. 被告人及 Y 公司还有个人财产可以得到执行，后续还要承担个人无限连带责任。本案中，除了涉案 22 套房屋，孙某某和王某某还以个人财产提供了连带保证，目前二人大量财产已被查封，价值 800 余万元，能够偿还 H 公司部分款项。

4. 民事诉讼已经确定了相关债权债务。本案实质上是一起经济纠纷，H 公司也早已就本案事实提起民事诉讼确定了相关债权。S 市长安区人民法院(2016) 冀××民初××××号民事判决判令 Y 公司偿还 H 公司 16044600 元及相关利息，孙某某、王某某对此承担连带责任，且该案已经立案执行。H 公司的债权并未灭失，且具有法律上执行的依据。

综上，生意上往来款项的解决需要时间，不光是涉及被告人所在的 Y 公司的债务如此，社会上大多数的债务，尤其是三角债等，解决是一个复杂、漫长的过程，不能因为刑事手段解决起来力度大、见效快，而千方百计地运用刑事手段予以解决，毕竟，刑事手段也存在很多的问题，或许动用了刑事手段，受损的就是双方，且不可逆转。

七、根据党中央及最高司法机关保护民营企业的精神和刑事政策，如果能够用民事途径解决的纠纷，不宜采用刑事手段干预，应当保持刑法的谦抑性

2018 年 11 月 1 日，习近平总书记主持召开民营企业座谈会，指出：“要保护民营企业家人身和财产安全……对一些民营企业历史上曾经有过的一些不规范行为，要以发展的眼光看问题，按照罪刑法定、疑罪从无的原则处理。”最高人民法院 2018 年 11 月 5 日召开党组会议指出：“严格落实罪刑法定、疑罪从无等法律原则和制度，坚决防止将经济纠纷当作犯罪处理，坚决防止将民事责任变为刑事责任。”最高人民检察院 2018 年 11 月 6 日召开党组会议指出：“要切实转变司法理念，坚持各类市场主体诉讼地位平等、法律适用平等，严格落实罪刑法定、疑罪从无等法律原则和制度。”

法律规范分为多种，不同的法律问题通过不同的法律规范解决。每一种法律规范都有其独特的适用条件和处理措施。刑罚是最严厉的惩罚手段，因此刑法有着最严格的适用条件。当一个纠纷能够通过其他手段解决时，就不应该采用刑事手段处理，刑法应保有其谦抑性。本案实质上是一起贷款担保纠纷，如果将此类案件作为犯罪处理，那么社会上的众多担保纠纷都将被认定为犯罪。司法的目的不是把大多数人都抓进监狱，而是寻找解决办法，真正定分止争。本案作为民事案件处理，使 Y 公司尽快恢复生产经营，才能尽快弥补 H 公司损失，这样也更能够达到理想的社会效果，也更加符合保护民营企业家的形势政策。

综上，本案完全是在银行的操作下导演的一出荒诞剧，被告人、所谓的“被害人”全部被牵绕其中，而最终的赢家是银行。孙某某没有诈骗的利益驱动，也没有非法占有目的，H 公司也没有陷入认识错误，孙某某不构成合同诈骗罪。虽然孙某某确实伪造了印章，但伪造印章不能与合同诈骗画等号，其只需要在伪造印章的范畴内承担责任，可按伪造印章罪处理，能够实现更好的司法效果。以上意见，请合议庭认真考虑并采纳。

此致

S 市中级人民法院

被告人孙某某的辩护人：
北京市京都律师事务所律师　彭吉岳
2019 年 2 月 25 日

附件5：一审辩护词补充意见

关于被告人孙某某涉嫌合同诈骗犯罪一案
辩护词补充意见

审判长、合议庭：

北京市京都律师事务所接受被告人孙某某家属的委托并经其本人同意，指派彭吉岳律师作为被告人孙某某涉嫌合同诈骗罪一案的辩护人。

经过今天一天的开庭，公诉人的观点核心就是签订反担保合同时涉及的22套房产及部分车辆存在虚假，欺骗了H公司，导致H公司受到损失，故被告人孙某某构成合同诈骗罪。本辩护人针对公诉人的指控逻辑再次简要补充如下意见：

一、本案中没有能够证明被告人孙某某实际占有了钱款的证据，起诉书中也没有说明被告人实际占有多少钱款，H公司因承担担保责任而支付的钱款不能也没有理由认定为被告人非法占有的钱款

在财产犯罪中，犯罪动机与目的是非法占有他人财产或者财产性利益。在交织复杂的经济活动中，财产犯罪的主体往往就是最终获利的主体。纵观本案的资金流，孙某某根本没有占有也没有机会占有涉案1500万元款项，更遑论非法据为己有。

1. 2013年贷款发放过程：2013年6月27日，银行向Z市Y公司发放1500万元贷款，在贷款发放的同时，银行就直接将其中的7578116.06元偿还了Y公司及其相关人员之前在银行的贷款；300万元支付给H公司作保证金；45万元支付给H公司作担保费。以上共计11028116.06元，孙某某连钱的影子都没见着，就已经被支付出去了。对于这1000余万元款项，完全是在银行的操作下划拨的，且不说孙某某，就连Y公司也没有实际占用的机会和能力。

真正打入孙某某个人账户的只有397万元，其确实对这笔款项有占有和处分权，但孙某某没有据为己有，而是将其用于Y公司的生产经营，支付了公司欠款和材料款，详见辩护人之前提交的辩护词中《Y公司实际使用的397万元贷款支出明细》及辩护人提交的第五组证据。很明显，孙某某并没有非法占有任何款项。庭审中，辩护人申请了证人出庭，以此证明该397万元的使用用途，虽然合议庭没有允许证人出庭，但是证人证言等证据足以证明该笔款项的实际用途。同时公诉人也没有提供证据证明通过被告人进行支付的款项为孙某某个人占有，连接收款项的人的询问笔录都没有。

退一步讲，即便孙某某对这397万元属于非法占有，但是在2014年6月贷款到期后，Y公司的1500万元贷款也全部得到了偿还。截至此时，无论是银行还是H公司，都没有受到财产损失。

2. 银行额外获得的利益来自H公司。在整个贷款过程中，资金是守恒的，一方得利，必有另一方受损。银行额外获得的利益，实际上来自H公司。因为贷款到期后，偿还Y公司1500万元贷款的是H公司（300万元）、郭某梅（290万元）、范某军（160万元）、牛某强（100万元）、杨某军（150万元）、王某（150万元）、徐某斋（200万元）、郑某军（150万元）八个账户，共计1500万元，这实际是H公司及相关个人的过桥资金。

3. 2014年贷款发放过程：2014年6月30日，银行向Y公司账户发放贷款1500万元（注意是Y公司而非孙某某个人），同日，Y公司就将1500万元款项支付给了Z市PL商贸有限公司，该公司是H公司或者银行提供的关联公司，实际上是偿还了过桥资金。在这个十分短暂的过程中，孙某某显然对该笔款项没有占有的机会和能力，同样，Y公司也没有最终占有该款项。

综上，可以很明显地发现，在两次贷款过程中，孙某某根本没有占有相关款项的机会和能力。诈骗类犯罪的因果链条是：行为人虚构事实或隐瞒真相——被害人陷入认识错误——基于认识错误交付财物——行为人得利、被害人受损。本案中，孙某某自始至终都没有被交付财物，其对涉案贷款根本没有形成占有，更何谈非法占有？客观上的占有事实都不存在，更何谈主观上非法占有的目的。既然贷款款项不为被告人占有，H公司后期承担的担保责任支付的款项与被告人就更没有关系了，H公司的款项是支付给银行的，银行的款项是支付给Y公司的，支付给Y公司后实际上是被银行控制偿还之前的贷款和支付给H公司，余款只是借用了孙某某的账户为Y公司偿还了相关材料费用，所有的过程中，被告人没有获利，一个没有也不愿意获利的人，不应该被认定为具有非法占有的主观目的。

还有，假使被告人构成合同诈骗罪，涉及量刑必然与诈骗金额有关联，如果不能准确认定被告人的诈骗金额，如何量刑，也请合议庭予以审议。

二、孙某某所谓“骗取”的标的也并非H公司的担保服务或者是Y公司贷款债务的免除

如前所述，涉案款项最终并未流入孙某某或Y公司处，而是进入了银行。因此，孙某某并未从中获利，并没有“骗”到什么，也根本没有机会“骗”到什么，因此也就不可能构成合同诈骗罪或者其他任何诈骗类犯罪。

公诉机关的逻辑可能是，孙某某通过虚假文件，骗得H公司为Y公司提供的担保，Y公司贷款后将还款责任转嫁到H公司。因此实际上也是获利的，这实质上是让H公司替Y公司偿还了之前的贷款。因此，孙某某骗取的标的是一种担保利益或者是对银行贷款债务的免除，是一种间接的诈骗行为。这样的逻辑同样不能成立。

1. 要区分孙某某和Y公司两个主体。孙某某并非Y公司的法定代表人，亦非实际控制人，Y公司的真正掌控者是孙某某的哥哥孙某英。孙某某只是在Y公司打工，领取固定工资，其与Y公司之间并没有过于密切的利益关联。Y公司的贷款并不等于孙某某的贷款，Y公司的贷款能够偿还与否与孙某某也没有任何利益关系，Y公司获利并不等于孙某某获利。另外，2013年贷款发放时，Y公司在银行只有600万元贷款，2013年6月27日在银行操作下，也只偿还了其中的100万元。其余绝大部分款项偿还的是其他公司和个人的借款，与孙某某根本没有直接利益关联。Y公司自身在这个过程中的收益也是极小的。Y公司完全没有必要为了偿还100万元贷款而如此大费周章地去“骗”H公司签订一个1500万元的担保合同。因此，即便是“骗取”的标的是担保利益或者贷款债务的免除，那“行骗”的人也不应该是孙某某，因为上述两种利益仅仅对于Y公司或者是银行有意义，对孙某某个人而言，基本没有利益关联。

2. 诈骗类犯罪骗取的只能是财物，最多包括某些特定的财产性利益，而不能是某种权利。传统意义上的财物或财产是诈骗的典型标的，随着社会的发展，财产类型逐步多样，某些财产性利益也可以作为诈骗的对象，如股权等。但是《刑法》的语意射程不能超出文义自身的范围，否则就违背了罪刑法定原则。本案中，H公司对Y公司提供担保，Y公司获得的是一种担保权利，这种权利不可以作为诈骗的对象。在Y公司与H公司签订担保合同时，H公司是否需要承担担保责任还并不能确定，本案中，如果未受到宏观经济环境的影响，Y公司经营情况良好，则贷款到期时其完全能够偿还，也就不需要H公司承担担保责任。因此，Y公司实际获得的是H公司提供的一种担保权利，在获得这种担保权利时，孙某某是没有非法占有的目的的，因为其并没有明确表明一定不按时偿还银行贷款，或者客观情况也没有表明，Y公司到期一定偿还不了贷款。不能仅仅因为后来受到客观环境的影响，使得H公司最终承担了担保责任，就倒推认为签订担保合同时，孙某某就具有诈骗的故意，这是典型的结果责任。《全国法院审理金融犯罪案件工作座谈会纪要》指出：金融诈骗类犯罪，要避免单纯根据损失结果客观归罪。

3. 贷款事项并非孙某某主动提出，而是银行一手策划，可见孙某某根本没有犯罪动机。整个贷款过程中，从提出动议、联系担保公司、准备贷款手续，甚至是过桥资金都是银行一手操办的，这表明它是最有利益驱动的，事实上最终获益者也恰是银行。孙某某处于配合的边缘地位，也正因此其对涉案款项根本没有占有的机会和能力，因此没有犯罪动机和事实犯罪行为的客观条件。

三、被告人孙某某也没有通过Y公司、银行或者其他第三方主体对涉案款项进行非法占有

孙某某没有占有涉案款项，公诉人在庭审中也是认可的，但是公诉人认为：非法占有包括自身占有和第三人占有两种情形。

那么孙某某会通过哪一方主体对涉案款项进行非法占有呢？前文已经说明，孙某某没有占有任何财产，Y公司也没有占有任何财产，其所获得的担保权利也并不属于诈骗犯罪的标的，即便该种权利也可以作为诈骗的标的，那么Y公司与孙某某也不能等同，Y公司获得担保权利或者偿还贷款，对孙某某也没有任何利益价值。

归根到底，本案中实际获得利益的是银行，但孙某某既非银行领导，又与其没有其他利益关联，是不可能通过银行占有相关财产的。银行获利，孙某某不会因此获得任何好处。事实上，正是因为银行操作获得利益，才使得孙某某无端卷入刑事诉讼。

综上，孙某某自己没有非法占有财物，也没有通过任何第三方占有财物，不符合合同诈骗罪的构成要件。

四、被告人孙某某签订反担保协议，无论提供的房屋合同是否属实，其承担连带责任是确定的，故签订反担保协议只可能是为被告人增加责任，而贷款主体不是被告人，对完全只承担责任而不获取任何经济利益的主体，认定为合同诈骗的主体也不合常理

控方逻辑是，孙某某用于提供反担保的22套房产和部分车辆存在虚假情况，因此诱骗H公司给Y公司提供了担保。但应当注意的是，孙某某提供的是个人连带责任保证，担保物并不限于22套房产和相关车辆，而是及于孙某某全部个人财产。这是责任最重的一种担保方式，即便相关房产和车辆存在不实之处，H公司还可以通过孙某某的其他财产受偿。孙某某也确实还有其他财产，根据辩护人提供的第六组证据，孙某某和王某某还有800余万元的财产可以向H公司承担担保责任。

犯罪也要考虑经济成本，孙某某在整个过程中自身根本不会获得多少利益，事实上也确实没有获利，因此没有必要搭上自己的身家性命，进行“自杀式犯罪”，这不符合基本常识。

五、H公司签订反担保协议后长达两年多的时间里既不核实购房合同的真实性，也不核实房屋是否存在，更没有办理以房屋的数量或评估价格决定担保金额的手续，说明H公司根本不在乎房屋是否真实存在或明知涉案房屋的问题，其没有陷入错误认识而导致损失

公诉人在庭审中认为：H公司最看中的就是孙某某用以担保的22套房产，基于对房产价值的信任才对Y公司提供担保。这种观点完全不符合事实。因为H公司不仅没有办理房屋抵押登记，甚至连现场核实一下都没有，这完全不是重视的表现。

根据《担保法》第41条、第42条规定，以城市房地产进行抵押的，应当办理抵押物登记，抵押合同自登记之日起生效，其他抵押物自愿登记，登记部门为公证部门。H公司作为担保公司，既然已经想到办理公证手续，说明他们对担保物如何办理相关手续才受法律保护是明知的，办理公证其实就是在绕道规避办理抵押登记等手续，如果办理抵押登记手续就阻碍了反担保事宜的办妥，也再次昭示H公司没有陷入错误认识。

担保公司以为他人提供担保为业，这是一种风险很大的职业，因此风险防范是担保公司工作的重中之重，正常情况下，担保公司应当对被担保人的财产状况作出详细的审查。本案中，H公司作为一个担保公司，对Y公司提供的抵押物没有进行起码的审查，甚至连涉案房屋都没有到现场看过，这也是本案众多反常的地方之一。这种反常要么说明H公司是在糊弄手续，要么说明H公司对抵押物的虚假情况有明确认知，在有明确认知的情况下，说明其对相应后果是明知和接受的，在财产犯罪中，被害人同意属于法定免责事由。

六、被告人从来没有回避或逃避民事上的连带责任，并且已经承担了上述责任，现在被告人多项财产已经被查封等待拍卖，其纠纷已经通过法律途径予以解决，至于存在伪造印章的问题，如认定为其他犯罪，因被告人具有认罪认罚的情节请求从宽处罚

本案原本就是一起民事纠纷，已经通过民事诉讼程序处理完毕，且孙某某的几套房产也已经被查封，现在完全可以将其拍卖以向H公司履行保证责任。在民事手段之外，以合同诈骗罪追究孙某某的刑事责任完全是以刑事手段插手经济纠纷，且侦查机关没有明确证据证明S市为犯罪所在地，其办案动机饱受争议，明显违背中央保护民营经济的形势政策。

此外，孙某某虽然没有非法占有他人财产的主观目的和客观行为，但承认确实实施了伪造印章的行为，承认自己构成伪造公司印章罪。根据《刑事诉讼法》第15条规定，犯罪嫌疑人、被告人自愿如实供述自己的罪行，承认指控的犯罪事实，愿意接受处罚的，可以依法从宽处理。在伪造公司印章罪的问题上，孙某某认罪认罚，悔罪态度良好，也没有犯罪前科，此次伪造印章也是在银行的误导下犯下的错误，并且伪造公司印章除了涉及此案，均已销毁，没有造成其他危害，其主观恶性不大，请合议庭考虑相关情节，对其从宽处理。

以上补充意见，请合议庭考虑并采纳。

此致

S市中级人民法院

被告人孙某某的辩护人：

北京市京都律师事务所律师　彭吉岳

2019年3月14日

附件6：法律检索报告

关于以虚假产权提供担保但未办理不动产抵押登记不应认定为合同诈骗罪法律检索报告

尊敬的合议庭法官：

孙某某涉嫌合同诈骗罪一案，就孙某某在反担保协议中约定以多套不真实产权的房屋提供担保，但未办理抵押登记是否构成合同诈骗罪的问题，我们通过裁判文书网等平台检索类似案例，从中可见司法实践中对此问题的裁判观点为：

行为人以不动产提供担保，办理不动产抵押登记时生效。没有办理不动产抵押登记且相对人也并未要求办理抵押登记的，不能认定为房屋产权对相对人造成了欺骗效果，不能认定相对人陷入了认识错误。如果涉嫌伪造其他证件或者印章，可以以伪造公司印章罪、伪造国家机关证件罪等罪名定罪处罚。

现提供其中四起典型案例进行分析说明：

1. 罗某良合同诈骗案一审刑事判决书　惠州市惠阳区人民法院（2017）粤1303刑初438号

【基本案情】被告人罗某良从2007年到2011年11月在惠州市惠某区淡水街道经营雅陶居陶瓷店，其间因经营资金周转多次向林某1、黄某1、张某、李某14人借款，并在借款过程中，为争取4名出借人的更大信任，使用买来的假的房地产权证、国有土地使用证和建设规划许可证交给出借人作抵押。

【裁判要旨】被告人罗某良的行为不符合合同诈骗罪的构成要件

(1) 合同诈骗罪的客观表现为在签订、履行合同过程中，虚构事实、隐瞒真相，骗取对方当事人的财物，且数额较大的行为。认定行为人是否“虚构事实”“隐瞒真相”，在于查明行为人有无履行合同的实际能力。本案中，被害人李某1的笔录中称“我让涂某辉带我去看了罗某良经营的陶瓷店，见其经营的陶瓷店规模比较大，感觉比较可靠，就决定借钱给他”；被害人黄某1称“我经朋友李某3介绍认识了在惠州市惠某区淡水街道经营雅陶居陶瓷店的罗某良，罗某良跟我借35万元，没有任何东西作抵押”。以上事实可以认定被告人罗某良借款时正在经营规模较大的陶瓷店，具有履行借款合同的实际能力。

（2）4名被害人借钱给罗某良是出于朋友之间的信任和基于对罗某良经营规模较大陶瓷店的一种信用。被害人林某1认识被告人罗某良的时间较长，借款给被告人是出于对被告人的信任，其还自愿为被告人向被害人张某的借款提供过担保，并履行了担保责任；被告人向被害人黄某1、李某1的借款，虽均是由朋友介绍，但被害人黄某1、李某1也是对被告人经营的雅陶居陶瓷店做过实地考察后才决定借款给被告人的。可见，被害人的借贷行为均非完全是因为被告人提供了假证件而导致错误判断作出的财产处分行为，被告人提供假证件抵押的作用只是为了骗取债权人更大的信任。

（3）从生活常理来看，对于大额借款，出借方一般会要求借款人提供财产抵押，对不动产的抵押则会到房产局办理抵押登记，依法设定抵押物的优先受偿权。没有办理抵押登记的债权只能是普通债权，属于信用借款，是基于相信借款人还款能力的借款。本案中，被害人黄某1、李某1、林某1借钱给被告人罗某良，只收取了被告人罗某良的国土、房产等证件，并没有要求去办理不动产的抵押登记，完全是基于对被告人罗某良经营着大型的陶瓷店具备偿还借款能力的判断。

综上所述，被告人罗某良与4名被害人之间属正常的民间借贷关系，应当回归到民法调整范畴。虽然被告人为其借款形式上使用了买来的假国土证、房产证，但其没有以非法占有为目的的主观故意。被告人罗某良的行为不构成合同诈骗罪而应以伪造国家机关证件罪科以刑罚。公诉机关起诉书指控的事实清楚，证据确实、充分，唯指控被告人罗某良所犯的罪名与审理认定的罪名不一致，不予支持。

2. 雷某伪造国家机关证件罪一审刑事判决书　广州市白云区人民法院（2014）穗云法刑初字第141号

【基本案情】2012年3月，被告人雷某先后向蔡某强借款共计14万元，其在仅支付约定利息的情况下，使用伪造的房产证作抵押，又于2012年4月、2013年1月向蔡某强借款12.3万元。

另查明，广东省佛山市南海区人民法院于2013年5月3日已就上述借款事实作出民事判决，确认双方借贷关系，并判决被告人雷某及其妻子江某莹偿还借款及相关利息予蔡某强。该民事判决生效后，广东正平拍卖有限公司佛山分公司于2013年11月28日通知被告人雷某及其妻子江某莹，定于2013年12月28日在佛山市南海区人民法院第五审判庭举行拍卖会，拍卖标的：佛山市南海区狮山镇松岗商业大道某海逸锦绣桃园某栋某座某房。

【裁判要旨】被告人雷某对起诉指控的事实和罪名均没有异议，称其有真实的房产，只是不想让妻子知道其借钱还赌债的事，所以找人做了假证抵押给蔡某强，主观上没有诈骗蔡某强，请求法庭从轻处罚。

本院认为，被告人雷某伪造国家机关证件，其行为已构成伪造国家机关证件罪。公诉机关指控被告人雷某犯伪造国家机关证件罪事实清楚，证据确实、充分，罪名成立。被告人雷某如实供述自己的罪行，依法可从轻处罚。本院综合考虑被告人雷某犯罪行为的性质、情节、危害后果及认罪态度，决定对其从轻处罚。

3. 杨某某合同诈骗罪一案刑事判决书　汕头市濠江区人民法院（2014）汕濠法刑重字第1号

【基本案情】1997年3月27日，被告人杨某某将某园某幢×号、×号、×号、×号房产以对外经贸公司为买方办理了汕头市房地产买卖契约（但尚未办理产权登记）。1998年3月6日，被告人杨某某以际合诚公司的名义分两次向原汕头城市合作银行达濠支行（后更名为汕头市商业银行达濠支行，以下简称达濠支行）借款1700000元，其中一笔借款是1000000元，一笔借款是700000元，并以某园某幢×号、×号、×号、×号4间房产和其母卢某位于原汕头市达濠区某横某号全幢（建筑面积572.53m^2）房产作为抵押物（尚未办理抵押登记）。后被告人杨某某使用上述借款1700000元归还其于1997年年底向达濠支行的两笔借款共1700000元。随后，被告人杨某某又将某幢×号房产以328538元（含配套费）的价格（实际支付房款315000元）卖给被害人万某甲，某幢×号房产以313080元的价格卖给被害人陈某丁，某幢×号、×号房产以322050.8元（含配套费）的价格（实际支付房款322500.8元）卖给原汕头市达濠区残疾人联合会。案发时，被告人杨某某无法归还上述贷款1700000元。

【裁判要点】关于起诉书指控的第六、七宗犯罪事实能否认定为合同诈骗的问题。首先，起诉书指控的第六、七宗犯罪事实中，际合诚公司将登记在对外经贸公司名下的某园某幢×号、×号、×号、×号、×号房产作为抵押物向银行办理抵押贷款，由于双方没有办理抵押登记，该抵押行为无效，不能对抗第三人。因此，际合诚公司将没有办理抵押登记的抵押物出售给购房者，主观上非法占有上述购房者的购房款的依据不足，不能认定为际合诚公司骗取了购房者的购房款。

4. 刘某涛职务侵占、合同诈骗、虚报注册资本案再审刑事判决书　湖北省高级人民法院（2014）鄂刑监一再终字第00011号

【基本案情】（关于合同诈骗的事实）2003年春节前刘某涛代表南洋公司与汇通公司商谈南洋公司重组事宜，双方并形成了《南洋公司重组的框架合作协议书》。2003年1月29日，刘某涛以其个人的恒泰公司名义，以南洋公司位于东方市九龙大道“南洋船务八所开发区”的17333.3m^2土地［东方国用（××××）字第×2号国有土地使用证项下土地，包含在前述已抵押给陈某甲的52亩土地中］为担保，向汇通公司借款60万元。在签订担保承诺书时，刘某涛将土地证复印件交与汇通公司，该土地证复印件上有“此件复印自东方市土地局”字样。刘某涛当日将其中40万元汇给邵某（华宇融公司副总经理，南洋公司监事，成功公司董事，2003年9月后任南洋公司董事）银行账户上。2003年3月至5月，汇通公司、恒泰公司、国信证券公司经纪事业部仍就重组南洋公司事项进行了多次磋商，但重组并未顺利推进。

刘某涛于2003年1月以南洋公司名义出具相关手续让陈某甲将上述52亩土地规划成50间宅基地出让，其中第×2号国有土地使用证项下土地从2003年2月18日起被陆续出让，截至案发时，第×2号国有土地使用证项下余3间宅基地未出售，共计约900平方米（以2003年1月13日的土地评估价计算，价值44406元）。刘某涛未将该土地绝大部分已经售出的情况告知汇通公司，在陆续收到售地款后未还款给汇通公司。案发后其家属已代为退还汇通公司13万元。

【裁判要旨】（1）吉林汇通公司知道或者应当知道用于抵押的土地在借款时已经抵押的情况。

刘某涛基于帮助吉林汇通公司收购成功公司所持有的南洋公司法人股的前由，以武汉恒泰公司的名义于2003年1月29日向吉林汇通公司借款60万元。该60万元借款以南洋公司的土地作为抵押，而刘某涛于2002年10月4

日以该土地向陈某甲抵押借款52万元，但该土地价值超过两项抵押的总额。同时该土地证复印件上有“此件复印自东方市土地局”字样，可以推定该土地已经抵押给他人。证人胡某的证言亦可以证实吉林汇通公司明知该土地已经抵押给他人的事实，其后，吉林汇通公司也没有要求刘某涛对土地抵押进行登记。在借款合同签订后，武汉恒泰公司与汇通公司之间仍通过函件多次进行了磋商，武汉恒泰公司有履行合同的行为。

（2）刘某涛未归还借款不能等同于合同诈骗。

①在签订借款协议后，吉林汇通公司没有要求对土地担保进行登记，土地抵押实际上并未生效。

②借款用途没有发生变化，即用于处理公司的相关事宜。刘某涛以“过春节了，需要费用处理成功公司一些问题”为由借款，借款当日及其后，刘某涛分别向邵某汇款40万元、5万元和2万元，其余的钱款用于支付南洋公司的员工工资等费用，在南洋公司账上均记为该公司对刘某涛的借款。邵某在本案侦查期间向侦查机关寄送的两份《说明》不能查明其来源的真实性，对邵某的询问笔录仅载有记录人而没有询问人，上述材料均不符合证据的形式要件，依法应不予采信；同时，邵某提出刘某涛通过银行汇款的47万元系刘某涛归还所借的个人借款一节，仅有邵某一人的证言，没有借款时的取款或汇款等相关书证予以证实，亦无其他证人证言予以佐证，而刘某涛一直辩解该47万元是用于范某甲的后事。邵某的证言单独作为证明刘某涛将47万元用于归还个人借款的证明力不足，且不能排除合理怀疑。因此，没有充分的证据证实刘某涛在借得上述60万元后改变了借款用途。

③刘某涛是否“属于收受对方借款后逃匿”的情形。在重组无法推进后，吉林汇通公司打电话找刘某涛索要借款，再打电话找不到刘某涛后，于2003年7月报警。尽管刘某涛在此期间更换了电话号码，但是在2003年9月17日，刘某涛还用其持有的公司印章通过律师发表声明，认为南洋公司的临时股东大会和新的董事会组织及其决议均不合法，并以南洋公司、成功公司名义，以成功公司新的工商变更登记违法为由向原国家工商总局提起行政复议。因此，单凭“刘某涛更换手机号码”这一事实，不足以推定刘某涛是为了逃避债务而隐匿，不符合《刑法》第224条中关于“收受财产后逃匿”的情形。另外，吉林汇通公司没有通过民事诉讼等方式向武汉恒泰公司或者南洋公司

提出偿还债务……申诉人刘某涛及其辩护人提出原判认定刘某涛犯合同诈骗罪的事实不清，证据不足的申诉理由和辩护意见成立，本院予以采纳。

综上，以虚假产权证明提供担保进行借款但未办理不动产抵押登记的，不能认定为诈骗行为，也不能认定相对人陷入了认识错误。况且在孙某某涉嫌合同诈骗罪一案中，孙某某只是在反担保协议中约定以相关房产提供担保，所谓的被害人H公司不仅没有提出办理抵押登记，甚至连房产证都没要求看一眼，也没有实地考察涉案房产，这种情况极其反常，认定H公司被骗事实不清、证据不足。

举重以明轻，提供虚假产权证明但未办理不动产抵押登记尚不能认定为诈骗犯罪。本案中，孙某某连虚假的产权证明都没有提供，明显不属于《刑法》第224条规定的“以伪造、变造、作废的票据或者其他虚假的产权证明作担保的”情形，不能认定为合同诈骗罪。此类案件如果涉及伪造相关证件或印章的行为，一般按照相应的罪名处罚。

以上案例和意见，恳请合议庭慎重、仔细地参考，坚决地按照罪刑法定原则对本案作出合乎实事、合乎法律的评判，作出经得起历史检验的判决。

此致

S市中级人民法院

被告人孙某某的辩护人：

北京市京都律师事务所律师　彭吉岳

2019年4月11日

附件7：申请法官重点关注孙某某没有占有款项等情况申请书

申请法官重点关注核实第一笔贷款已经偿还、孙某某没有占有任何款项且已经被判承担民事责任等情况申请书

申请人：彭吉岳，北京市京都律师事务所律师，孙某某的辩护人

联系地址：北京市朝阳区景华南街5号，远洋光华国际大厦22—23层

联系电话：010-57096000　13910634028

请求重点核对事项：

孙某某涉嫌合同诈骗罪一案，请二审合议庭重点关注、核实以下几个问题：

1. 孙某某没有将任何贷款款项据为己有；

2. 银行2013年6月27日发放的1500万元贷款，在贷款到期后已经得到偿还，如果存在诈骗的故意，完全可以不用归还第一次贷款；

3. H公司系银行引荐作担保，担保事宜也由银行全部安排；

4. 让Y公司用房屋及其他财产进行抵押系银行的意思；

5. 用于抵押的涉案房产的购房合同与真实的购房合同连封面都不一样；

6. 涉案房产没有办理抵押登记，房产就在Z市，H公司也没有进行现场核实；

7. (2014) Z证民字第803号《公证书》涉嫌伪造，系H公司1年后找公证处补办，目的就是启动刑事手段；

8. 根据《个人连带责任保证书》，孙某某以个人全部财产对H公司承担连带责任，假使构成诈骗罪，被害人的损失也不是16047600元；

9. 本案纠纷已经过民事诉讼程序处理，且已进入执行程序，孙某某个人房产等被查封，实际上H公司完全可以通过拍卖程序受偿大部分的债务；

10. 本案签署合同及发放贷款等行为均发生在Z市，孙某某从来没有到过S市，S市相关部门涉嫌以刑事手段插手经济纠纷，立案的合法性、客观性存在重大问题，请求关注人为因素的影响。

证据及证明事实：

一、孙某某没有将任何贷款款项据为己有，其账户收到贷款 397 万元，并已全部用于 Y 公司经营

证据索引：

1. 丁某某证言；

2. 孙某某供述；

3. 附件一：2013 年 6 月 27 日发放的 1500 万元贷款去向及付款凭证；

4. 附件二：孙某某支配的 397 万元款项用途及凭证等。

该证据可以证明如下事实：

Y 公司最终可以实际支配的贷款数额最多只有 397 万元。2013 年 6 月 27 日，银行向 Y 公司发放 1500 万元贷款，在发放贷款的当天，在银行的安排下就直接将其中 7578116.06 元偿还了 Y 公司及其相关人员之前在银行的贷款，300 万元支付给 H 公司作保证金，以上共计 10578116.06 元。Y 公司分别转入 Z 市 WX 贸易有限公司账户和 HY 商贸有限公司账户 110 万元和 332 万元，共计 442 万元，其中 45 万元支付给 H 公司作担保费，Y 公司能够支配的款项最多只有 397 万元，根据孙某某供述，算下来 Y 公司最终能实际使用的款项只有 170 万元左右。关于 2013 年 6 月 27 日贷款的去向及付款凭证，详见附件一。

Y 公司最多可支配贷款 397 万元，孙某某将可支配的贷款全部用于 Y 公司的生产经营。款项转入孙某某账户后，孙某某没有将该笔款项据为己有或者用于个人支出，而是用于 Y 公司的生产经营。2013 年 6 月 27 日以后，孙某某用收到贷款的账户向多人支付了 Y 公司的材料款、货款等款项，具体用途及凭证详见附件二。收到款项的相关证人在 2019 年 3 月 31 日也到达 S 市中院准备出庭作证，但合议庭未同意证人出庭。

二、银行 2013 年 6 月 27 日向 Y 公司发放的第一笔贷款，2014 年 6 月到期后 Y 公司已全部偿还

证据索引：

1. 孙某某供述；

2. 附件三：2013 年贷款本金还款凭证。

该证据可以证明如下事实：

2013 年的贷款到期后已经偿还完毕，对于这一事实，起诉书及一审判决均明确认可。还款凭证详见附件三，Y公司偿还1500万元贷款本金是通过H公司（300万元）、郭某梅（290万元）、范某军（160万元）、牛某强（100万元）、杨某军（150万元）、王某（150万元）、徐某斋（200万元）、郑某军（150万元）八个账户偿还的。

请二审合议庭注意查实：为何贷款到期后H公司替Y公司偿还了部分本金？此时H公司对Y公司的经济能力有没有清晰认识？为何此时没有要求Y公司或孙某某承担反担保责任？其余七个自然人还款主体与H公司有无关联，为何能与H公司一同替Y公司还款？

三、H公司系银行引荐作担保，担保事宜也由银行全部安排

证据索引：

1. 孙某某供述；

2. 耿某某陈述。

该证据可以证明如下事实：

孙某某或Y公司并没有直接找H公司提供担保，是银行联系推荐H公司为Y公司提供担保（孙某某供述及耿某某陈述均可证明），并由Y公司及孙某某等人提供反担保，整个贷款的过程是银行安排的。银行之所以如此安排，是为了平账。

根据孙某某供述，第二次签订反担保协议时，其已经告知银行和H公司大部分房产已被抵押的情况，H公司对此知情，没有陷入认识错误。

四、用于抵押的涉案房产的购房合同与真实的购房合同连封面都不一样，如果蓄意诈骗不可能存在如此明显的漏洞

证据索引：

1. Z市HK房地产开发有限公司真实购房合同“华润·紫金城”；

2. 孙某某提供的虚假购房合同“华润·艺岸青城”；

3. HK房地产开发有限公司办公室主任孟某证言。

该证据可以证明如下事实：

孙某某提供的购房合同，与真实合同连名字和封面都不一样，如果真的是蓄意欺骗他人，不可能存在如此明显的漏洞。更加合理的解释是，H公司与银行明知涉案房屋产权有问题，但出于某种原因并不在意，默许孙某某只需要应付贷款手续即可。

五、2014年发放贷款时，孙某某签署了《个人连带责任保证书》《反担保抵押（质押）合同》《承诺书》《反担保抵押合同补充协议》，孙某某并没有参与将上述文件在Z市公证处进行公证，（2014）Z证民字第803号《公证书》涉嫌伪造

证据索引：

1. 附件四：孙某某在2014年发放贷款时签署的文件；

2. 附件五：（2014）Z证民字第803号《公证书》、缴费凭证、送达回执。

该证据可以证明如下事实：

（1）孙某某在2014年发放贷款时签署的文件包括：《个人连带责任保证书》《反担保抵押（质押）合同》《承诺书》《反担保抵押合同补充协议》，详见附件四。

（2）上述文件，除《个人连带责任保证书》外，均没有办理公证或者不动产抵押登记。H公司明知不办理登记抵押权不生效，为何没有要求办理登记？

（3）虽然案卷中Z市公证处（2014）Z证民字第803号《公证书》是对《个人连带责任保证书》的公证，但该份公证书存在重大疑点：

第一，公证书记载2014年6月27日孙某某和王某某前来办理公证，但孙某某表示当天并没有办理公证，公证书落款时间为2014年7月11日。为何当事人办理公证的时间和公证书落款时间相差十几天？孙某某到底有没有参加办理公证？

第二，该起公证缴费时间为2015年1月8日，缴费主体是H公司。为何公证时间与缴费时间相隔如此之长？为什么之前是Y公司负担公证费而此次是H公司负担公证费？

第三，公证处送达回执记载的公证书文号是（2016）Z证民字第803号，送达时间为2016年7月11日，公证处人员明确表示送达回执上写的《公证书》与（2014）Z证民字第803号《公证书》为同一份文件（字号不同可能为笔误），为何送达《公证书》的时间与《公证书》记载的办理公证的时间、缴费时间相差如此之久？

2014年贷款过程中签订相关文件后并没有成功办理公证，（2014）Z证民字第803号《公证书》系H公司为了刑事报案而事后补做。

公证书、缴费凭证、送达回执详见附件五。

(4) 根据《个人连带责任保证书》，孙某某承担的是无限连带责任，保证范围不限于涉案22套房产。

(5) 只有3套房产是以孙某某的名义提供抵押的，H公司为何没有核实涉案22套房产产权？本身说明H公司并不是基于错误认识提供的担保。《反担保抵押（质押）合同》中，孙某某提供的担保房产为：开元盛世2号楼1单元2101室和2301室；3号栋16室，共3套房产；《承诺书》中是以Y公司全部设备进行抵押；《反担保抵押合同补充协议》中的表述则是王某某、孙某某双方提供抵押的22套房产。那么，涉案22套房产到底是Y公司的，还是孙某某和王某某的，孙某某名下有几套？上述协议对涉案房屋权属的表述是非常混乱的，H公司作为专业担保公司，为何没有核实房产权属？

六、H公司与Y公司、孙某某、王某某因贷款产生的相关纠纷，已经由S市长安区人民法院经民事诉讼程序审理和判决，且已进入执行程序，孙某某个人房产等被查封

证据索引：

附件六：(2016) 冀××民初××××号民事判决书。

该证据可以证明如下事实：

S市长安区人民法院就本案相关贷款纠纷于2017年2月10日作出(2016) 冀××民初××××号民事判决，判令孙某某、王某某对Y公司对H公司的债务承担连带清偿责任，目前判决已生效并进入执行程序，孙某某的房产等已被查封，判决书见附件六。

七、本案签署合同及发放贷款等行为均发生在Z市，孙某某从来没有到过S市，S市相关部门涉嫌以刑事手段插手经济纠纷，立案的合法性、客观性存在重大问题

本案行为发生地和结果发生地均不在S市，S市公安机关不应该立案管辖，本案涉嫌以刑事手段插手经济纠纷。辩护人及被告人均在一审中提出管辖权异议，后S市中级人民法院报请贵院审查后决定由S市中院管辖。目前虽不再涉及管辖权问题，但仍应当坚持客观中立的原则，警惕和坚决抵制地方保护和案外干预，确保本案在法治框架内得到解决。

以上问题请贵院重点关注，部分存疑尚未解决的问题，请贵院予以调查核实，以便查明事实真相，作出公正判决。

此致

河北省××人民法院

被告人孙某某的辩护人：

北京市京都律师事务所律师　彭吉岳

2019年7月2日

附（略）：

附件一：2013年6月27日发放的1500万元贷款去向及付款凭证；

附件二：孙某某支配的397万元款项用途及凭证等；

附件三：2013年贷款本金还款凭证；

附件四：孙某某在2014年发放贷款时签署的文件；

附件五：（2014）Z证民字第803号《公证书》、缴费凭证、送达回执；

附件六：（2016）冀××民初××××号民事判决书。

附件8：申请法院关注核实贷款去向等情况申请书

申请法院重点关注核实2014年贷款去向、（2014）Z证民字第803号《公证书》不涉及房产、车辆抵押等情况申请书

申请人：彭吉岳，北京市京都律师事务所律师，孙某某的辩护人

联系地址：北京市朝阳区景华南街5号，远洋光华国际大厦22—23层

联系电话：010-57096000　13910634028

请求重点核对事项：

孙某某涉嫌合同诈骗罪一案，请法院重点关注、核实以下几个问题：

1. 2013年发放的贷款到期后，通过银行丁某某联系安排过桥资金偿还，2014年第二笔贷款发放后，同日Y公司即将全部款项归还了过桥资金。

2. 2014年进行第二笔贷款时，仅对《个人连带责任保证书》进行了公证，该保证书并不涉及用房产或车辆担保的问题。

证据及证明事实：

一、2013年发放的贷款到期后，通过银行丁某某联系安排过桥资金偿还，2014年第二笔贷款发放后，同日Y公司便将全部款项归还了过桥资金

证据索引：

1. 孙某某供述；

2. 附件一：2013年贷款本金还款凭证；

3. 附件二：2014年6月30日Y公司向Z市PL商贸有限公司转账1500万元凭证。

该证据可以证明如下事实：

2013年贷款到期后本金已经偿还完毕，资金来源于孙某某通过银行丁某某的介绍联系的过桥资金，具体包括：H公司（300万元）、郭某梅（290万元）、范某军（160万元）、牛某强（100万元）、杨某军（150万元）、王某（150万元）、徐某斋（200万元）、郑某军（150万元）八个账户。

2014年6月30日，银行向Y公司发放第二笔1500万元的贷款，同日Y公司便将收到的1500万元全部转账给Z市PL商贸有限公司，归还了过桥资金。

上述事实说明：

（1）放贷、担保、还贷资金来源等全部在银行的安排之下。首先，Y公司本无贷款意图，向其发放贷款是银行主动提出的，目的是整合之前的贷款。为了促成这一目的的实现，银行还主动替Y公司联系了H公司作担保，而不让Y公司直接提供担保，这一反常操作本来就说明银行对相关风险存在认识而故意为之。

其次，过桥资金是通过银行丁某某介绍的纪某联系筹集的，至于怎么联系纪某，各方之间怎么承诺的，案卷中均没有体现，连纪某的证言都没有，不知侦查机关不关心这个问题还是故意漏掉此信息的补充。这些情况只有孙某某证言佐证，其他相关人员侦查机关均没有调查取证，按照孙某某的陈述，这说明从放贷到还贷的整个流程都是在银行的控制之下的。在这个过程中，孙某某或Y公司并没有欺诈的故意，只是按照银行的安排配合履行手续，最终的受益人是银行。

（2）H公司也是过桥资金的提供方之一，当时其应当对Y公司的还款能力存在清晰的认识。H公司为Y公司提供了300万元过桥资金，此时H公司理应了解Y公司的还款能力，其为何还要再次为Y公司提供担保，与银行之间有何计划和安排，应当进一步核实清楚。

（3）1500万元贷款偿还了过桥资金，并没有被孙某某或Y公司占用。第一笔贷款发放后，孙某某个人没有占有任何款项，第二次贷款发放后同样没有，孙某某不满足诈骗犯罪非法占有他人财产的客观要件。

二、2014年进行第二笔贷款时，仅对《个人连带责任保证书》进行了公证，该保证书并不涉及用房产或车辆担保的问题

证据索引：

1. 附件三：孙某某在2014年发放贷款时签署的文件；

2. 附件四：（2014）Z证民字第803号《公证书》。

该证据可以证明如下事实：

（1）孙某某在2014年发放贷款时签署的文件包括：《个人连带责任保证书》《反担保抵押（质押）合同》《承诺书》《反担保抵押合同补充协议》，详见附件四。

（2）上述文件，除《个人连带责任保证书》外，均没有办理公证或者不动产抵押登记。H公司明知不办理登记抵押权不生效，为何没有要求办理登记？

(3)（2014）Z证民字第803号《公证书》的内容并不涉及以房产和车辆等提供担保的问题。《公证书》内容是：“孙某某、王某某于二〇一四年六月二十七日来到我处，在本公证员的面前，在前面的《个人连带责任保证书》上签名、按手印”，而《个人连带责任保证书》的内容为，“以拥有的全部个人财产为限对上述协议款项承担连带反担保保证责任”，并不涉及以涉案房产和车辆提供抵押的问题。

以上问题请贵院重点关注，部分存疑尚未解决的问题，请贵院予以调查核实，以便查明事实真相，作出公正判决。

此致

河北省××人民法院

被告人孙某某的辩护人：

北京市京都律师事务所律师　彭吉岳

2019年8月1日

附（略）：

附件一：2013年贷款本金还款凭证；

附件二：2014年6月30日Y公司向Z市PL商贸有限公司转账1500万元凭证；

附件三：孙某某在2014年发放贷款时签署的文件；

附件四：（2014）Z证民字第803号《公证书》。

附件9：二审辩护词

孙某某涉嫌合同诈骗案
二审辩护意见

尊敬的审判长、审判员：

北京市京都律师事务所接受被告人孙某某家属的委托并经其本人同意，指派彭吉岳律师作为孙某某的辩护人。辩护人认为，一审判决对孙某某是否实施了欺骗行为、H公司是否陷入认识错误、涉案款项用途等关键事实认定错误，辩护人认为孙某某不构成合同诈骗罪，理由如下：

第一部分：孙某某没有实施欺骗行为，一审判决认定孙某某以22套房产提供虚假反担保，事实认定错误

一审判决认定孙某某的欺骗行为是“使用伪造的22套房产及不能处分的财产与被害人H公司签署反担保合同”，因此“骗取”了H公司财物。该逻辑不能成立。

一、22套房产因未办理抵押登记而不产生担保效力，不能认定为欺骗行为

根据《刑法》第224条规定，合同诈骗罪中的欺骗行为之一是以伪造、变造、作废的票据或者其他虚假的产权证明作担保的。一审的指控逻辑便是：孙某某使用22套房产的虚假证明为H公司提供反担保，以骗取其财物。一审法院判决没有事实和法律依据。

1. 孙某某只是向H公司出示了涉案房产的房屋买卖合同，不属于“产权证明”。根据《物权法》第17条规定，不动产权属证书是权利人享有该不动产物权的证明。具体到本案也就是涉案22套房产的房产证。本案中，没有任何证据证明孙某某制作或者向H公司出示了虚假的房产证。

任何一个心智正常的人都不会仅仅依据房屋买卖合同便相信某人对房产享有所有权，更何况是专业的担保公司。

2. 孙某某等人只是与H公司签订了抵押协议，并未办理不动产抵押登记，不产生担保效力。根据《物权法》第187条规定，不动产抵押自登记时生效。

《刑法》第224条规定的“作担保”，应当指发生担保效力的行为，仅仅

签订抵押协议根本不会产生担保效力，也就不是“作担保”的行为，H公司能够认识到不动产抵押并未生效这一事实，也就不会存在可以利用该22套房产实现担保权利的合理期待。

因此，孙某某仅仅出示房屋买卖合同以及签订抵押协议的行为，从法律上并不能给H公司提供权利保障，H公司也能够认识到其并不能借此获得保障，孙某某的行为并不足以使H公司陷入认识错误，不属于刑法意义上的欺骗行为。

二、H公司从未核实过22套房产的真实性，也不要求办理抵押登记，但收取了巨额保证金，十分蹊跷，背后原因一审没有查清

1. H公司不核实涉案房产的真实性，十分蹊跷。孙某某以涉案房产提供担保，没有向H公司出示房产证，也没有办理不动产抵押登记，H公司也并未实地考察过涉案房产，未要求办理抵押登记。为何在这种反常情况下，H公司仍然同意为Y公司提供担保，背后的原因是什么并未查清。

2. 孙某某供述曾告知H公司及银行房屋被抵出的事实，这与H公司不核实房产真实性的客观表现相印证。根据孙某某供述：“在第二次签订反担保时，大部分房子可能都被折抵出去了，但是当时我给H公司和联社都说了，他们都知道这件事。”孙某某的供述和H公司上述反常行为可以相互印证——正是因为H公司知道涉案房产的真正权属情况，所以才不去核实房产所有权的情况。

3. 银行不直接让Y公司担保，表明其对Y公司财务状况知情。本案中除了H公司，银行的行为也十分蹊跷。一般情况下银行贷款，只需要由贷款人以固定资产等提供担保即可，这是最简单和符合人的正常思维的操作。

本案中，银行刻意不让Y公司自己提供担保，而主动为其联络H公司作担保，再由Y公司为H公司提供反担保，完全是多此一举。

4. 银行之所以联系其他担保公司，目的就是转嫁风险，其中很可能对担保公司存在欺骗。银行之所以如此操作，是因为Y公司之前在银行有过贷款行为，银行对其比较了解，知道其可能存在还款不能的风险。

因此，银行“多此一举”找H公司作担保的唯一原因便是转嫁风险，以达到自己整合贷款的目的。在这种情况下，银行要说服H公司，很可能存在某种程度的欺骗。

5. H公司收取了300万元超高额保证金，本身也是一种知晓风险但放任不管、牟取暴利的行为。S市担保公司做贷款担保业务，担保费的收取一般在贷款金额的2%—3%，这一点请贵院调查核实。

本案中，Y公司贷款金额是1500万元，而保证金高达300万元，占比20%，是正常水平的10倍，也远远高出银行贷款利息。这是本案的又一大蹊跷之处。这足以说明本案并不简单，H公司收取巨额保证金，很可能表明其对Y公司的真实经济情况存在明知，根本没有被欺骗，只不过认识到高风险后仍然火中取栗。

对于这种行为，如果Y公司正常还贷，则H公司赚取高额保证金；如果Y公司不能还款，则H公司通过刑事手段索债，两边好处都占，是否对Y公司和孙某某太不公平了？

综上，以上诸多蹊跷和存疑之处，一审法院均未查明，便简单认定一个贷款人行骗、担保人受骗的故事；事实上，事情并非如此简单，众多合理怀疑不能排除，只有查明以上疑点，才能够避免二审法院被再次蒙蔽。

三、Z市公证处（2014）Z证民字第803号《公证书》系H公司事后补做，2014年贷款当时不足以对H公司形成欺骗效果

1. 孙某某在2014年发放贷款时签署的文件包括：《个人连带责任保证书》《反担保抵押（质押）合同》《承诺书》《反担保抵押合同补充协议》。

2. 上述文件，除《个人连带责任保证书》外，均没有办理公证或者不动产抵押登记。H公司明知不办理登记抵押权不生效，为何没有要求办理登记？

3. （2014）Z证民字第803号《公证书》的内容并不涉及以房产和车辆等提供担保的问题。《公证书》内容是："孙某某、王某某于二〇一四年六月二十七日来到我处，在本公证员的面前，在前面的《个人连带责任保证书》上签名、按手印"，而《个人连带责任保证书》的内容为，"以拥有的全部个人财产为限对上述协议款项承担连带反担保保证责任"，并不涉及以涉案房产和车辆提供抵押的问题。

4. （2014）Z证民字第803号《公证书》存在重大疑点。第一，《公证书》记载2014年6月27日孙某某和王某某前来办理公证，但孙某某表示当天并没有办理公证，《公证书》落款时间为2014年7月11日。为何当事人办理公证的时间和公证书落款时间相差十几天？孙某某到底有没有参加办理公证？

第二，该起公证缴费时间为2015年1月8日，缴费主体是H公司。为何公证时间与缴费时间相隔如此之长？为什么之前是Y公司负担公证费而此次是H公司负担公证费？

第三，公证处送达回执记载的公证书文号是（2016）Z证民字第803号，送达时间为2016年7月11日，公证处人员明确表示送达回执上写的《公证书》与（2014）Z证民字第803号《公证书》为同一份文件（字号不同可能为笔误），为何送达《公证书》的时间与《公证书》记载的办理公证的时间、缴费时间相差如此之久？

2014年贷款过程中签订相关文件后并没有成功办理公证，（2014）Z证民字第803号《公证书》系H公司为了刑事报案而事后补做。

证据索引：

1. 孙某某在2014年发放贷款时签署的文件；

2. （2014）Z证民字第803号《公证书》、缴费凭证、送达回执。

四、一审判决认定为诈骗手段的虚假房产合同，封面与真实合同都不一致，如果孙某某确实有意欺骗，不会如此粗糙

孙某某提供的购房合同，与真实合同连名字和封面都不一样，如果真的是蓄意欺骗他人，不可能存在如此明显的漏洞。更加合理的解释是，H公司与银行明知涉案房屋产权有问题，但出于某种原因并不在意，默许孙某某只需要应付贷款手续即可。

证据索引：

1. Z市HK房地产开发有限公司真实购房合同“华润·紫金城”；

2. 孙某某提供的虚假购房合同“华润·艺岸青城”；

3. HK房地产开发有限公司办公室主任孟某证言。

第二部分：孙某某没有实际占有涉案款项，也不具备非法占有的目的：一审判决认定孙某某没有将涉案款项用于公司生产经营，事实认定错误

一、涉案款项全部用于公司生产经营，孙某某个人没有占有和使用

1. Y公司最终可以实际支配的贷款数额最多只有397万元。2013年6月

27日，银行向Y公司发放1500万元贷款，发放贷款的当天，在银行的安排下就直接将其中7578116.06元偿还了Y公司及其相关人员之前在银行的贷款，300万元支付给H公司作为保证金，以上共计10578116.06元。Y公司分别转入Z市WX贸易有限公司账户和HY商贸有限公司账户110万元和332万元，共计442万元，其中45万元支付给H公司作担保费，Y公司能够支配的款项最多只有397万元，根据孙某某供述，算下来Y公司最终能实际使用的款项只有170万元左右。

2. Y公司最多可支配贷款397万元，孙某某将可支配的贷款全部用于Y公司的生产经营。款项转入孙某某账户后，孙某某没有将该笔款项据为己有或者用于个人支出，而是用于Y公司的生产经营。2013年6月27日以后，孙某某用收到贷款的账户向多人支付了Y公司的材料款、货款等款项，具体用途及凭证详见辩护人一审提交的第五组证据。收到款项的相关证人在2019年3月31日也到达S市中院准备出庭作证，但合议庭未同意证人出庭。

3. 2014年发放的1500万元贷款也没有被孙某某占有。孙某某供述："问：2014年6月Y公司第二次贷款的1500万元从银行贷出来后用到什么地方了？答：银行都扣走了。问：这是什么费用，为什么银行都扣走了？答：都是以前的旧账，具体什么情况我也说不清楚，银行那里应该有具体的流水。"

证据索引：

1. 丁某某证言；

2. 孙某某供述；

3. 2013年6月27日发放的1500万元贷款去向及付款凭证；

4. 孙某某支配的397万元款项用途及凭证等（辩护人一审提交的第五组证据）。

二、第一笔贷款到期后全部偿还，如果孙某某具有非法占有目的，完全可以获得第一次贷款后携款潜逃，没有必要还款再进行第二次贷款

2013年的贷款到期后已经偿还完毕，对于这一事实，起诉书及一审判决均明确认可。还款凭证详见"申请法官重点关注孙某某没有占有款项等情况申请书"中的附件三，Y公司偿还1500万元贷款本金是通过H公司（300万元）、郭某梅（290万元）、范某军（160万元）、牛某强（100万元）、杨某军（150万元）、王某（150万元）、徐某斋（200万元）、郑某军（150万元）

八个账户偿还的。

孙某某供述：“后来贷款到期之后，我找到一个叫纪某的人，让他帮忙找钱过一下桥，后来他找的人筹的钱。”“问：纪某是谁？答：我通过丁某某主任认识的，帮企业跑贷款的。”

请二审合议庭注意查实：为何贷款到期后H公司替Y公司偿还了部分本金？此时H公司对Y公司的经济能力有没有清晰认识？为何此时没有要求Y公司或孙某某承担反担保责任？丁某某为何要让纪某给Y公司联系过桥资金？

证据索引：

1. 孙某某供述；

2. 2013年贷款本金还款凭证。

三、孙某某以个人财产对H公司提供连带责任保证，如果其具有非法占有的目的，不会主动给自己制造负担

如前所述，2014年贷款时，孙某某签署《个人连带责任保证书》并同意进行公证（后可能由H公司单方补做了《公证书》）。孙某某名下确实拥有财产，包括多套房产、车辆等，并且已被S市长安区人民法院查封，详见(2016)冀××民初××××号民事判决书，可见《个人连带责任保证书》并非一个空头支票。

这表明，在贷款时，孙某某具有以自身财产为H公司提供担保的意愿和能力，不具有非法占有的目的。

第三部分：要区分单位与个人两种不同主体：贷款主体、担保财产所有者、贷款使用者均是Y公司而非孙某某个人

退一万步讲，假使本案构成犯罪，也应当是单位犯罪而非孙某某个人犯罪。

1. 贷款行为以Y公司名义实施。2013年、2014年两次贷款的主体均是Y公司，而非孙某某个人。

2. 反担保协议中涉案房产实为Y公司财产，孙某某等人只是代持。涉案房产是Y公司在生产经营过程中，相关房地产公司抵账给Y公司的，孙某某等人只不过是代持，实际上并不是孙某某的个人财产。

3. 涉案贷款用于Y公司生产经营，孙某某并未获利。如前所述，贷款下

发后，要么偿还了Y公司原来的贷款，要么用于Y公司生产经营，孙某某没有占有和使用涉案贷款。

根据刑法理论，单位集体决策、以单位名义实施、获益归单位的犯罪行为属于单位犯罪。本案假使构成犯罪，也符合单位犯罪的要件，孙某某不构成个人犯罪。

第四部分：要区分民事纠纷与刑事犯罪：本案已经民事程序处理

本案实质上是一起经济纠纷，H公司也早已就本案事实提起民事诉讼确定了相关债权。S市长安区人民法院（2016）冀××民初××××号民事判决判令Y公司偿还H公司16047600元及相关利息，孙某某、王某某对此承担连带责任，且该案已经立案执行。H公司的债权并未灭失，且具有法律上执行的依据。并且孙某某的房产、车辆等财产也确实已经被查封或扣押，具备执行条件，本案应当在民事框架内解决。

第五部分：本案有影响定罪量刑的重要事实没有查明，一审判决认定事实不清，证据不足

1. 一审没有查明Z市PL商贸有限公司的相关信息。本案中，2014年6月30日第二笔贷款发放当天，Y公司将1500万元贷款全部转账给Z市PL商贸有限公司。据孙某某供述，这笔钱是被银行直接转走的。

为何贷款一经发放便全部转给Z市PL商贸有限公司，该公司与Y公司和孙某某有何关联？第二笔贷款的占有者是Z市PL商贸有限公司，也并非孙某某，孙某某在两次贷款过程中都没有占有任何款项。

Z市PL商贸有限公司的背景及与涉案各个主体的关系，关乎涉案贷款的实际去向，占有和使用情况，对犯罪是否成立有重要影响，一审根本没有查实，缺乏事实依据。

2. 一审判决犯罪金额认定错误。一审判决认定的犯罪金额是16047600元，计算依据是：

（1）2014年9月29日，H公司代偿利息1630800元；

（2）2014年12月31日，H公司代偿利息883200元；

（3）2015年9月30日，H公司代偿利息及本金共计16533600元；

（4）2014年6月29日，H公司收取保证金300万元。

综上，H公司共代偿本金及利息16047600元。

一审判决上述计算方式是片面的，因为在贷款时孙某某向H公司提供了个人连带责任担保，案发后的民事诉讼程序中，孙某某也能以个人房产、车辆等财产进行赔偿，并且已进入执行程序，假使犯罪成立，犯罪数额也应当减去这部分财产的价值。一审法院对孙某某可以偿还的财产价值未作鉴定，没有在犯罪金额中进行核减便直接认定，缺乏事实依据。同时，H公司也收取了45万元的手续费等，如果犯罪成立，这笔费用是否应该扣除等，一审判决均未涉及。

综上，辩护人认为一审事实认定错误，部分事实未查清，孙某某没有以22套房产作担保欺骗H公司，H公司也没有陷入认识错误，也没有证据证明孙某某侵占了任何款项，本案一审认定的众多事实得不到合理解释，无法排除合理怀疑，现有证据无法证明孙某某犯合同诈骗罪，定性显然错误，请求二审法院细致审理，客观公正判决，我们作为辩护人坚决拥护及支持司法机关依法对犯罪行为进行打击，但是打击的前提是“不能冤枉人”，不能“让老实人吃亏”，不能一判了事。

此致

河北省××人民法院

被告人孙某某的辩护人：

北京市京都律师事务所律师　彭吉岳

2019年10月18日

一次向市长写信求助的无奈辩护：浙江企业家刘某某贷款诈骗案

律师，尤其是刑辩律师，需要良好的心理素质，需要经得起长时间的挫折和磨砺，有时候拼尽全力也没有迎来奇迹。在刑辩的路上，我们心怀国家法治不断进步的信念，一次次地自我鼓励，在坚守中前行。

刑辩界的前辈，我们京都律师事务所的名誉主任田文昌老师在一次讲座中的话让我至今印象深刻，大意是：刑辩律师为他人的生命和自由而辩，正如医生治病救人，虽然有很多成功的案例，挽救过很多人，但最令人刻骨铭心的，还是那些拼尽全力也没能救下的人。

是的，刑辩律师固然能够以专业的知识、丰富的经验、负责的精神将诉讼程序中的各项辩护工作做到极致，但很遗憾，很多时候仍不能掌控甚至是预判案件结果。正如张建伟教授《法律世界的“说不准学”》一文中所提到的，盖说不准学者，乃是因果关系常有奇妙变化，二加二有时候固然等于四，有时候却等于八，有时候则等于负十，在没有确实看到答案前，谁都不敢肯定有啥结果。

虽然我国法治环境已经取得长足进步，但不得不承认，现在我们仍面临很多问题。一些刑事案件，有法治框架内的法律适用因素，也可能有案外舆论、社会政策甚至是人为因素等的不当干预——由此，经过社会大熔炉复杂的填料加工，一个案件可能不再是教科书上那样的“从证据事实到法律规定再到判决结果”的简单司法三段论。

这是刑事辩护的无奈，如古希腊神话中西西弗斯反复推巨石上山但又将面临必然跌落重来的命运，又如鲁迅笔下的士兵“荷戟独彷徨”，不知向谁而战的茫然。

但这更是刑事辩护的价值。凡事艰难，便更凸显其价值；凡事虽难而人人心向往之，则必证明其终将成为历史大势浩浩荡荡。虽然不是在每个案件中的努力都能得到相应的回报，但是刑辩的价值早已蕴含在为权利而奋斗的过程中，每一名律师通过一个个案件，一丝一毫扩大法治的版图，久久为功，必是巨大的飞跃！终有一天，我们可以让司法程序变得纯粹，刑辩律师依据专业知识和案件事实走过诉讼程序之路就能接近正义，而不必再隔着案外干扰因素的“最后一公里”而遥望和猜测，这正是我辈努力的目标。

蹊跷的案件：没有受害的“受害人”

刘某某就是我 2019 年办理的案件中，指控明显不成立但是拼尽全力也没有救下的一个被告人。本案是一起贷款诈骗案，此类案件我之前也办理过多起，除了具有对涉及贷款诈骗、骗取贷款相关犯罪的丰富辩护经验，本人还曾经给中信银行某支行行长涉嫌违法发放贷款罪也进行过辩护，这些案件的办理可以说让我对贷款类型犯罪已经非常熟悉了。但本案中极为不同寻常的情节，使之区别于一般的贷款诈骗案件。

2012 年，浙江商人刘某某，响应安徽省 F 市的招商引资政策，来到安徽省 F 市投资创业。刘某某在 F 市创办了 Y 公司，从事汽车配件生产等相关业务，因经营需要，刘某某的企业需要办理一笔贷款。

在 Y 区招商引资部门某领导的介绍下，刘某某以 Y 公司的名义向当地的中国工商银行某支行提出了贷款申请。然而，银行派出信贷员到刘某某的公司实地调查后认为，根据 Y 公司的资产情况及经营规模，不符合贷款条件。

不过，银行也并没有就此拒绝 Y 公司的贷款申请。在银行行长的直接安排下，信贷部主任、项目经理等人继续办理此笔贷款。根据规定，企业申请贷款需要提供四种材料：（1）公司财务报表；（2）证明贷款用途的经营合同；（3）担保人及担保合同；（4）企业合法资质的证明材料。Y 公司对于第（2）项、第（3）项申请材料的提交均存在困难，对此，Y 公司也向银行如实相告。

银行再一次没有拉紧风险的红线。银行行长亲自出面，联系了 S 公司老板董某某，董某某出于对行长个人的信任，同意以 S 公司名义为 Y 公司提供担保；同时，信贷部主任牵线搭桥，联系 H 公司与 Y 公司签订了《工业品买卖合同》，虚构了 Y 公司向 H 公司购买钢材的交易，合同签订地就在银行大厅，信贷部主任也在场见证。虽然以上两家公司与刘某某均无交集，但因其都是该银行客户，出于对银行的信任，他们欣然同意帮忙办理贷款手续。由此，Y 公司便从形式上满足了全部贷款条件。很快，银行向 Y 公司发放了贷款 800 万元，贷款期限为 5 个月。

获得贷款后，刘某某开始进一步建设厂房、组织生产，其间利息均由刘某某如期偿还，无一落下，但由于经济形势及制造业下行等因素影响，贷款到期后刘某某无力还款，银行遂联系担保人，由担保人全额偿还了贷款 800 万元。

至此，整个贷款流程已经结束，银行如数收回贷款，没有受到任何损失。事实上，银行也从未认为自己受损，也没有报案。本案之所以启动刑事程序，是因为 2016 年——贷款偿还完毕 4 年之后——担保人报警认为自己受到了 Y 公司及银行的共同欺骗。

虽然是担保人报案，但侦查机关以贷款诈骗罪对刘某某进行了立案。这就出现了令人不解的一幕：一方面，贷款诈骗罪的损害对象是银行或者金融机构，但本案中承担不利后果的是担保人，银行分文未损——所谓的“受害人”根本没有受损，本案的指控完全是风马牛不相及；另一方面，贷款诈骗罪属于诈骗类犯罪，以被害人陷入认识错误为前提，而本案中虽然《工业品买卖合同》等贷款材料是为配合审批手续而制作，但是银行工作人员对此完全明知，对 Y 公司的资金实力也完全明知，何来“陷入认识错误”？

正是基于以上这些反常情节，我坚定地认为刘某某不构成贷款诈骗罪。但我介入时一审已经宣判，被告人被以贷款诈骗罪判处有期徒刑 13 年。在一审判决书中，虽然认定的罪名是贷款诈骗罪，但却又同时表述被害人是担保人。本案存在的重大矛盾，连判决书都无法遮掩。

贷款融资过程中曾经的“甜蜜合作”极易成为“雷区”

根据辩护经验，融资贷款是企业刑事法律风险的高发环节，如何处理与银行或担保公司等主体的关系事关重大。

在我办理的另一起骗取贷款罪案件中，被告人系福建省人大代表、被称为“船王”的著名造船企业的董事长，其企业规模巨大，曾经工厂里有六千多工人同时造船，并且每年为当地贡献巨额税收，被告人还曾作为知名企业家代表随时任总理温家宝出访欧洲。在此背景下，该企业便理所当然地成为当地几家银行争夺的重点客户，纷纷为其提供各种优惠政策。

其中有一家银行，收取了该企业的财务咨询费用约200万元，全程指导、管理、帮助其申办贷款，既派人现场办公，又在相关文件上赫然加盖相关印章，有关领导不止一次到企业现场考察，表示完全了解企业的资产状况及认同该企业的贷款材料的合规性。然而，该企业后来发生经营风险，资金链断裂，不能及时偿还贷款。此时，之前埋下的隐患便突然爆发，当初所被认同且加盖银行印章的材料，银行通通改称被骗，转瞬间昨日贷款材料成为司法机关定罪量刑之“虚假”的指控罪证，被告人因涉嫌骗取贷款罪而受到刑事追诉，企业后续完全停止经营。

太阳底下无新事，一件件血泪教训足以证明刑事合规的重要性，与其寄希望于病入膏肓时的妙手回春，不如未雨绸缪，防患于未然。

亟须揭开级别管辖的“神秘面纱”

接受委托后，因为临近上诉期满，本辩护人根据一审判决书及掌握的部分案件信息迅速拟定了上诉状。除了论述本案在罪名定性上的矛盾，我们还重点指出了本案程序上的一个疑点：本案涉案金额达800万元之巨，为何一审由基层人民法院审理？

参照诈骗罪量刑标准，涉案金额达到50万元便属于“数额特别巨大”，法定量刑幅度为10年以上有期徒刑或者无期徒刑，根据《刑事诉讼法》相关规定，“可能判处无期徒刑的案件”一审应由中级人民法院审理。直觉告诉我们，实体存在重大问题的案件，往往程序上也有违法之处。

在向一审法官递交上诉状时，我向法官提出了这个疑问。法官回答：“我们根据本案事实情节，认为只会判处10年以上有期徒刑，不会适用无期徒刑。”我进一步提问：“那么满足什么样的数额标准才属于中院管辖的范围？”再无得到有效回应。

其实法官的回答也不无道理，毕竟按照《刑事诉讼法》，在量刑方面，只有“可能判处无期徒刑”才属于由中院管辖的范围；而根据《刑法》，很多罪名中，无期徒刑和10年以上有期徒刑都是作为一个整体的量刑幅度，法律及相关司法解释并没有明确区分什么情况下判处10年以上有期徒刑，而什么情况下判处无期徒刑。

然而，法官的回答也不能真正解决问题。因为法律没有明确规定，怎么界定“可能为无期徒刑”，“无期徒刑”是法定刑还是基准刑，最终量刑“可能”由谁说了算，本案一审法官又是依据什么认为“本案只可能判处10年以上有期徒刑”的？就此问题，笔者致函一审法院，请求其释明法律依据：

1. 根据《刑事诉讼法》第21条规定，可能判处无期徒刑、死刑的第一审刑事案件，应当由中级人民法院管辖。

2. 贷款诈骗罪起刑点是2万元，本案涉案金额为800万元，且参照诈骗类犯罪一般50万元属于“数额特别巨大”的标准，本案应属“数额特别巨大”，法定量刑幅度为“10年以上有期徒刑或者无期徒刑”。

3. 基于以上理由，本案属于“可能判处无期徒刑的案件”，应当由F市中级人民法院进行一审。

4. 基于裁判文书网公开的判决书，F市中级人民法院审理的诈骗类犯罪案件，部分涉案金额在800万元以下，见附件1表33。

本所律师经询问获知：贵院认为根据本案犯罪金额等情节，本案只可能判处有期徒刑，不会判处无期徒刑，因此贵院具有管辖权。现请贵院明示：

（1）根据贵院或者F市、安徽省的标准，贷款诈骗罪涉案金额达到什么标准，才可能适用无期徒刑？

（2）贵院所依据的相关规范名称、制定程序、时间、效力级别情况。

请贵院释明上述问题，以便我所指定辩护律师能够在二审中就管辖权问题有针对性发表辩护意见，以保障司法的公开性和公正性，增加司法公信力和权威性。

法院没能给出法律依据，也一直没有给予书面回复，实践中，关于级别管辖的话语权便掌握在司法人员手中，辩护人则被装进了闷葫芦里，无从置喙。自春秋时代子产“铸刑书于鼎”，公开性便是法治的要义，辩护人认为这是极不合理的。

未曾谋面的二审法官

本案二审的启动充满波折，根据《刑事诉讼法》规定，被告人提出上诉后，一审法院应当在3日内将上诉状连同案卷、证据移送上一级人民法院，而本案一审法院却因种种原因拖延了近一个月才移交案卷。F市中院二审立案后，我马上通过诉讼服务平台查到了二审法官的姓名和电话，但没有想到，从这一天起直到二审宣判，法官从未露面直接听取辩护律师意见，甚至其电话也从未接通，自始至终辩护律师都只能与书记员联系。

鉴于本案争议极大，一审法院认定了银行受到欺骗和受损的事实，辩护人并不认同，为了能够在二审中充分把问题说明白，我向法院提交了书面申请，依法申请二审开庭审理，理由如下：

《刑事诉讼法》第234条第1款规定：“第二审人民法院对于下列案件，应当组成合议庭，开庭审理：（一）被告人、自诉人及其法定代理人对第一审认定的事实、证据提出异议，可能影响定罪量刑的上诉案件；（二）被告人被判处死刑的上诉案件；（三）人民检察院抗诉的案件；（四）其他应当开庭审理的案件。”本案符合应当开庭审理的情形。

本案中，辩护人及被告人认为所谓“被害人”Y区支行并没有受骗，也没有受到损失，一审法院事实认定错误。

另外，被告人家属及亲属现在对一审判决非常不服，到处上访、信访，有关部门已经开始关注此案，为了让家属、亲属服判息诉，开庭审理是最好的说服家属、亲属的方式。

综上，本案符合依法开庭审理的情形，请贵院组成合议庭，公开开庭审理本案。

关于案件事实方面的问题，我认为本案的核心争议焦点有两个：第一，贷款已经由担保人偿还，本案是否符合贷款诈骗罪的结果要件？第二，所谓虚假的贷款材料是在银行主导下联系相关主体配合制作的，银行是否陷入了认识错误？

对此，一审判决的论述是：

被告人刘某某在明知无力偿还银行贷款的情况下，向银行虚构贷款目的……提供虚假的《工业品买卖合同》从而取得贷款……

虽该笔贷款最终在期满后由担保公司承担担保责任得以偿还，本案中银行工作人员在为刘某某申办贷款过程中也存在过错，但上述情形并不能作为被告人免责的理由，被告人的行为已经侵犯了正常的金融管理制度，其行为符合贷款诈骗罪的犯罪构成。

一审法院似乎认为：虽然贷款到期后得到偿还，但是银行在放出贷款的那一刻损害结果便已出现，刘某某的犯罪行为就已既遂，因此，后续担保人的还款行为只能是犯罪后的“损害赔偿”，而并不能阻却犯罪构成要件的成立。

对此，辩护人坚决不予认同。

首先，在贷款期限届满前，贷款所有权和使用权均归贷款人所有，不能认定为银行损失。其次，贷款期限届满前，贷款人能否还款是不确定的，如果将银行放贷时作为犯罪是否成立或既遂的判断时点，极易与事实冲突。如果在银行放出贷款时综合各种因素认定行为人犯罪已经成立，那么若贷款到期时行为人偿还了贷款，其罪名是否仍然应当成立？最后，贷款发放后行为人的表现是判断其是否具有非法占有目的的重要因素。《全国法院审理金融犯罪案件工作座谈会纪要》（以下简称《金融犯罪纪要》）列举了七项非法占有目的的表现形式，其中有六项直接与行为人获得贷款之后的表现相关，如“非法获取资金后逃跑”“肆意挥霍骗取资金”等。

最高人民法院指导案例裁判规则也明确：在担保合法有效甚至已经实现担保责任的情况下，银行不是受损主体，不能按照贷款诈骗罪处理。

因此，一审判决的逻辑并不能成立。银行都不认为自己受损，也没有报案，一审法院却强行认定贷款诈骗罪成立。同时，也不能因为担保人实际承担了损失，就认为刘某某对担保人构成合同诈骗罪等罪名，因为担保人是银行主动联系提供的，刘某某跟担保人此前素未谋面，并不认识，更没有对担保人实施欺骗行为，对担保人犯罪无从谈起。

一审法院认为刘某某提供虚假的《工业品买卖合同》，属于欺骗行为，这一逻辑也不能成立。“虚假”并不等于“欺骗”。《工业品买卖合同》可能没有真实的现实交易与其对应，因此可以说是“虚假”的，但是银行对这一情况明知，就不能称之为被“欺骗”。本案中，Y区支行明知Y公司没有经营合同，而介绍其他公司和Y公司签订了《工业品买卖合同》；Y区支行明知Y公司没有担保人，而介绍S公司担任其担保人；银行放贷前进行了层层审批，甚至对Y公司进行了实地考察，还得出了不符合贷款条件的结论，银行对Y公司的情况完全了解，在此情况下银行自愿放贷，没有陷入认识错误。

在提交书面辩护意见及开庭申请书以后的几天里，为了二审法官能够直截了当地了解到本案存在的主要问题，我们针对本案特殊情况，又形成了简明扼要的法律意见《刘某某涉嫌贷款诈骗罪一案中应重点区分若干问题补充辩护意见》，提示法官注意“三个区分”：

一是区分行为主体：Y公司为贷款主体，款项也用于Y公司的生产经营，刘某某没有非法占有涉案贷款。

二是区分贷款诈骗与贷款纠纷：因意志以外的原因不能归还贷款的，不应以贷款诈骗罪追究责任，何况本案贷款已经得到了偿还。

三是区分受损主体：财产损失的最终承担者是担保人，银行如数收回了贷款本息，不符合贷款诈骗罪的结果要件。

从面面俱到的全面辩护意见，到有针对性的辩护意见，我们希望通过不同的方式，尽可能充分地呈现辩护观点，尽可能最大程度为办案人员提供便利，使其能够最快地认识和关注到案件的关键问题。

有时候辩护意见需要面面俱到，作“大气磅礴”“入木三分”的法律分析和系统性的表达，这是律师工作严谨性、专业性的体现；有时候辩护意见需要有针对性，像狙击瞄准一样目标高度集中，目的是使办案人员迅速锁定案件关键点。点面结合，不断强化，可能实现更好的表达效果，不断展现辩护的力量。

无奈的呐喊

辩护人寄出一份份辩护意见及申请书，向承办法官拨出一次次电话争取见面沟通、开庭审理。然而所有的沟通都止于书记员，真正的承办法官一直没有露面，也从未以任何形式与辩护人进行过沟通。

这种情况使得辩护人有一种隐隐的担忧：假如二审不能纠正一审的错误判决，再审将变得更加艰难。

鉴于被告人家属对本案也有同感及有需求，我们并不反对家属向相关部门邮寄反映，请求对本案进行关注和监督。

第一次意见向一、二审办案机关、F 市市长和政法委书记邮寄，希望当地部门能够关注本案；第二次意见向安徽省高级人民法院、安徽省人民检察院以及 F 市的法院、检察院邮寄，希望本案能够得到司法系统内从上到下的监督。

刑事辩护就是这样，不是辩护人一个人在呐喊、辩护，还需要被告人、被告人家属的密切配合与理性发声，才有更大可能出现有利结果。

突如其来的二审裁定

随着二审审限的临近，法院仍迟迟没有消息。2019 年 11 月 13 日下午——二审审限届满前几天——我让助理再次主动致电询问什么时候开庭或如何安排，法官助理表示本案还在研究当中，尚未有结果。然而第二天上午，我们突然接到法官助理电话，称上诉已被驳回，二审维持原判。

试问：短短不到一天的时间，就能研究决定并撰写完毕裁定书？

事后我们收到的裁定书显示，文书落款时间是 2019 年 11 月 8 日，也就是说，在书记员电话里告知我们案件仍在研究的前五天，裁定书便已做好，尘埃早已落定。

本案中相关司法人员为何不和辩护律师坦诚沟通，哪怕是决定不开庭，再问问是否还有补充意见或新的证据，这样至少会让人心服口服一些？个中原因不得而知。

刑辩的价值

二审裁定寥寥数语，并没有解释和回应辩护人提出的问题，二审裁定的论述是：

在没有真实经营活动情况下，又编造虚假购销合同，实施欺骗行为，使银行产生错误认识而发放了贷款，刘某某的全部犯罪过程已经完成，刘某某所骗取的贷款虽后被担保人所偿还，但涉案贷款确已被其骗取，刘某某的行为已构成贷款诈骗罪。

又回到了最初的问题：银行工作人员参与制作了贷款材料，缘何受到欺骗？涉案贷款已经得到偿还，如何认定“骗取到了”贷款？

面对如此结果，辩护人十分遗憾。辩护律师，有的时候就得内心强大，有些案件，注定为之辩护的过程中有些许遗憾，但是你内心喜欢上了这份职业，坚定了这份信心，你只能向着远方继续奔跑，不能被眼前的风景挡住视线。

辩护人认为，本案一审即存在重大问题，二审仍没有真正回应和解决这些问题。二审审理的方式，裁判文书表述的部分内容与案卷材料呈现的事实完全不符，为什么会这样，值得深究。

公正，是发自每个人内心深处的向往，而对公正的破坏也是对每个公民及社会的最大伤害。一个案件会影响一群人，个案结果塑造着他们对于国家和法治的观念。

对于律师而言，本案是一个失败案例，但笔者将本案完全真实地呈现出来，就是要说明：法治路漫漫，并不是所有的期望都有如期结果，但并不代表着努力本身没有意义。也同时体现编撰本书的意义之一，完全展示刑辩真相，这本身就是法治进步的一个环节。

国家赋予律师的使命，就是作为诉讼程序中重要的制衡力量，协助司法机关查明事实，准确适用法律，避免出现冤假错案。虽然现实还不够完善，但越有问题越说明这个职业的价值，任凭风吹浪打，也要勇往直前，不辱国家赋予律师的使命。

司法监督机制点亮新的希望

2020 年 2 月，正当新冠肺炎疫情阴云笼罩中华大地时，F 市人民检察院主动致电询问刘某某案件的情况——原来，由于我们此前考虑到本案争议巨大，曾向F市司法机关及安徽省级司法机关反映过本案中存在的问题，请求对本案进行关注和监督。

检察官根据我们提交的材料也认为本案疑惑重重，因此主动致电询问。这一情况使得原本尘埃落定的本案出现转机。辩护人立即协助家属向检察院提起抗诉申请，原本陨落的希望又再次升起，国家的司法制度其实是以公正为目标，以维护人民的切身利益为根本出发点的，关键看岗位上的工作人员是否按照国家赋予的使命尽职尽责，目前本案F市检察院已经正式受理进行抗诉监督，结果拭目以待。

附件：法律文书

附件1：二审辩护词

刘某某涉嫌贷款诈骗罪一案
二审辩护词

尊敬的审判长、审判员：

北京市京都律师事务所接受被告人刘某某近亲属的委托并经其本人同意，指派彭吉岳律师作为刘某某的辩护人。辩护人已经认真阅卷并会见了刘某某，对全案事实有了充分的了解。在此基础上，辩护人认为刘某某不构成贷款诈骗罪，理由如下：

一、涉案贷款本金及利息均已偿还完毕，缺乏贷款诈骗罪的结果要件，刘某某的行为不具有法益侵害性

1. 贷款到期后本金及利息已经得到偿还，银行没有受到任何损失。Y公司向中国工商银行F市Y区支行贷款，由S公司提供担保。贷款到期后，S公司于2012年12月18日向Y公司在Y区支行的账户转账800万元，替Y公司全额偿还了贷款。

一审判决也认定涉案贷款已经偿还完毕，详见一审判决书第6页：“2012年12月18日S公司以支票的方式转账给F市Y区支行账户800万元，用途是履行担保责任偿还贷款。”

以上事实足以证明：贷款到期后，Y区支行全额收回了贷款，没有受到财产损失。

2. 贷款诈骗罪以不偿还贷款为前提，这是司法判例中普遍认定的规则，本案不具备构成贷款诈骗罪的基本前提。根据《刑法》第193条规定，贷款诈骗罪是“以非法占有为目的，诈骗银行或者其他金融机构的贷款，数额较大的”行为。这表明贷款诈骗罪是结果犯。作为诈骗犯罪的一种，应当满足诈骗犯罪的逻辑链条：行为人虚构事实或隐瞒真相——被害人陷入认识错误——被害人基于认识错误交付财物——行为人获取财物，被害人财产受损。

因此，贷款诈骗罪必须具备的要件是银行财产（贷款）受损。本案中，无论是担保人还款还是贷款人还款，对于银行来说效果都是一样的，其财产都没有受到损失，不满足贷款诈骗罪的结果要件，犯罪不能成立。

3. 贷款诈骗罪保护的法益是金融机构的财产所有权和国家正常的金融管理秩序，本案中该法益没有受到侵害。贷款到期后，银行已经全部收回贷款，其财产权没有受损；另外，国家正常的金融管理秩序并非一个空洞的概念，也并非贷款行为存在瑕疵便侵害了该法益。

金融管理秩序是否受到侵害，一个重要的判断标准就在于银行是否收回了贷款，是否形成了坏账、死账。本案中，如果金融管理秩序受到了侵害，那么具体表现形式是什么？如果仅仅认为贷款资料等存在瑕疵便是法益侵害性的表现，将无法区分普通的经济纠纷和刑事犯罪，也违背刑法谦抑性的本质属性。

二、一审判决罔顾贷款诈骗犯罪的前提条件，曲解法律规定，显然属于断章取义强行判决

一审判决认为虽然担保人已经偿还了贷款，但刘某某犯罪仍然成立，逻辑在于：银行放出贷款、刘某某获取贷款之时犯罪便已既遂。辩护人认为这种观点不能成立。按照罪刑法定原则，贷款诈骗罪必须是侵犯了金融机构的财产所有权和金融秩序，缺一不可。

1. 在贷款期限届满前，贷款所有权和使用权均归贷款人所有，不能认定为银行损失。货币的所有权奉行占有即所有原则，银行放出贷款后，款项便不再属于银行所有，而归贷款人所有，在贷款期限届满前，贷款人也不负有向银行偿还贷款本金的义务，此时的银行对贷款本金既不享有所有权，也不享有债权，在此期间所谓银行的“损失”没有法律依据，客观上也无法固化。

2. 贷款期限届满前，贷款人能否还款是不确定的，如果将银行放贷时作为犯罪是否成立或既遂的判断时点，极易与事实冲突。如果在银行放出贷款时综合各种因素认定行为人犯罪已经成立，那么若贷款到期时行为人偿还了贷款，其罪名是否仍然应当成立？显然认定犯罪成立是不符合《刑法》规定的，也是没有现实必要性的。如果这样，贷款诈骗罪将会成为一个“口袋罪”，如果此判决不予纠正，今后公之于众，将会引起强烈的社会反响。

3. 贷款发放后行为人的表现是判断其是否具有非法占有目的的重要因素。根据《金融犯罪纪要》，具有下列情形之一的，可以认定为具有非法占有的目的：（1）明知没有归还能力而大量骗取资金的；（2）非法获取资金后逃跑的；（3）肆意挥霍骗取资金的；（4）使用骗取的资金进行违法犯罪活动的；（5）抽逃、转移资金、隐匿财产，以逃避返还资金的；（6）隐匿、销毁账目，或者搞假破产、假倒闭，以逃避返还资金的；（7）其他非法占有资金，拒不返还的行为。

上述第（2）至（7）项判断因素均直接与行为人获得贷款之后的表现相关，第（1）项中是否具有归还能力也在一定程度上取决于行为人获取贷款后的经营状况。

因此，如果将贷款发放时作为判断犯罪是否成立或既遂的时点，必然导致事实判断依据的缺失，根本无法充分认定行为人是否具有非法占有的目的，以及银行是否受到了损失。

因此，只能将贷款到期作为判断时点，结合行为人是否已经还款、不能还款的原因等，综合判断行为人是否具有非法占有目的及银行是否受到了损失，进而认定犯罪是否成立。

三、最高人民法院指导案例裁判规则：在担保合法有效甚至已经实现担保责任的情况下，银行不是受损主体，不能按照贷款诈骗罪处理

对于贷款过程中正常、合法有效的担保，贷款期限届满时担保人履行担保责任的，贷款人不构成犯罪，对此司法实务中毫无争议；对于有瑕疵的担保，如骗取的担保或者以违法所得作的担保，贷款到期后，具备实现担保责任条件的，银行不会受损，司法实践中也不作为贷款诈骗罪处理，参见以下案例：

1. 秦文虚报注册资本、合同诈骗案（《刑事审判参考》指导案例第352号）

裁判要旨：通过向银行贷款的方式骗取担保人财产的行为，应认定为合同诈骗罪，而非贷款诈骗罪。

裁判摘要：司法实践中，经常遇到行为人向银行提供虚假证明文件，同时又骗取担保人的信任，以申请贷款的方式获取银行资金后，自己没有偿还贷款能力，而由担保人代为偿还部分或者全部贷款的情况，对此究竟应当以何罪论处。

通过向银行贷款的方式骗取担保人财产的行为，表面上看是骗取银行贷款，实际上侵害的是担保人的财产权益，犯罪对象并非银行贷款而是担保合同一方当事人的财产，对此种行为应以合同诈骗罪论处。银行等金融机构为了确保所贷出的款项安全可靠，一般均要求借款人在申请贷款时提供必要的担保。担保人作为借款合同中的第三人，在借贷人不能偿还贷款本息时负责偿还贷款本息（一般担保）或承担与借款人共同偿还贷款的连带责任（连带担保）。行为人虚构事实骗取银行与担保人的信任，非法占有钱款后，银行可依据担保合同从担保人处获取担保，而担保人则是银行债务的实际承担者，受侵害的往往是担保人。即使担保人因某种客观原因如破产等情况导致无法偿还担保，银行的债权无法实现从而权益受到实际侵害，但只要担保人与银行之间所订立的担保合同具有法律效力，银行与担保人之间就成立债权、债务关系，法律关系的最终落脚点和行为侵害对象就应认定是担保人而非银行。当然，如果行为人提供虚假担保或者重复担保，骗取银行或者其他金融机构贷款的，则符合贷款诈骗罪的构成要件，理应以贷款诈骗罪论处。

2. 潘勇、王伟职务侵占、虚报注册资本、贷款诈骗案（《刑事审判参考》指导案例第 192 号）

裁判要旨：以非法侵占物进行抵押贷款、逾期不还贷行为，不构成贷款诈骗罪。

裁判摘要：作为抵押物的车辆虽系非法侵占所得，但这对于提供贷款的银行的担保物权的实现并不构成妨碍，银行完全可以通过拍卖、变卖抵押车辆等形式实现其债权。作为抵押权人的贷款银行，对于抵押行为不存在任何过失，属于善意第三人。在我国民法中，车辆所有权采取的是登记公示主义，合同对方具有信赖该种登记为一定行为并受法律保护的权利，即使登记所表现出来的物权状态与真实的物权状态不相吻合，也不得影响物权行为的效力。本案中，被告人潘勇非法占有的公爵王轿车虽真正的所有权属于他的公司，但因经车管所办理了过户登记，贷款银行完全有理由相信被告人潘勇对该车辆具有真实、合法的所有权，其依据该信赖而设立的车辆抵押权应当认定为合法有效。同时，因抵押权属于担保物权，是一种直接对物享有的权利，故银行可依据该抵押权对抗抵押物车辆的所有权人。当被告人潘勇在贷款期限内不能偿还借款时，贷款银行即抵押权人有权将抵押的车辆折价或者以拍卖、变卖的方式优先受偿。

3. 卢有来合同诈骗案［一审：（2013）浙杭刑初字第 2 号，二审：（2013）浙刑二终字第 44 号，《人民司法》2014 年第 16 期］

裁判要旨：卢有来以非法占有为目的，骗取卢国祥提供绿槟榔商贸城的房产为其贷款提供抵押担保，骗取贷款资金，鉴于卢国祥提供的抵押物真实，银行可通过抵押物的受偿实现债权，且因渤海银行已提起民事诉讼，法院也已查封了被害人的抵押物，故本案实际承受损失的是卢国祥的绿槟榔商贸城。原判认定卢有来的行为构成合同诈骗罪，定性并无不当。

评析：该案被告人卢有来实施的数个行为的关系及侵害对象的评定比较复杂。表象上，卢有来既欺骗了银行，又欺骗了卢国祥。一方面，卢有来提供虚假的贷款资料，向银行骗取贷款加以占有；另一方面，卢有来骗取卢国祥提供担保，又不履行约定，并将贷款占为个人使用，导致卢国祥面临巨额资金连带责任。而从另一角度来看，卢有来向银行贷款，尽管提供的审计报告、会计报表以及煤炭购销合同系伪造，但其提供的担保却真实有效，抵押物亦经合法评估，足以抵销贷款金额，银行可以通过行使抵押权进行权利救济，银行并没有实际受损。

综上，可以总结出如下裁判规则：如果贷款时存在合法有效的担保，即便到期贷款人未能还款而由担保人还款，但由于银行没有受到损失，实际损失由担保人承担，假使涉嫌犯罪，也不构成贷款诈骗罪。

本案中，并不能认为刘某某在获得贷款时便已经给银行造成了损失、犯罪已经既遂，事实上贷款到期后S公司履行了担保责任，Y区支行并未受损，本案只涉及Y公司与S公司的经济纠纷，与Y区支行没有关系，一审法院认定为贷款诈骗罪，显然错误，与类似及相关指导案例的惯例严重矛盾。

四、本案报案人也不是银行，可见银行自己也不认为自己被骗，不认为自己有损失，既然贷款诈骗罪的被害人都不存在，何来贷款诈骗罪，一审法院的判决不能失去最基本的逻辑

本案中，报案人是S公司，而非Y区支行。由此可见，Y区支行也不认为自己受到欺骗并遭受了损失。一审判决一方面认定刘某某构成贷款诈骗罪，另一方面又将董某某称为“被害人”，本身就是自相矛盾的。

S公司的控告状同时将刘某某、徐某、杨某某作为被控告人，指控三人合伙骗取S公司款项800万元。徐某、杨某某本身就是Y区支行行长和副行长，其行为属于职务行为，代表Y区支行，其对刘某某及Y公司经济状况有明确认识，不存在被骗的情况。

S公司报案指控的本意是银行负责人徐某、杨某某等人伙同贷款人欺骗了

S公司及董某某，在其明知Y公司不符合贷款条件的前提下，仍然让S公司为其提供担保，表达的意思是S公司被诈骗了，而不是银行被贷款人诈骗了，否则，控告状中怎么会将徐某、杨某某等人列为行骗主体呢？当然，S公司的控告也是不成立的，毕竟银行发放贷款，收取利息及贷款本金，也没有额外获利，不存在银行或银行工作人员诈骗担保人的问题。当然，S公司在担保过程中，是否受到银行一些信息的误导，是否构成欺骗，另当别论，不是《刑法》调整的范畴，与本案的被告人就更没有关系了，毕竟，本案的被告人没有对担保人作出过任何承诺，双方之间连一份协议也没有签署。如果担保人至今受损，错，也应该是银行的错。但是，在担保人偿还完毕担保款项后，被告人应该向担保人偿还担保款项及弥补损失，也是无可争议的，担保人完全可以通过民事途径向被告人主张权利。

五、整个贷款过程中贷款材料的准备为银行主导，被告人的公司在贷款过程中没有实施让银行受到欺骗的行为，银行也没有陷入认识错误

综合全案卷宗可以十分清晰地发现，被告人的公司获取贷款并没有进行欺骗，银行按照信贷审批流程对Y公司进行了严格考察，对其经营情况、资金实力十分了解，并在此基础上仍然决定放贷，甚至为其联络买卖合同签署主体和担保人，使其符合贷款条件。整个过程由银行主导，刘某某并没有欺骗，银行也没有被骗。

1. 贷款所需要满足的条件。根据Y区支行副行长，也是涉案贷款经手人杨某某介绍，企业申办贷款的必要条件是：“一是要有财务报表符合条件，二是要有经营合同，三是必须有抵押或者担保，四是公司具有合法企业资质”。

2. Y区支行明知Y公司没有经营合同，而介绍其他公司和Y公司签订了《工业品买卖合同》。根据王某强证言：“问：H公司与Y公司签订的买卖合同是怎么回事（出示《工业品买卖合同》）？答：这也是杨某某安排我去公司签订的，2012年的时候杨某某通知我到颍泉工商银行的营业大厅，当时有杨某某，还有一个人是Y公司的，当时就在营业大厅里，我当时带着H公司的公章，就在大厅签订了这个《工业品买卖合同》。”

可见，一审虽然认定该《工业品买卖合同》系刘某某提供的虚假材料之一，但该份材料是在Y区支行工作人员安排下制作的，Y区支行对其真实性存在明确认识，没有因此陷入认识错误。

3. Y 区支行明知 Y 公司没有担保人，而介绍 S 公司担任其担保人。一审判决书第 8 页，Y 区支行行长徐某证言：“我电话联系 S 公司老板董某某给刘某某公司担保……”另见杨某某证言：“当时那天徐某把我喊到他的办公室，讲他已经和董某某讲好了，董某某同意给刘某某担保了，让我赶紧带着刘某某去找董某某核保……”董某某证言：“2012 年 12 月的一天，徐某找到我，讲有一个企业贷款需要担保，想让我担保一下。当时我讲对这个公司不熟悉不愿意提供担保。后来杨某某又到我的厂里找到我，再次提出让我担保的事情，并保证这个‘Y 公司’肯定没有问题。当时因为我公司与他们银行有业务上的往来，对他们两个行长比较相信就同意了。”

综上，各方证言、书证相互印证，证明在 Y 公司没有担保人的情况下，Y 区支行行长徐某、副行长杨某某等人主动联系了 S 公司作为担保人，S 公司负责人董某某也是出于对徐某、杨某某的信任才提供了担保。

综上，经营合同（《工业品买卖合同》）和担保人是 Y 公司获得贷款所不可或缺的两个条件，而 Y 区支行明知 Y 公司不具备这两个条件，却主动为其联系解决，这并非一审判决所说的“过错”，而是对真实情况的明知，这表明 Y 区支行根本没有被骗。

4. 银行放贷进行了层层审批，对刘某某公司的情况完全了解。根据杨某某、李某某等人证言，其对 Y 公司进行了实地考察，充分了解了 Y 公司的经营情况，他们虽然认为 Y 公司不符合贷款条件，但仍然在徐某的指使下最终发放了贷款，这一点也为一审判决所认可。

杨某某证言：“当时这家公司的场地和厂房都是租的，生产人员没有几个，企业规模不符合贷款的条件。回到行里我就向徐某行长汇报，徐某让我继续往下办理贷款业务。”李某某证言：“后来我又到刘某某的公司实地去看，发现刘某某的厂房和公司规模不符合贷款的条件，但是行长徐某和副行长杨某某再三让我去做成这笔业务，我就给做了。”

由此可见，对于 Y 公司的真实状况，银行相关工作人员完全是了解的，根据 Y 公司提供的材料及实地考察情况，银行相关人员一直认为不符合贷款条件，本身也说明被告人的公司提供的资料没有起到欺骗的效果。最后之所以发放贷款，完全是银行的领导一手安排的，是基于有合适的担保情况下发放的贷款。

六、被告人的公司贷款时，被告人刘某某不具有非法占有的目的

根据一审判决，可以总结其认定刘某某具备非法占有目的的理由有二：一是明知没有偿还能力而大量骗取资金；二是部分贷款被其个人挥霍。辩护人认为该两点均不能成立。

1. 贷款已经偿还完毕的情况下，不能认定行为人具有非法占有的目的。《金融犯罪纪要》指出：在司法实践中，认定是否具有非法占有的目的，应当坚持主客观相一致的原则，既要避免单纯根据损失结果客观归罪，也不能仅凭被告人自己的供述，而应当根据案件具体情况具体分析。根据司法实践，对于行为人通过诈骗的方法非法获取资金，造成数额较大资金不能归还，并具有下列情形之一的，可以认定为具有非法占有的目的：

（1）明知没有归还能力而大量骗取资金的；

（2）非法获取资金后逃跑的；

（3）肆意挥霍骗取资金的；

（4）使用骗取的资金进行违法犯罪活动的；

（5）抽逃、转移资金、隐匿财产，以逃避返还资金的；

（6）隐匿、销毁账目，或者搞假破产、假倒闭，以逃避返还资金的；

（7）其他非法占有资金、拒不返还的行为。但是，在处理具体案件的时候，对于有证据证明行为人不具有非法占有目的的，不能单纯以财产不能归还就按金融诈骗罪处罚。

吴晓丽贷款诈骗案（《刑事审判参考》指导案例第92号）裁判观点结合上述规定指出：判断行为人主观上具有非法占有贷款的目的，必须同时具备以下客观事实：其一，行为人是通过欺诈的手段来取得贷款的；其二，行为人到期没有归还贷款；其三，行为人贷款时即明知不具有归还能力或者贷款后实施了某种特定行为，如携款逃跑，肆意挥霍贷款，抽逃、转移资金、隐匿财产以逃避返还贷款，等等。只有在借款人同时具备上述三个条件时，才能认定借款人在主观上具有非法占有贷款的目的。

2. 除个别言词证据外，没有其他证据证明刘某某在贷款时没有偿还能力。一审法院虽然认定刘某某提供的财务报表等是虚假的，但并没有客观证据证明其虚假性、虚假的程度是否影响偿还能力等，一审法院也没有对Y公司当时的财务状况进行审计，无法证明其没有归还能力。

3. 没有证据证明刘某某对涉案贷款进行了挥霍。根据刘某某供述，其对涉案贷款的使用情况如下：

表 32 涉案贷款使用情况

金额	用途
300 万元	公司经营
199 万元	还债
180 万元	支付建设厂房的工程款
其他一小部分	购买生产材料、还债

上述用途当中，没有一项是用于挥霍，一审判决也没有任何证据证明刘某某挥霍在了哪里，购买了哪些东西，或者进行了哪些消费，一审判决缺乏证据支持。

4. 刘某某按月支付了利息。一审判决书第 8 页，徐某的证言，“刚开始，Y 公司都能月月按时付息”。如果刘某某想非法占有银行贷款，完全可以在获得贷款之后便一走了之，没有必要月月支付利息。

七、刘某某对担保人也不构成诈骗犯罪

虽然本案中最终实际受到财产损失的是担保人 S 公司，但刘某某对 S 公司也不构成诈骗犯罪。

刘某某对 S 公司没有实施欺骗行为，如前所述，S 公司是 Y 区支行徐某等人找来给 Y 公司提供担保的，刘某某和董某某根本不认识，两家公司也没有进行过合作。

刘某某没有向 S 公司提供任何材料、文件，也没有以任何方式说服 S 公司为其提供担保，一切都是 Y 区支行的安排。根据董某某的证言，其也是基于对徐某、杨某某等人的信任才同意作担保。因此，刘某某也没有骗取 S 公司担保，对其不构成诈骗犯罪，S 公司提供担保的行为系自由意志的体现，是基于对银行相关负责人的信任，其提供担保时，也应该意识到提供担保就有风险，况且银行工作人员还私下提示过有风险，既然 S 公司甘愿承担风险，就不能以诈骗罪进行控告。

八、一审法院违背级别管辖的强制规定，本案属于“可能判处无期徒刑的案件”，一审应当由中级人民法院管辖

1. 根据《刑事诉讼法》第 21 条规定，可能判处无期徒刑、死刑的第一审刑事案件，应当由中级人民法院管辖。

2. 贷款诈骗罪起刑点是2万元，本案涉案金额为800万元，且参照诈骗类犯罪一般50万元属于“数额特别巨大”的标准，本案应属“数额特别巨大”，法定量刑幅度为“10年以上有期徒刑或者无期徒刑”。

3. 基于裁判文书网公开的判决书，F市中级人民法院审理的诈骗类犯罪案件，部分涉案金额在800万元以下，具体如下表：

表33 F市中级人民法院审理的部分诈骗罪案件梳理

案号	罪名	涉案金额	判决结果
（2016）皖××刑初×号	诈骗罪	618.8万元	有期徒刑15年
（2015）×刑初字第××号	诈骗罪	227万元	有期徒刑11年零8个月
（2016）皖××刑初×号	诈骗罪	663.1297万元	有期徒刑14年

因此，根据法律规定及F市司法实践，本案属于“可能判处无期徒刑的案件”，一审应当由中级人民法院管辖，F市Y区人民法院对本案进行一审，违反级别管辖的强制性规定。

综上，辩护人认为被告人的公司贷款时没有实施欺骗银行的行为，不能把贷款材料的瑕疵或部分不真实认定为欺骗或诈骗，何况没有证据证明瑕疵或不真实在哪里，整个贷款过程都是银行主导进行的，贷款的本金及利息已经偿还完毕，银行没有受损，银行也没有报案称自己被诈骗或有财产损失，被告人的公司不构成贷款诈骗罪，被告人更称不上构成贷款诈骗罪，一审判决断章取义适用法律，严重违背法律的规定，也与最高人民法院指导案例相冲突，显然错误，以上辩护意见请合议庭参考并采纳。

此致

F市中级人民法院

被告人刘某某的辩护人：

北京市京都律师事务所律师　彭吉岳

2019年10月18日

附件2：二审补充辩护意见

刘某某涉嫌贷款诈骗罪一案中
应重点区分若干问题
补充辩护意见

尊敬的审判长、审判员：

刘某某涉嫌贷款诈骗罪一案，合议庭应当重点区分三个问题，以实现对案件事实的准确定性。

一、区分行为主体：Y公司为贷款主体，款项也用于Y公司生产经营，刘某某没有非法占有涉案贷款

1. 假使本案构成犯罪，也应属于单位犯罪。一审法院认定刘某某为犯罪主体，事实认定错误。本案中贷款主体为Y公司，贷款发放后也主要用于Y公司的生产经营。

根据《刑法》和《最高人民法院关于审理单位犯罪案件具体应用法律有关问题的解释》的规定，以单位名义实施犯罪，违法所得归单位所有的，是单位犯罪。本案中，刘某某并非贷款主体，也非贷款的实际占有和使用者，一审法院认定刘某某为犯罪主体，混淆了案件事实。

2. 单位不是贷款诈骗罪的主体，一审法院认定的罪名不成立。《金融犯罪纪要》指出，根据《刑法》第30条、第193条的规定，单位不构成贷款诈骗罪。对于单位实施的贷款诈骗行为，不能以贷款诈骗罪定罪处罚，也不能以贷款诈骗罪追究直接负责的主管人员和其他直接责任人员的刑事责任。

本案中，虽然贷款行为的主体是单位，在案证据也能够证明大部分款项确实归还了Y公司的债务，但不能对单位（Y公司）适用贷款诈骗罪的罪名，也不能将刘某某作为直接责任人，追究其贷款诈骗罪的责任，一审判决认定的罪名不能成立。

3. 本案也不构成合同诈骗罪。《金融犯罪纪要》指出，在司法实践中，对于单位十分明显地以非法占有为目的，利用签订、履行借款合同诈骗银行或其他金融机构贷款，符合《刑法》第224条规定的合同诈骗罪构成要件的，应当以合同诈骗罪定罪处罚。

认定为合同诈骗罪的前提，是符合合同诈骗罪的构成要件。本案中，Y公司或者刘某某没有非法占有的目的，银行也没有受到欺骗，检察院提交的证据能够很清楚地证明部分重要的合同都是银行的负责人或经办人一手操办的，不存在银行被贷款人某个合同所欺骗，辩护人在此前提交的辩护词中已有充分论述，因此本案也不符合合同诈骗罪的构成要件，不能按合同诈骗罪处理。

综上，从事实层面讲，一审判决认定责任主体错误，主体是Y公司而非刘某某；从法律层面讲，一审判决罪名认定错误，本案不能按贷款诈骗罪处理，也不构成合同诈骗罪。根据罪刑法定原则，在不符合任何罪名构成要件的情况下，应当判决无罪。

二、区分贷款诈骗与贷款纠纷：因意志以外的原因不能归还贷款的，不应以贷款诈骗罪追究责任，何况本案贷款已经得到了偿还

《金融犯罪纪要》指出，要严格区分贷款诈骗与贷款纠纷的界限。对于合法取得贷款后，没有按规定的用途使用贷款，到期没有归还贷款的，不能以贷款诈骗罪定罪处罚；对于确有证据证明行为人不具有非法占有的目的，因不具备贷款的条件而采取了欺骗手段获取贷款，案发时有能力履行还贷义务，或者案发时不能归还贷款是因为意志以外的原因，如因经营不善、被骗、市场风险等，不应以贷款诈骗罪定罪处罚。

根据上述规定，行为人在贷款时采取了欺骗手段，但是案发时有归还能力，或不能按时归还贷款是因为意志以外原因的情况下，不能认定为贷款诈骗罪。

1. Y公司或者刘某某在贷款时没有采取欺骗手段，至少仅凭Y公司提供的材料，银行多名工作人员证实不具备贷款的条件，否则银行就不会主动联系担保人，贷款发放的根本原因还是因为有担保人的担保作用。并不能认为贷款材料存在不实之处就认定为“欺骗手段”，应以银行工作人员是否陷入认识错误为标准判断手段是否具有欺骗性。本案中，虽然部分贷款材料与事实不符，但是在银行主导下作出，银行对相关材料的真实性存在明知，没有陷入认识错误，不能认定为“欺骗手段”，正如行为人实施诈骗行为，但被相对人识破，相对人基于其他原因交付财物的情形，不构成诈骗罪。

2. Y公司贷款时的担保是真实有效的，有偿还能力且贷款确实已偿还完毕。Y公司贷款时，由S公司为其提供担保，该担保系银行联系提供，合法有效。在贷款到期时，S公司如约履行了担保责任，应当认定为Y公司在贷款时或者贷款到期时具有偿债能力。

综上，在行为人实施了欺骗行为，且因客观原因未能按时还款的情况下都不能认定为贷款诈骗罪，本案中刘某某没有实施欺骗行为，且贷款已经偿还，其行为的法益侵害性远远小于前者，准确地说，本案中被告人的公司在贷款过程中就没有对银行的财产所有权和金融秩序进行侵害，不能按照贷款诈骗罪处理。

三、区分受损主体：财产损失的最终承担者是担保人，银行如数收回了贷款本息，不符合贷款诈骗罪的结果要件

贷款诈骗罪被害人是银行或者其他金融机构，这是法律的基本规定和普通公民的基本常识。本案中，涉案贷款已得到偿还，银行没有受损，因此也没有报案，本案不符合贷款诈骗罪的基本要件。

实质上，本案还款责任的最终承担者是担保人，但不能仅将“谁受到损失”作为认定刑事责任的依据，不能认为担保人受到损失，就认定对担保人构成合同诈骗罪或诈骗罪，而应当紧紧围绕相关罪名的构成要件进行判断。

本案中，刘某某或Y公司是否对担保人构成犯罪的根本在于其是否对担保人实施了欺骗行为。辩护人认为不存在对担保人的欺骗行为。

首先，刘某某与S公司的董某某此前根本不相识，是银行行长徐某等人帮刘某某联系了董某某，请S公司作担保。董某某也是基于对徐某等人的信任才同意提供担保的。

其次，没有证据证明Y公司或者刘某某向担保人提供过任何虚假材料或者进行过任何虚假陈述、担保等，根本不存在欺骗行为。

最后，Y公司或者刘某某没有与S公司或者董某某签订任何合同，不存在合同诈骗罪的形式载体。

综上，银行没有受到损失，本案不符合贷款诈骗罪的构成要件；本案实质上是担保人与贷款人之间的纠纷，但由于贷款人对担保人没有任何欺骗行为，因此也不能构成诈骗犯罪，只能作为民事纠纷处理。

以上是辩护人对本案的补充意见，请合议庭重点考虑和区分以上三个问题，依法准确认定案件性质，改判刘某某不构成贷款诈骗罪。

此致

F 市中级人民法院

被告人刘某某的辩护人：

北京市京都律师事务所律师　彭吉岳

2019 年 10 月 31 日

附件3：家属第一次反映信

此案之后，谁还敢来F市投资兴业：台州企业家刘某某在担保人已经偿还完毕F市Y区工商银行贷款本金800万元、本人偿还完毕利息5年后突然被抓并被颍泉区法院以贷款诈骗罪判处有期徒刑13年情况报告

致尊敬的：

F市市长

F市政法委书记

F市中级人民法院院长

F市Y区人民法院院长

F市人民检察院检察长

F市Y区人民检察院检察长

案情简介：刘某某，浙江台州企业家，从事汽车配件经营，2011年响应F市招商引资的政策，来到F市投资创业，并成立了Y公司，刘某某任法定代表人。

2012年7月，Y公司向中国工商银行F市Y区支行申办贷款800万元，贷款期限5个月，由S公司董某某提供担保。

2012年12月贷款到期，因当时Y公司主要是在投资兴建厂房等导致资金紧张在贷款到期之日暂时无法偿还，但此时S公司履行了担保责任，向Y区支行偿还了贷款本金800万元，期间利息一直是由刘某某如期如约进行偿还。

2016年12月28日，董某某报案称：贷款到期后，刘某某不予偿还贷款。

2017年4月19日，F市公安局Y区分局对该案立案侦查。

2019年8月1日，F市Y区人民法院作出（2018）皖1204刑初169号刑事判决，以贷款诈骗罪判处刘某某有期徒刑13年，并处罚金45万元，追缴违法所得800万元。

目前刘某某继续羁押在F市看守所，至今已经羁押1年8个月之久。

刘某某及家属不服一审判决，提出上诉，但Y区法院迟迟不向上级法院移交卷宗，至今已有一个月有余，严重超出了《刑事诉讼法》规定的3天的移交期限。

本案存在诸多违法与蹊跷之处，办案机关违反级别管辖规定将案件压在基

层法院管辖，在刘某某根本不构成贷款诈骗罪的情况下将其定罪重判，严重违法且存在人为干预的重大嫌疑，为保证本案得到公正处理，特将本案情况汇报如下：

一、贷款偿还完毕后，不可能构成贷款诈骗罪，这是司法界的常识和罪刑法定原则的明确要求

1. 贷款诈骗罪是结果犯，只有行为人骗取到银行贷款并导致银行受损才可能构成犯罪。《刑法》第193条规定，诈骗银行或者其他金融机构的贷款，数额较大的行为，才构成贷款诈骗罪。

本案中，涉案贷款已经全部偿还完毕，一审判决书第17页也认定，“该笔贷款最终在期满后由担保公司承担担保责任得以偿还”。

无论是由被告人偿还还是担保人偿还，对银行的效果都是一样的，其如数收回贷款，没有受到任何损失。事实上，银行也没有报案，这说明银行也不认为自己受到了损失。

本案中，贷款人与放贷人之间一个完整的、合法的、闭合的贷款流程已经全部完成，没有出现任何问题，至于担保人与被告人之间的纠纷，是独立于贷款关系的单独的法律关系，与贷款无关，被告人不构成贷款诈骗罪。

2. 贷款诈骗罪的保护对象是放贷人而非担保人，即便担保人认为自己暂时履行了担保义务财产减少，完全是担保人与刘某某之间的纠纷，但是一审判决通篇陈述的都是银行被诈骗。本罪的犯罪被侵害对象是银行或者其他金融机构，即放贷人。担保人不属于放贷人，不在本罪保护范畴之内，即使担保人认为自己的财产受损，也需要有确实、充分的证据证明刘某某诈骗了担保人，如果没有证据，双方之间就是一个普通的民事纠纷。

3. 一审法官故意曲解法律，涉嫌枉法裁判。贷款诈骗罪保护的法益是银行财产的所有权和金融管理秩序，而不能仅是贷款资料有瑕疵或虚假，贷款用途有所改变就构成贷款诈骗罪，一审判决故意不提及或忽略银行是否受损这个关键问题、前提条件，只是片面强调侵犯了金融管理秩序制度，且在银行不是报案人的情况下，判决贷款诈骗罪，违法判决之故意明显。

二、贷款偿还4年之后担保人才报案，不是银行报案，但是一审判决认定罪名为贷款诈骗罪，却同时认定担保人为“被害人”，这种张冠李戴的认定，逻辑矛盾重重

1. 贷款偿还完毕之后4年才报案，十分蹊跷。根据一审法院查明的事实：

2012年12月18日，S公司即向Y区支行账户支付了800万元，用于履行担保责任偿还贷款。2016年12月28日，董某某才报案，时间间隔长达4年，背后原因令人十分疑惑和不解。报案是董某某的本意，还是他人授意，为何不早些报案，种种问题都无法解答。

2. 既然贷款已经偿还完毕，且法院认为被害人是董某某，刘某某就不可能构成贷款诈骗罪。一审判决书第14页第（三）项证据是“被害人董某某的陈述”，可见法院认为被害人是董某某而非银行，事实上银行也确实没有受损。

这就存在一个根本矛盾，根据法院认定的罪名，被害人应当是银行；而根据事实情况，银行已经收回贷款，没有损失也没有报案。因此本案贷款诈骗的罪名无论怎么理解都不可能成立。

三、根据《刑事诉讼法》规定，本案应由中级人民法院管辖，Y区法院没有管辖权

根据《刑事诉讼法》第21条之规定，可能判处无期徒刑、死刑的第一审刑事案件，应当由中级人民法院管辖。根据《刑法》第193条之规定，犯贷款诈骗罪，数额特别巨大或者有其他特别严重情节的，处10年以上有期徒刑或者无期徒刑。贷款诈骗罪的追诉起点是2万元，而本案涉案金额高达800万元，一审判处被告人13年有期徒刑，说明本案在“处10年以上有期徒刑或者无期徒刑”的量刑幅度内，属于“可能判处无期徒刑”的案件，依法应当由中级人民法院审理。

本案之所以由基层法院一审，很可能存在案外干预的因素，使得本案难以走出F市，失去更高一级法院的监督。

四、一审判决将违法所得800万元予以追缴，同时被告人还需要承担向担保人偿还担保款项的责任，为何贷款人仅贷款800万元却要承担1600万元的责任

一审判决提道：“被告人刘某某的违法所得800万元，予以追缴。”本案中，法院认定的罪名是贷款诈骗罪，违法所得被追缴后可能上缴国库或者发还银行。但刘某某还向担保人负有偿还款项的义务，根据一审判决，刘某某就得向银行和担保人承担双重责任，似乎不合理。

五、公权力不可滥用，司法机关应当严格恪守法律规定、遵守罪刑法定、无罪推定原则，坚决排除与案件无关的因素，公正司法

习近平总书记号召："要让人民群众在每一起司法案件中感受到公平正义。"最高司法机关也三令五申保护企业家、区分经济纠纷与刑事犯罪。《最高人民法院关于充分发挥审判职能作用　为企业家创新创业营造良好法治环境的通知》指出："依法保护企业家的人身自由和财产权利。严格执行刑事法律和司法解释，坚决防止利用刑事手段干预经济纠纷。坚持罪刑法定原则，对企业家在生产、经营、融资活动中的创新创业行为，只要不违反刑事法律的规定，不得以犯罪论处。"《最高人民检察院　公安部关于公安机关办理经济犯罪案件的若干规定》第 2 条规定："公安机关办理经济犯罪案件，应当坚持惩罚犯罪与保障人权并重、实体公正与程序公正并重、查证犯罪与挽回损失并重，严格区分经济犯罪与经济纠纷的界限，不得滥用职权、玩忽职守。"

我们坚信，国家依法治国的理念不会只是一句口号，一定会让我们普通百姓感受到公平、正义，我们相信政府，相信正能量，故在我们暂时感受到无比冤屈和不解的时候，先通过合法途径，依法、依规逐级反映、举报。

综上，本案程序、实体均存在重大违法情形，一审判决完全违背了法律规定及刑事诉讼的基本原则，且不排除本案受到不正当因素影响的可能，请各位领导予以关注和监督！

此致

F 市市长

F 市政法委书记

F 市中级人民法院院长

F 市 Y 区人民法院院长

F 市人民检察院检察长

F 市 Y 区人民检察院检察长

报告人：刘某某的家属

2019 年 9 月 16 日

附件4：家属第二次反映信

浙江企业家刘某某在贷款由担保人偿还完毕4年后且银行没有报案的情况下被F市Y区人民法院以贷款诈骗罪判处13年徒刑，是人情办案还是故意错误司法，请求上级司法机关监督和纠正下级司法机关错误判决申请书

致：

安徽省高级人民法院

安徽省人民检察院

F市中级人民法院

F市人民检察院

被告人刘某某，在贷款到期后本息已经全部偿还完毕的情况下仍然被F市Y区人民法院以贷款诈骗罪判处有期徒刑13年，违背普通百姓对法律认知的基本常识；且本案属于可能判处无期徒刑的案件，一审却强行由基层法院管辖。本案存在众多实体与程序违法之处，现处于二审阶段，为本案二审能得到公正审理，特将本案情况向各级司法机关报告如下并请求监督：

案情简介：刘某某，浙江台州企业家，从事汽车配件经营，2011年响应F市招商引资的政策，来到F市投资创业，并成立了Y公司，刘某某任法定代表人。

2012年7月，Y公司向中国工商银行F市Y区支行申办贷款800万元，贷款期限5个月，由S公司董某某提供担保。

2012年12月贷款到期，因当时Y公司主要是在投资兴建厂房等导致资金紧张在贷款到期之日暂时无法偿还，但此时S公司履行了担保责任，向Y区支行偿还了贷款本金800万元，期间利息一直是由刘某某如期如约进行偿还。

2016年12月28日，担保人董某某报案称：贷款到期后，刘某某不予偿还贷款，认为银行和刘某某在诈骗担保人，遂报案追究银行负责人和贷款人刘某某诈骗犯罪的刑事责任。

2017 年 4 月 19 日，F 市公安局 Y 区分局对该案立案侦查。

2019 年 8 月 1 日，F 市 Y 区人民法院作出（2018）皖 1204 刑初 169 号刑事判决，以贷款诈骗罪判处刘某某有期徒刑 13 年，并处罚金 45 万元，追缴违法所得 800 万元，至今，刘某某还在 F 市看守所羁押，已经有一段时间。

本案存在诸多违法与蹊跷之处，办案机关违反级别管辖规定将案件压在基层法院管辖，在刘某某根本不构成贷款诈骗罪的情况下将其定罪重判，严重违法且存在人为干预的重大嫌疑，为保证本案得到公正处理，特求助上级各司法机关。

一、贷款本金和利息一分钱没有少向银行偿还完毕，虽然是担保人偿还的本金，也应该视为贷款人履行了还款义务，银行没有受损，就冲这一点我们认为本案不符合贷款诈骗罪的构成要件

1. 贷款诈骗罪是结果犯，只有行为人骗取到银行贷款并导致银行受损才可能构成犯罪。《刑法》第 193 条规定，诈骗银行或者其他金融机构的贷款，数额较大的行为，才构成贷款诈骗罪。

本案中，涉案贷款已经全部偿还完毕，一审判决书第 17 页也认定："该笔贷款最终在期满后由担保公司承担担保责任得以偿还。"

无论是由被告人偿还还是担保人偿还，对银行的效果都是一样的，其如数收回贷款，没有受到任何损失。事实上，银行也没有报案，这说明银行也不认为自己受到了损失。

本案中，贷款人与放贷人之间一个完整的、合法的、闭合的贷款流程已经全部完成，没有出现任何问题，至于担保人与被告人之间的纠纷，是独立于贷款关系的单独的法律关系，与贷款无关，被告人不构成贷款诈骗罪。

2. 最高人民法院指导案例裁判规则：在担保合法有效甚至已经实现担保责任的情况下，银行不是受损主体，不能按照贷款诈骗罪处理。秦文虚报注册资本、合同诈骗案（《刑事审判参考》指导案例第 352 号），潘勇、王伟职务侵占、虚报注册资本、贷款诈骗案（《刑事审判参考》指导案例第 192 号），卢有来合同诈骗案［一审：（2013）浙杭刑初字第 2 号，二审：（2013）浙刑二终字第 44 号，《人民司法》2014 年第 16 期］等多个指导案例共同确立司法裁判规则：如果贷款人提供了真实有效的担保，即便在贷款过程中对银行存在欺骗，由于银行可以通过担保人实现权利，故其不是受损主体，不构成贷款诈骗罪。

3. 刘某某对担保人也不构成诈骗犯罪。因为担保人是银行联系的，担保人是在银行行长等人的劝说下，基于对其信任而同意提供担保，刘某某并未对担保人进行任何欺骗。

二、银行没有受骗：整个贷款过程均由银行主导，其对贷款材料的真实性有明确认识，好多材料还是银行帮助准备的，被告人无法且实际上没有欺骗银行

无论是Y公司的实际经营情况，还是贷款资料的真实性、担保人的真实状况，银行都存在明确认知，根本没有陷入认识错误，没有被骗，不符合贷款诈骗罪的构成要件，也不可能成为本案的受骗人和受害人。银行之所以发放贷款，主要是因为银行有合法、有效的担保，既然最后担保人也如期偿还了贷款，贷款诈骗罪的前提条件就不成立。

三、报案人及一审判决认定的“被害人”是董某某，却又定性为贷款诈骗罪，意味着银行为“被害人”，一审判决矛盾重重

1. 贷款偿还完毕之后4年才报案，十分蹊跷。根据一审法院查明的事实：2012年12月18日，S公司即向Y区支行账户支付了800万元，用于履行担保责任偿还贷款。2016年12月28日，董某某才报案，时间间隔长达4年，背后原因令人十分疑惑和不解。报案是董某某的本意，还是他人授意，为何不早些报案，种种问题都无法解答。

2. 既然贷款已经偿还完毕，且法院认为被害人是董某某，刘某某就不可能构成贷款诈骗罪。一审判决书第14页第（三）项证据是“被害人董某某的陈述”，可见法院认为被害人是董某某而非银行，事实上银行也确实没有受损。

这就存在一个根本矛盾，根据法院认定的罪名，被害人应当是银行；而根据事实情况，银行已经收回贷款，没有损失也没有报案。因此本案贷款诈骗的罪名无论怎么理解都不可能成立。

四、一审违反级别管辖规定：本案属于“可能判处无期徒刑的案件”，应当由中级人民法院进行一审

1. 根据《刑事诉讼法》第21条规定，可能判处无期徒刑、死刑的第一审刑事案件，应当由中级人民法院管辖。

2. 贷款诈骗罪起刑点是2万元，本案涉案金额为800万元，且参照诈骗类犯罪一般50万元属于“数额特别巨大”的标准，本案应属“数额特别巨大”，法定量刑幅度为“10年以上有期徒刑或者无期徒刑”。

3. 基于裁判文书网公开的判决书，F市中级人民法院审理的诈骗类犯罪案件，部分涉案金额在800万元以下，说明本案至少也应当由F市中院一审。

本案之所以由基层法院一审，很可能存在案外干预的因素，使得本案难以走出F市，失去更高一级法院的监督。

综上，本案程序、实体均存在重大违法情形，且不排除本案受到不正当因素影响的可能，为保证本案的公正性，请上级司法机关予以关注、监督并请求纠正。

此致

安徽省高级人民法院

安徽省人民检察院

F市中级人民法院

F市人民检察院

报告人：刘某某的家属

2019年10月25日

CCTV2 频道报道的新型诈骗案：180 余人被刑拘，受托为第一被告人辩护

2019 年 6 月，CCTV2 频道“新闻直播间”以《揭秘网络购物诈骗陷阱》为题，报道了江苏警方侦破的一起特大“网络诈骗”案件。报道称，某网购商城“披着网购外衣、以参加抽奖活动为诱饵实施网络诈骗活动”。据统计，该商城从 2018 年二三月到 2019 年 1 月实施违法犯罪活动，涉案金额达上亿元，全国各地 5000 多人“被骗”。

报道显示，2019 年 1 月，警方在掌握了这个犯罪团伙的经营模式以及相关证据后，出动 200 余名警力，一举将该网购商城背后一家总公司、两家分公司的犯罪嫌疑人 180 余名抓获归案。

这 180 余名犯罪嫌疑人的第 1 号，就是本案的主人公——秦某。

激情创业，选择了错误的商业模式

秦某其实并非精通网络的技术黑客，也非老到油滑的“油腻中年”。他还有着另一个身份——原国家八一队皮划艇冠军，处于这场波及全国多地的重大网络犯罪暴风眼的，正是这个 30 岁出头的小伙子。在父母看来，秦某一直是一个非常优秀的孩子。爱子突然身陷囹圄，父母两人忧心忡忡，在和我们见面沟通案情时一度偷偷抹泪。

据秦某父母介绍，秦某 12 岁参加省体校，14 岁入伍并一直从事皮划艇训练，后来有幸被选入国家皮划艇八一队，训练刻苦而富有天赋的秦某还曾荣获全国皮划艇冠军。退役后，秦某离开原来的皮划艇运动，开始自主创业，先后开过网吧，做过小额贷款业务，最近两年在经营一家网络公司。然而，对于网络公司具体的经营内容，秦某的父母却并不十分清楚，据说大概与网购抽奖返利有关。

随着网络技术的发展，经济形态也发生了很大变化。近年来，“购物返现商城”以及类似的商业模式层出不穷，变幻莫测，虽然是创业的积极表现，但有一些却游走在了法律的边缘地带。并且，由于这些模式属于新生的行为模式，对其在既有法律体系内进行定性有时存在一定困难，每种商业模式稍有不同，就会导致完全不同的法律评价。

根据笔者的办案经验，有的商城疯狂发展代理并层层返利，可能涉嫌组织、领导传销活动罪；有的购物平台以抽奖的形式诱人参赌，可能涉及赌博类犯罪；有的购物返利活动以各种优惠券形式承诺“保本付息”，也像是非法吸收公众存款。总之，目前互联网金融泥沙俱下，良莠不齐，不乏打着创新旗号的陷阱，创业者在选择商业模式时一定要擦亮眼睛。

虽然案件仍在侦查阶段，媒体就作出了“网络诈骗”的定性，但是《刑事诉讼法》第 12 条明确规定，未经人民法院依法判决，对任何人都不得确定有罪。这就是无罪推定原则。为了及时弄清楚涉案平台的商业模式，我在接受委托的第二天凌晨，便搭乘早上头班飞机来到了江苏，会见秦某。

对当事人的不当幻想要说不，刑辩不是狡辩

第一次见到秦某，他给我留下了深刻印象，将近一米九的身高，魁梧的身材，有着运动员和军人的典型特征。经过他的介绍，我了解到他们经营的购物平台叫作“一起购”，平台主要经营模式如下：

涉案网购平台分为三个模块，第一个模块是直销区，消费者直接购买商品，平台联系商家发货，与淘宝网购物平台没有区别。第二个模块是促销区，促销区里的商品包括茶叶、红酒、文玩等，标价比较高。促销区里的商品有两种购买途径：一是传统模式，消费者点击购买，商家发货；二是选择参加猜奖升级活动，这样就来到第三个模块：积分区。

积分区的活动规则是：消费者购买某商品后，选择猜奖升级，这时候会出现“小哥哥免单”和“小姐姐免单”两个选项，这两个选项分别与“重庆时时彩”开奖号码的最后一位数字的奇偶性挂钩，消费者选择其中一个，如果猜奖正确，则可以获得双倍商品，或者获得原商品价格 1.6 倍的现金奖励，消费者可以自由选择提货或者提现。如果没有中奖，消费者可以选择提取原

来购买的商品。由于商品价格、自身需求等原因，很少有人直接在商城购买商品，绝大多数参与者的目的是猜奖盈利。

叙述中，秦某仍然坚持认为自己的商业模式合法，直销区与淘宝网等电商无异，积分区只是你情我愿的有奖竞猜，不属于犯罪。

然而，侦查机关认为上述商业模式涉嫌诈骗罪，理由是：

首先，平台以“盈利快、门槛低”等口号引诱人参与，宣称“即便没有中奖，也可以领走商品”，以此暗示稳赚不赔。其次，积分区商品价格虚高，如果参与者没有中奖而选择提货，实际上金钱已经受到损失。并且猜奖赔率不对等，中奖后赢的金额小，不中奖赔的金额大。再次，在猜奖过程中，平台人员会在微信群中发布虚假的中奖截图，促使、诱导平台使用者不断参与猜奖，平台人员还伪装成“大神”“带单师”等身份烘托气氛，刺激参与者频频跟进。最后，平台还设置“倍投”等规则，利用参与者尽快挽回损失的心理，让其按照一定倍数加大猜奖筹码，最终导致其资金跟不上而最终亏损。

根据起诉意见书，公安机关共对 39 名公司负责人及员工以诈骗罪移送审查起诉，涉案金额 6000 余万元。

辩护人虽然认为侦查机关的定性仍然有待商榷，但对于秦某认为自己无罪的断言，我们也持谨慎的态度，没有简单地予以附和与逢迎。对于辩护律师而言，当事人、司法机关的意见固然值得参考，但得出结论的根本依据只有法律与证据。辩护律师既不能为了获得当事人的认同而曲意逢迎，也不可迫于司法机关的威权而唯唯诺诺，依法辩护、实事求是才是最负责任的做法。

欺诈型赌博：赌博犯罪还是诈骗犯罪?

侦查机关的指控自有其逻辑，但经初步了解的信息让辩护人感觉事情并不简单。如前所述，网络平台经营模式稍有差异，定性就会截然不同，对本案的定性必须细细审查。此类案件涉及法律争议，考验辩护律师的理论水准，是真正有意思、有挑战的案件。

剥离无关事实，提取理论核心，本案实质上是“欺诈型赌博”的定性问题。现实中经常有这样的情形，行为人设置圈套诱骗他人参赌并从中获取钱财。有的行为人是利用一定赌博技巧或圈套，增加自己赌赢的概率，从而盈利；有的行为人完全操纵赌博过程，如在扑克牌中做标记，用遥控器控制中奖号码等，赌博活动的结果完全在一人掌控之下。这种行为同时带有“赌”与“骗”的性质，应当如何定性往往莫衷一是。

1995年11月6日，最高人民法院曾对相关问题作出批复。《最高人民法院关于对设置圈套诱骗他人参赌又向索还钱财的受骗者施以暴力或暴力威胁的行为应如何定罪问题的批复》规定：“行为人设置圈套诱骗他人参赌获取钱财，属赌博行为，构成犯罪的，应当以赌博罪定罪处罚。”同时，有裁判观点及理论学说认为：区分诈骗罪和赌博类犯罪的关键，在于赌博圈套的欺骗程度。如《刑事审判参考》指导案例（王红柳、黄叶峰诈骗案）中指出：“如果行为人仅采取了较为轻微的欺骗行为，赌博输赢主要是依靠各自运气、技术，即赌博各方均不能控制、主导赌博输赢的结果，则其行为仍然符合赌博特征……如果行为人在赌博过程中采取作弊手段控制赌博输赢，则赌博成为掩盖事实的手段，该行为本质上符合诈骗的特征。”

回到本案，关键问题之一在于：涉案平台是否能够操控中奖结果。辩护人意识到这一问题的重要性，会见时一再向秦某确认。秦某的回答清晰明了：开奖结果与国家发行的福利彩票“重庆时时彩”开奖结果挂钩，10分钟开奖一次，“小哥哥免单”和“小姐姐免单”分别对应“重庆时时彩”开奖号码最后一位数字的奇偶性，结果完全随机，平台无法预测，更无法操控。同时，我们也不断核实是否能进行操控相关证据。

辩护人想，这一关键问题对案件定性有重要意义，必须及时反馈给侦查机关。于是以此为核心，辩护人形成了《关于秦某涉嫌罪名不应定性为诈骗罪法律意见》递交公安机关及检察机关，在其中辩护人还提醒办案人员注意，如果本案定性为诈骗罪，那么那些抱着赌徒心理参与抽奖的人将如何定性，如果将他们认定为“受害人”，相当于对赌博行为的变相认可和鼓励，法律不应当传播错误的价值观。

辗转厦门、合肥借力辩护

本案从事实上讲属于新型犯罪形态，从理论上讲存在定性争议。为了准确定性，为辩护观点找到充分依据，我与助理利用几天时间在网络上展开了

“拉网式”的信息检索工作，力求将全部与本案相关的信息资料收入囊中。

眉头紧锁，目光集中，就在我的双眼仔细检索着电脑屏幕上的一行行文字时，几个关键词牵连出了一篇《检察日报》的报道：

近日，由福建省厦门市思明区检察院提起公诉的被告人张某勇、张某明、蔡某意等25人开设赌场案一审宣判……客户下单后，他们诱导客户以其所购商品作为筹码进行“转购升级”，以押大小的方式进行赌博，每5分钟至10分钟开奖一次，输赢结果以“重庆时时彩”的开奖结果为准，若客户赌赢可提现1.6倍的“转购”金额，输了仅可获得所购货物且不能退货。因该网购平台出售的商品进价与实际出售的价格有10倍至40倍的差价，因此，只要客户参与“转购”，该商城就可从中获取高额非法利益。

该案与本案情节高度类似，被认定为开设赌场罪，印证了我之前的判断。并且据报道，该案系公安部“净网2018”专项行动挂牌督办案件，起到了“办理一案、教育一片的作用”，这给了我极大的鼓舞。于是我连忙到报刊亭“疯狂”寻找这份过期一个多月的报纸，以期下次与办案机关沟通时交给他们参考，却发现过期报纸极其“稀有”，最终只在淘宝网上花10元买到一份“珍藏绝版”——一时令我激动不已。

我希望找到该案判决书，形成更加有力和直接的参考依据。但穷尽所有裁判文书检索平台，却并没有找到厦门市思明区法院的这份判决书——有时因为时间关系，裁判文书的公开会有一定滞后性。不过我却在检索过程中找到了这个案件的起诉书，起诉书中描述的事实细节更加丰富，进一步证实了两个案件的相似性。对案件进行初步了解和研判后，我决定飞赴厦门，当面拜访办理此案的检察官和法官，就是希望探究他们的观点和想法。做律师，尤其是刑辩律师，哪怕是一丝可能，你也要想成无数的可能。正如我们湖南人有一句常说的话，做事情，“要吃得苦，霸得蛮，耐得烦”。

据办案人员透露，安徽合肥警方也在办理一起类似的案件，涉案平台叫“醉江山”，两起案件情节类似，办案和定性时会对“醉江山”案件进行参考。为了摸清“醉江山”案详细情况，与本案是否存在区别，我通过网络检索了解到该案基本事实、办案机关和进展后，立即赶赴合肥。我坚信，没有调查研究就没有发言权。

“醉江山”案已经移送审查起诉，因此我和我的团队先到访了检察机关，由于我并非该案辩护人，出于职业的谨慎性，检察官除了告诉我案件已经退侦、目前定性是诈骗罪之外便不愿再透露任何其他内容。不过在短暂的交谈中我还获知，“醉江山”案几十名犯罪嫌疑人，有当地律师参与。由于这是一家基层检察院，当地律所有限，我怀揣这一线索，根据手机地图导航，对当地律所一家一家地进行了拜访，虽然律师同行们都很热心，但眼看一上午过去还是一无所获。

正当午饭时分，骄阳当头，我走进一座大厦，准备拜访最后一家律所。大家可能都去吃饭了，只有一名律师在办公室。当我说明来意时，这个接待我的马律师面露微笑说，“我就是那个案子的辩护人之一”。我大喜过望，心想：真是功夫不负有心人！我和马律师详细地交谈了两个案子的情况并交换了辩护观点，彼此很受启发，我们互留了联系方式，约定在接下来的办案过程中保持交流沟通，正是这次会面，让我得以及时了解“醉江山”案的进展，并在后期获得了更多、更有价值的信息。临走，马律师不无好奇地问我：“你大老远从北京过来，就是为了了解和参考一个类似案件的情况?”我心想，有时我们需要“傻傻地”做事，“傻傻地”做人，“太聪明”行不通。

因为办案人员的一句话，为了参考同类案件而奔驰千里搜集信息，指导本案办理，或许在很多人看来已经超出了辩护工作的一般范围。我认为，只要有机会，哪怕只是一点点，都要去争取、去尝试。诚然，刑事辩护有那么多技巧，但有的时候可能也需要“结硬寨，打呆仗”。很多机会，就出现在这一步步扎实的工作之中。我希望当自己办结一个案件后，不会因为自己哪项工作没有做，哪个机会没有去尝试而感到遗憾。

在此期间，我搜集到大量相关案例、理论观点等资料，包括《检察日报》的《区分“圈套型”赌博罪与“赌博型”诈骗罪的关键因素在于——欺诈手段对于赌博输赢达到何种控制程度》、《人民检察》的《区分诈骗罪与民事欺诈界限的基本原则》、《当代法学》的《赌博犯罪研究——诈骗罪与赌博罪的界限》等文章。我将这些资料汇集到一起，添加目录索引，编成《资料汇总》递交给办案机关。

随着一次次沟通交流，本案承办检察官对我已经非常熟悉，她对我们的工作态度和专业精神十分认可。由于本案案情重大，检察官称本案须由院领导组织研究讨论。她说，本案几十名犯罪嫌疑人，只有你们的法律意见是检察长点名亲自阅读的，因为你们的意见最为细致、全面。

随着办案进程的推进，由于我们轮番表达辩护观点，检察院也充分注意到了其中的问题，虽然将案件两次退回补充侦查，但仍然没有改变涉案罪名，仍然以诈骗罪定性。

随着审查起诉时限的临近，此时合肥的马律师告知我“醉江山”案件即将公开审理，我再次赶往合肥旁听了案件。通过这次旁听，我惊喜地发现“醉江山”案首犯辩护人是国内知名法学教授，并且采用和我们相同的辩护策略，认为不构成诈骗罪，只可能涉嫌赌博类犯罪。通过这次行动，我不仅更进一步了解了“醉江山”案的事实情况，并且获得了大量辩护素材和论点，有了更加充分的辩护依据。

被检察官称为“头号对手”

从厦门、合肥回到北京，我立即着手组织辩护意见。一方面，我围绕涉案经营模式进行案例检索，通过案例检索报告总结提炼裁判规则：类似案件均以赌博类犯罪处理。本案中涉案平台软件的源代码甚至与相关参考案例中来源相同，可见其经营模式完全一致，而已被司法机关定性为赌博类犯罪。另一方面，为了进行更加具体的论证，我直接针对涉案平台的每一项规则和行为进行分析，从微观上论述不构成诈骗罪的理由。我分别提交了《法律意见汇总》《秦某案中的猜奖规则不属于诈骗行为法律意见》。

遗憾的是，这些法律意见并没有成为“压倒”诈骗罪定性的最后一根稻草，检察院仍以诈骗罪将本案移送审查起诉。在移送起诉时，检察官针对我的坚持还说：“在审判阶段，我们的头号对手就是你了。”

创业梦想需要“合规”护航

对于犯罪嫌疑人、被告人而言，最好的辩护是不需要辩护。经营者如果能够在决策、经营过程中增强法律意识，对公司的主要业务进行及时的法律风险评估和“合规审查”，就不至于使隐患扩大并演化成刑事责任。

“刑事合规”对于发展成熟的大型企业、跨国企业已并不陌生，甚至是必需品。西方国家鉴于企业腐败等行为对于企业自身及社会的危害，于20世纪70年代以来便逐步确立了刑事合规制度，如美国1991年《联邦组织量刑指南》、英国《反贿赂法》、法国《萨宾第二法案》等，从法律制度层面确立了企业刑事合规制度。

我国企业因为缺乏合规意识而遭受的惨痛教训也不在少数。如2017年中兴公司因违反相关出口管制规范而被美国政府处以罚金将近9亿美元。[①] 湖南建工集团有限公司作为中国500强大型国有企业，因为在参加一项世界银行自助项目的竞标时提供虚假文件，被世界银行作出了取消相关资格2年的制裁决定。[②] 这些教训不可谓不深。

近年来，在这个大众创业、万众创新的时代，有创业梦想固然是好事，但创业者一定要具备法律意识，切莫跨越法律的红线而顶风作案，否则取得再大的成就也将前功尽弃。

---

① https：//www. sohu. com/a/228675261_ 313745.

② 陈瑞华：《湖南建工的合规体系》，载《中国律师》2019年第11期。

附件：法律文书

附件 1：检察阶段法律意见

关于秦某的行为不应定性为诈骗犯罪
法律意见

北京市京都律师事务所接受秦某家属委托并经其本人同意，指派彭吉岳律师担任秦某的辩护人。辩护人经过多次会见及阅卷，已经充分了解了案件事实。辩护人认为，涉案经营模式及秦某的行为不应定性为诈骗，理由如下：

一、涉案购物平台经营模式

根据秦某、郑某卫等人供述，涉案网购商城的主要经营模式如下：

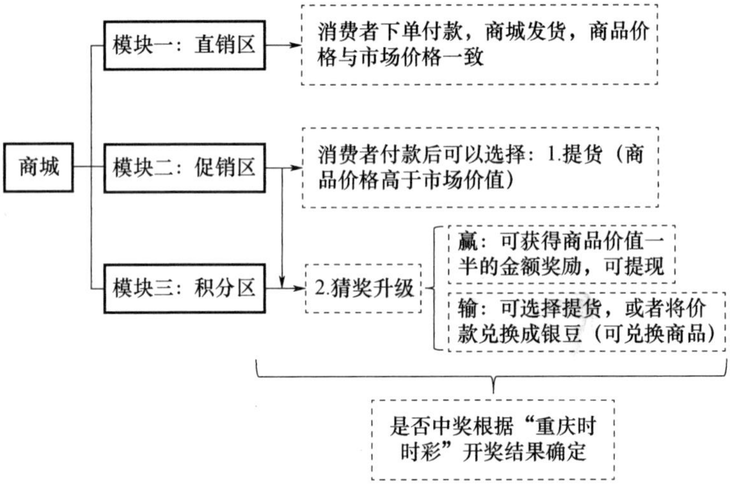

图 8　涉案网购商城经营模式

1. 直销区是普通的电商平台，不涉及犯罪。直销区实际上与“淘宝”“京东”等网络购物平台并无二致，消费者付款，商城发货，商品价格和质量也与市场情况无异，不涉及犯罪。

2. 促销区和积分区参加者的真正目的不是购买商品，而是进行猜奖升级。在促销区，消费者支付款项后有两种选择：一是提货，交易结束；二是猜奖升级。这个区域的参与者并非真正为了购买商品，而是具有通过中奖赚钱的目的，其行为本质上是一种赌博行为。在平台实际运营过程中，参与者基本都是为了猜奖，极少有人选择提货。

二、涉案经营模式中，平台销售人员无论通过什么方法吸引他人参与抽奖，只要抽奖输赢的概率随机，由“重庆时时彩”的开奖结果确定，不为平台所操控，就不符合诈骗犯罪的构成要件

在商城经营过程中，秦某等运营人员所做的主要是通过宣传平台的盈利性来吸引他人参与抽奖，但是否中奖完全取决于“重庆时时彩”的开奖结果，参与者可以选择“小哥哥免单”或“小姐姐免单”，两种选择分别对应“重庆时时彩”开奖号码最后一位的奇偶，是否中奖完全随机，不是商城经营者可以控制的，也确实有参与者中奖，甚至赚取了数十万元奖励。

商城无法控制参与者是否中奖，也就无法确定性地通过欺骗参与者而达到非法占有其财物的目的。

虽然参与者猜奖成功后中奖的数额和猜奖失败后损失的数额不对等，但这属于赔率问题，即便是合法的博彩行业赔率也存在赔率不对等现象，参与者对此都是明知的，只不过是抱着侥幸心理参与抽奖。只要商城没有控制猜奖输赢的结果，就不能认定为诈骗。

三、要严格和慎重地认定诈骗罪中的欺骗，并非所有欺骗行为都构成诈骗罪，在射幸行为中不控制输赢结果便不构成诈骗罪

涉案商城猜奖升级的经营模式涉嫌赌博的性质，俗话说“十赌九骗”，但并非某些行为具有一定欺骗性或诱导性，就认为其属于诈骗，要严格区分诈骗罪中的欺骗行为与其他性质的欺骗。

1. 根据《刑事审判参考》指导案例（王红柳、黄叶峰诈骗案）：“设置圈套诱骗他人参赌的行为是构成诈骗罪还是赌博罪，关键在于赌博圈套中的欺骗程度。如果行为人仅采取了较为轻微的欺骗行为，赌博输赢主要是依靠各自运气、技术，即赌博各方均不能控制、主导赌博输赢的结果，则其行为仍然符合赌博特征，因为赌博本质上是一种射幸行为，其结果具有偶然性；如果行为人在赌博过程中采取作弊手段控制赌博输赢，则赌博成为掩盖事实的手段，该行为本质上符合诈骗的特征。”

2.《最高人民法院关于对设置圈套诱骗他人参赌又向索还钱财的受骗者施以暴力或暴力威胁的行为应如何定罪问题的批复》（1995 年 11 月 6 日，现行有效）规定：“行为人设置圈套诱骗他人参赌获取钱财，属赌博行为，构成犯罪的，应当以赌博罪定罪处罚。”

3.《最高人民法院研究室关于设置圈套诱骗他人参赌获取钱财的案件应如何定罪问题的电话答复》（1991 年 3 月 12 日，已失效）规定，对于行为人以营利为目的，设置圈套，诱骗他人参赌的行为，需要追究刑事责任的，应以赌博罪论处。

根据以上判例和规定，赌博行为中同样可能存在欺骗手段，但并非存在欺骗即构成诈骗罪，区分的关键在于行为人能否控制中奖结果。本案中，商城经营者只是吸引他人参与抽奖并通过设置赔率盈利，而并不能控制开奖结果，不应定性为诈骗罪。

四、如果将本案定性为诈骗罪，那么参赌者将成为“被害人”，“赌资”也将向其发还，后续会有无穷无尽的“被害人”报案退赃，司法机关将不堪重负，如此，也明显违背正义原则，让一群专营赌博想快速获利的人还得到了法律的保护，显然违背了司法机关关于打击违法犯罪行为的根本宗旨

任何人都不能从自己的违法行为中获利——这是法治的最基本原则之一。

如果将此类案件定性为诈骗罪，则参与猜奖升级的人员都将被认定为被害人，犯罪嫌疑人获取的钱财（即赃款）应当发还被害人，然而此类案件中被害人实为赌博参与人，赃款发还赌博参与人，势必造成对赌博行为打击不力，甚至是姑息纵容的问题。

五、公安部督办的同类案件，被定性为开设赌场罪，如果将本案认定为诈骗罪，将出现同案不同判的矛盾，有损司法权威

据《检察日报》（2019 年 4 月 15 日，第 4 版）报道：“近日，张某明在福建省厦门市与蔡某意等 25 人开设赌场案一审宣判，被告人分别被判处拘役三个月至有期徒刑三年零八个月不等的刑罚。据悉，该案系公安部‘净网 2018’专项行动挂牌督办案件，也是厦门市检察机关查处的首例利用网络购物平台实施的开设赌场犯罪案件。”

该案起诉书指控的具体犯罪手段是：“以销售茶叶、红酒、玉石等商品为幌子，以进价 10 倍左右虚高标注商品价格，通过微信、陌陌等网络即时通信工具招揽客户，引导客户到 App、网站参与押‘高峰’‘低谷’的‘转购活动’，即以其所购的高价商品作为筹码下注，以押大小的方式进行赌博活动，按'重庆时时彩'开奖结果同步确定输赢，客户赌赢后可按原商品价格的1.6倍提领现金。"

辩护人通过多种途径确认厦门案件的模式与本案高度类似，证据体系也几无差异，且根据郑某卫等人供述，这套系统也是其从厦门购买的。郑某卫供述："认识曲某星之后我就表明我想了解他在做的这个平台，曲某星就把厦门黄某辉的联系方式给了我，之后我就电话联系了黄某辉，黄某辉给了我张某水的联系方式，我就打电话联系了张某水，在电话里我咨询了张某水这个平台是如何操作、平台上所卖的产品是如何来的、平台源代码的价格以及编辑源代码所需要的时间是多久这些问题……"因此，两个案件所涉及的平台从技术上讲非常类似并且来源于同一个地方，对本案具有非常重要的参考价值。

以上便是辩护人目前关于本案的法律意见，请贵院参考，谨慎认定本案涉嫌的罪名。如果本案定性准确，也有利于后续办案程序的推进，才会起到真正教育、惩罚嫌疑人、被告人的作用，也能给社会传递正确的刑法理念，还能保持司法的统一性、严肃性。

此致

J市人民检察院

犯罪嫌疑人秦某的辩护人：

北京市京都律师事务所律师　彭吉岳

2019年9月28日

附件 2：审查起诉阶段法律意见汇总

秦某案件相关经营模式不构成诈骗罪，多地司法观点对此已形成共识，并为权威专家认可法律意见汇总

目　录

秦某案件中网购平台的经营模式不构成诈骗罪

本案中购物平台的经营模式不构成诈骗罪。根据《刑法》规定，诈骗罪的成立至少有两个要件至关重要：一、行为人实施虚构事实、隐瞒真相的行为；二、被害人陷入认识错误并基于此交付财物。本案中，这两个条件均不能成立，理由如下：

一、涉案平台不控制开奖结果，是否中奖取决于“重庆时时彩”开奖结果，完全随机

1. 射幸行为是否构成诈骗罪的关键是：行为人是否能够控制抽奖结果。只有行为人能够控制抽奖结果时，其才能够对抽奖过程形成掌控作用，进而才具有虚构事实或隐瞒真相的能力。

2. 如果行为人不能控制开奖结果，也就不具有欺骗能力。本案中开奖结果与“重庆时时彩”挂钩，平台并不掌握或者预知“重庆时时彩”开奖结果，也就无法根据结果欺骗参与者。

3. “重庆时时彩”开奖结果完全随机，任何人都不可能提前预知开奖结果。对于“重庆时时彩”开奖结果，涉案平台与参与抽奖者是平等的，平台并不比客户享有更多的信息优势，更不能认为修改和操纵数据，平台不具有提前预测开奖结果然后故意提供反向信息的能力。案卷中相关人员也供述“预测开奖结果没有任何科学依据”。因此，不能认为平台存在故意误导客户的行为，并将其认定为诈骗手段。

综上，在猜奇偶升级过程中，涉案平台并没有能力实施虚构事实或隐瞒真相的行为，开奖结果完全随机，不存在诈骗罪意义上的欺骗行为。

二、参与人对规则明知，且目的就是抽奖，没有陷入任何认识错误

本案中，参与抽奖的人员也没有陷入任何认识错误。首先，其并非为了购买商品而在平台购物，无论涉案平台中商品真实价值如何，抽奖者也并不因此而受到欺骗。

其次，抽奖者对于抽奖规则也明确知晓，中奖后盈利金额以及未中奖的损失金额，抽奖参与人都明确知道。

再次，“重庆时时彩”开奖结果完全随机，不在平台掌控范围之内，抽奖参与人也不可能在开奖结果上受到平台的误导。如果平台能够预测开奖结果，为何涉案人员不自己去购买“重庆时时彩”而中奖呢？

综上，抽奖参与者对抽奖过程中的整个规则都存在明知，没有陷入任何认识错误，不符合诈骗罪的构成要件。

三、抽奖规则是公开的且为参与抽奖的人明知，如此规则不是诈骗手段

本案之所以出现大部分抽奖者都没有赚到钱的结果，是典型受赌徒心理支配的后果，而非被欺骗的后果。根据在案证据可知，很多人在抽奖过程中是曾经中奖的，只不过是追求更大的中奖金额，或者未中奖后为了回本，而选择“倍投”、投入更大金额而最终资金链断裂，资金跟不上而无法实现最终盈利。

应当注意，当参与人中奖之后，平台并不限制参与人提现，也并不从中抽取高额手续费，也足以证明其并无非法占有目的。

四、类似案件生效判决都不以诈骗犯罪处理

本案涉案平台的经营模式并非特例，特别是与本案涉案平台软件来源相同的同类案件中（同样来自厦门海中金互联网科技有限公司），法院也并未认定相关经营模式构成诈骗罪，详见下文案例统计分析。

综上，秦某及涉案平台并没有虚构事实或隐瞒真相，抽奖参与人也没有陷入认识错误，本案不符合诈骗罪的构成要件。

厦门张某勇等开设赌场罪案件情况简介

案号：（2019）闽0203刑初88号

审理法院：厦门市思明区人民法院

裁判结果：开设赌场罪

案件事实：以销售茶叶、红酒、玉石等商品为幌子，以进价10倍左右虚高标注商品价格，通过微信、陌陌等网络即时通信工具招揽客户，引导客户到App、网站参与押“高峰”“低谷”的“转购活动”，即以其所购的高价商品作为筹码下注，以押大小的方式进行赌博活动，按“重庆时时彩”开奖结果同步确定输赢，客户赌赢后可按原商品价格的1.6倍提领现金。

法院认为：本院认为，被告人张某勇……的行为已构成开设赌场罪。公诉机关指控的罪名成立，本院予以支持。

合肥“醉江山”网购平台案件情况简介

案号：合检刑诉〔2019〕57号

审理法院：合肥市中级人民法院，审理中

案件事实：据称该案有代理商环节，有出金环节以各种理由不予退款等情形，与秦某案有不同之处，具体情况因本案在审理过程中，无法完全知晓及核实。

特别说明：本案尚在审理过程中，尚未有最终判决结果。包括本案第一、第二被告人等众多被告人的辩护人均不认可其行为构成诈骗罪，张明楷、陈兴良教授等权威学者出具的专家意见是：“醉江山”购物平台经营模式不构成诈骗罪。

同类案件大数据检索分析报告

关于“猜奇偶、商城+奇偶、重庆时时彩+猜单双、重庆时时彩+猜奇偶、重庆时时彩+猜鸡藕”相关案件数据检索分析报告

一、地域比例图及图解

福建省的案件6个、云南省的案件1个、河南省的案件2个

二、各罪名比例图及图解

开设赌场罪（7个）、诈骗罪（2个）

三、各罪名下典型案例及犯罪商业模式

（一）开设赌场罪

1. 案例文书号：永安市人民法院（2015）永刑初字第384号、福州市鼓楼区人民法院（2015）鼓刑初字第200号、云南省楚雄彝族自治州中级人民法院（2015）楚中刑终字第161号、厦门市同安区人民法院（2016）闽0212刑初429号、福建省莆田市涵江区人民法院（2016）闽0303刑初623号、河南省商城县人民法院（2018）豫1524刑初442号、郑州市金水区人民法院（2018）豫0105刑初960号、郑州市金水区人民法院（2018）豫0105刑初1174号。

2. 典型案件

2.1 案号：郑州市金水区人民法院（2018）豫0105刑初960号

2.1.1 商业模式：被告人任朝杰在郑州市金水东路与黄河东路交叉口某写字楼内创办了汇米购网络商城，雇用被告人刘某某等人进行经营活动。汇米购网络商城员工通过互联网聊天软件等工具，向不特定人群发出邀约，拉拢客户到该商城注册充值，并接受客户投注，以客户购买商品的价格为赌注，以竞猜奇偶大小的方式让客户进行赌博活动。

2.1.2 欺诈手段：（1）发布模拟盘截图：用模拟盘截图误导客户为实盘截图，刺激客户进行频繁交易；（2）制造虚假的盈利走势图引诱客户积极参与换购：通过手机微信、QQ加好友，然后聊天或者发一些换购成功的模拟截图或虚假的盈利图来引诱客户到汇米购网络商城充值换购。

2.1.3 法院认定：被告人任朝杰、刘某某以营利为目的，建立赌博网站并接受投注，情节严重，其行为均已构成开设赌场罪。

2.1.4 法院判决：被告人犯开设赌场罪，判处有期徒刑3年零6个月，并处罚金人民币10万元。违法所得予以追缴。

2.1.5 法律法规：《刑法》第303条第2款，以及《最高人民法院、最高人民检察院关于办理赌博刑事案件具体应用法律若干问题的解释》第2条，以营利为目的，在计算机网络上建立赌博网站，或者为赌博网站担任代理，接受投注的，属于《刑法》第303条规定的“开设赌场”。

2.2 案号：郑州市金水区人民法院（2018）豫0105刑初1174号

2.2.1 商业模式：被告人彭某在郑州市金水区金水路与未来路交叉口东北角升龙大厦22楼2202室内开办河南鹭欧商贸有限公司，代理“吾茗轩商城”赌博平台，并雇用被告人张某负责管理平台后台、员工培训，雇用被告人于某、陈某担任队长，带领被告人张某、邢某、马某、董某、常某、王某、潘贝贝使用微信、QQ、陌陌等聊天软件向不特定人群推广“吾茗轩商城”，拉拢客户进行赌博。拉来的客户在优尚商城平台注册并充值，选择商品（价格128元到1080元不等）进行购买，购买后出现奇和偶两个选项代表单双数，选择一个后购买升级产品（价格189元到1588元不等），等待开奖结果。吾茗轩平台按照“重庆时时彩”开奖的号码最后一位数的单、双数，押中就等于中奖，客户可以把升级后的产品提现，没有押中就只能得到产品。

2.2.2 辩护人特别提示：该案所涉的“吾茗轩商城”平台与秦某案件所使用的软件都是同一家软件公司制作的软件，即厦门海中金互联网科技有限公司开发的软件。

2.2.3 欺诈手段：在网上下载话术（包括但不限于虚假的盈利截图、发布不实的信息，业务员包装成金融业务专业分析师、三方营销模式等），通过微信、QQ、陌陌等聊天工具添加好友，诱导、欺骗介绍客户到其商城购物、充值等。

2.2.4 法院认定：被告人彭某、张某、于某、陈某、张某、邢某、马某、董某、常某、王某、潘某以营利为目的，为赌博网站担任代理，接受投注，情节严重，其行为已经构成开设赌场罪。

2.2.5 法院判决：被告人彭某犯开设赌场罪，判处有期徒刑 3 年零 10 个月，并处罚金人民币 7 万元。其他被告人处 3 年以下有期徒刑或缓刑。

2.2.6 法律法规：《刑法》第 303 条第 2 款，以及《最高人民法院、最高人民检察院关于办理赌博刑事案件具体应用法律若干问题的解释》第 2 条，以营利为目的，在计算机网络上建立赌博网站，或者为赌博网站担任代理，接受投注的，属于《刑法》第 303 条规定的“开设赌场”。

2.3 案号：永安市人民法院（2015）永刑初字第 384 号

2.3.1 商业模式：被告人王某为开设赌博网站牟利，出资购买了赌博网站域名、电脑等作案工具，并于 2015 年 4 月 6 日租赁了永安市五洲三期 9 幢 2-302 室作为作案场所。并在上述场所经营大中华赌博网站，以“重庆时时彩”开奖为依据，设立了大小球、猜单双等项目，并于 2015 年 4 月 6 日至 5 月 10 日先后雇用了被告人郑某甲、马某、雷某、郑某乙、郑某丙、许某、林某、郑某丁、李某、叶某共同经营赌博网站。网站是以“重庆时时彩”开奖为依据，具体玩法有大小球、猜单双等。

2.3.2 欺诈手段：

（1）各被告人之间相互配合，有的假扮客户，有的恶意误导发布不实信息：“八哥”安排他和雷某在一个组，平时他和雷某就用自己经常使用的 3 到 4 个 QQ 号在网络群里聊天，会在群里经常发一些中奖的图片，还会说这个网站的赌博玩法，从而吸引群里的人来他们公司网站注册，然后教客户如何玩时时彩，教客户下注。他们两个人是互相配合的，一个人介绍赌博网站的类型玩法，另一个跟客户聊天做"托"，目的就是拉拢更多的客户进网站来玩，角色也可以随便变换，不固定。

（2）虚假平台虚构为正规平台，引诱客户加大资金参与：他们先拿着之前申请好的QQ群进行操作，通过QQ群发送赌博网站的广告，让更多的人知道他们的赌博网站，介绍赌博网站的玩法和种类，然后由另一个人做"托"，跟客户说他们的网站是正规的，资金赔付有保证，叫大家放心玩（赌博），把尽可能多的玩家拖到赌博网站注册赌博，两个人的角色经常变换。

（3）肆意营造虚假的赚钱氛围，并发布不真实的获利截图：扮演"托"的角色，在群里聊一些关于彩票中奖的事情，在群里发购买彩票的截图，发的截图都是彩票投注会赚钱的，以此来吸引群里人进入老板的网站购买彩票。

2.3.3 法院认定：被告人王某、郑某甲、马某、雷某、郑某乙、郑某丙、许某、林某、郑某丁、李某、叶某利用互联网组织赌博活动，其中被告人王某、郑某甲、马某、雷某、郑某乙、郑某丙、许某、林某、郑某丁、李某情节严重，其行为均已构成开设赌场罪，公诉机关指控的罪名成立，系共同犯罪。

2.3.4 法院判决：被告人王某等犯开设赌场罪，判处有期徒刑2年零6个月，并处罚金人民币1万元（罚金应于本判决生效后10日内缴纳）。

2.3.5 法律法规：《刑法》第303条第2款，以及《最高人民法院、最高人民检察院关于办理赌博刑事案件具体应用法律若干问题的解释》第2条，以营利为目的，在计算机网络上建立赌博网站，或者为赌博网站担任代理，接受投注的，属于《刑法》第303条规定的"开设赌场"。

2.4 案号：厦门市同安区人民法院（2016）闽0212刑初429号

2.4.1 商业模式：未经许可利用计算机网络以金鼎国际娱乐平台建立赌博网站（网址：www.57paoba.com），并以"重庆时时彩"彩票的开奖号码作为参考号码非法接受该赌博网站会员的投注，以1∶1.7的赔率对中奖会员进行兑奖。如果选一个，每个数字是0.2元，如果开奖是一次开5个数字，玩家买的数字如果有一个和开奖的一致，他就要支付给玩家1.7元；猜奇偶，玩家在开奖的5个数的个位上的读数买奇数或者偶数，前面的4位数可以不买也可以随便买，一组价格为1元，如果玩家中他们就支付给玩家1.7元。

如果玩家没有中，1元就是他的。兑奖方法有：一是金鼎娱乐平台中有游戏记录，玩家可以自己看是否中奖；二是查“重庆时时彩”的数据；三是在玩家设立的QQ群中发布中奖结果。玩法和规则和正规的“重庆时时彩”一样，中奖依据是官方“重庆时时彩”的数据。

2.4.2 欺诈手段：

（1）虚构重庆时时彩网站：被告人先是通过购买的QQ在大的QQ群里推广金鼎娱乐平台“重庆时时彩”网站的信息，在群里向客户宣传这个网站是国家正规的“重庆时时彩”，所开奖的号码也是官方开的号码。

（2）冒充专业博彩专家发布虚假盈利信息：通过另外一些QQ号码冒充专业博彩人员在QQ群里发布金鼎娱乐平台获得高收益（每天可以获得20%的高收益）的虚假信息。

（3）冒充专家提供虚假喊单：冒充专业博彩人员提供每期要开的准确号码，以此诱骗玩家到平台上玩。

（4）拒绝被害人提取盈利：通过QQ群招募会员在该网站上进行赌博，当客户赢钱时就找各种理由拒绝被害人提现，从而骗取客户的钱财。

2.4.3 法院认定：被告人虽然在计算机网络上以金鼎国际娱乐平台建立赌博网站，但并未实际销售彩票，而是以“重庆时时彩”彩票的开奖号码作为赌博媒介，接受网民的投注，对投注金额自行兑奖，属于传统的“坐庄”行为，主观上具有开设赌场并与他人对赌的目的。被告人王某1、王某2的行为符合开设赌场罪的特征，应以开设赌场罪对其定罪处罚。检察院指控被告人犯非法经营罪并提起公诉，并不能成立。

2.4.4 法院判决：判决被告人犯开设赌场罪，判处有期徒刑3年零9个月，并处罚金人民币1万元。

2.4.5 法律法规：依照《刑法》第303条第2款，以及《最高人民法院、最高人民检察院关于办理赌博刑事案件具体应用法律若干问题的解释》第2条，以营利为目的，在计算机网络上建立赌博网站，或者为赌博网站担任代理，接受投注的，属于《刑法》第303条规定的“开设赌场”。

（二）诈骗罪

1. 案例文书号：广东省博罗县人民法院（2018）粤1322刑初413号、广东省博罗县人民法院（2018）粤1322刑初567号。

2. 案号：广东省博罗县人民法院（2018）粤1322刑初413号（判处缓刑）

2.1 商业模式：2017年7月开始，被告人曾桦滨在福建省厦门市经营越鼎通商贸易有限公司，并先后雇请被告人陈永江为经理，被告人袁文隆、肖强、顾某（另案处理）、何杰仔等人为业务员，利用微信等社交软件，冒充女性添加陌生男子为好友，之后诱使这些男子使用“醉江山”App购物或进行其他消费活动。同年9月底开始，曾桦滨与厦门蜂窝网络科技有限公司（以下简称蜂窝科技公司）的陈某1、杨某（均另案处理）合股经营“海联国际”App平台业务，并安排陈永江带领袁文隆、何苏岩、何杰仔、肖强到蜂窝科技公司位于厦门市思明区望海路9号的办公地点开展“海联国际”App平台业务，其间，陈永江、袁文隆、顾某、何杰仔、肖强利用微信等社交软件，冒充女性添加陌生男子为好友，逐步诱使被害人下载“海联国际”进行注册、充值、买涨买跌，而后故意将错误的涨跌信息告诉被害人，使得被害人进行反向“投资”，从而骗取被害人的钱财。

2.2 欺诈手段：

（1）控制后台数据，自行制作行情走势：公司能掌控该平台的数据走势，我们会组建一个群，把客户拉进群里，我们会在群里展示我们短期在平台里获利的假象（都是一些涨势获利的截图），客户看到我们在平台频频获利，会跃跃欲试。刚开始的时候他们会小额投资，公司就会让他们先获利，尝到一点甜头，他们都会进行较大额的投资，到时公司就会制造暴跌的走势，让客户爆仓，以此来骗取客户的钱财。尚品商场以一些商品（茶叶、红茶之类，不过我没见过这些商品）升级（价值翻倍，但是所谓的升级都是不可能成功的），在此平台能够以猜红包、猜奇偶为诱饵，让客户多投钱进去，然后骗取客户的钱财。公司对这些平台都是能够进行后台操控的，但是具体怎样进行后台操控我不清楚。

（2）发布盈利假象，营造活跃氛围，引诱并刺激客户投资：公司有发给我一份培训材料《“服务”群——带群说明》，内容是让我们员工开设一个微信群用于“醉江山”商城升级竞彩，其中设定一个群主兼群助理的角色，一个引导客户下注的角色，还有三个烘托气氛的角色。具体就是让引导客户下注的人在群内制造出盈利的假象，其他三个烘托气氛的角色就在群内制造氛围，并晒出盈利图，从而让客户相信该商城可以盈利，然后在商城充值购物，进行下注。

（3）虚假的身份信息，并使用男扮女性等欺诈手段，吸引客户参与：诈骗方法有：一种是装成女性的角色加对方微信，然后发一个链接给客户注册，让他投钱进去玩奇偶，但具体怎么玩我不清楚；一种是装成女性角色加对方微信，然后跟对方聊天说自己老家有卖茶叶，然后诱骗对方购买茶叶之类的。越鼎通商公司里有约20台电脑和100部手机，业务员使用这些手机，用大量的电话卡注册微信，然后把微信设置成女性，并用我的相片做头像，通过漂流瓶、附近的人等功能添加陌生男子。“我平时都是在前台做些行政工作，业务员要求我进去帮他们语音对话，我就进去语音骗一下客户，有时公司还会安排我出去拍个人生活照片以用于诈骗。”

（4）发布虚假的盈利截图，诱导客户追加资金并升级购买：微信号一般设置为24—30岁的女性，微信头像一般是本公司旗下的女员工照片，因为有些客户需要视频聊天。随后员工可以通过附近的人、摇一摇等方式添加好友并与之闲聊，等关系亲近后再推销商城，比如发送一些事先准备的盈利图给客户看，引诱其前往商城充值下注“奇偶”玩法。这种玩法需要客户先在商场充值一定数额的金钱，然后客户可以升级商品，如果升级成功，客户就能拿到本金及本金60%提成的金额，如果升级失败，客户的钱就会全赔掉，但是我们也会发一盒茶叶给客户。

2.3 法院认定：被告人陈永江、袁文隆、何杰仔为同一诈骗团伙成员，陈永江任主管，负责管理其他成员，并提供“海联国际”账户用于分赃；袁文隆、何杰仔等人负责实施诈骗，并成功骗取被害人财物，属于诈骗罪。

2.4 法院判决：被告人犯诈骗罪，判处有期徒刑3年，缓刑5年，并处罚金人民币20000元（缓刑考验期限，从判决确定之日起计算。罚金限在本判决发生法律效力后30日内向本院缴纳，上缴国库）。

2.5 辩护人特别提示：该案之所以判处诈骗罪，是因为该案被告人引诱被害人下载“海联国际”App进行注册、充值、买涨买跌，而该“海联国际”App后台数据可以由被告人人为修改与操控（并非以商城购物、猜红包、猜鸡藕等方式构成诈骗），从而恶意导致该案受害人受损，被告人系以非法占有为目的。

而秦某案件中，猜奇偶开奖结果与“重庆时时彩”挂钩，是否中奖完全随机，平台人员也无法控制中奖结果，这是本案与上述认定为诈骗罪案件的根本区别。这种裁判观点也正好契合相关司法解释及指导案例的观点：区分赌博犯罪与诈骗罪的关键在于欺骗的程度，即行为人是否能够控制中奖结果，只有在能够控制输赢的情况下才可能构成诈骗罪。

附件3：审查起诉阶段对猜奖规则的法律意见

秦某案中的猜奖规则不属于诈骗行为
法律意见

致：J市人民检察院

北京市京都律师事务所接受秦某家属委托并经其本人同意，指派彭吉岳律师担任秦某的辩护人。本案的争议焦点在于涉案销售模式及猜奖规则应定性为诈骗犯罪还是赌博犯罪。此前辩护人已经向贵院提交了书面法律意见、同类案例检索报告、同类案件媒体报道等文件，从刑法理论、指导案例、社会效果等角度论证了本案不构成诈骗罪的理由。

现辩护人对涉案猜奖规则进行梳理和剖析，论述本案不应当定性为诈骗罪的理由：

一、涉案猜奖规则梳理

涉案“猜奇偶升级”活动中，存在以下几项猜奖规则：

1. “猜奇偶”开奖结果与“重庆时时彩”结果挂钩，“重庆时时彩”开奖结果完全随机，本案猜奖胜负比例为1∶1。

2. 中奖后获得奖励的金额低于未中奖亏损的金额（所谓“赔率不对等”）。

3. “止盈不止损”，即参与人中奖金额有上限，达到上限后暂时不能继续参与活动，亏损金额没有上限。

4. “反向带单”，即根据指控，带单师提前预测开奖结果，并误导参与者猜反向结果。此项规则没有证据证明，带单师自己也供述所谓的预测没有科学依据，并不准确。

5. 倍投。

二、涉案平台及人员不能够控制开奖结果，猜奇偶的中奖比例为1∶1

1. 中奖结果不能操控。本案中有充分证据证明中奖结果完全取决于“重庆时时彩”中奖号码最后一位数字的奇偶性，中奖概率确定为50%。涉案平台及相关人员均不能操纵中奖结果。

根据指导案例及理论观点：区分赌博犯罪与诈骗犯罪的关键在于行为人对抽奖行为的控制程度，只有达到控制中奖结果的程度才可能构成诈骗罪。

2. 中奖结果不能预测。虽然侦查机关指控本案存在提前预测结果并反向带单的行为，但是“重庆时时彩”是经财政部批准，重庆市福利彩票发行中心承销的福彩快开彩票，其开奖结果完全随机，不可能预测。

如犯罪嫌疑人李勇供述，“问：你作为带单师，是否能够预测下一期的开奖结果？答：我们没有什么科学的方法来预测，我们都是根据自己的感觉和经验来预测，没有办法预测到下一把的开奖结果。”

三、微观层面：单次抽奖“赔率不对等”不属于诈骗行为，且参与人对此规则明知

1. 赔率不是区分赌博行为与诈骗行为的标准。众所周知，赌博行为中，根据结果出现的风险大小，赔率本来就是不确定的。例如，世界杯赌球时，根据球队实力、预期进球数量等因素，购买不同球队赢得比赛所获得的奖金本来就不一样。赔率不对等是赌博行为的一般特征。

2. 区分赌博行为与诈骗行为的标准在于：中奖的概率是否随机或平均，而非中奖后赢得奖金或亏损本金的数额。

3. 参与者对这一规则明知，知道中奖后的奖金，也知道未中奖之后，奖金变为银豆或者提取商品的真实价值。

因此，只要规则是公开透明的，参与人能够认识到其中的中奖概率及风险并选择接受风险而参与猜奖，这就是典型的自甘风险的射幸行为，而并非诈骗，因为参与人根本没有受到欺骗、没有产生任何认识错误。

4. 所谓“赔率不对等”也只是个十分笼统的说法，未中奖后可以选择兑换银豆或者领走商品，但并没有对银豆或者商品价值进行鉴定，现有证据无法准确认定参与人未中奖后剩余财产的价值，也就无法认定其损失。

四、宏观层面：“止盈不止损”不属于诈骗行为，且参与人对此规则明知

1. 开奖后的盈利或亏损数额，严格来讲已经是抽奖行为之后的事情，本质上不属于抽奖规则本身。只有关于抽奖规则是否公开透明、中奖概率是否平均的因素才是区分是否构成诈骗罪的标准。

2. 有奖销售行为必须有奖金上限，这是限制成瘾的一种手段。根据《中华人民共和国反不正当竞争法》第 10 条：“……（三）抽奖式的有奖销售，最高奖的金额超过五万元。”

3. 参与者对这一规则明知，没有人在没有中奖时，因为受到他人欺骗而继续参与猜奖活动而继续受损。

五、倍投规则不是诈骗手段，且参与人对此规则同样存在明知，部分人员最终亏损是赌徒心理所致，而非因为受到了欺骗

倍投过程中资金链断裂是导致大部分参与人最后亏损的重要原因。在一次抽奖后可能出现两种结果：

1. 中奖，此后参与人想继续盈利，不会主动收手，直至出现没有中奖的情形。

2. 未中奖，参与人没有中奖时，便试图捞回本金，而选择倍投。如果中奖，不仅可以捞回本金，还可以额外赢得奖金。

因此，倍投是参与人在赌徒心理作用下的自然选择，而非受到他人欺骗的结果。之所以在倍投中亏损，是因为参与人在某个节点资金链断裂导致的。

在每一次倍投过程中，中奖的概率仍然是随机且均衡的，参与人对倍投的规则也完全知晓，整个过程中没有人虚构事实或隐瞒真相，也没有人陷入认识错误。

六、要证明本案构成诈骗罪，至少必须证明两个论点成立：一是中奖概率不平均；二是参与人对猜奖规则不明知，本案中无法证明以上任何一点

我们仔细梳理了本案全部的猜奖规则，发现中奖结果没有人为操控，参与人对所有规则也明知。唯一支撑诈骗罪的理由可能是：在公平随机地出现中奖结果后，中奖人赢的金额少于未中奖人亏损的金额，即所谓“赔率不对等”，然而这正是典型的赌博规则，赌球、赌马都是这样。赌博存在风险，只要风险和规则是公开的，就不存在被骗的问题。因此，全部类似司法判例，均认定为赌博犯罪而非诈骗罪。

《刑法》不仅要准确评价犯罪嫌疑人、被告人的行为，也要准确评价其他当事人的行为和责任。本案中参与人全部都是抱着赌徒心理参与猜奖，赌博行为同样为法律所禁止，如果本案定性为诈骗，则赌徒就成了无辜的被害人，这对参与人是不充分的法律评价，对犯罪嫌疑人是过分的法律评价，本案将不能达成罪、责、刑相适应的司法目的。

以上法律意见，请贵院参考，希望贵院能够结合诈骗罪法律规定及法理逻辑，仔细审查涉案猜奖规则，以确定其中是否有虚构事实、隐瞒真相的行为，是否有规则不公开的行为，是否有控制开奖结果的行为，以及参与人受损到底是因为受到了欺骗，还是归因于“赢了想多赢、输了想回本”的贪婪的赌徒心理。

此致

J 市人民检察院

犯罪嫌疑人秦某的辩护人：

北京市京都律师事务所律师　彭吉岳

2019 年 12 月 25 日

第二部分 研究思考

刑辩的价值
庭后跟进　补强辩护　借钱也是犯罪
庭后跟进　补强辩护
正义不能讨价还价
细致阅卷确定辩护策略
证据之辩撬动从轻量刑的杠杆
一罪不起诉
案情重大　中纪委移交最高检，最高检指定异地查办
实体辩护
情辩实体　终获缓刑
直辩程序　退回补侦
神秘的客商
坚持　坚持　再坚持
直击立案动机及合法性
专业意见　有理有据
公证送达——证据意识很重要
证据保全
法庭之外　亦是律师舞台
输不起的时间　专业帮助要尽早
当警察来『敲门』
个案圆满解决
二审情理并重　成功说服合议庭撤销一审判决
八天走出看守所
刑辩律师的大数据思维
司法监督机制点亮新的希望
酒醒后的悔悟

“严重疾病”谁说了算，办案标准须统一[①]

彭吉岳　封旺

刑事诉讼的全部程序都围绕犯罪嫌疑人、被告人展开的，从某种意义上说，犯罪嫌疑人、被告人是刑事诉讼的最重要主体。“严重疾病”是评价犯罪嫌疑人、被告人甚至是已决犯的身体状况的重要指标之一，其影响着刑事诉讼程序的走向与进程。然而，对“严重疾病”的立法规定缺位，司法实践缺乏明确的依据和指导，这最终会导致当事人的权利悬于半空、随风摇摆。因此，对刑事诉讼中“严重疾病”这一概念的讨论很有必要。

一、《刑事诉讼法》关于“严重疾病”的规定及其制度的初衷

《刑事诉讼法》勾勒出了刑事诉讼基本的概念和制度框架，包括“严重疾病”的适用方式。《刑事诉讼法》在四个条文中规定了“严重疾病”，分别是：

1. 第 67 条规定，对患有严重疾病、生活不能自理，采取取保候审不致发生社会危险性的犯罪嫌疑人、被告人，人民法院、人民检察院和公安机关可以决定将其取保候审。

2. 第 74 条规定，对符合逮捕条件，但患有严重疾病、生活不能自理的犯罪嫌疑人、被告人，人民法院、人民检察院和公安机关可以对其监视居住。

3. 第 206 条规定，在审判过程中，被告人患有严重疾病无法出庭，自诉人患有严重疾病无法出庭，未委托诉讼代理人出庭的，致使案件在较长时间内无法继续审理的，可以中止审理。

4. 第 265 条规定，对被判处有期徒刑或者拘役的罪犯，有严重疾病需要保外就医的，可以暂予监外执行。对罪犯确有严重疾病，必须保外就医的，

---

① 本文首发于京都律师事务所官方微信平台——“京都律师”微信公众号。笔者在办理李某假冒专利案时，李某血压有时高达 180mmHg，同时患有糖尿病等疾病，身体状况堪忧。笔者以李某患有严重疾病为由申请取保候审，未果。笔者发现，《刑事诉讼法》第 67 条规定，患有严重疾病、生活不能自理，采取取保候审不致发生社会危险性的犯罪嫌疑人、被告人，符合取保候审的情形。但是，哪些疾病属于“严重疾病”，却没有任何文件明确。因此在司法实践中，辩护人以“严重疾病”为由申请取保候审，在疾病种类方面缺乏充分依据。为此，笔者专门撰写本文，请法律界关注这一问题。

由省级人民政府指定的医院诊断并开具证明文件。

通过以上梳理可以发现，“严重疾病”主要出现在四项刑事诉讼制度当中，即取保候审、监视居住、中止审理和监外执行，除中止审理之外，其余三项制度都和犯罪嫌疑人、被告人或已决犯的人身待遇密切相关。不难发现，《刑事诉讼法》规定“严重疾病”的制度价值主要在于彰显和落实“保障人权”的刑事诉讼原则，使受到国家追诉、审判的公民的权利得到应有的保障。

二、“严重疾病”具体认定的困惑

徒法不足以自行，还需要对法律的解释与执行。《刑事诉讼法》中“严重疾病”相关规定的初衷固然好，但是失之笼统。在涉及“严重疾病”的四项制度中，除了监外执行方面有进一步的规定，其余三项制度中均缺乏对“严重疾病”的审查判断方法。

（一）监外执行制度下相对完备的“严重疾病”判断标准

2014 年 10 月 24 日，最高人民法院、最高人民检察院、公安部、司法部、国家卫生计生委联合下发《暂予监外执行规定》，该规定附《保外就医严重疾病范围》，明确列举了可予保外就医的“严重疾病”范围。此外，2014 年 4 月 24 日，《全国人民代表大会常务委员会关于〈中华人民共和国刑事诉讼法〉第二百五十四条第五款、第二百五十七条第二款的解释》从程序上明确了“严重疾病”病情诊断和生活不能自理等问题的鉴别主体为人民法院负责组织进行。2014 年 12 月 11 日，最高人民法院印发《最高人民法院关于罪犯交付执行前暂予监外执行组织诊断工作有关问题的通知》，进一步从程序上明确了保外就医“严重疾病”等问题的判断标准。2016 年 7 月 26 日，最高人民法院印发《罪犯生活不能自理鉴别标准》，明确了生活不能自理的判断标准。

近年来，陆续有地方高院出台文件，明确了当地监外执行“严重疾病”的医学诊断医院以及组织诊断主体等问题，如《上海市高级人民法院、上海市人民检察院、上海市公安局、上海市卫生和计划生育委员会、上海市司法局关于指定罪犯暂予监外执行医学诊断医院的通知》《内蒙古自治区高级人民法院关于罪犯交付执行前暂予监外执行组织诊断工作实施细则（试行）》《贵州省人民政府办公厅关于明确保外就医诊断医院的通知》等。可以说，我国罪犯暂予监外执行组织诊断的规范体系已经基本形成。

（二）取保候审等制度下“严重疾病”的判断难题

与监外执行组织诊断体系形成强烈对比的是，取保候审、监视居住、中止审理制度下的“严重疾病”解释和规定却基本还处于空白状态，司法实践情况也较为混乱。然而相比于监外执行，这三项制度分别处于审判前和审判中，特别是取保候审和监视居住，同样关乎犯罪嫌疑人、被告人的重大诉讼利益，对于这些制度下“严重疾病”的范围也是亟待明确的。笔者认为，在取保候审等制度下“严重疾病”的判断主要面临如下问题：

1. “严重疾病”的范围缺乏明确规定。取保候审是刑辩律师的重要工作之一，但取保候审“严重疾病”范围的缺失给律师带来了很大障碍。因此，律师在为犯罪嫌疑人、被告人申请取保候审时，往往参照保外就医严重疾病的范围。从体系解释的角度来讲，一方面，二者同属于《刑事诉讼法》，第67条和第265条的“严重疾病”应当具有相同含义，因此参照适用不无道理。但是另一方面，保外就医的对象是已被判决的罪犯，而取保候审、监视居住的对象是尚未被判决的犯罪嫌疑人、被告人，毕竟两者主体不同，这也给体系解释造成了障碍。

2. “严重疾病”的诊断和审查程序缺乏规定。立法除了没有明确界定“严重疾病”的范围，也没有规定其诊断和审查的方式。要证明存在“严重疾病”需要什么医院诊断、哪个部门审查、需要什么证据材料都不清楚。这给辩护人的工作带来了极大困难，也不利于对犯罪嫌疑人、被告人权利的保护。

3. 如存在不当司法理念的影响，“严重疾病”的范围将被压缩。在被法律忽视的角落，权力容易肆虐。正如有论者指出：“严重疾病”的认定标准不一、程序混乱，在重打击、轻保护的执法理念左右下，司法人员主观上不可避免地对患有严重疾病的范围作出最狭义的解释，基本上以“会不会死人”判断是否患有严重疾病，认为只要不死人，就可以逮捕、羁押。从求稳角度出发，司法人员宁可对一些确患有严重疾病的嫌疑人作出逮捕决定[①]。可以说这种行为违背了“严重疾病”概念的设立初衷，也违背了《刑事诉讼法》保障人权的精神。

---

① 赵淑丽：《应当对“患有严重疾病”作出立法解释》，http：//news. sina. com. cn/c/2006-10-09/144411190305. shtml。

（三）“严重疾病”在取保候审实践中的适用状况

根据笔者所检索到的资料，因“严重疾病”被办理取保候审的案例非常少。以北京市公安局某分局为例，其2007年至2009年因“严重疾病”办理取保候审的数据如下表：

表34　某公安局2007年至2009年办理取保候审数据

年份	抓获犯罪嫌疑人总数	取保候审人数	因“严重疾病”被取保候审人数	因“严重疾病”被取保候审人数占所有取保候审人数的比例（%）
2007	1061	314	5	1.6
2008	1206	349	1	0.3
2009	1350	475	2	0.4

（数据来源：宋健：《取保候审实证研究》，中国政法大学硕士学位论文。）

通过上表可见，因“严重疾病”被取保候审的人数极少、比例极低。当然，患有“严重疾病”的犯罪嫌疑人、被告人本来就是少数，这是以上数据形成的客观原因，但是也不排除因“严重疾病”范围不明确而难以以此为由办理取保候审的因素。毕竟，哪里有不受限制的自由裁量权，哪里就无法律制度可言。没有明确的法律规定，以“严重疾病”办理取保候审的空间容易被大大压缩。

三、对“严重疾病”统一的认定标准、认定程序亟待出台

“严重疾病”判断标准的长期缺失是刑事诉讼法律体系的一大缺憾。这一问题关乎犯罪嫌疑人、被告人的切身利益，应当尽快明确。

第一，应当明确“严重疾病”的范围，可以参照《保外就医严重疾病范围》规定的疾病种类确定，下发具体参考列表，使患病的被告人在何种情形下不被收押有章可循。

第二，应当明确“严重疾病”的诊断和审查程序。具体而言，应当明确有资格进行诊断或鉴定的医院以及医师资格，在司法机关内明确审查主体，明确“严重疾病”情节消失后恢复羁押或审理的程序。同时，可能还需要给予看守所一定财政支持，用于“严重疾病”的诊断和鉴定。

第三，应当明确认定“严重疾病”的主体、时效等。对于“严重疾病”情节，谁可以提出来、向谁提出来等问题都需要明确。如在侦查阶段、审查起诉阶段，分别由哪些机关负责“严重疾病”的认定，看守所在其中扮演什么角色，此外，还应当明确办案机关在接到申请后多长时间需要给予回复，因为“严重疾病”的诊疗本身就是一个非常急迫的过程，如果时效上没有严格规定，推来推去就可能出现问题了，对办案机关出现推脱责任或者延误办理导致嫌疑人疾病更严重或死亡的，应当明确其责任。

第四，要完善因“严重疾病”送到指定的医院就诊后如何保障律师会见权利的措施。因“严重疾病”被送往指定医院就诊的犯罪嫌疑人、被告人仍然是重要的诉讼主体，其诉讼权利不应因其所在地点的变化而受到影响。现实中，有些犯罪嫌疑人、被告人因“严重疾病”被送往指定医院就诊后，如送到监狱医院等，医院基本上不允许律师会见，这等于变相剥夺了辩护人和犯罪嫌疑人、被告人的权利。为了避免这种情形继续上演，应当完善相关配套措施，明确嫌疑人、被告人送到医院后，律师会见应当向什么机关提出，在律师提出会见后，应当在多长时间内安排会见等问题。如果没有法律强制性的规定，律师在此阶段的会见，只能是碰碰运气，这显然不利于保障犯罪嫌疑人、被告人及辩护人的合法权益。

总体而言，在监外执行中“严重疾病”相关组织诊断体系已较为成熟、实践经验已相对丰富的背景下，应当总结经验、归纳规律，尽快形成全面统一的“严重疾病”认定标准和程序，以维护嫌疑人、被告人权益，促进法治进步。

刑事涉案财物认定与处置的救济程序研究①

彭吉岳　封旺

“重实体权利、轻程序权利”“重人身权利、轻财产权利”可以说是我国刑事诉讼实践中目前存在的两大沉疴，而在涉案财物的认定与处置上，两病俱发。

财产权保护日益成为刑事诉讼的重点问题，以致中央三令五申保护民营企业和私有产权。对当事人合法财产权益的侵犯，并不是从生效判决对财产的处分开始，而是有可能在侦查、起诉的过程中，便随着违法查封、扣押、冻结等措施的实施便侵害到了当事人或第三人的合法利益。

因此要真正理解刑事涉案财物认定与处置中的问题，必须全面领会“涉案财物”在实体和程序上两方面的意义，从而才能够全流程地、综合地构建救济制度。

一、“涉案财物”的范畴

（一）“涉案财物”概念的两个出发点

在刑事诉讼法律体系中，对“涉案财物”的概念没有统一的表述。笔者认为，要准确理解一个概念，除了要理解文字上的描述，更要把握其精神主干。《刑法》及《刑事诉讼法》分别从不同角度勾勒出了“涉案财物”的核心含义。

1. 实体内涵：《刑法》第 64 条规定：“犯罪分子违法所得的一切财物，应当予以追缴或者责令退赔；对被害人的合法财产，应当及时返还；违禁品和供犯罪所用的本人财物，应当予以没收。没收的财物和罚金，一律上缴国库，不得挪用和自行处理。”

---

① 本文收录于湖北省法学会律师法学研究会、西北政法大学刑事辩护高级研究院等主办的“纪念刑法、刑事诉讼法实施四十周年暨刑事辩护制度发展与展望高端论坛”论文集，2019 年 11 月 30 日。笔者在办理张某某组织、领导传销活动一案时，对该案涉案财物处置问题向办案机关多次表达了意见，最终避免了涉案财物被违法处置。笔者有感于该案，撰写了本文，呼吁实务界关注涉案财物处置问题。

这是从实体层面的界定，站在经过法院审理及裁判完毕时的角度，对涉案财物进行归类及定性。根据上述规定，“涉案财物”包括三个基本类别：违法所得、违禁品和犯罪工具（被害人合法财产与犯罪无关），所对应的处置方式分别是：追缴或责令退赔、没收。

2. 程序内涵：《刑事诉讼法》第141条第1款规定：“在侦查活动中发现的可用以证明犯罪嫌疑人有罪或者无罪的各种财物、文件，应当查封、扣押；与案件无关的财物、文件，不得查封、扣押。”

《刑事诉讼法》第144条第1款规定：“人民检察院、公安机关根据侦查犯罪的需要，可以依照规定查询、冻结犯罪嫌疑人的存款、汇款、债券、股票、基金份额等财产……”

上述基本规定涵盖了刑事诉讼中“对物的强制措施”[①] 的全部类型，由此解读“涉案财物”，则是站在诉讼中的角度，以证据价值为中心，主要不是考虑财物的权属和处分措施，凡是可以作为证据的财物均为“涉案财物”，但该规定过于原则，为“涉案财物”内含的扩张埋下了隐患。

（二）司法解释及其他相关文件中“涉案财物”含义的演进

以上述《刑法》及《刑事诉讼法》相关规定为基本出发点，司法解释中“涉案财物”相关概念分别沿着实体和程序两条路径有所演进。

1. “涉案财物”实体性含义演进

《最高人民法院关于适用〈中华人民共和国刑事诉讼法〉的解释》第509条规定，实施犯罪行为所取得的财物及其孳息，以及被告人非法持有的违禁品、供犯罪所用的本人财物，应当认定为《刑事诉讼法》第280条第1款[②]规定的“违法所得及其他涉案财产”。

2012年《人民检察院刑事诉讼规则（试行）》[③] 第523条规定，依照《刑法》规定应当追缴其违法所得及其他涉案财产的，犯罪嫌疑人实施犯罪行为所取得的财物及其孳息以及犯罪嫌疑人非法持有的违禁品、供犯罪所用的本人财物，应当认定为违法所得及其他涉案财产。

---

① 《刑事诉讼法》中单列“强制措施”一章，限于对人的强制措施，有学者将“侦查”一章中，对涉案财物、文件采取的侦查手段，称之为“对物的强制措施”。

② 现行《刑事诉讼法》第298条。

③ 现已失效。

上述两个文件，将“涉案财物”的实体含义进一步含括进“违法所得的孳息”，并将违禁品、犯罪工具限定为犯罪嫌疑人、被告人本人持有。

2. “涉案财物”程序性含义演进

2015 年《公安机关涉案财物管理若干规定》第 2 条规定，本规定所称涉案财物，是指公安机关在办理刑事案件和行政案件过程中，依法采取查封、扣押、冻结、扣留、调取、先行登记保存、抽样取证、追缴、收缴等措施提取或者固定，以及从其他单位和个人接收的与案件有关的物品、文件和款项，包括:（1）违法犯罪所得及其孳息;（2）用于实施违法犯罪行为的工具;（3）非法持有的淫秽物品、毒品等违禁品;（4）其他可以证明违法犯罪行为发生、违法犯罪行为情节轻重的物品和文件。

2015 年《人民检察院刑事诉讼涉案财物管理规定》第 2 条规定，本规定所称人民检察院刑事诉讼涉案财物，是指人民检察院在刑事诉讼过程中查封、扣押、冻结的与案件有关的财物及其孳息以及从其他办案机关接收的财物及其孳息，包括犯罪嫌疑人的违法所得及其孳息、供犯罪所用的财物、非法持有的违禁品以及其他与案件有关的财物及其孳息。

上述规定沿着“涉案财物”程序性含义自然演进，“原件有关的物品”“与案件有关的财物”超出了《刑法》第 64 条所明确的“涉案财物”的实体含义。但各自的理解是有差异的，即检察机关强调“涉案款物”的可强制性，即财产的非法性；公安机关强调“涉案财物”的证据价值，而不论其合法与否。①

此外，在一些具体犯罪中，“涉案财物”有着较为具体的含义。例如，在涉黑案件中，《最高人民法院关于审理黑社会性质组织犯罪的案件具体应用法律若干问题的解释》《最高人民法院、最高人民检察院、公安部办理黑社会性质组织犯罪案件座谈会纪要》规定，在涉黑犯罪中的“涉案财物”包括和社会性质组织及其成员聚敛的财物及收益，包括通过违法犯罪手段和其他不正当手段聚敛的全部财物。

2015 年《最高人民法院全国部分法院审理黑社会性质组织犯罪案件工作座谈会纪要》以及 2019 年《最高人民法院、最高人民检察院、公安部、司法

---

① 闫永黎:《刑事诉讼中涉案财产的基本范畴》，载《中国人民公安大学学报（社会科学版）》2013 年第 3 期。

部关于办理黑恶势力刑事案件中财产处置若干问题的意见》更加具体地规定了在涉黑涉恶案件中可以先行查封、扣押、冻结以及应当追缴、没收的情形。

从程序角度讲，涉黑涉恶案件中的“涉案财物”囊括了黑恶势力组织及犯罪嫌疑人个人财产、实际控制的财产、出资购买的财产、转移至他人名下的财产，对此均可现行查封、扣押、冻结，这恐怕已经超出了“与案件有关”的范畴。从实体角度讲，其他主体资助黑恶势力的财产以及黑恶势力的合法财产中实际用于支持该组织活动的部分，也被纳入应当追缴、没收的范围。

通过以上梳理可以发现，在司法解释及相关司法文件中，“涉案财物”概念实体及程序层面的含义均有所扩张。在实体层面，由于《刑法》第64条划定了涉案财物的三种基本类型，含义没有明显扩张；在程序方面，由于《刑事诉讼法》划定的语意出发点本就有较大开放性，导致法律法规在进一步的规定中缺乏必要的文义解释的限制，从而具有很强的“实用主义”色彩。

（三）“涉案财物”概念的演变逻辑

在理论界与实务界，经常出现将“刑事涉案财物”与“查封、扣押、冻结之物”“赃款赃物”“违法所得”混用的现象。[①] 这种观点一方面没有明确区分涉案财物的实体含义与程序含义，另一方面也是受到刑事涉案财物相关概念演变的影响。

对刑事诉讼中相关财物的称谓，经历了由“赃款赃物”到“涉案财物”的演变，这种演变反映了对待刑事涉案财物理念的变化。

最高人民法院、最高人民检察院、公安部、财政部于1965年联合发布的《关于没收和处理赃款赃物若干问题的暂行规定》即采用了“赃款赃物”的称谓；1996年《刑事诉讼法》在涉案财物处置的相关规定中也使用了“对被扣押、冻结的赃款赃物及其孳息”的表述。

“赃款赃物”中的“赃”字本身就带有否定性评价，而“涉案财物”则属于一个中性词语。[②] 此外，“赃款赃物”倾向于对财物的实体定性，而“涉案财物”则能够容纳进程序内涵。

由“赃款赃物”到“涉案财物”，语意范围和制度价值的内涵进一步扩

---

① 乔宇：《刑事涉案财物处置程序》，中国法制出版社2018年版，第8页。

② 方柏兴：《论刑事诉讼中的“对物之诉——一种以涉案财物处置为中心的裁判理论”》，载《华东政法大学学报》2017年第5期。

大。现阶段，涉案财物含义边界模糊，实质上有演化成“相关财物”的趋势——凡是与案件有关的财物，都在采取强制措施或处分措施之列，而何为“相关”，标准流于任意，这种趋势值得警惕。

二、涉案财物的处置程序

与涉案财物的两种含义相对应，对涉案财物的处置也可以从程序和实体两个进路分析。

1. 涉案财物处置的程序进路

从程序意义上讲，对涉案财物的处置措施包括查封、扣押、冻结等，主要是指侦查人员对涉案财物进行查获并采取控制性措施的行为。

这一阶段涉案财物的处置程序主要具有以下目的：

第一，证据保全。在我国刑事诉讼中，搜查、扣押、查封、冻结等措施的采用是出于授集实物证据的需要，并与涉案财物处置问题发生关联。因为部分实物证据本身就属于涉案财物，典型的如在侵财型案件中的盗窃物、抢劫物、骗取物、侵占物等。①

第二，财产保全。为了确保刑事判决的财产部分得到顺利执行，在侦查过程中对涉案财物采取强制措施，可以防止其被隐匿、出卖或转移等。

第三，社会防卫。对涉案财物先行进行控制，可以防止犯罪嫌疑人继续利用该财物实施犯罪行为，从而达到社会保护的目的。

本阶段涉案财物的处置所面临的主要矛盾是追诉犯罪和财产权保护之间的矛盾。诚然，出于指控犯罪、搜集证据等目的，需要广泛调查相关涉案财物，但在强大的侦查权背景下，如何保障对合法财产权的保护，是一个应当引起注意的问题。

2. 涉案财物处置的实体进路

对涉案财物的实体处分，是指经人民法院依法裁判之后，根据不同的财物性质所进行的追缴、责令退赔以及没收行为。

人民法院对涉案财物的处置具有终局性，如果说侦查阶段出于调查取证的需要而对涉案财物的范围有所扩张，那么本阶段则应对涉案财物范围进行严格限缩，对已被查封、扣押、冻结的财物进行仔细筛选，排除与案件无关

① 熊秋红：《刑事诉讼涉案财物处置程序检视》，载《人民检察》2015 年第 13 期。

的财物，避免侵害被告人及第三人合法财产权。

目前，我国刑事诉讼中，人民法院对于涉案财物的审查处理程序还有所欠缺，存在随意处置、不处置等乱象。

三、涉案财物处置程序中存在的主要问题

1. 范畴不清——扩大化

刑事涉案财物范畴不清，一方面，是指这一概念缺乏统一的规定，文义界限不清；另一方面，是指司法实践中在对涉案财物进行认定和处置时弹性过大。

刑事涉案财物范畴的扩大化，首先体现在侦查行为上。如前所述，对涉案财物的强制措施同时具有证据保全和财产保全的功能，因为证据保全只能适用于那些具备证据作用的涉案财物，对无证据作用的财物不能采取证据保全措施，但司法机关出于保证涉案财物裁判的可执行性，不得不将不具有证据作用的涉案财物也纳入证据保全范围，扩大适用现象也就在所难免。[①]

法院在涉案财物的权属审查方面也存在诸多问题，如法院基本上不对涉案财物处置的事实进行专门调查，对涉案财物属性调查时应达到什么样的证明标准也不明确；如何保障案外人或者利害关系人参与涉案财物处理的诉讼程序等没有明确的程序依据等。[②]

2. 程序不严——任意化

在侦查及审查起诉阶段，对涉案财物的处置没有严格的程序限制，存在的主要问题有：有关部门没有经过立案程序，就非法查封、扣押、冻结财物；超范围查封、扣押、冻结与案件无关的合法财物，且拒不返还；随意冻结企业账户，影响其正常经营活动等。这种随意处置涉案财物的行为，还带来了“保管不规范”“移送不顺畅”“信息不透明”“处置不及时”以及“救济不到位”等方面的问题，既损害了当事人的合法财产权益，也严重影响了司法的公信力。在一定程度上，对刑事涉案财物的随意处置，被社会各界视为司法不公的主要表现之一。[③]

---

① 吴光升：《刑事涉案财物处理程序研究》，法律出版社 2018 年版，第 109 页。

② 福建省厦门市中级人民法院刑二庭课题组：《刑事涉案财物处理程序问题研究》，载《法律适用》2014 年第 9 期。

③ 张先明：《切实规范刑事诉讼涉案财物的处置工作——中央司改办负责人就〈关于进一步规范刑事诉讼涉案财物处置工作的意见〉答记者问》，载《人民法院报》2015 年 3 月 5 日。

在法庭审理阶段，即使检察机关提出了追缴涉案财物的请求，法院也不会对此进行专门的法庭审理程序，而是在对定罪量刑问题作出裁判之后，附带解决了没收违法所得及其他涉案财物的问题。于是，在没有对涉案财物的范围进行法庭调查、没有对追缴或退赔问题进行法庭辩论的情况下，法院就直接对涉案财物作出了权威性的处置。①

3. 立场不公——倾向化

我国刑事诉讼制度的一大特征在于对侦查等行为缺乏中立的第三方审查机制。在侦查阶段涉案财物的处理上，侦查机关随意查封、扣押、冻结甚至违法拍卖、变现等现象并非少数，因为侦查机关既是强制措施的实施者，又是决定者。

侦查机关滥用涉案财物处置权的问题，更多的是公检法三机关相互配合、相互制约的司法体制所带来的结果。而要解决这一问题，就需要从根本上剥夺侦查机关查封、扣押、冻结、拍卖、变现的决定权，引入司法审查机制，由中立的司法机关通过诉讼程序来发布相关的许可令状，并给予相关利害关系人获得司法救济的机会。②

4. 利益相关——根本动因

在一切违法认定和处置涉案财物行为的背后，有着深刻的经济利益动因，如果办案机关能够从追缴或没收的涉案财物中获取办案经费甚至非法利益，其自然难以在办案过程中严守中立。

《刑法》第 64 条明确规定：“没收的财物和罚金，一律上缴国库，不得挪用和自行处理。”然而在办案经费上虽然实行的是一种收支两条线的制度，办案经费不能与办案机关罚没收入直接挂钩，但一般都按一定比例将罚没收入作为办案经费返还办案机关。在这种情况下，罚没收入越多，所得办案经费也就越多。在这种利益驱使下，裁决者要想保持中立地位也就很难。③

---

① 陈瑞华：《刑事对物之诉的初步研究》，载《中国法学》2019 年第 1 期。

② 陈瑞华：《刑事对物之诉的初步研究》，载《中国法学》2019 年第 1 期。

③ 吴光升：《刑事涉案财物处理程序的正当化》，载《法律适用》2007 年第 10 期；夏鹏程、李鑫、董晓龙：《关于政法机关经费保障问题的思考》，载《地方财政研究》2009 年第 7 期。

四、对涉案财物认定与处置问题的救济手段

（一）现行法律制度内既有的救济手段

刑事涉案财物的认定和处置制度虽然存在种种问题，但至少在立法层面已经设置了一定的限制措施和救济手段，这是当事人权利救济的基本依据。

1. 犯罪嫌疑人、被告人的救济手段

第一，对财物相关性的审查。《公安机关办理刑事案件程序规定》《公安机关涉案财物管理若干规定》《最高人民法院、最高人民检察院、公安部、司法部关于办理黑恶势力刑事案件中财产处置若干问题的意见》以及《人民检察院刑事诉讼规则（试行）》等规范当中，均有审查甄别相关财物是否与案件有关的规定。面对侦查机关超范围查封、扣押、冻结财物的行为，当事人可以依据上述规定提出异议。

第二，对非涉案财物的返还。除了审查甄别财物是否与案件有关，相关规范还明确了对非涉案财物的返还时限。例如，《人民检察院刑事诉讼规则（试行）》规定，“经查明确实与案件无关的，应当在三日以内解除查封或者予以退还”；《公安机关涉案财物管理若干规定》规定，“经查明确实与案件无关的，应当在三日以内予以解除、退还，并通知有关当事人”。

第三，涉案财物清单的随案移送。《最高人民法院关于适用〈中华人民共和国刑事诉讼法〉的解释》规定人民法院作出的判决，应当对查封、扣押、冻结的财物及其孳息作出处理。涉案财物未随案移送的，应当在判决书中写明，并写明由查封、扣押、冻结机关负责处理。查封、扣押、冻结的财物属于被告人合法所有的，应当在赔偿被害人损失、执行财产刑后及时返还被告人；财物未随案移送的，应当通知查封、扣押、冻结机关将赔偿被害人损失、执行财产刑的部分移送人民法院。

第四，诉讼终结前不得处置财物。侦查机关对涉案财物的查封、扣押、冻结是程序性措施，其对涉案财物有控制权而无处分权，只有经过人民法院依法裁判之后才可以对涉案财物进行实体上的处分，由此可以在一定程度上限制审前阶段办案机关对涉案财物的违法处置。

第五，强调对涉案财产的法庭调查。《最高人民法院关于适用〈中华人民共和国刑事诉讼法〉的解释》第 364 条强调了对涉案财物的法庭调查，规定在法庭审理过程中，对查封、扣押、冻结的财物及其孳息，应当调查其权属

情况，对于不能确认系违法所得或者依法应当追缴的其他涉案财物的，不得没收，以保护财产所有人的合法权益。

2. 第三人及利害关系人的救济手段

第三人及利害关系人的救济手段主要体现在案外人异议制度。《最高人民法院关于适用〈中华人民共和国刑事诉讼法〉的解释》确立了案外人异议制度，规定案外人对查封、扣押、冻结的财物及其孳息提出权属异议的，人民法院应当审查并依法处理。

（二）现行救济手段的效果

通过前述分析可以发现，虽然涉案财物的认定与处置程序还存在不统一和粗疏等问题，但是在很多具体问题上其实已经有了相关规范。但从对司法实践的观察而言，上述救济权利在现实中可能效果有限，笔者认为原因主要可能有：

首先，对违法认定和处置涉案财物的行为没有惩罚后果。根据法学理论，一个完整的法律规范应当由三部分构成：假定条件、行为模式和法律后果，对于涉案财物认定和处置的相关规范，往往不具有法律后果的要件，即办案机关即便没有严格依法认定和处置涉案财物，实际上也不会遭受任何不利后果，这就使得相关规范的实效性大打折扣。

其次，庭审中心主义尚未得到充分落实，人民法院对于涉案财物的审理程序尚未充分发挥作用。以案外人异议为例，虽然有关司法解释规定了案外人异议程序，但是如何保障案外人或利害关系人参与涉案财物处理的诉讼程序，对于案外人提出异议的渠道、方式、期限，对案外人异议的处理程序，以及案外人以什么身份参加刑事诉讼，在法庭中如何举证、质证、认证等，相关解释均没有作进一步规定。

（三）涉案财物救济制度的完善

刑事涉案财物具有实体和程序两方面的内涵，相关制度也因循这两种逻辑而构建，而涉案财物制度所集中暴露的问题也与此密切相关。程序上为了证据保全和财产保全而任意扩大涉案财产范畴；实体上缺乏审查处理涉案财产的庭审程序，使得涉案财产从被查控之初到最终处分都风险重重，即便相关法律规范已经明确了部分救济手段，但效果却不太令人满意。

鉴于此，笔者认为要真正解决涉案财物认定与处置的问题，必须着眼于制度背后的运行机制，至少应当进行以下两方面的尝试：

首先，建立对涉案财物查封、扣押、冻结的中立第三方审查机制。权力需要制约，对财产进行查获和控制的程序被称为“对物的强制措施”，在对人的强制措施中，如逮捕措施，需要检察院批准，以限制侦查权，防止对犯罪嫌疑人人身自由的不当剥夺。与之相对，在对涉案财物采取强制措施时，也可以建立中立第三方审查机制。当然，为了避免影响侦查效率，这种审查可以是事后的，经审查与案件无关的财产应当返还。引入制约机制，充分发挥公检法机关相互制衡的作用，更有利于对当事人合法财产权的保护。

其次，进一步贯彻庭审中心主义，建立审理涉案财物的专门程序，并确立利害关系人参与规则。设置相对独立的财物处理程序，通过专门的法庭调查和法庭辩论，一方面有利于被告人在审判程序中提出有针对性的辩护，另一方面也有利于其他利害关系人及时参与程序以保护自己的合法权益。

综上，刑事涉案财物认定与处置程序的建构和完善，既要满足程序层面证据保全及财产保全等功能，又要满足实体层面的最终精确处理，这是一个复杂的工程，需要结合刑事诉讼基本原理、司法实践经验不断推敲和总结，以期充分维护当事人合法权益，维持公民对司法的信心。

以案说法丨受贿罪中“及时退交”的审查认定[①]

彭吉岳　封旺

刑事司法的重要目标之一是改造犯罪人。在刑法冷峻的面孔下，也有一颗温暖的心。犯罪并非不归之路，刑法处处都给走上犯罪道路的人架起一道回归的金桥。就受贿罪而言，2007年最高人民法院、最高人民检察院联合发布了《关于办理受贿刑事案件适用法律若干问题的意见》（以下简称《意见》），对行为人收受财物后退还或者上交的问题作出了规定，可以说是受贿罪犯罪嫌疑人回归的金桥。然而，囿于语言固有的模糊性和现实的复杂性，这座“桥”有多宽、什么人才能过等问题还充满争议。笔者在此结合司法判例对此进行分析，以期总结实践规律，指导行为方式。

一、《意见》规定及其法理逻辑

《意见》第9条规定：“国家工作人员收受请托人财物后及时退还或者上交的，不是受贿。国家工作人员受贿后，因自身或者与其受贿有关联的人、事被查处，为掩饰犯罪而退还或者上交的，不影响认定受贿罪。”

《意见》属于司法解释，对《刑法》相关条文的含义作出解释和说明。《刑法》是《意见》的基础，《意见》不能超出《刑法》条文的语意射程。具体而言，对《意见》第9条的理解，应当严格遵循罪刑法定原则，站在受贿罪构成要件的基础上进行解读。《意见》第9条是结合“及时退交”行为对受贿罪的成立与否作出的规定，“不是受贿”是指受贿罪不成立。“及时退交”行为影响到罪与非罪，题中之义就是这一因素阻却了受贿罪的某一构成要件。

一般认为，《意见》第9条涉及受贿故意的成立。国家工作人员收受请托

---

① 笔者办理的张某某受贿、巨额财产来源不明一案，张某某虽然受贿金额巨大，但是大部分在案发前就已退还给了行贿人。根据《最高人民法院、最高人民检察院关于办理受贿刑事案件适用法律若干问题的意见》，及时退交赃款有不被认定为受贿罪的解读空间。为研究何为“及时退还或上交”，以及不同退还、上交情形对量刑的不同影响，笔者在检索相关案例的基础上撰写了本文。

人财物后及时退还或上交，表明其没有受贿的故意，因此不构成犯罪；相反，如果行为人退交财产是由于特定事由（自身或者与其受贿有关联的人、事被查处）、出于掩饰犯罪的动机，则说明其具备受贿故意，犯罪仍然成立。

通过“及时退交”行为分析行为人是否具备受贿故意，进而判断受贿罪是否成立，是《意见》第9条的内在法理逻辑。

在此指导思想下，首先可以确定的是，索贿行为不适用本条款。因为在索贿案件中，行为人具有明显而强烈的受贿故意，财物一经收受，犯罪事实就已经达成主、客观的统一，犯罪便已宣告成立。相关司法判决也持此种观点，海南省第一中级人民法院（2015）海南一中刑监字第19号驳回申诉通知书写道：“（申诉人林道理）身为戒毒所民警，利用职务上的便利，向戒毒人员符方荡索要人民币30000元，并答应帮助符方荡办理提前解除强制戒毒，你要求符方荡先付人民币20000元，事成之后再付人民币10000元。符方荡通过其亲友送给你人民币20000元。可见，你主观上明显具有受贿的犯罪故意，你的行为已构成受贿罪。无论你事后是否将索贿的人民币20000元退还当事人，均不影响受贿罪的认定。”

二、《意见》的模糊地带——何为“及时退交”

《意见》第9条第1款和第2款分别规定了两种界限清晰的极端情形，这两种情形在司法实践中不难认定。真正使人产生困惑和争议的是中间情形，即行为人收受财物时有受贿故意或主观上不明确反对收受贿赂，后来因相关人、事被查处以外的其他原因退交财物的，是否构成受贿罪。对于此问题，司法裁判的观点存在分歧，大致分为两派。

1. 只要行为人收受财物时具备受贿故意就成立受贿罪，后续退交属于犯罪既遂后的行为，不影响犯罪成立。在罗楚帆受贿案中，被告人罗楚帆利用职务便利，收受卢某财物26万元并承诺为其谋取利益，后因事未办成，在卢某要求下，罗楚帆退回了26万元款项。广州中院（2016）粤01刑终1590号刑事裁定书认为：“本案中，现有证据证实，罗楚帆在2008年至2009年间多次收取卢某贿送的好处费26万元，其受贿行为已完成。后因请托事项不能完成，罗楚帆在卢某的要求下分别在2012年、2014年退回部分款项的行为，并不属于法律规定的‘受贿后及时退还或者上交’，不影响其受贿数额的认定。”广东省高院（2018）粤刑终61号刑事裁定书持同样观点，关于陆永掌受贿、行贿案，裁定书写道：“在案证据证实，陆永掌在接受请托人请托后，陆续收受了周某给予的人民币 400 万元、美元 2 万元、港币 10 万元和一些礼品。同年八九月份，因未达到洪某 2 等人的不法目的，洪某 2 等人通过周某要求陆永掌退还相关款项。至此，陆永掌才将人民币 300 万元退还给周某……陆永掌收取相关财物近 4 个月以后，才在请托人的要求下退还部分款项，依法不属于及时退还的情形，已退还的人民币 300 万元属于受贿犯罪既遂。”

然而，对于以上这种收取财物后因未成功谋取到利益而退还的案例，也有裁判持不同观点。在马某某受贿案中，马某某利用本人在刑警大队工作的便利条件，多次与江效齐案件承办单位负责人李松峰及承办人李桂锋联系，给江效齐讲情。约十天至二十天后，江子国在儿子江效齐一直未能释放的情况下，要求马某某退钱，于是马某某退给江子国现金 5 万元。开封中院（2010）汴刑终字第 51 号刑事判决书认为：“被告人马某某收受请托人现金 7 万元，目的是帮请托人谋取不正当利益，现有证据不能确认其个人对这 7 万元有完全占有的主观故意。由于其没有为请托人谋取到不正当利益，在收到钱后不久应请托人的要求退还了 5 万元，因此将 7 万元完全认定为被告人马某某的受贿犯罪数额不当，可按照实际得到的数额认定其犯罪数额。”

2. 不属于《意见》第 9 条第 2 款的情形原则上认定为无罪。第一种观点对《意见》的适用范围把握得较为严格，另有司法观点掌握得相对宽松。有司法观点认为，《意见》第 9 条第 2 款是对犯罪成立的规定，因此可对其作反对解释，不满足第 2 款的行为原则上认定为无罪。如此一来，就不用再纠结被《意见》忽略的中间情形或模糊地带，按无罪处理即可。在鲍某某受贿案中，焦作中院（2015）焦刑一终字第 00038 号刑事裁定书认为：“对于事后返还或上交财物的行为能否认定为受贿罪，关键在于是否‘及时’上。从司法解释的规定来看，‘不及时’的界定有两个标准：一是客观上存在‘自身或与其受贿有关联的人、事被查处’的情形；二是主观上‘为掩饰犯罪’，同时符合这两个条件的，事后返还或上交财物，仍不影响受贿罪的认定。相反，两者均不符合或者仅仅符合其中之一的，应当排除受贿罪的认定。”与此相似，在朱某受贿罪中，芜湖中院（2013）芜中刑终字第 00316 号刑事裁定书认为：“关于《意见》中的‘及时退还’如何认定为及时，现有法律并未给予明确规定，但对于案发前退款的，在排除系掩饰犯罪的情况之外的，应贯彻宽严相济的刑事政策，充分发挥司法的感化、教育功能，依据收受时间长短、数额大小等，对个案进行处理。具体到本案中，从时间上看，原审被告人朱某受贿与退还贿赂之间间隔约 10 个月；从退还数额看，退还了大部分贿赂款；从危害后果看，原审被告人朱某收受贿赂后，亦未造成损失。综合该受贿行为的严重程度、主观恶性及社会危害性等方面，对于其案发前退还的 6 万元贿赂款，可不作为犯罪处理。”

然而对这种观点存在的争议在郑家雄受贿案中充分体现了出来。该案历经五次审判、两次改判。美兰法院于 2009 年 5 月 27 日作出（2009）美刑初字第 159 号刑事判决，以受贿罪判处被告人郑家雄有期徒刑 10 年。本案在法定期限内没有上诉、抗诉。后郑家雄不服，向海口中院提出申诉。海口中院于 2011 年 5 月 25 日作出（2011）海中法刑再终字 1 号刑事裁定，撤销原判并发回美兰法院重审。美兰法院于 2011 年 10 月 11 日作出（2011）美刑再初字第 1 号刑事判决（以下简称再一审判决），以受贿罪改判被告人郑家雄有期徒刑 5 年。海口市美兰区检察院不服该判决，通过海口市人民检察院向海口中院提出抗诉。海口中院于 2011 年 12 月 22 日作出（2011）海中法刑再终字第 2 号刑事裁定（以下简称再二审裁定），驳回抗诉，维持原判。海口市人民检察院对该裁定不服，提请海南省人民检察院向海南省高级人民法院提出抗诉。

郑家雄 2004 年前后收受刘某某 13 万元财物，因未兑现为其谋取利益的承诺，郑家雄于 2006 年将财物退还。关于此行为是否属于及时退还，再一审判决认为：“被告人在案发前的 2006 年 9 月，也就是在本案案发的两年前，将港币 10 万元（以人民币替代）和人民币 3 万元退还行贿人，不是因自身或者与其受贿有关联的人、事被查处，不是为掩饰犯罪而退还的，可认定为及时退还。”再二审裁定认为，本条司法解释的立法本意是鼓励受贿人主动、积极退赃，对再一审判决的观点表示认可。对此，海口市检察院抗诉称：“再二审裁定理由违背罪刑法定的原则，再二审裁定里有必然得出‘只要在案发前退还，且原因不是因自身或者与其受贿有关联的人、事被查处，不是为掩盖犯罪而退还或者上交的，均不构成受贿罪’的结论，必然会将很多在案发前退还但已构成受贿犯罪的情形作为不犯罪处理，与《刑法》关于受贿罪的规定不符。”最终，海南省高级人民法院（2012）琼刑再抗字第 1 号判决书认为：“本条司法解释的立法本意是鼓励受贿人主动、积极退赃，从而规定国家工作人员收受财物后及时退还或者上交的不构成受贿罪。原审被告人郑家雄在收受港币 10 万元 5 年、收受人民币 3 万元 2 年之后才退还，其占有、使用受贿款的时间长达数年，且不存在不可抗力等不能退还的客观障碍，其退还行为明显不符合‘两高《意见》’关于‘及时退还’的时间要求。另外，原审被告人郑家雄是在行贿人刘某某称‘不退还就告发’的情况下退还的，主观上有非法占有该两笔受贿款的故意，没有‘两高《意见》’中‘主动’退还的主观自愿性。因此，再一、二审认定构成‘及时退还’属认定事实错误，适用法律不当，检察机关的抗诉意见成立。”

以上是“及时退交”行为对定罪的影响，此外，即便退交不及时，但作为良好认罪态度的表现，退交行为也可能在一定程度上使裁判者减轻量刑。在陈敬俊受贿案中，陈敬俊于 2015 年 2 月非法收受施工单位青岛高田电筑设备工程有限公司总经理孙某甲（另案处理）贿赂的现金人民币 5 万元。2015 年 5 月 4 日，陈敬俊得知孙某甲被人举报的消息后，将赃款退还，案发后赃款已追缴。根据《意见》第 9 条第 2 款规定，其退交行为不影响对受贿罪的认定。但青岛市市南区法院认为，陈敬俊到案后能够如实供述所犯罪行，且案发前已退还全部赃款，犯罪情节较轻，依法可以免除刑罚。检察机关认为量刑畸轻，提起抗诉。青岛市中院作出（2016）鲁 02 刑抗 3 号刑事裁定，认为被告人陈敬俊虽然具有受贿的犯罪故意，但是其在检察机关发现线索进行查处之前已经主动将受贿款 5 万元退还给行贿人，其持有受贿款的时间不到 3 个月，且引发退款的缘由系内心恐惧和畏罪心理而主动退赃，可以认定其犯罪情节轻微，原审法院对其判决免予刑事处罚无明显不当，抗诉理由不能成立。

三、归纳总结

通过对司法案例的梳理和分析我们可以发现，《意见》第 9 条的模糊地带，目前还属于法官自由裁量的范畴，不同法院的判例和不同案例（甚至是相似）的裁判结果还不尽一致。一方面，这意味着关于“及时退交”这一辩点还有较大辩护空间，只要存在相应案情基础，就有说服裁判者的可能性；另一方面，可以从案例中总结归纳法院在认定“及时退交”行为时的考察点，以此作为辩护工作的参照。具体而言，律师应当重点分析以下几种因素：

1. 退交原因。因自身或者与其受贿有关联的人、事被查处，为掩饰犯罪而退还或者上交贿赂财物的行为不影响对受贿罪的认定，自不待言。一般情况下，因行贿人索要等原因退还财物的，被认定为“及时退交”的可能性比较小。如果行为人经过思想斗争，幡然悔悟而主动将之前收受财物返还的，被认定为“及时退交”的可能性相对较高。

2. 退交时间。虽然《意见》第 9 条中的“及时”并没有一个明确的期限，但退交时间仍是法官裁判时的重点考量因素。一般认为，及时，是指退交阻却因素消失后的合理时间。郑家雄受贿案中，其最长收受贿赂后 5 年返还行贿人都曾被认定为“及时”，这可谓是相当宽松的认定。相比之下，陆永掌收受贿赂后 4 个月返还行贿人仍没有被认定为“及时退交”。由此可见，对“及时”的理解，各地掌握的标准差距较大。

3. 退交主动性。《意见》第 9 条并没有明确提出主动性要求，但就法理而言，退交主动性是无受贿故意的必然要求。一般而言，被动退交（如被行贿人索要）很少被认定为“及时退交”。

综上，“及时退交”是受贿罪中一个重要辩点，它关乎行为人是否具有受贿故意，围绕这一点，辩护律师应当着重从退还或上交财物的原因、时间、主动性以及数额等角度综合分析、论述，以期说服法官，达到理想的辩护效果。

辩护律师如何运用认罪认罚从宽制度和速裁程序实现当事人利益的最大化[①]

彭吉岳　封旺

2014年6月，全国人大常委会授权最高人民法院、最高人民检察院在全国18个城市开展刑事案件速裁程序试点工作；2016年9月3日，全国人大常委会授权最高人民法院、最高人民检察院在18个城市开展刑事案件认罪认罚从宽制度试点工作。经过几年的摸索和积累，这两项制度已经酝酿成熟。2018年10月26日，《全国人民代表大会常务委员会关于修改〈中华人民共和国刑事诉讼法〉的决定》审议通过，认罪认罚从宽制度和刑事案件速裁程序正式被纳入《刑事诉讼法》之中。

新的制度变革对辩护律师既是挑战也是机遇。一方面，认罪认罚从宽制度和速裁程序的出发点是以国家本位为视角，对司法资源进行合理配置，以提高司法效率；另一方面，这两项制度也与犯罪嫌疑人、被告人以及辩护律师密切相关。如何以辩护律师的视角解读和运用认罪认罚从宽制度和速裁程序，以最大限度地维护当事人的利益，承担起辩护律师在司法改革大潮中应有的历史使命，是值得每一个辩护律师认真思考的问题。

一、刑事辩护律师需要宏观上理解认罪认罚从宽制度和速裁程序，微观上需要更加精细化辩护，不能在案件快办、好办的过程中忽视细节辩护

繁简分流的司法改革，是站在司法机关的视角进行考虑和架构的，目的是使司法机关能够更加迅速、高效地处理案件，虽然其中也涉及辩护权的配

---

① 本文刊载于西北政法大学刘仁琦教授主编的《中国刑事辩护》，社会科学文献出版社2019年版。笔者办理的孔某某贪污、受贿一案，涉案事实争议不是很大，笔者采取了协商型辩护的策略，在被告人全额退赃、认罪悔罪等基础上，积极与办案机关就量刑问题进行沟通协商，最终实现了量刑几乎比预期减半的辩护效果。笔者认为，在认罪认罚从宽的司法改革大潮下，如何有效、合理利用这一制度，争取当事人利益的最大化，是一个值得思考的问题，故而在研究后撰写了本文。

套设计，但本质上不是以辩护人为本位设计的。这也是为什么社会各界对此有担忧的声音，担心因追求效率而牺牲公正之原因。

1. 案件分流——不认罪案件和认罪案件

在认罪认罚从宽制度改革的主导之下出现一种趋势，刑事案件从宏观上被划分为认罪案件和不认罪案件两种。以前基本不区分是否认罪，都适用同一套流程、同一套辩护规则，认罪与否作为量刑情节，主要体现在裁判结果上，对刑事诉讼程序的进行影响不大。

现在相当于是从原来的干流当中，单独引出一条支流。这条支流就是随着认罪认罚从宽制度和速裁程序而出现的认罪案件，甚至这条支流的力量是巨大的，不乏将来有超过干流的可能。从社会现实来看，不可否认的是，在被立案侦查或者提起公诉的案件中，绝大多数犯罪嫌疑人或被告人确实是有罪的，除非一个国家的司法系统运转失灵，才会抓的“好人”比“坏人”多。在这种大背景下，加之认罪认罚从宽制度和速裁程序带来的利益引导，认罪认罚案件在将来很有可能成为主导。据报道，从 2016 年 11 月正式启动刑事案件认罪认罚从宽制度试点以来，截至 2017 年 12 月，广州、深圳两级检察机关共适用认罪认罚从宽制度处理案件 18354 件 20465 人，其中，提起公诉 17280 件 19222 人，占同期提起公诉数的 49. 61%。①

2. 认罪案件的精细化辩护

案件类型的分流导致辩护制度的分流，从目前的司法改革措施进行观察，将会出现这样一种现象：对不认罪案件的辩护有一套辩护规则，对认罪认罚的案件有另一套辩护规则。然而，随着认罪认罚制度和速裁程序的法律化，律师的辩护，不应当随着当事人认罪而有所削弱，应该更加关注各个诉讼环节上的精细化辩护，如何在认罪认罚的各个程序关键点进行精细化辩护，为认罪认罚者提供更好的专业辩护、有效辩护，刑辩律师需要紧跟司法改革的步伐。

二、辩护人如何利用认罪认罚从宽制度与速裁程序为当事人带来实际利益

认罪认罚从宽制度，是指对于犯罪嫌疑人、被告人自愿如实供认自己的罪行，对指控的犯罪事实没有异议，并愿意接受处罚的刑事案件，公安机关、

---

① 《广东试点认罪认罚从宽制度：一年适用案件 1. 8 万余件》，载华律网，http：//www. 66law. cn/laws/449013. aspx。

人民检察院、人民法院可以简化相关诉讼程序，并对被告人予以从宽处罚的一项制度设计。法律并没有限定该项制度的适用范围。

在认罪认罚案件中，基层人民法院管辖的可能判处3年有期徒刑以下刑罚的案件，案件事实清楚，证据确实、充分，被告人认罪认罚并同意适用速裁程序的，可以适用速裁程序。适用速裁程序审理案件，一般不进行法庭调查、法庭辩论，但在判决宣告前应当听取辩护人的意见和被告人的最后陈述意见。

笔者认为，这两项制度对犯罪嫌疑人、被告人至少带来以下三方面利益。

1. 程序变简洁带来时间上的利益

被告人认罪认罚会简化刑事诉讼程序，因为这种情况下控辩双方已经在很大程度上达成共识，法庭只需就争议事项进行处理，同时检察机关作出量刑建议，法院一般应予采纳，这也减小了审判人员的工作量，因此，认罪认罚案件的审理程序一般要比普通案件更加快捷。

特别是适用速裁程序的案件，程序上的快捷性更加明显。据抽样统计，自刑事案件速裁程序实施一年以来，检察机关审查起诉周期由过去的平均20天缩短至5.7天；人民法院速裁案件10日内审结的占94.28%，比简易程序高出58.40个百分点；当庭宣判率达95.16%，比简易程序高出19.97个百分点。①

根据“中国法院网”的一篇报道：2017年8月25日，王某驾车与另一车辆发生剐蹭事故。经鉴定，王某血液酒精浓度达到醉驾标准。当天，王某被依法刑事拘留。4天后，移送检察机关审查起诉并启动认罪认罚制度，同时通知律师为王某提供法律帮助。2017年8月30日，检察机关将案件起诉至天桥区人民法院，经审查案件并核对认罪认罚从宽制度各项法律文书的真实性、完整性，当天，天桥法院就对案件开庭审理，并当庭对王某作出了宣判。这起危险驾驶案从案发到宣判，只用了不到一周时间。

2. 强制措施改变概率变大的利益

认罪认罚还影响强制措施的适用。新《刑事诉讼法》第81条规定，犯罪嫌疑人是否认罪认罚，是办案机关作为是否可能发生社会危险性的考虑因素之一，影响着是否要对其进行逮捕。据调查，认罪认罚案件的犯罪嫌疑人、

① 《最高人民法院、最高人民检察院关于刑事案件速裁程序试点情况的中期报告》，载中国人大网，http：//www.npc.gov.cn/npc/xinwen/2015-11/03/content_ 1949929.htm。

被告人被取保候审、监视居住的占 42.2%，[①] 而 2016 年全国普通刑事案件的批捕率高达 77.6%，[②] 意味着只有 22.4%的当事人被采取了非羁押措施。

3. 刑罚可能明显变轻的利益

认罪认罚从宽制度和速裁程序的内在逻辑是以程序权利换取实体利益。根据最高法公布的数据，认罪认罚案件的被告人被免予刑事处罚的占 0.3%，判处 3 年有期徒刑以下刑罚的占 96.2%，其中判处有期徒刑缓刑、拘役缓刑的占 33.6%，判处管制、单处附加刑的占 2.7%，非羁押强制措施和非监禁刑适用比例进一步提高。但是，犯罪嫌疑人认罪认罚后，从宽的限度是什么还有待明确。

这三种利益，既相互影响，又相互制约。目前，刑事案件办理实践中，如果羁押时间过长，最终认定为无罪的概率就会变小，判决缓刑的概率也会变小，影响羁押时间的关键因素还是嫌疑人、被告人对指控的犯罪是否认罪、是否认罚，如果不认同，只能让侦查证据一再地完善，以防辩护律师找到证据的缺陷而前功尽弃，这也是办案机关没有快速办结案件的顾虑，但实质上是牺牲了当事人的利益。

三、借助新《刑事诉讼法》，辩护律师如何通过审前判断、沟通和协商实现当事人利益的最大化

1. 认罪认罚从宽制度的理论定位下，辩护律师应当树立协商型辩护理念

认罪认罚从宽制度的定位在于控辩双方以平等姿态进行协商，以从宽处理换取犯罪嫌疑人、被告人认罪，而不仅仅是办案机关基于家长主义对认罪认罚的犯罪嫌疑人、被告人进行的恩赐，这类似于英美法系的辩诉交易。

这种定位也可以从新修订的法律条文中看出。根据新《刑事诉讼法》第 173 条第 2 款规定，犯罪嫌疑人认罪认罚的，人民检察院应当告知其享有的诉讼权利和认罪认罚的法律规定，听取犯罪嫌疑人、辩护人或者值班律师、被害人及其诉讼代理人对罪名、刑罚、程序适用等事项的意见。这条规定的背后是一种协商的理念，也是未来辩护律师施展拳脚的重要机会点。

依据新《刑事诉讼法》的相关规定，辩护律师应当树立“协商型辩护”

---

① 《最高人民法院、最高人民检察院关于在部分地区开展刑事案件认罪认罚从宽制度试点工作情况的中期报告》，载中国人大网，http：//www. npc. gov. cn/npc/xinwen/2017-12/23/content_ 2034499. htm。

② 孙谦：《司法改革背景下逮捕的若干问题研究》，载《中国法学》2017 年第 3 期。

的新理念，不要代理案件后不自觉地产生抵触、怀疑的心理，应积极主动地与办案机关、当事人以及同案犯等多方主体沟通协商，进行协商型、预防型、前置型的辩护，努力为当事人争取最有利的结果。

2. 认罪认罚案件要以审前辩护为重心

办理认罪认罚案件，律师辩护的重点必须放在审前，这不仅仅是诉讼策略或技巧的选择，也是回应刑事诉讼理念的必然要求。一方面，就现实而言，随着认罪认罚具结书的签署和检察机关量刑建议的作出，庭审会高度简化，如果适用速裁程序，法庭调查和法庭辩论的环节都会被省略，庭审辩护的意义将被大幅削弱；另一方面，从理论上讲，只有审前程序中辩护权的强化才能够为审判程序的简化提供正当性支持。

3. 辩护律师在认罪认罚案件中所应重点把握的环节

辩护律师是认罪认罚程序的积极参与者而非消极的“见证人”。在认罪认罚程序中，由于被告人认罪，传统刑事诉讼中的激烈对抗不复存在，但这并不意味着辩护律师可以消极怠工、甘当案件局外人；相反，辩护律师应当积极沟通协商，追求最大利益，避免无效辩护。具体而言，辩护律师应当着重把握以下环节：

（1）案件评估

辩护律师首先要通过会见、阅卷等方式对案情进行全面研判，在此基础上对案件的预期结果、认罪认罚的可能效果等问题进行评估。辩护律师应当将这些情况如实告知当事人，全面告知其诉讼权利，并向其详细讲解认罪认罚程序以及不同选择可能会出现的不同后果。

应当注意的是，侦查人员第一次讯问犯罪嫌疑人时就会通知其认罪认罚相关事项，但此时辩护律师并不在场。如果犯罪嫌疑人在侦查阶段就表示认罪认罚，辩护律师要着重考察犯罪嫌疑人认罪认罚的真实性和自愿性，告知其没有自证其罪的义务，并询问当事人是否遭到了暴力、威胁或者诱供等情形。在当事人全面了解自己行为的定性、诉讼权利和认罪认罚的后果后，请当事人最终决定是否认罪认罚。

（2）在侦查阶段积极做好沟通、赔偿、争取谅解等事宜

立案侦查是刑事诉讼的起点，也是进行刑事辩护的黄金阶段。在侦查阶段，辩护律师除了协助当事人作出是否认罪认罚的决定，还可以与其他主体沟通联络。首先，辩护律师可以积极与侦查机关联系，对犯罪嫌疑人认罪认

罚情况、案件性质及其他量刑事由进行充分说明；其次，辩护律师可以尝试与被害人取得联系，就赔偿和谅解问题进行磋商，争取以诚恳和积极主动的态度取得被害人的谅解，给当事人创造新的量刑事由；最后，辩护律师还应当争取为当事人适用非羁押性强制措施，结合认罪认罚等情况，充分说明当事人不具备社会危险性，没有逮捕必要，对于符合法定条件的案件，要努力说服侦查机关作出撤销案件的决定。同时，侦查终结之后，辩护律师还要注意起诉意见书中是否载明了犯罪嫌疑人认罪认罚的情节。

（3）在检察阶段主动与检察机关就羁押必要性、量刑建议、审理程序等问题进行沟通协商

移送审查起诉是审前程序的最后一个环节，律师应当珍惜机会，及时开展工作。首先，如果当事人仍处于被羁押状态，辩护律师应当向检察院提请羁押必要性审查，争取使当事人早日获得自由。其次，辩护律师应当与检察机关就量刑建议展开协商，最大程度减轻对当事人的量刑。当然，对于符合法定条件的案件，应当提出建议检察机关不起诉的法律意见，尽早终结诉讼。最后，律师在与当事人沟通协调确定的前提下，应当就案件审理程序与检察机关沟通，对于符合法定条件的案件，可以适用简易程序，这样可以减轻当事人在审理过程中的羁押时间，使其早日重获自由。

（4）在审判阶段辩护律师仍然要发挥监督法律实施的作用

虽然认罪认罚案件主要工作在审前，但是在审判阶段辩护律师也不可掉以轻心。对于量刑建议是否合理，是否有新的辩护理由以及控辩双方其他争议事项，辩护律师仍然可以表达意见。要知道，在认罪认罚案件中，辩护律师是独立发挥作用的诉讼主体，而非办案机关的辅助人员。

不是所有的案件都可以做无罪辩护，也不是所有的认罪案件都无辩护价值。辩护律师作为私权的代表，是法律实施过程中重要的监督员。在认罪认罚案件中，律师的监督同样不能缺席。即便犯罪嫌疑人“罪有应得”，但是否罚当其罪、基本权利是否得到保障，都是辩护律师应当关注的问题。新的制度给律师带来了新的机遇，也是新的挑战，在繁简分流的诉讼程序改革潮流中，更加考验辩护律师的宏观思考能力、协调能力、沟通能力、专业能力，有挑战，更有作为！

刑事案件级别管辖：何为“可能判处无期徒刑、死刑的案件”？[①]

彭吉岳　封旺

程序上不公正，很难指望实体上公正，或许，程序的不公正就是为了实体上的不公正开始“磨刀做准备的”。笔者撰写本文的时候，正在代理刘某某在安徽某市涉嫌贷款诈骗罪二审上诉案。本案中，刘某某贷款800万元，一审判决认定刘某某构成贷款诈骗罪，且刘某某拒不认罪认罚，最后被判处有期徒刑13年。

该案犯罪金额远超诈骗类犯罪50万元“数额特别巨大”的标准，且没有任何从轻、减轻情节，法定量刑幅度包含无期徒刑，但却由某区基层法院审判，这是否违反《刑事诉讼法》“可能判处无期徒刑的案件由中级人民法院管辖”的规定？

基于该案的困惑与无助，笔者有必要撰写本文，和广大同行交流，也渴望得到上级司法机关的重视，尤其是立法者的重视，尽快释明级别管辖条款含义，消除管辖不确定性；同时，提醒刑事辩护律师在实务中，一定要警惕“管辖权”的问题对当事人权益的影响。

一、级别管辖的困惑：何为“可能判处无期徒刑、死刑的案件”？

《刑事诉讼法》第21条规定：“中级人民法院管辖下列第一审刑事案件：（一）危害国家安全、恐怖活动案件；（二）可能判处无期徒刑、死刑的案件。”

若一个罪名的某档量刑幅度只有无期徒刑或者死刑，自然属于中院管辖的范围。然而这属于极为少数的情况，遍览《刑法》，只有五处：

---

① 本文首发于“法律读库”微信公众号，2019年11月8日。笔者在办理刘某某贷款诈骗案时，该案涉案金额800万元，参照诈骗罪量刑标准，涉案金额达到50万元便属于“数额特别巨大”，法定量刑幅度为十年以上有期徒刑或者无期徒刑，而本案却由基层人民法院管辖，对此办案人员解释说“我们根据本案事实情节，认为只会判处十年以上有期徒刑，不会适用无期徒刑”。但无法给出规范依据。笔者认为，司法实践中，刑事案件级别管辖标准很多时候并不公开，解释权完全掌握在司法人员手中，这种情形是不合理的，因而撰写了本文呼吁相关部门解决刑事案件级别管辖标准不透明问题。

表 35 《刑法》中只包含无期徒刑或者死刑的量刑幅度

罪名	量刑情节	量刑幅度
劫持航空器罪	致人重伤、死亡或者使航空器遭受严重破坏的	处死刑
走私武器、弹药罪	情节特别严重的	处无期徒刑
绑架罪	杀害被绑架人的，或者故意伤害被绑架人，致人重伤，死亡的	处无期徒刑或者死刑
聚众持械劫狱罪	情节特别严重的	处死刑
贪污罪、受贿罪	数额特别巨大，并使国家和人民利益遭受特别重大损失的	处无期徒刑或者死刑

大多数情况下，罪名的量刑幅度是“十年以上有期徒刑或者无期徒刑（或死刑）”，对于此种情形，是否属于“可能判处无期徒刑”的案件呢？是否一律应由中院管辖？

以诈骗罪为例，犯罪数额在 50 万元以上便属于“数额特别巨大”，可以判处“十年以上有期徒刑或者无期徒刑”。在司法实践中，不少犯罪数额高达数百万元甚至数千万元的案件都在基层法院审理，对此，办案人员往往解释说“我们认为本案只可能判处十年以上有期徒刑，不会判处无期徒刑”。那么，“可能判处无期徒刑或死刑”的判断主体是谁？判断标准又是什么呢？

二、判断主体：一般认为，司法机关可以结合案情对预期宣告刑进行判断，以确定案件级别管辖问题

对于由谁来判断是否属于“可能判处无期徒刑、死刑的案件”，主要有两种不同的理解：第一，依照罪名的法定量刑幅度判断，即法定量刑幅度只要包含无期徒刑或者死刑，便意味着法律认为相应行为可能“判处无期徒刑、死刑”；第二，由司法机关判断，因为大部分罪名的法定量刑幅度非常大，所以司法机关可以在个案中确定具体适用有期徒刑还是无期徒刑、死刑。

第一种观点简单易行，在大量罪名量刑幅度同时包含有期徒刑、无期徒刑或死刑的情况下，可能会将大量适用有期徒刑的案件卷入中院一审的范围，有违背级别管辖制度初衷之嫌。

第二种观点具有一定法理依据，但是不够透彻。

1. 司法解释的解读。《最高人民法院关于适用〈中华人民共和国刑事诉讼法〉的解释》第12条规定，人民检察院认为可能判处无期徒刑、死刑，向中级人民法院提起公诉的案件，中级人民法院受理后，认为不需要判处无期徒刑、死刑的，应当依法审判，不再交基层人民法院审判；第15条第1款规定，基层人民法院对可能判处无期徒刑、死刑的第一审刑事案件，应当移送中级人民法院审判。

根据上述规定，检察院和法院均有权对案件的预期量刑进行判断并确定管辖级别，而且这种判断不仅仅是依据法定量刑幅度，否则不需要检察院或法院“认为”，直接对照法条即可。

上述规定在某种程度上传达着这样的意思，即检察院或法院可以在法定量刑幅度之内，结合案件事实、量刑情节等因素，进一步确定预期宣告刑的幅度（是有期徒刑还是无期徒刑或死刑）。当然，检察院只是进行初步判断以确定其移送审查起诉的法院，而法院具有最终决定权，当基层人民法院认为检察院移送的案件可能判处无期徒刑、死刑时，应当向中级人民法院移送。

2. 司法判例的参考。结合“重大立功”制度中“可能判处无期徒刑以上刑罚”的概念进行体系解释。《人民法院案例选》（2009年第1期）中的周应才等抢劫并掩饰、隐瞒犯罪所得案［（2008）沪一中少刑初字第1号］，上海市第一中级人民法院经审理认为，根据《最高人民法院关于处理自首和立功具体应用法律若干问题的解释》的相应规定，重大立功包括犯罪分子有检举、揭发他人重大犯罪行为，经查证属实；协助司法机关抓捕其他重大犯罪嫌疑人（包括同案犯）等。而重大犯罪、重大案件的标准，一般是指犯罪嫌疑人、被告人可能被判处无期徒刑以上刑罚。对“可能被判处无期徒刑以上刑罚”的理解，应理解为排除罪后情节而可能判处无期徒刑以上的宣告刑，不能一概以法定刑幅度内含有无期徒刑就认为是可能判处无期徒刑。

这里的罪后情节，主要是指行为人实施犯罪以后的能够影响量刑的情节。尽管案中左明生检举并协助抓获的被告人张磊、张磊协助抓获的被告人周应才等人，其法定刑幅度均为10年以上有期徒刑、无期徒刑或者死刑，但综合评判本案相关被告人的客观犯罪事实，均尚不足以判处无期徒刑以上刑罚。故左明生、张磊两人的行为，难以认定为具有重大立功表现，仅构成一般立功。

在这一判例中，法院的说理思路同样是，在法定量刑幅度的基础之上，综合案件事实情节对最终可能的宣告刑进行更精确的预测，以确定案件是否“可能被判处无期徒刑以上的刑罚”。

上述司法解释和判例虽然在一定程度上含有司法机关通过对宣告刑进行预判来决定案件管辖级别的意味，但是也并不十分明确，同时有未审先判之嫌。况且，“可能”的判断极具主观色彩，也有违法治的确定性、公开性原则。

三、判断标准：对“是否可能判处无期徒刑、死刑”的判断不应仅仅依靠司法机关的主观判断作出，实践中缺乏明确、公开的标准

司法机关现有在有期徒刑、无期徒刑或死刑的量刑幅度内具体定档的权力，但这种权力的行使应当是可量化和公开的，否则被告人与辩护人在面对级别管辖问题时则很可能无从置喙。

1. 区分有期徒刑和无期徒刑、死刑的量刑标准不明晰。在法定量刑幅度包含无期徒刑、死刑的罪名中，部分罪名通过量刑指导意见对有期徒刑和无期徒刑的适用进行了区分，笔者根据《最高人民法院关于常见犯罪的量刑指导意见》《最高人民法院关于常见犯罪的量刑指导意见（二）（试行）》整理如下：

表 36　部分罪名有期徒刑、无期徒刑量刑规则

罪名	量刑规则
故意伤害罪	以特别残忍手段故意伤害致一人重伤，造成六级严重残疾的，可以在十年至十三年有期徒刑幅度内确定量刑起点。依法应当判处无期徒刑以上刑罚的除外。
强奸罪	有下列情形之一的，可以在十年至十三年有期徒刑幅度内确定量刑起点：强奸妇女、奸淫幼女情节恶劣的；强奸妇女、奸淫幼女三人的；在公共场所当众强奸妇女的；二人以上轮奸妇女的；强奸致被害人重伤或者造成其他严重后果的。依法应当判处无期徒刑以上刑罚的除外。
抢劫罪	有下列情形之一的，可以在十年至十三年有期徒刑幅度内确定量刑起点：入户抢劫的；在公共交通工具上抢劫的；抢劫银行或者其他金融机构的；抢劫三次或者抢劫数额达到数额巨大起点的；抢劫致一人重伤的；冒充军警人员抢劫的；持枪抢劫的；抢劫军用物资或者抢险、救灾、救济物资的。依法应当判处无期徒刑以上刑罚的除外。
盗窃罪	达到数额特别巨大起点或者有其他特别严重情节的，可以在十年至十二年有期徒刑幅度内确定量刑起点。依法应当判处无期徒刑的除外。

续表

罪名	量刑规则
诈骗罪	达到数额特别巨大起点或者有其他特别严重情节的，可以在十年至十二年有期徒刑幅度内确定量刑起点。依法应当判处无期徒刑的除外。
抢夺罪	达到数额特别巨大起点或者有其他特别严重情节的，可以在十年至十二年有期徒刑幅度内确定量刑起点。依法应当判处无期徒刑的除外。
走私、贩卖、运输、制造毒品罪	走私、贩卖、运输、制造鸦片一千克，海洛因、甲基苯丙胺五十克或者其他毒品数量达到数量大起点的，量刑起点为十五年有期徒刑。依法应当判处无期徒刑以上刑罚的除外。
集资诈骗罪	达到数额特别巨大起点或者有其他特别严重情节的，可以在十年至十二年有期徒刑幅度内确定量刑起点。依法应当判处无期徒刑的除外。
信用卡诈骗罪	
合同诈骗罪	
非法持有毒品罪	非法持有鸦片一千克、海洛因或者甲基苯丙胺五十克或者其他毒品数量大的，可以在七年至九年有期徒刑幅度内确定量刑起点。依法应当判处无期徒刑的除外。

在以上罪名中，主要通过犯罪所得数额、犯罪情节、相关犯罪对象的数量等因素确定有期徒刑的量刑起点，同时规定“依法应当判处无期徒刑的除外”。据此规定，并不能确定在有期徒刑不断累加的基础上，何时发生质变转化为无期徒刑。

对于质变的界限，或许司法机关内部有一套标准，但是并不公开。从某种程度上说，只有司法机关可以拥有量刑和管辖法院级别的解释权，这与司法的公开透明原则相抵触，也不利于被告人权益的保护。

2. 很多罪名中，没有明确有期徒刑与无期徒刑、死刑的区分标准。前述几个罪名中，有期徒刑和无期徒刑的区分还有一定的依据可循，在大多数法定量刑幅度包括无期徒刑、死刑的案件中，具体适用哪一档刑罚，其实是没有任何公开的规范可依据的。例如，生产、销售劣药罪，相关司法解释只规定了何为“后果特别严重”，但没有规定有期徒刑的量刑起点以及与无期徒刑的区分界限。

3. 司法机关量刑细则的制定程序不公开，合法性存疑。为了确定案件管辖级别，司法机关需要事先对可能判处的刑罚作出预测，其可能以当地司法惯例或者相关指导文件为依据。据了解，就诈骗类犯罪而言，不同地方可能拥有本辖区内适用的数额标准，如达到多少数额可以判处无期徒刑等，但这种数额标准不是公开的，尽管其对司法实践产生着真实的影响，但我们却难以得知其渊源与合法性依据。

《最高人民法院、最高人民检察院关于办理诈骗刑事案件具体应用法律若干问题的解释》规定了诈骗罪量刑的数额标准，并授权各省、自治区、直辖市高级人民法院、人民检察院可以结合本地区经济社会发展状况，在前款规定的数额幅度内，共同研究确定本地区执行的具体数额标准，并报最高人民法院、最高人民检察院备案。但这一条款仅仅涉及对起刑点及不同量刑幅度节点的决定权及决定程序，而并不涉及法定量刑幅度之内、不同档的刑罚的区分界限。因此，有必要构建判处无期徒刑、死刑的判断标准体系，并明确合法的决定程序，同时，还应当将具体的判断标准（如犯罪数额、情节等）纳入公开范畴，而非限于司法机关内部，这样才更有利于落实司法的公开性和法律规范的明确性、指导性。

综上所述，《刑事诉讼法》第 21 条对于可能判处无期徒刑的案件应当由中级人民法院管辖的规定，需要立法机关再次明确，是否就是指法定刑包含无期徒刑的案件，就应该由中级人民法院管辖，如果不是，应该由谁、按照什么规则来进行解读，如果这些问题不厘清，该条款实际上已经成为摆设，该判无期徒刑的案件可能在基层法院审理，虽然能够躲过被判处无期徒刑的风险，但对于某些被“特意安排”的案件则形成了困局，这意味着被告人丧失了重大的审级利益。一审在基层法院审理，二审在地级市行政区域内审理，再审在省级行政区域内审理，无法接受更高一级的法院的监督，从而极有可能给地方干预案件提供便利条件，进而导致司法存在不公的可能性。

福州赵宇案丨应借公众关注法律之机，更多传播社会正能量①

彭吉岳　封旺

自“南京彭宇案”以来，关于法律与公义、道德与秩序的公共事件似乎隔三岔五就跳出来，一次次挑动人们的神经，于欢案、昆山龙哥案、陕西“反杀”案、河北涞源“反杀”案……在这些案件中，法律的判断似乎往往与民众的判断相左，司法的目标与社会伦理的要求仿佛相悖，法治所蕴含的秩序价值似乎也总不能满足疾恶如仇的民众对于正义的期望。法谚有云：“法是关于善良与公正的艺术。”既然如此，法与情之间本不应产生的张力让人们为之焦虑。

事件回顾：一脚踹爆了“大肠”也踹痛了大众的“心窝”

这次引发舆论争议的是福州赵宇“见义勇为反被拘”事件，根据公开的报道：2018 年 12 月 26 日深夜，赵宇在家里陪伴即将生产的妻子，突然听到楼下有女子喊“强奸”“救命”，便赶忙跑下楼，看到室内一身上有酒味的男子正掐住一女子按在墙上打。他上前拉开那男子，“那个男子反过来打我，然后被我撂倒，撂倒以后他掐住我的三个手指，我抽不出来，就踩了他肚子一下”……

这一踩，导致那个男子“大肠破裂”，鉴定为二级伤残，住院做了手术。该男子报警称赵宇对他实施故意伤害，两天后赵被警察带走做笔录。2018 年 12 月 29 日，赵因涉嫌故意伤害罪被警方刑事拘留，羁押在福州市第一看守

① 本文首发于“智合”微信公众号，本人当时正在美国洛杉矶，智合向本人约稿，特于 2019 年 2 月 20 日针对当时公众关心的赵宇案发表本意见。2020 年全国两会期间，最高人民法院院长周强在工作报告中表示，人民法院要明辨是非，惩恶扬善，防止和稀泥等做法，让司法有力量、有是非、有温度。福州赵宇案发生时，司法实践中对正当防卫的认定标准较为严格，在一定程度上影响了法律“惩恶扬善”的价值导向作用的发挥，故而笔者迅速撰写本文对见义勇为的行为予以声援，呼吁通过热点案件传播法律的正能量。

所，直到 2019 年 1 月 10 日“因检察院不批准逮捕”才被释放。

当晚被侵害的女子透露，她之前在夜总会上班，夜里经常要陪客人喝酒。之前曾服务过两次涉事男子，其他没有更多的关系。2018 年 12 月 26 日晚她负责接待涉事男子，两人都喝了很多酒。夜里下班后，她坐上的士，涉事男子表示要送她回家，并和她过夜。该男子挤上的士跟随她到家，在遭到拒绝后，该男子开始殴打她并试图脱掉她的衣服实施强奸。在这种情况下，她大声呼救，于是便有了赵宇“英雄救美”的一幕。

赵宇被拘：公安机关的操作是依法办事但确实让公众困惑

本次事件原本平淡无奇，属于治安事件或刑事案件，或无罪无责，尚不能定论。就一般情理而言，当晚试图加害女性的涉事男子酒后乱性、图谋不轨，是典型的反面人物，而赵宇危急关头拔刀相助，是十足的英雄人物，“好人”“坏人”一目了然，谁该锒铛入狱正如秃子头上的虱子——明摆着。而公安机关却“出人意料”地将赵宇刑事拘留，而试图加害他人的男子是否构成犯罪尚无说法，至少目前逍遥法外，这种结果自然令人一时难以接受。

公安机关之所以将赵宇拘留，是赵宇踹涉事男子的一脚导致其大肠破裂，据称鉴定为二级伤残，因此赵宇涉嫌故意伤害罪。一方面，公安部门的行为具有一定《刑法》和《刑事诉讼法》上的依据；但另一方面，《刑法》上的伤情鉴定分为轻微伤、轻伤和重伤，与伤残鉴定标准不尽一致，只有达到轻伤及以上程度的，才有可能成立故意伤害罪。因此，二级伤残是否达到轻伤及以上标准，公安机关是否应重新对涉事男子进行伤情鉴定后才能对赵宇进行拘留也是需要关注的问题。

实际上，公安机关侦查只是刑事诉讼的第一道工序，被采取拘留等强制措施并不意味着一定会承担刑事责任。公安机关肩负着保护人民生命财产安全的重任，在发现犯罪线索时可以采取一定的强制措施本无可非议。

别急：法律自会褒奖勇士

本案引起关注后，大众普遍认为赵宇的行为属于见义勇为。其实见义勇为并非一个严格的法律概念，目前还没有哪部法律对见义勇为的概念和构成要件予以界定。就本案而言，关键问题在于赵宇是否构成正当防卫。

一般情况下，更为常见的正当防卫案例都属于“防卫自身”，即自身遭到不法侵害时采取防卫行为。其实，在他人或者国家、公共利益受到侵害时，同样可以进行正当防卫，即“防卫他人”（对第三人进行防卫），这种情形更加近似于我们日常生活中所理解的见义勇为。

本案中，根据披露的信息，涉事男子当晚在女子不同意与其过夜的前提下强行跟随其回家，并在女子反锁房门后踢坏门锁，用凳子等对女子进行殴打，并试图脱掉女子的衣服进行强奸，此时涉事男子的行为完全可以认定为不法侵害。在赵宇听到救命声赶到后，男子的侵害行为仍在进行当中，赵宇此时阻止男子的劣行也符合正当防卫的时间条件。面对男子的殴打，赵宇踹了男子一脚，在防卫限度上也具有相当性。因此，综合而言，赵宇的行为应认定为正当防卫。

还需要指出的是，《刑法》第 20 条第 3 款规定：“对正在进行行凶、杀人、抢劫、强奸、绑架以及其他严重危及人身安全的暴力犯罪，采取防卫行为，造成不法侵害人伤亡的，不属于防卫过当，不负刑事责任。”涉事男子当时意图强奸女子，如果其当时的暴力行为已达到了严重危及人身安全的地步，赵宇完全可以行使无限防卫权，即使造成了涉事男子重伤或死亡的结果，也不需要承担刑事责任。

另外，如果赵宇被认定为正当防卫，其也无须承担民事责任。《中华人民共和国侵权责任法》第 30 条规定：因正当防卫造成损害的，不承担责任。正当防卫超过必要的限度，造成不应有的损害的，正当防卫人应当承担适当的责任。在赵宇的防卫行为并未超过必要限度的情况下，其民事责任也可以全部免除。

法律并非机械和冰冷的，法律在制定和适用的过程中也常常闪耀着人性的光芒。司法是一个动态的过程，每一个重大案件在牵动公众神经的同时也回应着公众的心声。慎子曰：“法者，非从天下，非从地生，发乎人间，合乎人心而已。”情与法可有机统一，并不必然二元对立，这是我们传承已久的法律智慧。

在这种智慧的指引下，“于欢案”二审认定了其行为的防卫性质，刑期由无期徒刑减为 5 年有期徒刑；昆山案于海明侦查阶段即被撤销案件，此后不久最高法、最高检接连发文或发布指导性案例表示鼓励正当防卫。2017 年 10

月1日开始实行的《中华人民共和国民法总则》中也包含有两条“见义勇为”条款，第183条规定，因保护他人民事权益使自己受到损害的，由侵权人承担民事责任，受益人可以给予适当补偿。没有侵权人、侵权人逃逸或者无力承担民事责任，受害人请求补偿的，受益人应当给予适当补偿。第184条规定，因自愿实施紧急救助行为造成受助人损害的，救助人不承担民事责任。此前，《中华人民共和国民法通则》第109条也规定，因防止、制止国家的、集体的财产或者他人的财产、人身遭受侵害而使自己受到损害的，由侵害人承担赔偿责任，受益人也可以给予适当的补偿。这些条款都体现着法律对于见义勇为者的认可和保护。

其实，就在赵宇见义勇为事件发生前不久，最高人民法院还发布了一起指导性案例（指导案例98号：张庆福、张殿凯诉朱振彪生命权纠纷案），明确了行为人非因法定职责、法定义务或约定义务，为保护国家、社会公共利益或者他人的人身、财产安全，实施阻止不法侵害者逃逸的行为，人民法院可以认定为见义勇为。以上种种，我想不仅仅是舆论的胜利，不仅仅是司法对悠悠之口的妥协，而是动态的司法对法律本身所蕴含的价值的重新发掘。

见义勇为：需要鼓励和包容

孔曰成仁，孟曰取义，中华民族自古将见义勇为视作崇高的行为，《论语》亦云：“见义不为，无勇也。”关于见义勇为，孔子的一则故事令人深思。

鲁国有一条法律，鲁国人在国外沦为奴隶，有人能把他们赎出来的，可以到国库中报销赎金。有一次，孔子的弟子子贡在诸侯国赎了一个鲁国人，回国后大方地放弃了国家补偿金。孔子说：“子贡呀，这就是你的不对了。圣人所做之事，可以改变风俗习惯，影响老百姓的行为，并不仅仅是个人的事情。现今，鲁国富人少而穷人多，你收下国家的补偿金，并不会损害你的行为的价值；而你不肯拿回你抵付的钱，就提高了社会道德标准，从今以后，鲁国人就不肯再替沦为奴隶的本国同胞赎身了。”子路救起一名落水者，那人感谢他，送了一头牛，子路收下了。孔子说：“这下子鲁国人一定会勇于救落水者了。”

这个故事从经济学的角度给我们讲述了一个非常通俗易懂的道理，人们固然具有伦理道德，但是作为理性人总要考虑做事情的成本和收益的，当做一件好事不仅没有收益反而还要倒贴成本的话，长此以往再高尚的事情也不会有人去做了，即便想做恐怕也负担不起"做好人的成本"。当下社会，群众进行正当防卫、见义勇为的积极性不够高或者心存疑虑，症结就在于我们的法律往往被机械地适用，或者相关司法人员为了维持一时之稳定而妥协折中，牺牲了民众心中的正义感和社会上的正气。然而，随着人民生活水平和文化素质的提高，在新时代的大背景下，公平正义已经成为人民日益增长的美好生活需要的重要组成部分。今天，我们应该积极发挥法律本身所具有的价值导向功能，以法之名，传播正能量，让好人理直气壮，让勇士无后顾之忧。

后　记

2019年2月21日，福州市公安局发布案情通报称，晋安公安分局以赵宇案涉嫌过失致人重伤罪移送晋安区人民检察院审查起诉，晋安区人民检察院经审查认为，赵宇的行为属于正当防卫，但超过必要限度，造成了被害人重伤的后果。鉴于赵宇有制止不法侵害的行为，为弘扬社会正气，鼓励见义勇为，综合全案事实证据，对赵宇作出不起诉决定。

本案的最终结果与笔者此前的预判一致，也取得了较好的社会效果。笔者相信这不仅仅是一次舆论的胜利，随着民众法律意识的提高和司法机关办案理念的转变，法治的正能量将会越发释放出它的光彩！

西北政法大学刑事辩护高级研究院师资研修班系列研讨

西北政法大学刑事辩护高级研究院成立于2017年7月，是国内第一个专注刑事辩护研究的高级研究院，也是国内首家可培养“刑事辩护方向研究生”的高端人才培养基地。自2019年起，彭吉岳律师连续受邀参加了“西北政法大学刑事辩护高级研究院师资研修班”系列研讨。

研修班由著名刑辩律师田文昌律师领衔，围绕刑事辩护律师的执业技能进行系统、深入的研讨和学习，并采用模拟演练、互相点评等高度烧脑的“实战性”学习模式，使参加学习的刑辩律师受益良多。

以下是彭吉岳律师参与研讨的活动剪影，具体研讨内容参见西北政法大学刑事辩护高级研究院相关报道。

1. 2019年6月，杭州，辩护策略制定及辩护词、其他法律意见书写作

彭吉岳律师发表演讲

模拟与检察官会面提交法律文书场面

本次研修以“辩护策略制定及辩护词、其他法律意见书写作”为主题，同时细分为“辩护策略制定”“轻罪、罪轻的辩护词”“证据不足的无罪辩护词”“认罪认罚制度运行中的辩护词”等七个专题。彭吉岳律师就相关专业问题作了主旨演讲以及模拟演练。

2. 2019 年 7 月，呼伦贝尔，鉴定类证据质证

彭吉岳律师作分享

北京市京都律师事务所参训人员合影

本次研修主题为：“鉴定类证据质证”，分为“鉴定类意见的理论梳理与铺垫”“物证转移原理及鉴定类意见的质证”“同一认定原理及鉴定类证据质证”等板块，彭吉岳律师就“同一认定原理及鉴定类证据质证”话题作了分享和点评。

3. 2019 年 9 月，西安，量刑辩护

彭吉岳律师介绍认罪认罚制度相关问题

彭吉岳律师进行量刑辩护模拟演练

本次研修围绕“量刑辩护”进行研讨。彭吉岳律师对我国量刑制度的目的、理念以及相关法律依据进行了深度学习和思考，并对认罪认罚从宽制度的理解与运用进行了解读。

4. 2019 年 11 月，武汉，法庭辩论

“法庭辩论”是刑辩律师的核心工作之一，也是成为本次研修的主题。本次研修分为“法庭辩论原理”“实体之辩”等板块，彭吉岳律师对法庭辩论

的目的、原理以及方法等问题进行了讨论。

彭吉岳律师作关于法庭辩论的小组讨论

彭吉岳律师主讲证据辩护

走进对外经贸大学商学院 EMBA 课堂

2019 年 5 月，彭吉岳律师受邀到对外经贸大学作演讲，主题为“企业高管，刑事法律风险离你并不遥远”，彭吉岳律师结合企业高管工作内容、法律规定以及亲办案例，深入浅出地介绍了在企业高管工作过程中的高发刑事法律风险点，受到听众一致好评，以下是演讲精彩瞬间：

为北京大学、中国人民大学、中国政法大学三校学子讲座

2019年10月，彭吉岳律师受邀来到中国人民大学，此次讲堂上聚集的是北京大学、中国政法大学、中国人民大学参加“京都杯”法庭模拟辩论比赛的学生，为在场的学子奉献了一场主题为“刑事辩护的魅力”的讲座，旨在让学生了解刑事辩护现状以及刑辩律师的真实生活，激发学生对刑事辩护工作的兴趣和热情，以下是部分现场照片：

后　记

京都律师事务所的创始人、名誉主任田文昌老师为本书作序，这使得作为青年刑辩律师的我倍感荣幸，备受鼓舞！

本书正式确定名称之前，曾考虑以“刑辩真相”“我来辩护”“辩护在法庭内外”等为书名，后来在和杨大民律师讨论书稿事宜时，他认为本书如此真实地再现办案前后的经历，实际上体现的是“辩护的力量”，遂决定本书命名为“辩护的力量”，甚合我本意。

田老师的序言紧紧围绕本书的书名和主题——辩护的力量而展开，以律师制度恢复四十余年的时间线为脉络，回顾了“辩护的力量”从无到有、从弱到强的艰辛历程。这种难得进步的背后，是一代代刑辩律师如浪潮般奔涌努力的结果！

诚如田老师所言：刑辩之路，是一条“痛并快乐”的荆棘之路。选择了这条路，意味着选择了风险与机遇、困难与挑战、失落与荣耀！实际上，“痛”与“乐”都是应当辩证看待的。有人为理想宵衣旰食而不觉其痛苦，有人饱食终日却被空虚煎熬。“痛”与“乐”的界定不是靠物质感官，而是在事业的价值与心灵感受。刑事辩护虽然面临一些困难，但这项事业的价值是不容否定的，任何公民面临指控时，都需要有人站出来为他辩护，正义不仅要实现，还要以合法的方式实现。正因为刑事辩护还面临不少困难，才更加凸显其价值。

让辩护发挥力量，就是刑辩的价值。

我们应当勇于追求，在每个案件中展现辩护的力量。辩护的力量来自专业，精致地释法论理，对核心问题抽丝剥茧；辩护的力量来自坚持，秉持正义，不懈追求。让辩护发挥力量，冤案得以昭雪，量刑得以减轻，辩护人可以感受到无上的“快乐”。

当然，辩护的力量有时也会不堪一击，这是刑辩律师独有的“苦涩”。权力的任性、民意的不解、人性的偏见……时而使得一个案件超出法律的范畴，让刑辩律师仿佛对着空气辩护，苍白无力。

故而，我们应当扪心自问：如何才能让辩护发挥更大的力量？一个案件取得良好效果，一份意见得到采纳，只是个人的、有限意义上的快乐。一个负责任的刑辩律师，可以从一桩桩个案中总结提炼出法治的共性问题，并进行思考和探索，努力在办理案件的过程中，推动法治的进步。

唯有如此，辩护的力量才不会成为海面上偶尔翻起的浪花，而是汹涌澎湃的浪潮。